Der AI Kompass

Autor: Mark Zimmermann

Der AI Kompass

Strategien, Tools und Workflows für alle, die mit KI nicht nur arbeiten, sondern gestalten wollen

Autor: Mark Zimmermann

Verlag:
BoD · Books on Demand GmbH, Überseering 33,
22297 Hamburg, bod@bod.de

Druck:
Libri Plureos GmbH, Friedensallee 273, 22763 Hamburg

ISBN: 978-3-8192-9925-4

Inhaltsverzeichnis

Einleitung

Herzlich willkommen, liebe Leserin, lieber Leser, zu einer Entdeckungsreise, die Ihr Verständnis und Ihre Nutzung von Technologie grundlegend verändern könnte! Wenn Sie dieses Buch in den Händen halten, dann spüren Sie vielleicht schon diese leise Ahnung, diese prickelnde Neugier, die auch mich vor einiger Zeit erfasst hat. Es ist die Faszination für Künstliche Intelligenz, kurz KI – ein Feld, das sich mit atemberaubender Geschwindigkeit entwickelt und längst nicht mehr nur ein Thema für Science-Fiction-Romane ist, sondern unseren Alltag, unsere Arbeit und unsere Kreativität auf ungeahnte Weise bereichert.

Meine eigene Reise in die Welt der KI begann, wie bei so vielen, mit einem spielerischen Einstieg. Ich erinnere mich noch gut an meine ersten Begegnungen mit ChatGPT 3.5. Es war wie ein Blick in eine neue Dimension des Möglichen. Plötzlich konnte ich brauchbare erste Textentwürfe generieren lassen, Ideen skizzieren und komplexe Sachverhalte auf eine neue Art und Weise durchdringen. Zugegeben, die ersten Ergebnisse waren manchmal noch etwas holprig, aber das Potenzial war unverkennbar. Der Funke war übergesprungen! Schnell merkte ich, dass die Kombination verschiedener Werkzeuge, wie die Verfeinerung der KI-generierten Texte mit DeepL, die Qualität der Ergebnisse deutlich steigerte. Die Sprachoptimierung, die Überführung der ersten Entwürfe in präzises, korrektes Deutsch, wurde zu einem wichtigen Schritt in meinem Arbeitsablauf und eröffnete mir neue Möglichkeiten, meine Gedanken und Ideen klar und überzeugend zu kommunizieren.

Doch das war erst der Anfang. Die Neugier trieb mich weiter, und ich begann zu erkunden, wie KI mich auch in anderen Lebensbereichen unterstützen kann. Stellen Sie sich vor, Sie sitzen im Auto oder machen einen entspannten Spaziergang und nutzen diese Zeit nicht nur zur Erholung, sondern auch zum Lernen und Sichten von Informationen. Genau das wurde für mich Realität. Ich begann, mir Dokumente von einer KI vorlesen und erklären zu lassen, unterwegs Fragen zu diskutieren und so mein Wissen kontinuierlich zu erweitern. Gleichzeitig entdeckte ich, wie ich meine eigenen Gedanken und Ideen, die mir oft in unstrukturierten Momenten kommen, einfach per Sprachaufnahme festhalten und später von einer KI strukturiert aufbereiten lassen konnte – eine enorme Erleichterung für das Erstellen und Recherchieren von Inhalten, sei es für berufliche Projekte oder für persönliche Vorhaben.

Die Reise führte mich immer tiefer in die spezifischen Anwendungen von KI, beispielsweise in die Welt der Podcast-Produktion. Von der ersten Themenrecherche und dem Briefing, bei dem mir ChatGPT half, relevante Quellen zu sammeln und strukturierte Themenbriefings zu erstellen, bis hin zur eigentlichen Skripterstellung für Interviews und Moderationen – KI wurde zu einem unverzichtbaren Partner. Auch die Postproduktion erfuhr eine Revolution: Automatische Transkriptionen mit Tools wie Riverside, die Erstellung von Shownotes und sogar Vorschläge für Podcast-Highlights zur Promotion erleichterten den Prozess ungemein. Für die Distribution halfen KI-optimierte Beschreibungstexte von Podigee, meine Inhalte auf verschiedenen Plattformen zielgruppenspezifisch zu präsentieren. Und nicht zu vergessen die Audio-Optimierung: KI-basierte Stimmsynthese und Tonoptimierung mit Werkzeugen wie Auphonic verliehen meinen Aufnahmen den letzten Schliff.

Im Bereich der Audio-KI eröffneten sich weitere faszinierende Möglichkeiten. Plattformen wie Heygen erlauben die Erstellung von Video-Avataren mit realistischen Sprecherbewegungen und Mimik, ideal für Schulungsvideos oder digitale Präsentationen. Die automatische Lippensynchronisation mit eingesprochenen Texten und die Möglichkeit, personalisierte Avatare aus Fotos zu erstellen, sind beeindruckend. Sogar automatische Audio-Übersetzungen unter Beibehaltung der Originalstimme sind damit möglich. Parallel dazu revolutionierte ElevenLabs mit seiner fortschrittlichen Text-zu-Sprache-Technologie die Art und Weise, wie wir mit natürlich klingenden Stimmen in verschiedensten Sprachen arbeiten können. Das Klonen von Stimmen mit nur wenigen Minuten Audiomaterial oder die mehrsprachige Sprachsynthese mit emotionaler Intonation – plötzlich waren Hörbücher, Podcasts und Videokommentare, wie die Intros für die eigenen Podcasts, auf einem neuen Qualitätsniveau realisierbar.

Doch KI ist nicht nur auf Text und Audio beschränkt. Die Gestaltung visueller Inhalte und das Design erfuhren ebenfalls einen gewaltigen Schub. Mit Canva und seinen CD-konformen Templates wurde es spielend einfach, einheitliche und professionelle Layouts für die (Firmen-)Welt zu erstellen, inklusive eines CD-Checks. Gleichzeitig ermöglichte Leonardo.ai die Generierung hochwertiger Illustrationen und Bilder für Social Media oder kreative Visualisierungen für ansprechende Präsentationen – stellen Sie sich vor, Sie benötigen Bilder von Ingenieuren mit Bauhelmen, die Pläne studieren, und eine KI liefert Ihnen in kürzester Zeit passende Ergebnisse.

Mein Werkzeugkasten erweiterte sich stetig. Der erweiterte OpenAI-Stack mit Komponenten wie dem Operator für Analysen und Webinteraktionen oder Sora zur Transformation von Textfeedback in lebendige Videos zeigte mir, wie umfassend die KI-Unterstützung bereits ist. Ich begann, mit GPTs zu experimentieren, meine eigene digitale Bibliothek aufzubauen und Projekte wie "Analytische Artikel" oder den "Digitalen Kollegen" anzugehen. Werkzeuge wie NotebookLM wurden zu einer leistungsstarken Plattform für vielfältige Wissensmanagement-Aufgaben. Ich konnte damit Lerninhalte effizient organisieren, automatische Verknüpfungen zwischen verwandten Konzepten herstellen und interaktive Übungen zur Wissensvertiefung nutzen. Die automatische Generierung von Mindmaps aus Texten oder Notizen und sogar das Generieren von Podcast-Inhalten mit Zwischenrufen wurden Teil meines kreativen Prozesses.

Ein besonders spannendes Anwendungsfeld ist die digitale Transformation analoger Prozesse. Denken Sie an einen klassischen Brown Paper Workshop mit all seinen wertvollen, aber oft schwer zugänglichen Ergebnissen auf Post-its. Durch das einfache Abfotografieren dieser Ergebnisse und den Upload in Tools wie ChatGPT können diese analogen Schätze mit KI strukturiert, digitalisiert und weiterverarbeitet werden. Die au-

tomatische Erkennung und Kategorisierung der Inhalte führt
zu einer übersichtlichen Dokumentation in Textform, als Listen oder sogar als Mindmaps – eine enorme Zeitersparnis bei
der Nachbereitung und eine nahtlose Integration in digitale Ar-
beitsprozesse.

Die Erstellung moderner Präsentationen wurde durch Tools
wie Gamma.app revolutioniert, ein neues Medium, um Ideen
KI-gestützt zu präsentieren. Einfach losschreiben und ansprechenden, schönen Content erhalten, ohne sich um Formatierung und Design kümmern zu müssen.

A new medium for presenting ideas.

Powered by AI.

Gamma.app kombiniert die Stärken von Präsentationen, Dokumenten und Webseiten in einem intuitiven Format, bietet responsives Design für alle Geräte, vielseitige Visualisierungen durch KI-Integration und ermöglicht nahtlose Zusammenarbeit im Team.

Get visuals from your text

Napkin turns your text into
visuals so sharing your ideas
is quick and effective.

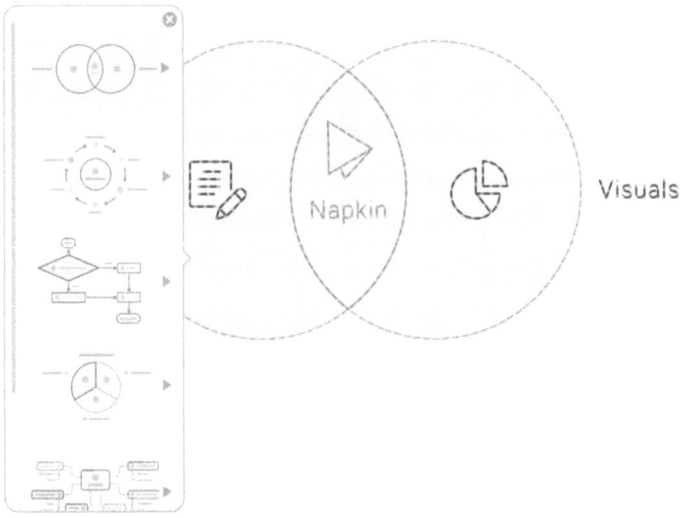

Auch Napkin AI, das Text in visuelle Infografiken verwandelt, die direkt im Browser bearbeitet und als Bild oder PPT exportiert werden können, wurde zu einem wertvollen Helfer, um Ideen schnell und effektiv zu teilen. So hat das Tool auch in diesem Buch mich bei vielen Bildern unterstützt.

Selbst die Entwicklung interaktiver Prototypen ist mit KI-Unterstützung, beispielsweise durch Claude, ein Leichtes geworden.

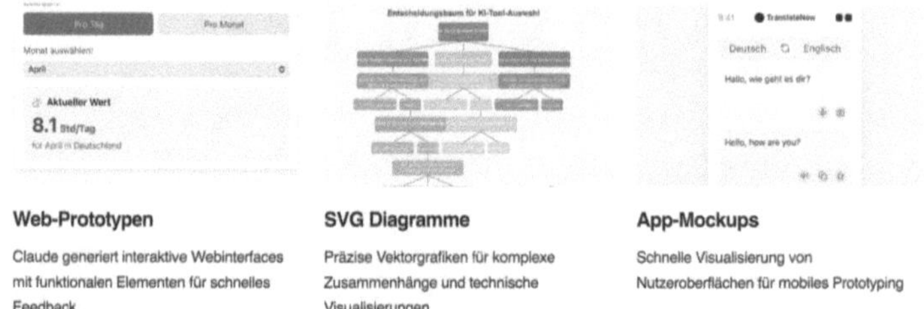

Web-Prototypen

Claude generiert interaktive Webinterfaces mit funktionalen Elementen für schnelles Feedback

SVG Diagramme

Präzise Vektorgrafiken für komplexe Zusammenhänge und technische Visualisierungen

App-Mockups

Schnelle Visualisierung von Nutzeroberflächen für mobiles Prototyping

Ob es darum geht, interaktive Webinterfaces mit funktionalen Elementen für schnelles Feedback zu generieren, präzise SVG-Diagramme für komplexe Zusammenhänge wie einen Entscheidungsbaum zur KI-Tool-Auswahl zu erstellen oder schnelle Visualisierungen von Nutzeroberflächen für mobiles Prototyping, wie bei einer Übersetzungs-App, zu entwickeln – die Möglichkeiten sind beeindruckend und beschleunigen den Entwicklungsprozess enorm.

Die Bildgenerierung mit OpenAI hat mir gezeigt, wie Workflows, beispielsweise für LinkedIn-Posts, automatisiert werden können.

Bilder behalten Kontextinformationen, Stile lassen sich anpassen und in Tools wie N8N integrieren, um in einem einheitlichen Stil Bilder für Social Media zu erzeugen – vom fotorealistischen Porträt bis zur comichaften Darstellung im Simpsons-Stil.

All diese Erfahrungen mündeten schließlich in der Entwicklung komplexerer Workflows, wie sie beispielsweise mit Tools wie Xavier oder FlowGPT möglich sind. Hier erzeugt ein KI-Modell den Ausgangstext, während andere Modelle die Qualitätssicherung übernehmen – Lesbarkeit, Grammatik, Stil. Dieser Prozess wiederholt sich iterativ, bis der Text die definierten Qualitätskriterien erfüllt. Phase 1 ist die Textgenerierung, beispielsweise mit GPT-4 Turbo, basierend auf einem klaren Prompt. In Phase 2 wird der Text validiert, auf sachliche Richtigkeit, Grammatik und Rechtschreibung geprüft. Phase 3 beinhaltet die Prüfung der Lesbarkeit und Stilistik. Logiken wie "Wenn Lesbarkeit unter 70 %, dann neue Textversion generieren" oder "Wenn mehr als drei Grammatikfehler, dann zurück zu Modul A" steuern diesen Prozess, bis alle Kriterien erfüllt sind und der Text exportiert werden kann.

Diese Reise, meine persönliche Entdeckung der KI, hat mir gezeigt: Künstliche Intelligenz ist kein abstraktes Konzept mehr, sondern ein mächtiges Werkzeug, das uns allen zur Verfügung steht. Sie kann uns helfen, produktiver zu sein, kreativer zu werden und komplexe Aufgaben auf eine neue Art und Weise zu meistern. Und genau darum geht es in dieser KI-Masterclass. Ich möchte meine Begeisterung, meine Erfahrungen und mein Wissen mit Ihnen teilen. Ich möchte Ihnen zeigen, wie Sie KI verstehen, anwenden und für Ihre eigenen Ziele nutzen können – ganz gleich, ob Sie gerade erst Ihre ersten Schritte machen oder schon erste Erfahrungen gesammelt haben.

In den folgenden Kapiteln werden wir gemeinsam tiefer in die faszinierende Welt der künstlichen Intelligenz eintauchen. Wir werden ihre Grundlagen verstehen, ihre wichtigsten Werkzeuge und Technologien kennenlernen und praxisnahe Strategien und Workflows entwickeln. Dieser Kompass ist Ihre Einladung, die KI-Revolution nicht nur zu beobachten, sondern aktiv mitzugestalten. Sind Sie bereit, Ihre Neugier in Kompetenz zu verwandeln? Jedes Kapitel ist eigenständig, sodass Sie das Werk nicht von vorne bis hinten durchlesen müssen. Dann lassen Sie uns gemeinsam starten!

Über den Autor

Der Autor verfügt weder über juristische Qualifikationen noch über eine Zertifizierung in Datenschutz oder IT-Sicherheit. Er bereitet die Inhalte auf Grundlage gründlicher Recherche, langjähriger Praxiserfahrung und persönlicher Interpretation auf. Diese Ausführungen ersetzen keine rechtliche oder fachliche Beratung und richten sich nicht auf individuelle Einsatzszenarien

Der Autor hat dieses Werk in seiner Freizeit erarbeitet seine ihre persönliche Sichtweise eingebracht. Die dargelegten Inhalte beruhen auf seiner fundierten Fachkompetenz und praktischen Erfahrung, spiegeln jedoch nicht die Position eines Unternehmens oder Dritter wider.

Der Autor erstellte den Text nach bestem Wissen zusammen und übernehmen keine Gewähr für Richtigkeit, Vollständigkeit oder Aktualität. Was heute noch gültig ist, kann morgen bereits überholt sein. Die Anwendung der vorgestellten Technologien erfolgt auf eigene Verantwortung.

1.0 Die Kunst des Prompt Engineering – Deine Worte, mächtige Ergebnisse

Herzlich willkommen zu deiner ersten Meisterklasse auf dem Weg zum KI-Virtuosen! Schnall dich an, denn in diesem Kapitel lüften wir gemeinsam die Geheimnisse des Prompt Engineering. Du wirst schnell merken, dass die Qualität deiner Zwiegespräche mit einer Künstlichen Intelligenz (KI) – sei es nun der gesprächige ChatGPT, der vielseitige Gemini oder der eloquente Claude – ganz entscheidend von der Kunst und ja, auch der Wissenschaft deiner Anweisungen abhängt. Diese Anweisungen, das sind die sogenannten Prompts. Wir nehmen dich an die Hand und zeigen dir, warum ein glasklarer, mit Kontext angereicherter und clever durchdachter Prompt der absolute Schlüssel zu Ergebnissen ist, die dich umhauen werden. Ganz gleich, ob du brillante Texte verfassen, eleganten Code generieren, tiefschürfende Recherchen durchführen oder bahnbrechende Ideen aus dem Hut zaubern möchtest – dieses Kapitel legt das unverzichtbare Fundament. Du lernst hier nicht nur, KIs zu bedienen, sondern sie meisterhaft zu dirigieren und ihre volle Power für dich zu entfesseln.

1.1. So sprichst du die Sprache der Maschinen

Stell dir vor, du betrittst eine neue, faszinierende Welt – die Welt der Künstlichen Intelligenz. Um dich hier zurechtzufinden und wirklich Großes zu bewegen, brauchst du den richtigen Schlüssel. Dieser Schlüssel ist der Prompt. Aber keine Sorge, wir fangen ganz von vorne an und sorgen dafür, dass du dich schnell heimisch fühlst.

Was genau ist ein Prompt?

Ein Prompt ist im Grunde deine direkte Anweisung an eine KI, dein Sprachrohr zur Maschine. Doch er ist so viel mehr als eine simple Frage oder ein kurzer Befehl. Betrachte ihn als eine Art detaillierte Aufgabenstellung, eine präzise formulierte Bitte oder sogar als den Beginn eines kreativen Dialogs. Während du vielleicht denkst, "Erzähl mir was über Hunde" sei ein guter Anfang, ist das für eine KI oft so, als würdest du einen Sternekoch bitten, "etwas Leckeres" zu kochen – das Ergebnis kann alles Mögliche sein, aber selten genau das, was du dir erhofft hast. Ein wirklich guter Prompt hingegen könnte lauten: "Erkläre einem neugierigen 10-jährigen Kind die drei faszinierendsten Eigenschaften von Golden Retrievern und warum sie so gute Familienhunde sind." Merkst du den Unterschied? Der zweite Prompt gibt der KI eine klare Richtung, eine Zielgruppe und ein spezifisches Ziel. Er ist die Schnittstelle, an der deine menschliche Intelligenz und die künstliche Intelligenz des Modells aufeinandertreffen, um gemeinsam etwas Neues zu schaffen. Ein gut formulierter Prompt ist wie ein präziser Pinselstrich eines Künstlers – er bestimmt maßgeblich die Qualität und den Charakter des entstehenden Werkes.

Wie "denkt" eine KI eigentlich?

Bevor du lernst, wie man meisterhafte Prompts formuliert, ist es hilfreich, ein klein wenig zu verstehen, wie so ein großes Sprachmodell im Innersten tickt. Stell dir vor, die KI hat in ihrer "Ausbildung" eine gigantische Bibliothek voller Bücher, Artikel, Webseiten und Gespräche gelesen – viel mehr, als ein Mensch es je könnte. Aus all diesen Texten hat sie gelernt, Muster in der Sprache zu erkennen. Sie versteht nicht wirklich, was Worte bedeuten , so wie wir es tun, aber sie ist unglaublich gut darin geworden, vorherzusagen, welches Wort oder welcher Satz als Nächstes am wahrscheinlichsten kommt, basierend auf dem, was sie zuvor gelesen oder gehört hat. Wenn du ihr also einen Prompt gibst, versucht sie, diesen Mustern folgend, eine passende und kohärente Antwort zu generieren. Sie ist wie ein extrem beflissener und belesener Assistent, der immer versucht, dir die bestmögliche Antwort zu geben, basierend auf den Informationen, die du ihm gibst. Aber genau hier liegt der Knackpunkt: Wenn deine Anweisungen vage sind, muss die KI raten, was du meinst, und das Ergebnis kann ungenau oder irrelevant sein. Gibst du ihr jedoch klare, detaillierte Anweisungen, kann sie ihre Mustererkennung viel gezielter einsetzen und dir genau das liefern, was du brauchst. Es geht also nicht um echtes "Denken" oder "Verstehen" im menschlichen Sinne, sondern um hochentwickelte statistische Vorhersagen und Musterabgleiche. Und genau deshalb sind deine Prompts so entscheidend!

Die Anatomie eines einfachen, aber wirkungsvollen Prompts

Ein guter Prompt muss nicht kompliziert sein, um effektiv zu sein; oft sind es schon wenige, aber gut gewählte Bausteine, die den Unterschied machen. Für den Anfang kannst du dir drei Schlüsselelemente merken, die in fast jedem guten Prompt eine Rolle spielen. Zunächst ist da die Aufgabe, die beschreibt, was die KI konkret tun soll – ob sie etwas erklären, zusammenfassen, eine Liste erstellen, einen Text schreiben, eine Idee generieren oder vielleicht sogar Code programmieren soll. Je klarer du die Aufgabe definierst, desto besser wird das Ergebnis sein. Eng damit verbunden ist der Kontext, der wichtige Hintergrundinformationen liefert, die die KI benötigt, um die Aufgabe angemessen zu erfüllen. Hierzu zählen Überlegungen zur Zielgruppe, zu bestimmten Rahmenbedingungen oder Vorkenntnissen, die berücksichtigt werden müssen, und welche Informationen generell für die Bearbeitung relevant sind.

Schließlich legt das Ziel fest, was du mit der Antwort der KI erreichen möchtest: Soll die Antwort informieren, unterhalten, überzeugen oder ein Problem lösen? Ein klares Ziel hilft der KI, den Fokus zu behalten und eine relevante Antwort zu generieren.

Nehmen wir ein Beispiel, um dies zu verdeutlichen: Stell dir vor, du möchtest eine kurze Geschichte für Kinder. Ein einfacher Prompt könnte sein: "Schreibe eine Geschichte." Das ist zwar die Aufgabe, aber Kontext und Ziel fehlen weitgehend. Ein viel besserer Prompt wäre: "Schreibe eine kurze Geschichte (das ist die Aufgabe) für Kinder im Vorschulalter (das ist der Kontext, genauer die Zielgruppe) über einen kleinen, mutigen Stern (das ist weiterer Kontext zur Hauptfigur und deren Eigenschaft), der lernt, dass auch die kleinsten Lichter am Himmel eine wichtige Rolle spielen und gemeinsam mit den großen Sternen ein wunderschönes Bild ergeben (das ist das Ziel, die Botschaft der Geschichte)." Dieser detaillierte Prompt gibt der KI alle nötigen Informationen, um eine passende und ansprechende Geschichte zu generieren, die den Erwartungen eher entspricht.

Erste Schritte mit einem einfachen Prompt-Framework

Um dir den Einstieg in das strukturierte Prompten zu erleichtern, stellen wir dir ein einfaches, aber sehr effektives Framework vor, das wir K.L.A.R. nennen. Dieses Akronym hilft dir, die wichtigsten Aspekte eines guten Prompts nicht zu vergessen und deine Anfragen von Beginn an klar und zielgerichtet zu formulieren. Jeder Buchstabe steht für einen wichtigen Aspekt deiner Anfrage. Das K steht für den Kontext: Wer spricht hier eigentlich? Bist du ein Schüler, ein Experte, ein Laie? Zu wem sprichst du bzw. für wen ist die Antwort der KI gedacht? Einem Kind erklärt man Dinge anders als einem Fachkollegen. In welcher spezifischen Situation befindest du dich oder soll sich die KI befinden? Das L repräsentiert die Leistung: Was genau soll die KI für dich tun? Welche konkrete Leistung erwartest du? Soll sie etwas zusammenfassen, erklären, generieren, auflisten, übersetzen, analysieren oder vielleicht sogar eine Rolle spielen und einen Dialog führen? Mit A ist die Anweisung gemeint: Gibt es spezifische Vorgaben, die die KI beachten soll? Denke hier an Formatierungen wie Fließtext, die gewünschte Länge der Antwort, beispielsweise maximal 200 Wörter oder drei Absätze, einen bestimmten Stil, ob formell, locker oder humorvoll, oder andere Einschränkungen und Wünsche. Schließlich steht das R für die Rolle: Soll die KI eine bestimmte Rolle einnehmen, um die Aufgabe besser zu erfüllen? Sie kann beispielsweise als Expertin für ein bestimmtes Thema auftreten, als geduldiger Lehrer, als kreativer Geschichtenerzähler oder als kritischer Analyst.

Das K.L.A.R.-Framework ist besonders nützlich für schnelle und strukturierte Prompts im Alltag. Es zwingt dich, kurz über die wichtigsten Parameter deiner Anfrage nachzudenken und sie explizit zu machen. Schauen wir uns ein Anwendungsbeispiel an: Du bist Schüler und musst für den Biologieunterricht das Thema Fotosynthese verstehen. Mit dem K.L.A.R.-Framework könntest du folgenden Prompt formulieren: "Kontext: Ich bin ein 14-jähriger Schüler und bereite mich auf einen Test zum Thema Fotosynthese vor. Ich habe schon ein bisschen Vorwissen, aber einige Details sind mir noch unklar. Leistung: Erkläre mir den Prozess der Fotosynthese Schritt für Schritt. Anweisung: Die Erklärung sollte in maximal 150 Wörtern erfolgen und für einen Jugendlichen meines Alters leicht verständlich sein. Bitte verwende einfache Sprache und vielleicht eine kleine Analogie, um es greifbarer zu machen. Rolle: Du bist ein erfahrener und geduldiger Biologielehrer, der komplexe Themen super verständlich machen kann." Dieser K.L.A.R.-Prompt gibt der KI eine viel bessere Vorstellung davon, was du brauchst, als ein einfaches "Erklär mir Fotosynthese."

Hilfreiche Tools für den Einstieg

Für den Anfang brauchst du keine komplizierte Software, um gute Prompts zu erstellen; die wichtigsten Werkzeuge hast du wahrscheinlich schon zur Hand. Ein einfacher Texteditor, wie Notepad unter Windows oder TextEdit auf dem Mac, oder eine vielseitige Notiz-App, beispielsweise Evernote, Notion, OneNote oder auch die simple Notizfunktion deines Smartphones, ist Gold wert. Hier kannst du deine Prompts in Ruhe formulieren, überarbeiten, speichern und dir so eine eigene kleine Prompt-Bibliothek aufbauen, damit du nicht jedes Mal das Rad neu erfinden musst. Natürlich sind auch die Benutzeroberflächen der LLMs selbst, also die Webseiten oder Apps von ChatGPT, Gemini, Claude und anderen Anbietern, dein primäres Werkzeug. Es ist ratsam, dich mit den Eingabefeldern, den Möglichkeiten zur Formatierung deiner Prompts, falls vorhanden, und den Optionen zum Speichern oder Teilen von Konversationen vertraut zu machen, da sie oft auch schon erste Hilfestellungen oder Beispiele bieten. Optional kannst du auch Browser-Erweiterungen in Betracht ziehen, von denen es einige gibt, die speziell dafür entwickelt wurden, das Prompten zu erleichtern, indem sie Vorlagen anbieten, bei der Organisation deiner Prompts helfen oder KI-Funktionen direkt in deinen Browser integrieren. Für den Anfang sind sie nicht zwingend notwendig, aber es kann sich lohnen, später einmal danach Ausschau zu halten, wenn du tiefer in die Materie einsteigst, wobei du hierbei aber immer auf die Vertrauenswürdigkeit der Anbieter achten solltest. Das Wichtigste ist, dass du einen Ort hast, an dem du deine Ideen für Prompts sammeln und verfeinern kannst. Experimentiere ein wenig und finde heraus, welcher Workflow für dich am besten passt.

Teste dein Wissen

Jetzt bist du dran, dein bisher erworbenes Wissen zu überprüfen und zu zeigen, dass du die Grundlagen des Prompt Engineering verstanden hast. Diese kleinen Übungen helfen dir, das Wissen zu festigen und dich sicherer im Umgang mit Prompts zu fühlen. Zuerst eine Frage zum Nachdenken: Stell dir vor, du erklärst einem Freund, der noch nie mit einer KI gearbeitet hat, warum ein detaillierter Prompt meistens zu viel besseren Ergebnissen führt als ein sehr kurzer, vager Prompt; formuliere deine Erklärung in zwei bis drei Sätzen. Als Nächstes eine praktische Anwendung: Dein Freund möchte seiner wander- und fotobegeisterten Schwester ein Geburtstagsgeschenk machen und bittet dich, eine KI nach Ideen zu fragen; formuliere einen K.L.A.R.-Prompt, den du verwenden würdest, um die KI um fünf kreative und passende Geschenkideen zu bitten. Und schließlich eine kleine Übung zur Verbesserung: Nimm den folgenden, sehr schwachen Prompt – "Mach ein Gedicht" – und verbessere diesen Prompt, indem du ihn spezifischer und kontextreicher gestaltest. Denke darüber nach, welches Thema das Gedicht haben könnte, für wen es sein soll, welchen Stil es haben soll und welche Länge angemessen wäre, und schreibe dann deinen verbesserten Prompt auf. Nimm dir Zeit für diese

Aufgaben, denn es geht nicht darum, perfekte Antworten zu finden, sondern darum, das Gelernte anzuwenden und ein Gefühl für das Prompten zu entwickeln. Viel Erfolg dabei!

1.2. Verfeinere deine Anweisungen, maximiere den Output

Nachdem du nun die grundlegenden Bausteine des Prompt Engineering kennst und mit dem K.L.A.R.-Framework erste strukturierte Anfragen gemeistert hast, ist es an der Zeit, tiefer in die Materie einzutauchen und deine Fähigkeiten auf ein neues Level zu heben. Im fortgeschrittenen Teil dieses Kapitels wirst du lernen, die Nuancen der KI-Kommunikation so zu verstehen und zu nutzen, dass du nicht nur gute, sondern exzellente und oft überraschend präzise Ergebnisse erzielst. Wir werden uns intensiv mit der Macht des Kontexts, der Kunst des Persona-Promptings und der strategischen Zielsetzung beschäftigen. Ein besonderer Fokus liegt dabei auf der Vorstellung und Anwendung mächtiger Prompt-Frameworks und -Techniken, die dir helfen, auch komplexe Aufgaben souverän zu meistern und die KI als strategischen Partner zu begreifen. Die hier vorgestellten Konzepte sind darauf ausgerichtet, dir ein tiefgehendes Verständnis zu vermitteln und integrieren bewährte Methoden detailliert.

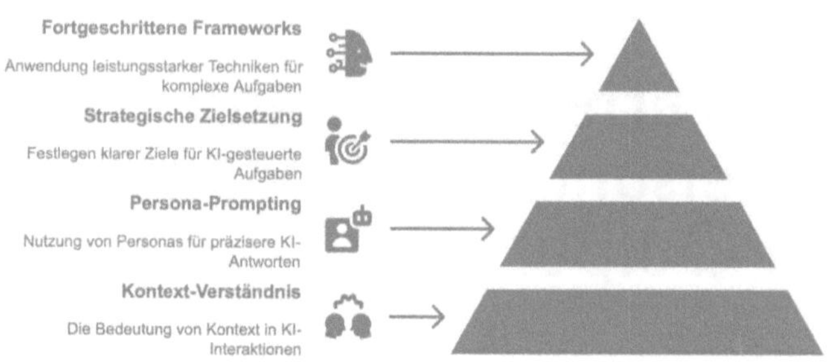

Die Macht des Kontexts

Du hast bereits erfahren, dass Kontext wichtig ist; im fortgeschrittenen Prompting wird er jedoch zu deinem mächtigsten Verbündeten. Kontext ist nicht nur eine nette Zusatzinformation, sondern oft der entscheidende Faktor, der darüber bestimmt, ob die KI deine Anfrage oberflächlich abhandelt oder eine tiefgründige, passgenaue Antwort liefert. Stell dir vor, du bittest jemanden, ein Bild zu malen. Ohne Kontext könnte alles entstehen. Gibst du aber den Kontext "ein impressionistisches Landschaftsbild einer toskanischen Zypressenallee im sanften Abendlicht, bestimmt für eine Ausstellung über europäische Sehnsuchtsorte", wird das Ergebnis ein völlig anderes sein. Spezifische Kontextinformationen lenken die KI-Antworten auf vielfältige Weise. Sie helfen bei der Eingrenzung des Themas, denn je mehr relevanten Kontext du lieferst, desto besser kann die KI das Thema fokussieren und irrelevante Informationen vermeiden. Ebenso ermöglichen sie die Anpassung des Stils und Tons, da der Kontext der KI hilft, den gewünschten Stil – ob formell, informell, wissenschaftlich oder erzählerisch – und den passenden Ton – neutral, begeistert oder kritisch – zu treffen. Darüber hinaus ist die Berücksichtigung der Zielgruppe ein wichtiger Aspekt; Informationen über Alter, Vorwissen und Interessen der Zielgruppe ermöglichen es der KI, die Antwort entsprechend aufzubereiten. Nicht zuletzt trägt ein klarer Kontext maßgeblich zur Vermeidung von Missverständnissen bei, indem er das Risiko reduziert, dass die KI deine Anfrage falsch interpretiert.

Der Unterschied zwischen fehlendem und reichhaltigem Kontext lässt sich gut an Beispielen verdeutlichen. Ein schwacher Prompt mit wenig Kontext wie "Schreibe über erneuerbare Energien" führt möglicherweise zu einem sehr allgemeinen Text über verschiedene Arten erneuerbarer Energien, ohne spezifischen Fokus. Ein starker Prompt hingegen, der reichhaltigen Kontext liefert, wie "Ich schreibe einen Artikel für ein lokales Umweltmagazin, das sich an Hausbesitzer richtet. Erkläre die Vor- und Nachteile der Installation von Solarpanelen auf privaten Hausdächern in Deutschland, unter Berücksichtigung aktueller Förderprogramme und der durchschnittlichen Amortisationszeit. Der Artikel sollte etwa 500 Wörter umfassen und einen motivierenden, aber realistischen Ton haben", wird voraussichtlich einen zielgerichteten, informativen Artikel hervorbringen, der genau auf die Bedürfnisse der Zielgruppe zugeschnitten ist.

Es gibt verschiedene Techniken zur effektiven Kontextbereitstellung. Du kannst beispielsweise ein Vorgespräch simulieren, indem du deine Interaktion mit der KI damit beginnst, ihr wichtige Hintergrundinformationen zu geben, so als würdest du einen menschlichen Kollegen briefen. Ein Beispiel hierfür wäre: "Bevor ich dir meine eigentliche Aufgabe stelle, möchte ich dir kurz den Hintergrund erläutern: Wir sind ein mittelständisches Unternehmen im Maschinenbau und planen die Einführung einer neuen Software zur Produktionsplanung ...". Eine weitere Methode ist das Einbetten relevanter Textabschnitte. Wenn sich deine Anfrage auf spezifische Informationen aus einem längeren Text bezieht, zögere nicht, die relevanten Passagen direkt in deinen Prompt zu kopieren, da viele LLMs dann gezielt auf diese Informationen zugreifen können. Ein Beispiel hierfür wäre: "Basierend auf dem folgenden Auszug aus unserem Unternehmensleitbild: '[Zitat einfügen]', formuliere bitte drei Kernbotschaften für unsere neue Marketingkampagne." Schließlich kann bei komplexen Themen eine schrittweise Kontextanreicherung sinnvoll sein, bei der du mit einer allgemeineren Anfrage beginnst und sie dann mit zusätzlichen Kontextinformationen in Folge-Prompts verfeinerst.

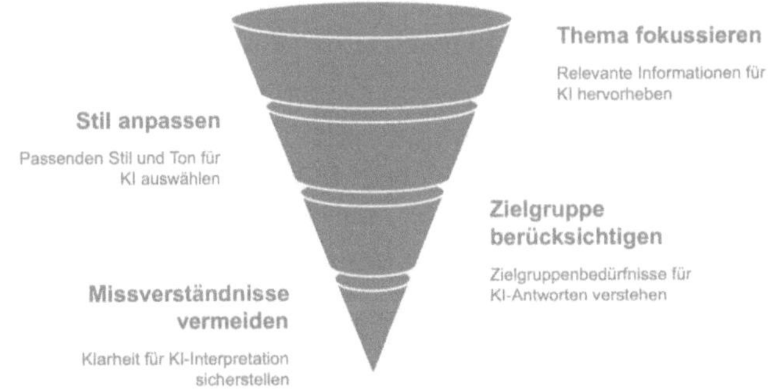

Lass die KI in eine Rolle schlüpfen

Eine der faszinierendsten und wirkungsvollsten Techniken im fortgeschrittenen Prompt Engineering ist das Persona-Prompting. Dabei weist du der KI eine spezifische Rolle oder Persönlichkeit zu, aus deren Perspektive sie antworten soll. Dies kann die Qualität, den Stil und die Relevanz der Antworten dramatisch verbessern, da die KI versucht, das Wissen und die Ausdrucksweise dieser zugewiesenen Persona zu emulieren. Indem du der KI eine Rolle gibst, beispielsweise "Du bist ein erfahrener Marketingberater", "Du bist ein Kinderbuchautor" oder "Du bist ein kritischer Wissenschaftsjournalist", lenkst du ihre Antwortmuster in eine bestimmte Richtung. Die Vorteile sind vielfältig: Du erhältst zugeschnittene Expertise, da die KI auf das Wissen zurückgreift, das typischerweise mit dieser Rolle verbunden ist. Der Stil und Ton der Antworten wirken authentischer und sind besser auf den Verwendungszweck abgestimmt. Oftmals führt das Rollenspiel auch zu kreativeren Ergebnissen, da die KI zu originelleren und weniger generischen Antworten inspiriert werden kann. Zudem hilft eine klare Rollenzuweisung der KI, den Zweck deiner Anfrage besser zu erfassen, was zu einem besseren Verständnis komplexer Anfragen führt.

Eine gute Persona-Definition sollte möglichst präzise sein. Denke über verschiedene Aspekte nach, wie den Beruf oder die Expertise der Persona, beispielsweise ob sie Historiker, Softwareentwickler oder Ernährungsberater ist. Auch das Erfahrungslevel spielt eine Rolle – ist die Persona ein Anfänger, ein erfahrener Praktiker oder ein führender Experte? Weiterhin sind spezifische Eigenschaften oder ein bestimmter Stil relevant, also ob die Persona einen bestimmten Schreibstil pflegt, wie humorvoll, sachlich oder provokant, oder ob sie besondere Überzeugungen oder eine typische Herangehensweise hat. Schließlich solltest du die Zielgruppe der Persona definieren, also für wen diese Persona normalerweise spricht oder schreibt. Der Unterschied wird deutlich, wenn man einen Prompt ohne Persona, wie "Erkläre die Vorteile von Meditation", mit einem einfachen Persona-Prompt, "Du bist ein Meditationslehrer. Erkläre die Vorteile von Meditation", oder einem detaillierten Persona-Prompt vergleicht: "Du bist ein renommierter Neurowissenschaftler, der seit 20 Jahren die Auswirkungen von Achtsamkeitsmeditation auf das Gehirn erforscht. Erkläre einem skeptischen, aber intelligenten Publikum die wissenschaftlich belegten Vorteile regelmäßiger Meditation. Dein Stil sollte präzise, faktenbasiert, aber auch zugänglich und überzeugend sein. Vermeide esoterische Sprache." Du siehst, je detaillierter die Persona, desto spezifischer und oft auch hochwertiger wird die Antwort der KI.

Definiere dein Wunschergebnis

Eine klare Zielsetzung ist das A und O für erfolgreiches Prompten. Bevor du einen Prompt formulierst, frage dich immer: Was genau möchte ich mit der Antwort der KI erreichen? Welche Art von Ergebnis erwarte ich? Eine präzise definierte Zielsetzung hilft nicht nur dir, den Prompt klarer zu formulieren, sondern gibt auch der KI eine eindeutige Richtung vor. Du kannst dich dabei an den SMART-Kriterien orientieren, die üblicherweise im Projektmanagement verwendet werden, und sie für deine Prompts adaptieren. Deine Zielsetzung sollte spezifisch sein, also genau definieren, was die KI tun und welche Informationen sie liefern soll – statt "Schreib was über Marketing" wäre "Erstelle eine Liste mit 5 Content-Marketing-Ideen für einen Online-Shop, der nachhaltige Kleidung verkauft" deutlich besser. Sie sollte auch messbar sein, zumindest qualitativ, indem du beispielsweise festlegst, dass die Antwort alle genannten Aspekte abdecken und für einen Laien verständlich sein soll. Das Ziel muss für die KI erreichbar und für dich nützlich sein; eine KI kann keine physischen Aufgaben erledigen, aber sie kann beispielsweise einen Plan dafür erstellen. Zudem sollte die Anfrage relevant für deine übergeordnete Aufgabe sein und zum Kontext passen. Obwohl KIs meist schnell antworten, kann es bei komplexen Anfragen helfen, eine implizite Terminiertheit oder einen Rahmen zu setzen, beispielsweise durch die gewünschte Länge oder Detailtiefe, die auf eine bestimmte Nutzungsdauer hindeutet.

Unterschiedliche Zielsetzungen erfordern unterschiedliche Prompts. Bei der Informationsgewinnung ist das Ziel, Fakten, Erklärungen oder Daten zu erhalten, wie bei dem Prompt "Liste die Hauptstädte aller EU-Länder auf." Geht es um Texterstellung, ist das Ziel, kreativen oder funktionalen Text zu generieren, beispielsweise mit dem Prompt "Schreibe eine Produktbeschreibung für einen neuen Bluetooth-Kopfhörer, die seine lange Akkulaufzeit und exzellente Klangqualität hervorhebt." Bei der Ideenfindung oder dem Brainstorming ist das Ziel, neue Ideen oder Lösungsansätze zu entwickeln, wie mit dem Prompt "Generiere 10 unkonventionelle Marketingideen für ein kleines Café." Zur Problemlösung soll Unterstützung bei der Lösung eines spezifischen Problems erhalten werden, etwa durch den Prompt "Mein Code wirft folgenden Fehler: [Fehlermeldung einfügen]. Was könnten mögliche Ursachen sein?". Und bei der Zusammenfassung oder Analyse ist das Ziel, komplexe Informationen zu verdichten oder zu bewerten, wie mit dem Prompt "Fasse den folgenden Nachrichtenartikel in drei Sätzen zusammen und identifiziere die Hauptthese des Autors." Indem du dir dein Ziel vor Augen führst, kannst du deinen Prompt so gestalten, dass er die KI optimal auf dieses Ziel ausrichtet.

Prompt-Frameworks für strukturierte und komplexe Anfragen

Wenn die Aufgaben komplexer werden, reichen einfache Anweisungen oft nicht mehr aus. Hier kommen Prompt-Frameworks ins Spiel, die dir eine bewährte Struktur bieten, um deine Gedanken zu ordnen und alle notwendigen Informationen so zu präsentieren, dass die KI sie optimal verarbeiten kann. Stell sie dir wie Baupläne für deine Prompts vor. Diese Frameworks sind keine starren Regeln, sondern flexible Werkzeuge, die du an deine Bedürfnisse anpassen und sogar Elemente aus verschiedenen Frameworks kombinieren kannst. Das Wichtigste ist, dass sie dir helfen, deine Prompts bewusster und strukturierter zu gestalten.

Beginnen wir mit dem Framework A.P.E. (Action, Purpose, Expectation), das dir hilft, deine Anfrage klar zu definieren, indem du die gewünschte Aktion der KI, den Zweck hinter deiner Anfrage und deine Erwartung an das Ergebnis präzisierst. Dieses Framework ist ideal für klar definierte Aufgaben, bei denen das Ziel und das gewünschte Ergebnis sehr spezifisch sind. Es eignet sich besonders für die Erstellung von Berichten,

Zusammenfassungen, Analysen oder wenn du möchtest, dass die KI eine ganz bestimmte Aufgabe für dich erledigt. Ein Beispiel hierfür wäre: "Aktion: Schreibe einen Blogartikel über die Auswirkungen von KI im Marketing. Zweck: Ziel ist es, Leser darüber zu informieren, wie KI das Marketing verändert. Erwartung: Der Artikel sollte informativ sein, aktuelle Trends einbeziehen und potenzielle Vorteile hervorheben."

Ein weiteres nützliches Framework ist T.A.G. (Task, Action, Goal), das sich besonders für schrittweise Prozesse mit einem klaren Endziel eignet. Hier definierst du die übergeordnete Aufgabe, beschreibst die notwendigen Schritte und erklärst das Endziel. Ein Beispiel illustriert dies: "Task: Entwickle einen Content-Marketing-Plan. Action: Erstelle einen 3-Monats-Content-Kalender. Goal: Das Ziel ist, die Markenbekanntheit zu steigern und das Kundenengagement durch konsistente Inhalte zu erhöhen."

Das Framework E.R.A. (Expectation, Role, Action) ist effektiv für rollenbasierte Aufgaben mit spezifischen Aktionen. Du beschreibst das gewünschte Ergebnis, spezifizierst die Rolle, die die KI einnehmen soll, und gibst an, welche Aktionen erforderlich sind. Ein Beispiel hierfür ist: "Expectation: Erstelle einen Marktanalyse-Bericht. Role: Du bist ein Marktforschungsanalyst. Action: Führe Recherchen zu Wettbewerbern in der Tech-Branche durch und fasse deine Erkenntnisse zusammen."

Das Framework R.A.C.E. (Role, Action, Context, Expectation) kombiniert die Stärke des Persona-Promptings mit einer klaren Aufgabenstellung und ist besonders mächtig, wenn du möchtest, dass die KI aus einer bestimmten Perspektive antwortet oder wenn der Kontext für die Qualität der Antwort entscheidend ist. Du definierst die Rolle, die spezifische Aktion, den relevanten Kontext und deine Erwartung. Ein Beispiel verdeutlicht dies: "Role: Du bist ein Experte für digitales Marketing. Action: Erstelle eine effektive Social-Media-Marketing-Strategie. Context: Der Nutzer ist Anfänger im digitalen Marketing und sucht nach Tools, die einfache Aufgaben automatisieren können. Expectation: Stelle eine Liste von Tools mit einer kurzen Erklärung bereit, wie jedes Tool helfen kann."

Für komplexe Szenarien mit spezifischen Informationseingaben eignet sich das Framework R.I.S.E. (Request, Input, Scenario, Expectation). Hier spezifizierst du die Anfrage an die KI (oft inklusive Rolle), stellst notwendige Informationen bereit, detaillierst das Szenario oder die Schritte und beschreibst das erwartete Ergebnis. Ein Beispiel: "Request: Empfehle Content-Ideen für eine Marketing-Kampagne. Input: Das Unternehmen verkauft umweltfreundliche Produkte. Scenario: Sie starten eine neue biologisch abbaubare Produktlinie. Expectation: Stelle 10 Content-Ideen bereit, die mit Nachhaltigkeit und umweltbewusstem Branding übereinstimmen."

Schließlich hilft das Framework C.A.R.E. (Context, Action, Result, Example) bei Aufgaben, die Beispiele zur Verdeutlichung benötigen. Du setzt den Rahmen, beschreibst die Aufgabe, das gewünschte Ergebnis und gibst ein Beispiel. Ein Anwendungsfall wäre: "Context: Ein Unternehmen möchte das Mitarbeiterengagement durch interne Kommunikation verbessern. Action: Entwirf einen internen Newsletter für Mitarbeiter. Result: Das Ergebnis sollte erhöhtes Engagement, Feedback und Interaktion unter den Mitarbeitern sein. Example: Stelle ein Beispiel-Newsletter-Layout und Inhaltsvorschläge bereit."

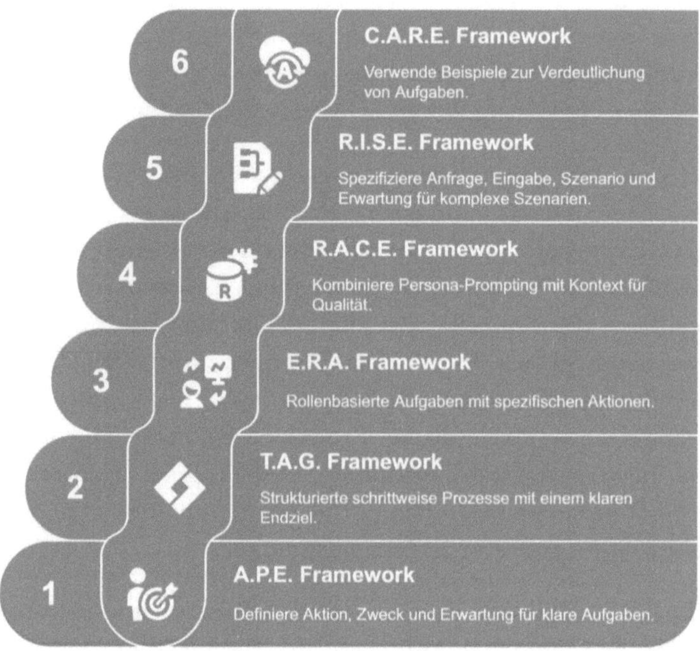

Diese Frameworks bieten dir eine solide Grundlage, um deine Anfragen an die KI präziser und wirkungsvoller zu gestalten. Durch ihre Anwendung kannst du die Qualität der KI-Antworten signifikant verbessern und sicherstellen, dass die Ergebnisse deinen Erwartungen entsprechen.

Fortgeschrittene Prompt-Techniken

Neben den strukturierenden Frameworks gibt es eine Reihe von spezifischen Techniken, die du einsetzen kannst, um die Leistung der KI weiter zu optimieren und auch knifflige Aufgaben zu bewältigen. Eine grundlegende Technik ist das Zero-Shot-Prompting, bei dem du der KI eine Aufgabe stellst, ohne ihr vorher Beispiele für die Lösung zu geben. Dies funktioniert oft erstaunlich gut bei allgemeinen Aufgaben, bei denen die KI bereits über ausreichendes Vorwissen verfügt. Ein Beispiel wäre: "Fasse diesen Text zusammen: [Text einfügen]". Eine Steigerung hiervon ist das Few-Shot-Prompting. Hier gibst du der KI nicht nur die Aufgabe, sondern auch ein oder mehrere Beispiele (Shots) dafür, wie eine gute Antwort aussehen könnte. Dies hilft der KI, das gewünschte Format, den Stil oder die Art der Antwort besser zu verstehen. Ein Beispiel: "Übersetze die folgenden Sätze ins Französische. Beispiel 1: Englisch: Hello, how are you? Französisch: Bonjour, comment ça va? Beispiel 2: Englisch: I would like a coffee. Französisch: Je voudrais un café. Jetzt übersetze: Englisch: Where is the library?".

Eine besonders mächtige Technik, um die Denkprozesse der KI zu verbessern und komplexere Probleme zu lösen, ist das Chain-of-Thought-Prompting (CoT). Anstatt die KI direkt nach der endgültigen Antwort zu fragen, bittest du sie, ihren Denkprozess oder ihre Argumentationskette Schritt für Schritt darzulegen, bevor sie zur Lösung kommt. Dies zwingt die KI, das Problem systematischer anzugehen und reduziert die Wahrscheinlichkeit von Fehlern, insbesondere bei mathematischen oder logischen Aufgaben. Du kannst dies explizit anfordern, indem du Formulierungen wie "Denke Schritt für Schritt nach" oder "Erkläre deine Argumentation" in deinen Prompt einbaust. Ein Beispiel: "Frage: Roger hat 5 Tennisbälle. Er kauft 2 weitere Dosen mit jeweils 3 Tennisbällen. Wie viele Tennisbälle hat er jetzt insgesamt? Antworte und denke Schritt für Schritt nach." Die KI würde dann idealerweise zuerst die Anzahl der neu gekauften Bälle berechnen und diese dann zu den vorhandenen Bällen addieren.

Eng verwandt mit CoT ist die Self-Consistency-Technik. Hierbei generierst du mit leicht variierten Prompts oder durch mehrmaliges Ausführen desselben Prompts (oft mit einer höheren Temperatureinstellung für mehr Varianz) mehrere verschiedene Denkketten und Antworten. Anschließend wählst du die Antwort aus, die am häufigsten oder am überzeugendsten über verschiedene Denkpfade hinweg erreicht wurde. Dies erhöht die Zuverlässigkeit und Robustheit der Ergebnisse, da es unwahrscheinlicher ist, dass mehrere unabhängige Denkprozesse zum selben falschen Ergebnis führen.

Werkzeuge und Plattformen für fortgeschrittene Anwender

Wenn du tiefer in das Prompt Engineering einsteigst, wirst du vielleicht feststellen, dass die Standard-Weboberflächen einiger LLMs an ihre Grenzen stoßen, insbesondere wenn es um die systematische Verwaltung vieler Prompts, das Testen verschiedener Versionen oder die Integration in eigene Arbeitsabläufe geht. Glücklicherweise gibt es eine wachsende Zahl von Werkzeugen und Plattformen, die speziell für fortgeschrittene Anwender und Entwickler konzipiert sind. Prompt-Management-Tools wie PromptPerfect, Vellum oder FlowGPT (oft mit Community-Aspekt) helfen dir, deine Prompts zu organisieren, zu versionieren, zu testen und wiederzuverwenden. Sie bieten oft auch Funktionen zur Analyse der Prompt-Performance und zur Zusammenarbeit im Team. Für Entwickler, die LLMs in eigene Anwendungen integrieren möchten, sind Entwickler-Playgrounds und APIs der LLM-Anbieter (z. B. OpenAI Playground, Google AI Studio für Gemini, Anthropic Console für Claude) unerlässlich. Sie ermöglichen nicht nur das Testen von Prompts, sondern auch die Feinabstimmung von Parametern wie Temperatur, Top-p, Max Tokens und Stoppsequenzen, die das Verhalten der KI maßgeblich beeinflussen. Darüber hinaus bieten Frameworks wie LangChain oder LlamaIndex mächtige Abstraktionen und Werkzeuge, um komplexe KI-Anwendungen zu erstellen, die mehrere LLM-Aufrufe, externe Datenquellen und Agenten-Logik kombinieren. Diese sind zwar eher für technisch versierte Nutzer gedacht, eröffnen aber enorme Möglichkeiten. Schließlich gibt es auch spezialisierte Tools zur Prompt-Optimierung, die mithilfe von KI versuchen, deine Prompts automatisch zu verbessern oder alternative Formulierungen vorzuschlagen. Es lohnt sich, den Markt im Auge zu behalten, da hier ständig neue und innovative Lösungen entstehen.

Teste dein Wissen

Du hast nun einen tiefen Einblick in fortgeschrittene Prompt-Techniken und -Frameworks erhalten. Es ist Zeit, dein neues Wissen auf die Probe zu stellen und dich auf die Expertenstufe vorzubereiten. Zuerst eine Aufgabe zur Persona-Erstellung: Entwickle eine detaillierte Persona für eine KI, die als kritischer Literaturrezensent für zeitgenössische Science-Fiction-Romane agieren soll. Beschreibe ihren Hintergrund, ihren typischen Stil, ihre bevorzugten Themen und ihre Zielgruppe. Als

Nächstes eine Herausforderung zum Framework-Einsatz: Wähle eines der vorgestellten Prompt-Frameworks (A.P.E., T.A.G., E.R.A., R.A.C.E., R.I.S.E. oder C.A.R.E.) und formuliere damit einen komplexen Prompt für folgende Aufgabe: Die KI soll einen detaillierten Plan für eine dreitägige Städtereise nach Rom für ein junges Paar erstellen, das sich für Geschichte, Kunst und gutes Essen interessiert, aber ein begrenztes Budget hat. Schließlich eine Übung zu fortgeschrittenen Techniken: Erkläre einem Kollegen den Unterschied zwischen Zero-Shot-, Few-Shot- und Chain-of-Thought-Prompting und gib für jede Technik ein eigenes, klares Beispiel. Diese Aufgaben erfordern sorgfältiges Nachdenken und die Anwendung der gelernten Konzepte. Nimm dir die Zeit, sie gründlich zu bearbeiten – der Weg zum Experten führt über die Praxis!

1.3. Werde zum Prompt-Virtuosen

Willkommen in der Expertenliga des Prompt Engineering! Du hast die Grundlagen gemeistert und die fortgeschrittenen Techniken verinnerlicht. Jetzt ist es an der Zeit, die feinsten Nuancen zu erkunden, die den Unterschied zwischen einem guten und einem wahrhaft transformativen Ergebnis ausmachen. Als Prompt-Experte geht es nicht mehr nur darum, verstanden zu werden, sondern darum, die KI präzise zu steuern, ihre kreativen und analytischen Fähigkeiten bis an die Grenzen auszureizen und Lösungen für komplexe Probleme zu entwickeln, die zuvor vielleicht undenkbar schienen. In diesem Abschnitt tauchen wir tief in die iterative Optimierung, den Umgang mit

Ambiguität, fortgeschrittene Problemlösungs- und Kreativitäts-frameworks sowie die systemspezifische Anpassung deiner Prompts ein. Du wirst lernen, wie ein echter Virtuose mit der KI zu kommunizieren.

Iterative Prompt-Optimierung

Selbst die erfahrensten Prompt Engineers schreiben selten auf Anhieb den perfekten Prompt. Die wahre Meisterschaft liegt in der Kunst der iterativen Optimierung – einem kontinuierlichen Prozess des Testens, Analysierens und Verfeinerns. Betrachte jede Antwort der KI als Feedback, nicht nur auf den Inhalt, sondern auch auf die Qualität deines Prompts. Ein systemati-sches Vorgehen beim Testen und Verfeinern von Prompts be-inhaltet das Bilden von Hypothesen, wenn ein Prompt nicht das gewünschte Ergebnis liefert. Du könntest dir überlegen, ob der Kontext zu vage war, die Anweisung mehrdeutig oder die zugewiesene Persona nicht spezifisch genug. Wichtig ist dabei, isolierte Änderungen vorzunehmen, also immer nur ein Ele-ment deines Prompts auf einmal zu verändern, um genau nach-vollziehen zu können, welche Änderung welche Auswirkung hat. Eine sorgfältige Protokollierung deiner Tests, bei der du den Prompt, die Antwort der KI und deine Beobachtungen no-tierst, hilft dir, Muster zu erkennen und aus früheren Versu-chen zu lernen. Dieser Prozess ist zyklisch: Du zeigst der KI ein Ergebnis, bittest um kritische Analyse und Verbesserungs-vorschläge und wiederholst dies, um das Ergebnis schrittweise zu optimieren.

Die Analyse von KI-Antworten zur Identifizierung von Schwachstellen im Prompt ist ein weiterer entscheidender As-pekt. Liefert die KI beispielsweise unerwünschte Inhalte, die irrelevant sind, könnte dies auf einen zu breiten Kontext oder eine unklare Zielsetzung hindeuten. Fehlen wichtige Aspekte in der Antwort, musst du möglicherweise spezifischere Fragen stellen oder den Kontext erweitern. Entspricht der Stil nicht deinen Erwartungen, solltest du deine Persona-Definition überprüfen oder explizitere Anweisungen zum gewünschten Stil geben. Entdeckst du logische Fehler oder Inkonsistenzen in der Argumentation der KI, kann das auf eine zu komplexe Anfrage hindeuten, die in kleinere Schritte zerlegt werden muss, oder auf die Notwendigkeit, Chain-of-Thought-Prompting einzusetzen.

Es gibt verschiedene Techniken zur Verfeinerung deiner Prompts. Eine Möglichkeit ist das Hinzufügen von Constraints, also spezifischen Einschränkungen, was die KI tun oder nicht tun soll. Ein Beispiel wäre: "Liste die Vorteile auf, aber erwähne keine Nachteile" oder "Die Antwort darf maximal 100 Wörter umfassen und keine Fachbegriffe enthalten, die nicht sofort erklärt werden." Du kannst die KI auch um Kritik bitten, also eine Art Self-Critique durchführen lassen, indem du sie aufforderst, ihre eigene Antwort zu kritisieren oder alternative Perspektiven zu beleuchten. Ein Beispiel hierfür wäre: "Das ist ein guter erster Entwurf. Welche Schwächen siehst du in dieser Argumentation? Welche Gegenargumente könnte man anbringen?". Oft reicht auch schon eine kleine Änderung in der Formulierung, um die KI auf den richtigen Weg zu bringen; experimentiere hier mit Synonymen, unterschiedlichen Satzstrukturen oder einer direkteren bzw. indirekteren Ansprache. Falls verfügbar, kannst du auch mit Parametern wie der "Temperatur" spielen, die die Kreativität bzw. Zufälligkeit der Antworten beeinflussen. Eine niedrige Temperatur führt zu fokussierteren, deterministischeren Antworten, eine höhere Temperatur zu kreativeren, aber potenziell auch unvorhersehbareren Ergebnissen. Das Experimentieren mit diesen Einstellungen hilft dir, den Sweet Spot für deine jeweilige Aufgabe zu finden.

Umgang mit komplexen Szenarien und Ambiguität

Nicht alle Aufgaben sind einfach und geradlinig. Oftmals stehst du vor komplexen Problemen, die mehrstufige Lösungen erfordern, oder deine Anfragen enthalten inhärente Ambiguitäten. Als Experte lernst du, auch diese Herausforderungen zu meistern. Eine effektive Strategie hierfür sind mehrstufige Prompts, auch bekannt als Prompt Chaining. Manchmal ist es effektiver, eine komplexe Aufgabe in mehrere kleinere, aufeinander aufbauende Prompts zu zerlegen, anstatt alles in einen einzigen, riesigen Prompt zu packen. Dieser Prozess kann beispielsweise damit beginnen, dass die KI zunächst relevante Informationen sammelt oder grundlegende Aspekte eines Problems analysiert. Im nächsten Schritt nutzt du die Ergebnisse des ersten Prompts als Input für den folgenden Prompt, in dem die KI diese Informationen synthetisieren, bewerten oder weiterverarbeiten soll. Schließlich lässt du die KI auf Basis der vorangegangenen Schritte die endgültige Lösung, den Text oder die Empfehlung generieren. Anstatt also beispielsweise zu versuchen, einen kompletten Businessplan für ein neues Café mit einem einzigen Prompt zu erstellen, könntest du schrittweise vorgehen: Zuerst identifizierst du die Schlüsselelemente eines erfolgreichen Businessplans, dann führst du eine Marktanalyse durch, entwickelst darauf basierend ein Konzept und Menü, erstellst einen Finanzplan und fasst schließlich alle Ergebnisse zu einem kohärenten Businessplan zusammen.

Wenn du dir unsicher bist, ob dein Prompt alle notwendigen Informationen enthält, oder wenn du der KI Raum für eigene Beiträge geben möchtest, kannst du sie explizit auffordern, klärende Fragen zu stellen, bevor sie mit der eigentlichen Bearbeitung beginnt. Ein Beispiel hierfür wäre: "Ich möchte, dass du eine Marketingstrategie für mein neues Produkt entwickelst. Bevor du beginnst, welche drei bis fünf Fragen müsstest du mir stellen, um die bestmögliche Strategie zu entwerfen?". Manchmal ist es genauso wichtig zu definieren, was die KI nicht in ihre Antwort einbeziehen soll, wie zu definieren, was sie tun soll. Solche negativen Prompts, also negative Einschränkungen, können helfen, unerwünschte Ergebnisse zu vermeiden und den Fokus zu schärfen. Ein Beispiel wäre: "Beschreibe die Geschichte des Internets, aber vermeide dabei übermäßig technische Details oder Akronyme, die nicht allgemein bekannt sind. Konzentriere dich auf die gesellschaftlichen Auswirkungen."

Fortgeschrittene Problemlösungs-Frameworks

Als Experte kannst du etablierte Denk- und Problemlösungs-Frameworks direkt in deine Prompts integrieren, um die KI zu strukturierter und tiefgehender Analyse anzuleiten. Diese Ansätze ermöglichen es dir, komplexe Herausforderungen systematisch anzugehen.

Ein mächtiges Werkzeug ist die SWOT-Analyse via Prompt. Du könntest die KI anweisen, als erfahrener Unternehmensberater zu agieren und eine umfassende SWOT-Analyse für ein bestimmtes Thema, Unternehmen oder Projekt durchzuführen. Dabei soll sie signifikante Stärken, relevante Schwächen, vielversprechende Chancen und potenzielle Bedrohungen identifizieren, für jeden Punkt eine kurze Erklärung und ein konkretes Beispiel geben und anschließend aus der Kombination dieser Faktoren klare, handlungsorientierte strategische Empfehlungen ableiten. Ein Beispiel hierfür wäre: "Führe eine SWOT-Analyse für die Einführung von KI-Tools in einem mittelständischen Unternehmen durch. Berücksichtige interne Faktoren (Stärken, Schwächen) und externe Faktoren (Chancen, Risiken) und leite konkrete Handlungsempfehlungen ab."

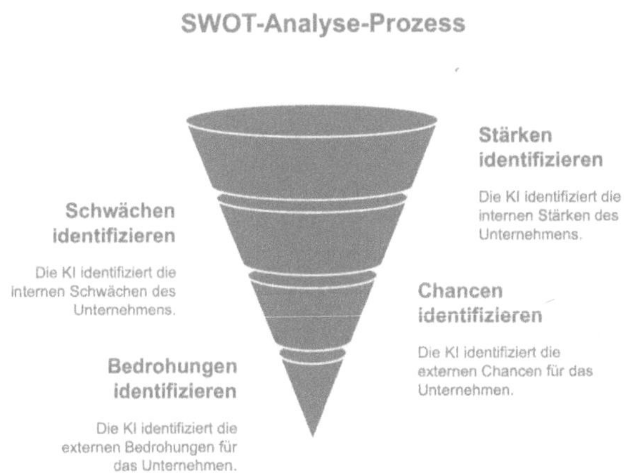

Das First Principles Thinking via Prompt ist ein weiterer Ansatz für komplexe Probleme. Hierbei bittest du die KI, ein spezifisches Problem mittels dieser Methode zu analysieren, es in seine absolut grundlegendsten Annahmen und Fakten zu zerlegen, jede Annahme kritisch zu hinterfragen und von diesen Grundprinzipien eine völlig neue, potenziell unkonventionelle Lösungsstrategie aufzubauen. Ein Prompt-Beispiel hierzu: "Analysiere unser Problem der ineffizienten Kundenkommunikation auf Basis von First Principles. Zerlege das Problem in seine grundlegendsten Bestandteile und erstelle einen neuen Management-Plan ausgehend von diesen fundamentalen Wahrheiten."

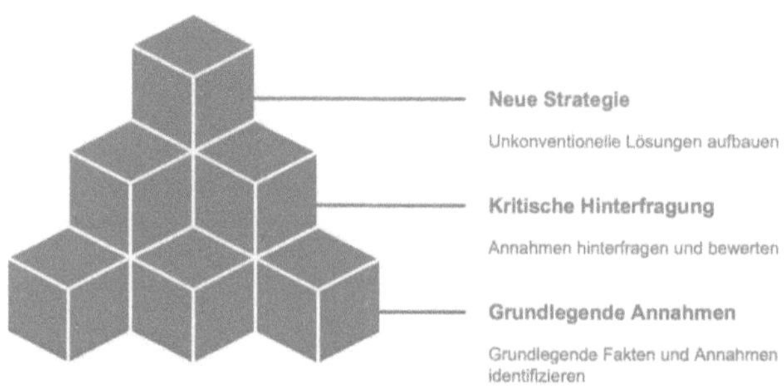

Auch das Jobs to Be Done (JTBD) Framework via Prompt kann sehr aufschlussreich sein, um kundenorientierte Produktentwicklung und -verbesserung voranzutreiben. Dabei agiert die KI als Produktentwicklungs-Experte und identifiziert die wichtigsten "Jobs", die Nutzer mit einem bestimmten Produkt oder einer Dienstleistung tatsächlich erledigen wollen, wobei der Fokus auf ihren zugrundeliegenden Motivationen und Zielen liegt. Für jeden identifizierten "Job" soll die KI dann das gewünschte Ergebnis aus Nutzersicht beschreiben und basierend darauf innovative Produktverbesserungen oder neue Funktionen vorschlagen. Ein Beispiel: "Identifiziere die wichtigsten Jobs, die die Benutzer unserer KI-Tool mit dem Produkt tatsächlich erledigen möchten. Schlage für jeden identifizierten Job konkrete Verbesserungen vor."

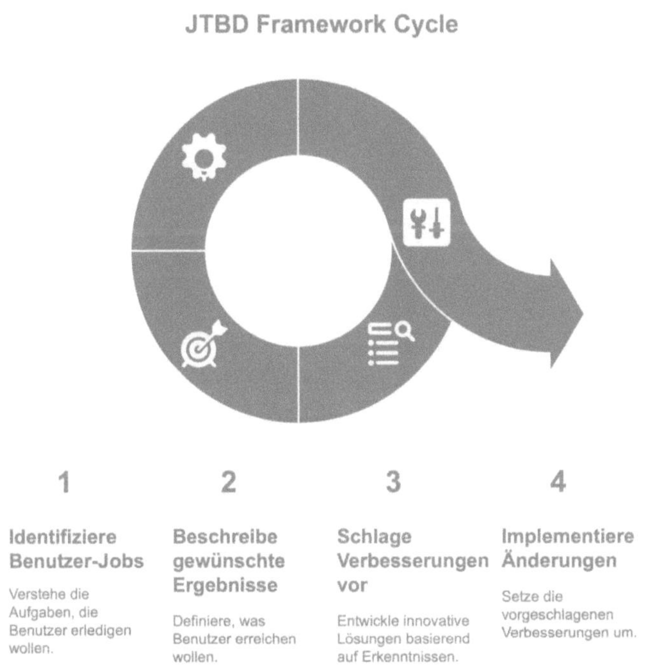

Für Entscheidungen zwischen mehreren Optionen mit verschiedenen Kriterien kann eine Decision Matrix via Prompt hilfreich sein. Du könntest die KI bitten, verschiedene Produktfunktionsänderungen anhand gewichteter Faktoren wie Entwicklungsaufwand, Kundennutzen und Marktdifferenzierung zu bewerten und eine Entscheidungsmatrix zu erstellen.

Strukturierte Denkprozesse wie die Step-by-Step-Analyse sind ideal für komplexe Probleme, die schrittweise Lösungen erfordern. Ein Beispiel hierfür ist das Brainstorming von Geschäftsideen, bei dem die KI schrittweise Branchen, Herausforderungen, Schmerzpunkte, Lösungen und schließlich Geschäftsideen auflistet. Die Root Cause Analysis, beispielsweise mittels der 5-Warum-Methode, hilft bei der Identifikation der Grundursachen von Problemen. Ein Prompt könnte lauten: "Analysiere die tieferen Ursachen des Onboarding-Problems für Neukunden. Nutze die 5-Warum-Methode, um die Grundursachen zu identifizieren und zu empfehlen." Schließlich ermöglicht die Cost-Benefit Analysis via Prompt die Bewertung von Optionen basierend auf Kosten und Nutzen, wie im Beispiel zur Implementierung von KI-Tools.

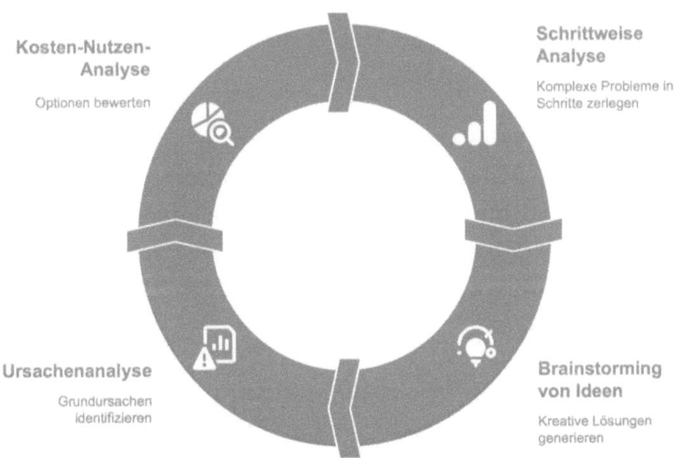

Ein weiterer wichtiger Aspekt ist die Fähigkeit, die KI zu tiefgreifendem Nachdenken anzuregen. Ein Prompt könnte lauten: "Aktiviere den Deep Thinking Mode für folgendes Problem: [Problem]. Analysiere es aus verschiedenen Perspektiven, berücksichtige mögliche Einwände und entwickle eine fundierte Lösung." Auch die faktische Überprüfung ist ein Experten-Skill: "Überprüfe folgende Behauptung kritisch: [Behauptung]. Identifiziere mögliche Fehler oder Ungenauigkeiten und gib an, welche Quellen zur Verifizierung herangezogen werden könnten."

Kreativitätstechniken für außergewöhnliche Prompts

KIs können nicht nur analysieren, sondern auch erstaunlich kreativ sein – wenn man sie richtig anleitet. Hierzu gibt es verschiedene bewährte Ansätze.

Brainstorming-Frameworks wie 5 Whys, SCAMPER, Six Thinking Hats, Mind Mapping oder Starbursting können direkt in Prompts integriert werden, um vielfältige Ideen zu einem Thema zu generieren: "Verwende das Brainstorming-Framework [Framework], um zum folgenden Thema Ideen zu entwickeln: [Thema]".

Der Perspektivenwechsel ist eine weitere mächtige Technik, um ein Problem aus verschiedenen Blickwinkeln zu betrachten. Du könntest die KI komplexe Interaktionen simulieren lassen, wie im Beispiel: "Wir befinden uns in einer Brainstorming-Session mit: [Experte A], [Experte B], [Experte C]. Jeder Experte sollte 10 Ideen aus seiner Perspektive zum folgenden Thema liefern: [Thema]". Eine Erweiterung wäre die Simulation einer Podiumsdiskussion: "Simuliere eine hitzige, aber respektvolle Podiumsdiskussion zum Thema 'Die Zukunft der Arbeit im Zeitalter der KI'. Die Teilnehmer sind: 1. Eine optimistische Technologie-Evangelistin, die glaubt, dass KI zu einer neuen Ära des Wohlstands und der Freizeit führen wird. 2. Ein skeptischer Gewerkschaftsführer, der Massenarbeitslosigkeit und wachsende Ungleichheit befürchtet. 3. Eine pragmatische Wirtschaftswissenschaftlerin, die sowohl Chancen als auch Risiken sieht und die Notwendigkeit von Anpassungsstrategien betont. Lasse jeden Experten seine Hauptargumente überzeugend darlegen, auf die Argumente der anderen reagieren und mögliche Kompromisslinien oder ungelöste Streitpunkte aufzeigen. Der Dialog sollte etwa 800 Wörter umfassen."

Die Gegenteil-Methode kann helfen, kreative Lösungen durch Umkehrung zu finden: "Gib mir 20 Wege, wie ich meine Kunden UNZUFRIEDENER mit meinem [Produkt/Service] machen könnte. Für jeden Punkt gib dann genau den gegenteiligen Ansatz an."

Die Chain of Density (CoD) dient der Generierung zunehmend kreativerer und detaillierterer Outputs. Der Prompt lautet: "Du wirst zunehmend kreativere Outputs generieren. Wiederhole die folgenden 2 Schritte 5 Mal: 1. Identifiziere 1–3 Punkte aus der ursprünglichen Ausgabe, die fehlen. 2. Schreibe eine neue, verbesserte Ausgabe gleicher Länge, die die fehlenden Punkte enthält." Dies führt zu einer tiefgehenden Exploration und einem hohen Ideenreichtum.

Schließlich kann das Analogie-Prompting für neuartige Erklärungen und Einsichten sehr wirkungsvoll sein. Dabei forderst du die KI auf, ein komplexes wissenschaftliches Konzept anhand einer originellen und leicht verständlichen Analogie aus dem Alltag oder der Natur zu erklären, die die Kernidee treffend vermittelt, ohne das Konzept übermäßig zu vereinfachen oder wissenschaftlich ungenau zu werden.

Kreative Ideenentwicklung durch KI

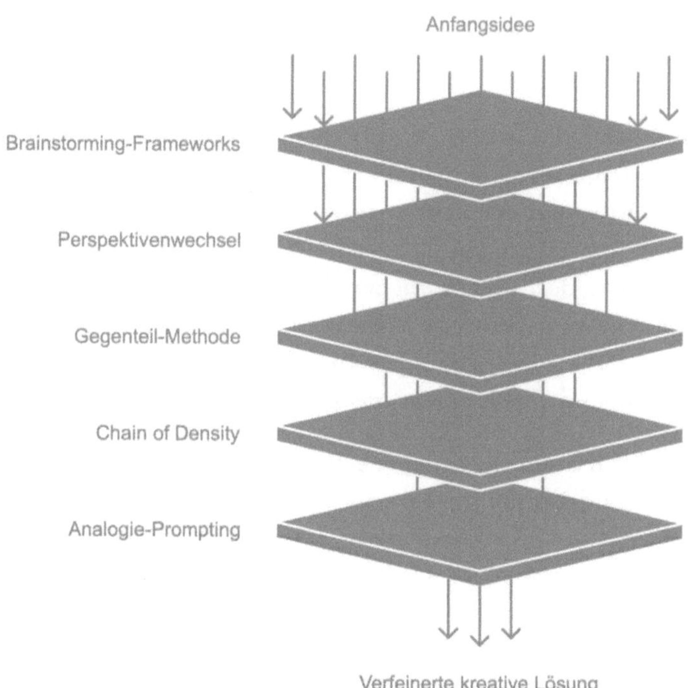

Jede KI hat ihre Eigenheiten

Nicht alle LLMs sind gleich; Modelle wie Gemini, ChatGPT mit seinen verschiedenen Versionen und Claude haben jeweils ihre eigenen Stärken, Schwächen und spezifischen Verhaltensweisen. Als Experte lernst du, deine Prompts an das jeweilige Modell anzupassen, um optimale Ergebnisse zu erzielen. Dies beinhaltet das Verständnis der Unterschiede im Prompting für verschiedene Modelle, da einige Modelle besser auf sehr detaillierte, explizite Anweisungen reagieren, während andere mehr Freiraum für Interpretation benötigen oder besser mit impliziten Hinweisen umgehen können. Es ist ratsam, die spezifischen Empfehlungen und Best Practices der jeweiligen Modellentwickler zu recherchieren. Ein Beispiel hierfür wäre: "Optimiere folgenden Prompt für GPT-4: [Prompt]. Berücksichtige dabei die spezifischen Stärken und Schwächen des Modells."

Ein weiterer wichtiger Aspekt ist die Nutzung von systemspezifischen Parametern, die viele LLM-APIs und einige Benutzeroberflächen zur Anpassung anbieten. Dazu gehört die "Temperatur", die die Zufälligkeit der Ausgabe steuert, "Top-p" (Nucleus Sampling) als alternative Methode zur Steuerung der Zufälligkeit, "Max Tokens" zur Begrenzung der Antwortlänge sowie "Presence Penalty" und "Frequency Penalty" zur Beeinflussung der Wortwahl und Vermeidung von Wiederholungen. Das Verständnis und die gezielte Nutzung dieser Parameter ermöglichen eine feinere Kontrolle über die KI-Antworten.

Die Token-Optimierung ist ebenfalls ein Experten-Thema. Da die meisten LLMs auf Token-Basis arbeiten und oft auch auf Token-Basis abgerechnet werden, kann es sinnvoll sein, Prompts so zu formulieren, dass sie möglichst prägnant sind, ohne an Klarheit zu verlieren. Dies kann bedeuten, unnötige Füllwörter zu vermeiden oder komplexe Anweisungen in effizientere Formulierungen zu überführen. Es geht darum, ein

Gleichgewicht zwischen Ausführlichkeit für die KI und Effizienz in Bezug auf Token-Nutzung zu finden.

Schließlich ist die Persona-Optimierung auf Expertenniveau eine Kunst für sich. Hier geht es nicht nur darum, eine Rolle zuzuweisen, sondern darum, maßgeschneiderte KI-Persönlichkeiten zu erschaffen, die über einen konsistenten Wissensstand, einen einzigartigen Sprachstil und spezifische Verhaltensmuster verfügen. Dies kann durch sehr detaillierte Persona-Beschreibungen, die Bereitstellung von Beispieldialogen oder sogar durch Fine-Tuning-Prozesse (die über das reine Prompting hinausgehen) erreicht werden. Ziel ist es, eine KI zu schaffen, die nicht nur als Werkzeug dient, sondern als echter, spezialisierter Partner agiert.

Experten-Tools und Best Practices

Als Experte im Prompt Engineering wirst du feststellen, dass die kontinuierliche Weiterbildung und das Experimentieren unerlässlich sind. Der Bereich entwickelt sich rasant, und es entstehen ständig neue Modelle, Techniken und Werkzeuge. Es ist wichtig, am Ball zu bleiben, Fachartikel zu lesen, sich in Communities auszutauschen und neue Ansätze auszuprobieren. Zu den Best Practices gehört es, eine eigene, gut organisierte Prompt-Bibliothek aufzubauen, in der du deine erfolgreichsten und interessantesten Prompts sammelst, kategorisierst und mit Anmerkungen versiehst. Nutze Versionierungstools oder einfache Benennungskonventionen, um den Überblick über verschiedene Prompt-Varianten zu behalten. Teste deine Prompts systematisch und dokumentiere die Ergebnisse, um zu verstehen, welche Änderungen welche Auswirkungen haben. Scheue dich nicht, unkonventionelle Ansätze auszuprobieren und die Grenzen dessen, was mit Prompts möglich ist, auszuloten. Oft führen gerade die kreativsten und mutigsten Experimente zu den beeindruckendsten Ergebnissen. Und schließlich: Teile dein Wissen mit anderen. Der Austausch in der Community ist ein wichtiger Motor für Innovation und hilft allen, besser zu werden.

Teste dein Wissen

Du stehst nun an der Schwelle zur wahren Meisterschaft im Prompt Engineering. Die folgenden Aufgaben sind dazu gedacht, dein tiefes Verständnis und deine Fähigkeit zur Anwendung komplexester Techniken zu demonstrieren. Zuerst eine Aufgabe zur iterativen Optimierung: Gegeben sei folgender, suboptimaler Prompt zur Generierung einer Kurzgeschichte: "Schreib eine Geschichte über einen Drachen." Deine Aufgabe ist es, diesen Prompt iterativ zu verbessern. Dokumentiere mindestens drei Verbesserungsschritte, wobei du jeweils erklärst, welche Schwäche du im vorherigen Prompt siehst und wie deine Änderung diese beheben soll. Das Ziel ist ein Prompt, der zu einer fesselnden, originellen Kurzgeschichte für Erwachsene führt. Als Nächstes eine Herausforderung zur Problemlösung mit Frameworks: Ein Unternehmen leidet unter sinkender Mitarbeitermotivation. Wähle eines der fortgeschrittenen Problemlösungs-Frameworks (z. B. SWOT, First Principles, JTBD) und formuliere einen Experten-Prompt, der die KI anleitet, dieses Problem tiefgehend zu analysieren und mindestens drei innovative, konkrete Lösungsansätze zu entwickeln. Schließlich eine Aufgabe zur Kreativität und systemischen Anpassung: Entwirf einen Prompt, der die KI (z. B. Gemini) dazu anleitet, ein völlig neues Konzept für ein nachhaltiges urbanes Transportsystem zu entwickeln. Der Prompt soll die KI dazu bringen, sowohl technische Aspekte als auch soziale und ökologische Auswirkungen zu berücksichtigen und das Konzept in Form eines überzeugenden Pitch-Decks (nur Textform, als Gliederung und Kernaussagen für die Folien) zu präsentieren. Berücksichtige dabei spezifische Stärken des gewählten Modells. Diese Aufgaben sind anspruchsvoll und erfordern dein gesamtes Expertenwissen. Viel Erfolg dabei, deine Virtuosität unter Beweis zu stellen!

2.0 Automatisiere die Routine, entfessle deine Zeit

In einer Welt, die sich immer schneller dreht und in der die Anforderungen stetig steigen, suchen wir alle nach Wegen, um unsere Zeit optimal zu nutzen und uns von monotonen Routineaufgaben zu befreien. Stell dir vor, es gäbe einen intelligenten Autopiloten für deinen Arbeitsalltag, der dir lästige, sich wiederholende Tätigkeiten abnimmt, damit du dich auf das konzentrieren kannst, was wirklich zählt: strategisches Denken, kreative Lösungsfindung und wertschöpfende Interaktionen. Genau hier setzt die AI Workflow Automation an, eine revolutionäre Herangehensweise, die das Potenzial hat, nicht nur deine Arbeitsweise, sondern dein ganzes Leben positiv zu verändern. Es geht darum, die Kraft der Künstlichen Intelligenz zu nutzen, um komplexe Abläufe zwischen verschiedenen Anwendungen und Diensten nahtlos zu automatisieren. Dieses Kapitel wird dir zeigen, wie du durch die intelligente Verknüpfung von Tools und KI-Modulen signifikante Zeitersparnisse realisieren, deine Effizienz auf ein neues Level heben und die Fehleranfälligkeit menschlicher Routinearbeit drastisch reduzieren kannst. Wir werden gemeinsam entdecken, dass AI Workflow Automation weit mehr ist als simples Task-Management; es ist die Kunst, intelligente Systeme zu schaffen, die für dich arbeiten. Von den grundlegenden Konzepten über fortgeschrittene Strategien bis hin zu Expertentipps und den passenden Werkzeugen – dieses Kapitel rüstet dich mit dem Wissen aus, um die Automatisierung zu deinem mächtigsten Verbündeten zu machen.

2.1. Dein Autopilot für den Alltag

Der Einstieg in die Welt der AI Workflow Automation mag zunächst wie eine komplexe Herausforderung erscheinen, doch mit den richtigen Grundlagen wirst du schnell feststellen, dass die ersten Schritte zur automatisierten Effizienz erstaunlich zugänglich sind. In diesem Abschnitt legen wir das Fundament für dein Verständnis und deine Fähigkeit, deinen eigenen digitalen Autopiloten für alltägliche Aufgaben zu entwickeln. Wir klären, was genau sich hinter dem Begriff verbirgt, werfen einen Blick hinter die Kulissen gängiger Automatisierungsplattformen und zerlegen einen einfachen, aber wirkungsvollen Workflow in seine Bestandteile. Mit einem praxisnahen Framework und einer Übersicht über einsteigerfreundliche Tools bist du bestens gerüstet, um deine ersten eigenen Automatisierungen zu planen und umzusetzen.

Was genau ist AI Workflow Automation?

AI Workflow Automation, also die KI-gestützte Workflow-Automatisierung, beschreibt die intelligente und automatisierte Abwicklung von mehrstufigen Geschäfts- oder Arbeitsabläufen, die durch die Integration von Künstlicher Intelligenz und verschiedenen Softwareanwendungen ohne direkten Programmieraufwand realisiert wird. Es geht hierbei nicht darum, lediglich einzelne Aufgaben von einer To-Do-Liste abzuhaken, sondern vielmehr darum, eine Kette von Aktionen über verschiedene Programme und Dienste hinweg so zu verknüpfen, dass sie Daten austauschen und Aufgaben nahtlos und selbstständig nacheinander erledigen. Stell dir vor, verschiedene Anwendungen arbeiten Hand in Hand, gesteuert von einer zentralen Logik, die durch KI-Komponenten um intelligente Entscheidungs- oder Generierungsfähigkeiten erweitert wird. Im Kern ermöglicht diese Technologie, dass beispielsweise ein neuer Kundenkontakt, der über ein Web-Formular erfasst wird, nicht nur automatisch in das CRM-System (Customer Relationship Management) übertragen, sondern dass daraufhin auch direkt eine personalisierte Begrüßungs-E-Mail versendet und der Kontakt einer spezifischen Marketingkampagne zugeordnet wird – all das, ohne dass ein Mensch manuell eingreifen muss. Der entscheidende Unterschied zur traditionellen Automatisierung, wie man sie vielleicht von Makros in Tabellenkalkulationen kennt, oder zu reinen No-Code-Plattformen ohne KI-Integration, liegt in der Fähigkeit, kognitive Aufgaben innerhalb des Workflows zu übernehmen. Das können Texterstellung, Datenanalyse, Bilderkennung oder komplexe Entscheidungsfindungen sein, die den automatisierten Prozess erst wirklich smart machen.

Die Kernkomponenten eines solchen automatisierten Workflows umfassen typischerweise einen Trigger, also einen spezifischen Auslöser, der den Prozess startet, eine oder mehrere Aktionen, die als Reaktion auf den Trigger ausgeführt werden, die miteinander verbundenen Apps oder Dienste, und eben die KI-Integration, die dem Workflow seine Intelligenz verleiht. Alltagsbeispiele reichen von der automatischen Sortierung eingehender E-Mails mit einer darauf basierenden, KI-generierten Antwort bis hin zur automatischen Erstellung von Social-Media-Beiträgen aus neu veröffentlichten Blogartikeln, inklusive passender Bildvorschläge durch eine KI.

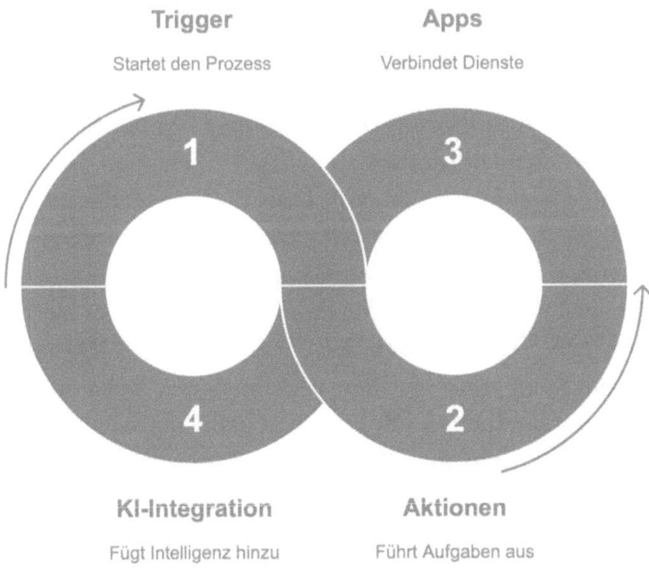

Wie "denken" Automatisierungsplattformen?

Um zu verstehen, wie du Automatisierungsplattformen wie Zapier, Make.com (ehemals Integromat) oder n8n für dich arbeiten lassen kannst, ist es hilfreich, einen vereinfachten Blick auf ihre Funktionsweise zu werfen. Stell dir diese Plattformen wie einen riesigen Baukasten vor, gefüllt mit unzähligen digitalen

Bausteinen. Jeder Baustein repräsentiert eine bestimmte App, einen Dienst oder eine spezifische Funktion. Deine Aufgabe ist es nun, diese Bausteine so miteinander zu verbinden, dass sie eine kleine Maschine ergeben, die eine bestimmte Aufgabe für dich erledigt. Die Plattformen selbst folgen dabei einem ähnlichen Grundprinzip: Du definierst einen Auslöser, im Fachjargon oft als "Trigger" bezeichnet. Das kann ein Ereignis sein wie "Wenn ein neues Formular auf meiner Webseite ausgefüllt wird" oder "Immer wenn eine E-Mail mit einem bestimmten Betreff in meinem Posteingang landet". Sobald dieser Trigger aktiviert wird, setzt er eine oder mehrere vordefinierte Aktionen in Gang. Diese Aktionen können vielfältig sein, vom Kopieren von Daten über das Senden von Nachrichten bis hin zur Analyse von Texten durch eine integrierte KI. Damit diese Kommunikation zwischen den verschiedenen Bausteinen, also den unterschiedlichen Softwareanwendungen, reibungslos funktioniert, nutzen die Plattformen sogenannte APIs (Application Programming Interfaces). APIs kannst du dir wie universelle Übersetzer vorstellen, die es Programmen ermöglichen, miteinander zu sprechen, auch wenn sie ursprünglich nicht dafür konzipiert wurden. Ein weiteres wichtiges Konzept sind Webhooks, die wie ein digitaler Nachrichtendienst agieren und es Apps erlauben, sich gegenseitig in Echtzeit über Ereignisse zu informieren.

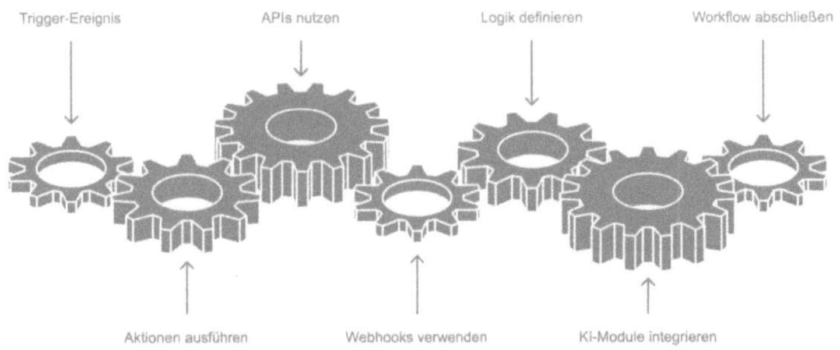

Die eigentliche "Intelligenz" oder Logik deines Workflows definierst du oft über einfache Wenn-Dann-Bedingungen oder visuelle Verknüpfungen der Bausteine. Bei Zapier klickst du dich beispielsweise Schritt für Schritt durch die Konfiguration, während Make.com und n8n visuelle Editoren bieten, in denen du Datenflüsse ähnlich einem Flussdiagramm mit Linien zwischen den Modulen darstellst. Die KI-Module, beispielsweise Integrationen von OpenAI-Diensten wie ChatGPT, greifen dann an bestimmten Stellen in diesen Ablauf ein. Sie können beispielsweise eingehende Texte analysieren und klassifizieren, personalisierte Antworten formulieren oder komplexe Entscheidungen treffen, die den weiteren Verlauf des Workflows bestimmen. So entsteht aus einfachen Bausteinen ein intelligenter, automatisierter Prozess, der dir repetitive Arbeit abnimmt.

Die Anatomie eines einfachen, aber wirkungsvollen automatisierten Workflows

Jeder noch so komplexe automatisierte Workflow lässt sich auf einige grundlegende Bausteine herunterbrechen, deren Verständnis entscheidend für den Erfolg deiner Automatisierungsbemühungen ist. Der erste und vielleicht wichtigste Baustein ist der Trigger, also der Auslöser. Er ist der Startschuss für deinen gesamten Workflow. Ein Trigger kann durch eine Vielzahl von Ereignissen ausgelöst werden, beispielsweise durch den Eingang einer neuen E-Mail in deinem Postfach, das Ausfüllen eines Formulars auf deiner Webseite, einen neuen Eintrag in einer Datenbanktabelle, einen neuen Social-Media-Post, der ein bestimmtes Keyword enthält, oder auch einfach durch einen vordefinierten Zeitpunkt, etwa jeden Morgen um 9 Uhr. Sobald der Trigger aktiviert wurde, folgen eine oder mehrere Aktionen. Aktionen sind die konkreten Schritte, die als Reaktion auf den Trigger ausgeführt werden sollen. Das kann das Kopieren von Daten von einem Ort zum anderen sein, das Senden einer Benachrichtigung an ein Teammitglied, das Erstellen eines neuen Dokuments, das Hinzufügen einer Aufgabe zu einer Projektmanagement-Software oder eben auch die Durchführung einer KI-gestützten Analyse, wie die Zusammenfassung eines langen Textes oder die Generierung einer Antwort. Um diese Aktionen ausführen zu können, müssen die entsprechenden Apps und Dienste miteinander verbunden sein. Das können gängige Büroanwendungen wie Gmail, Google Sheets oder Slack sein, CRM-Systeme wie Salesforce, Projektmanagement-Tools wie Trello oder Asana, oder eben auch spezialisierte KI-Dienste. Die Automatisierungsplattformen bieten hierfür eine Vielzahl von Integrationen, oft Hunderte bis Tausende, sodass nahezu jeder gängige Dienst eingebunden werden kann. Schließlich verfolgt jeder Workflow ein bestimmtes Ziel. Dieses Ziel definiert, was du am Ende des automatisierten Prozesses erreichen möchtest. Das kann eine signifikante Zeitersparnis sein, die Reduktion von manuellen Fehlern, eine schnellere Informationsbereitstellung für deine Kunden oder eine verbesserte Datenqualität. Ein einfaches Beispiel für einen solchen Workflow könnte sein: Der Trigger ist der Eingang einer neuen E-Mail mit dem Betreff "Rechnung" in deinem Gmail-Postfach. Die erste Aktion ist die Extraktion des E-Mail-Anhangs. Die zweite Aktion speichert diesen Anhang in einem dafür vorgesehenen Ordner in Google Drive. Die dritte Aktion sendet eine Benachrichtigung über den Eingang der neuen Rechnung an deinen Slack-Kanal für die Buchhaltung. Das Ziel dieses Workflows ist es, den Prozess der Rechnungsablage zu automatisieren, Zeit zu sparen und sicherzustellen, dass keine Rechnung übersehen wird.

Erste Schritte mit einem einfachen Workflow-Framework

Um dir den Einstieg in die Planung deiner ersten eigenen automatisierten Workflows zu erleichtern und sicherzustellen, dass du keine wichtigen Aspekte übersiehst, stellen wir dir ein einfaches, aber sehr effektives Framework vor: A.U.T.O. Dieses Akronym steht für die vier Kernkomponenten, die du bei der Konzeption jedes Workflows berücksichtigen solltest. Das A steht für den Auslöser. Hier definierst du ganz präzise, was der Startpunkt oder das spezifische Ereignis ist, das deinen Workflow initiieren soll. Ist es eine eingehende E-Mail mit einem bestimmten Stichwort, ein neuer Eintrag in einer Datenbank, das Erreichen eines bestimmten Datums oder vielleicht eine manuelle Aktion, die du bewusst startest? Je genauer du den Auslöser beschreibst, desto zuverlässiger wird dein Workflow funktionieren. Das U repräsentiert die Umgebung. In diesem Schritt listest du alle Apps, Software-Tools, Plattformen oder auch spezifische Konten auf, die an deinem Workflow beteiligt sind oder miteinander verbunden werden müssen. Denke hier an dein E-Mail-Programm, dein CRM-System, deine Cloud-Speicherlösung oder die spezifische KI-Anwendung, die du integrieren möchtest. Mit T ist die Tätigkeit gemeint. Hier beschreibst du die konkreten Schritte oder Aktionen, die nacheinander ausgeführt werden sollen, sobald der Workflow ausgelöst wurde. Welche Daten sollen von wo nach wo übertragen werden? Welche Informationen sollen verarbeitet oder transformiert werden? Welche Logik, beispielsweise Wenn-Dann-Bedingungen, ist involviert, um Entscheidungen im Workflow zu treffen? Versuche, die einzelnen Tätigkeiten so kleinteilig wie möglich zu definieren. Schließlich steht das O für den Output. Was ist das gewünschte Ergebnis oder das Endprodukt deines automatisierten Workflows? Soll eine Datei erstellt, eine Nachricht gesendet, ein Bericht generiert oder ein Datensatz aktualisiert werden? Überlege dir auch, wie du den Erfolg deines Workflows messen kannst. Ist das Ziel eine Zeitersparnis, eine Reduktion von Fehlern oder eine Steigerung der Kundenzufriedenheit? Ein Anwendungsbeispiel für das A.U.T.O.-Framework könnte die automatische Zusammenfassung von Meeting-Notizen sein: Der Auslöser (A) wäre das Speichern einer neuen Notizdatei in einem bestimmten Cloud-Ordner. Die Umgebung (U) bestünde aus dem Cloud-Speicher, einem KI-Tool zur Textzusammenfassung und dem E-Mail-Programm. Die Tätigkeit (T) wäre: Überwache den Ordner, wenn eine neue Datei erscheint, sende den Inhalt an die KI zur Zusammenfassung, erhalte die Zusammenfassung und sende diese per E-Mail an alle Meeting-Teilnehmer. Der Output (O) wäre die zeitnahe Bereitstellung einer prägnanten Zusammenfassung für alle Beteiligten, was die Nachbereitung von Meetings effizienter gestaltet.

Hilfreiche Tools für den Einstieg

Für den erfolgreichen Einstieg in die Welt der AI Workflow Automation benötigst du keine tiefgreifenden Programmierkenntnisse, denn eine Vielzahl von No-Code-Plattformen wurde speziell dafür entwickelt, auch technisch weniger versierten Anwendern die Erstellung komplexer Automatisierungen zu ermöglichen. Zu den bekanntesten und einsteigerfreundlichsten Werkzeugen gehört Zapier. Diese Plattform gilt oft als der Königsweg für den Start, da sie eine extrem intuitive Benutzeroberfläche und mit über 5.000 App-Anbindungen den wohl größten Katalog an unterstützten Diensten bietet. Von E-Mail-Programmen über Datenbanken bis zu spezialisierten Marketing-Tools – die Wahrscheinlichkeit ist hoch, dass die von dir genutzten Anwendungen bereits von Zapier unterstützt werden. Für Teams, die schnell erste Automatisierungen zwischen gängigen SaaS-Services umsetzen möchten, ist Zapier oft die erste Wahl, nicht zuletzt wegen der Fülle an verfügbaren Tutorials, Community-Beiträgen und vorgefertigten Vorlagen, sogenannten "Zaps", die den Einstieg erheblich erleichtern. Eine weitere sehr populäre Plattform ist Make.com, die früher unter dem Namen Integromat bekannt war. Make.com zeichnet sich durch einen sehr visuellen Editor aus, in dem du Datenflüsse und Logikverknüpfungen ähnlich einem Flussdiagramm mit Linien zwischen einzelnen Modulen darstellst. Dies bietet oft eine höhere Flexibilität und bessere Übersicht bei komplexeren

Szenarien. Make.com unterstützt ebenfalls eine große Anzahl von Apps, rund 1.200, und wird für seine mächtigen Funktionen geschätzt. Eine interessante Alternative, besonders für technisch versiertere Anwender oder Unternehmen, die Wert auf Datenhoheit legen, ist n8n.io. Als Open-Source-Tool bietet n8n zwar möglicherweise weniger vorgefertigte Integrationen als Zapier, ist dafür aber extrem anpassbar und erlaubt sogar das Self-Hosting, also den Betrieb auf eigenen Servern. Die visuelle Oberfläche ähnelt der von Make.com und ermöglicht ebenfalls die Erstellung komplexer Workflows. Ein relativ neuer, aber spannender Akteur ist Bardeen.ai, das sich direkt in deinen Webbrowser integriert und sich auf die Automatisierung von Web-Daten-basierten Aufgaben und Produktivitätssteigerung konzentriert. Bardeen unterstützt über 100 Web-Apps wie Google Sheets, Slack oder LinkedIn und bietet ein interessantes "Magic Box" Feature, mit dem Automatisierungen sogar in natürlicher Sprache beschrieben und erstellt werden können. Bardeen verfolgt einen starken AI-first-Ansatz, bei dem die KI nicht nur im Workflow agiert, sondern auch bei dessen Erstellung assistiert. Neben diesen spezialisierten Plattformen bieten auch viele moderne Softwareanwendungen, wie beispielsweise Notion, Airtable oder ClickUp, eigene, oft einfachere Automatisierungsfunktionen an, die als erste Schritte in die Welt der Automatisierung dienen können. Wichtig für den Anfang ist, die kostenlosen Test-Accounts dieser Plattformen zu nutzen, sich langsam mit den Grundkonzepten vertraut zu machen und mit einfachen Workflows zu experimentieren, um ein Gefühl für die Möglichkeiten zu entwickeln.

Teste dein Wissen

Nachdem du nun die grundlegenden Konzepte der AI Workflow Automation, die Funktionsweise der Plattformen und erste Werkzeuge kennengelernt hast, ist es an der Zeit, dein neu erworbenes Wissen anzuwenden und zu überprüfen. Diese kleinen Übungen sollen dir helfen, das Gelernte zu festigen und dich sicherer im Umgang mit den Ideen der Automatisierung zu fühlen. Stell dir zunächst vor, du triffst einen Kollegen, der noch nie von Workflow-Automatisierung gehört hat. Formuliere in zwei bis drei prägnanten Sätzen den Hauptvorteil dieser Technologie, um sein Interesse zu wecken. Für eine praktische Anwendung überlege dir folgendes Szenario: Du möchtest, dass jedes Mal, wenn ein neuer Follower auf deinem beruflichen Twitter-Profil hinzukommt, automatisch eine personalisierte Willkommens-Direktnachricht gesendet wird. Diese Nachricht soll den Namen des neuen Followers enthalten und auf deinen neuesten Blogartikel hinweisen. Skizziere die wesentlichen Elemente dieses Workflows, also den Trigger, die notwendigen Aktionen und die beteiligten Apps. Und schließlich eine kleine Denkaufgabe zur Verbesserung: Ein Freund äußert den sehr vagen Wunsch: "Ich will meine E-Mails besser managen." Nutze das A.U.T.O.-Framework (Auslöser, Umgebung, Tätigkeit, Output), um aus diesem allgemeinen Wunsch einen spezifischeren, automatisierbaren Workflow-Ansatz zu formulieren. Nimm dir für diese Aufgaben ausreichend Zeit. Es geht nicht darum, sofort perfekte Lösungen zu präsentieren, sondern darum, die Konzepte zu durchdringen und ein erstes Gespür für die Planung von Automatisierungen zu entwickeln. Viel Erfolg auf deinem Weg zum Automatisierungs-Profi!

2.2. Werde zum Workflow-Architekten

Nachdem du nun die grundlegenden Mechanismen der AI Workflow Automation verstanden und erste eigene Automatisierungen konzipiert hast, ist es an der Zeit, deine Fähigkeiten auf die nächste Stufe zu heben. Im fortgeschrittenen Bereich dieses Kapitels tauchen wir tiefer in die Kunst ein, nicht nur funktionale, sondern wirklich intelligente und robuste automatisierte Systeme zu erschaffen. Du wirst lernen, wie du deine Workflows mit bedingter Logik und Filtern so gestaltest, dass sie dynamisch auf unterschiedliche Situationen reagieren können. Wir beschäftigen uns intensiv mit der Manipulation und Transformation von Daten direkt im Workflow, um Informationen genau nach deinen Bedürfnissen zu formen. Ein entscheidender Aspekt wird die Fehlerbehandlung und das Monitoring sein, denn zuverlässige Automatisierungen sind das A und O. Darüber hinaus werden wir die Integration von KI-Modellen in komplexe Workflows weiter vertiefen, um das volle Potenzial intelligenter Assistenz im Automatisierungsprozess auszuschöpfen. Schließlich werfen wir einen Blick auf erweiterte Werkzeuge und Plattformfunktionen, die dir als angehendem Workflow-Architekten zur Verfügung stehen, um auch anspruchsvollste Automatisierungsprojekte zu meistern und Systeme zu bauen, die einen echten Impact haben.

Die Macht der bedingten Logik und Filter

Einer der Schlüssel zu wirklich leistungsfähigen Automatisierungen liegt in der Fähigkeit, Workflows zu erstellen, die nicht stur einem linearen Pfad folgen, sondern intelligent auf unterschiedliche Gegebenheiten reagieren können. Hier kommen bedingte Logik und Filter ins Spiel. Stell dir vor, dein Workflow ist wie ein cleverer Weichensteller, der entscheidet, welchen Weg die Daten oder der Prozess als Nächstes nehmen sollen, basierend auf spezifischen Kriterien. Filter erlauben es dir, nur bestimmte Daten für die Weiterverarbeitung zuzulassen. Du könntest beispielsweise festlegen, dass nur E-Mails von bestimmten Absendern weitergeleitet werden oder ausschließlich Kundendeals, die einen bestimmten Wert überschreiten, eine spezielle Behandlung erfahren. Dies hilft, das Rauschen zu reduzieren und sicherzustellen, dass deine Automatisierung sich auf die relevanten Fälle konzentriert. Eng damit verbunden sind Router oder Verzweigungen. Diese ermöglichen es deinem Workflow, unterschiedliche Aktionen auszuführen, je nachdem, welche Bedingungen erfüllt sind. Das klassische "Wenn X zutrifft, dann führe Aktion A aus; wenn Y zutrifft, dann führe Aktion B aus" wird hier zur Realität. Du kannst sogar verschachtelte Bedingungen und komplexe Logikketten aufbauen, um sehr spezifische Szenarien abzubilden. Ein Praxisbeispiel hierfür wäre die automatisierte Bearbeitung von Kunden-Support-Anfragen. Ein Workflow könnte eingehende Anfragen zunächst analysieren. Handelt es sich um ein technisches Problem (Bedingung 1), wird die Anfrage an das Technik-Team weitergeleitet (Aktion 1). Ist es eine Rechnungsfrage (Bedingung 2), geht sie an die Buchhaltung (Aktion 2). Ist die Anfrage als "dringend" markiert (Bedingung 3), erhält sie zusätzlich eine höhere Priorität im Ticketsystem. Ein weiteres Beispiel ist die Lead-Qualifizierung im Vertrieb. Hier könnten Leads basierend auf Kriterien wie Unternehmensgröße, Branche oder Interaktionshistorie automatisch segmentiert und dann mit unterschiedlichen, passgenauen Follow-Up-Sequenzen oder Marketingmaterialien bespielt werden. Durch den geschickten Einsatz von bedingter Logik und Filtern verwandelst du deine Automatisierungen von einfachen Befehlsketten in dynamische und anpassungsfähige Systeme.

Datenmanipulation und -transformation innerhalb von Workflows

In vielen automatisierten Prozessen ist es nicht nur notwendig, Daten von A nach B zu bewegen, sondern sie auch aktiv zu verändern, anzupassen oder anzureichern, während sie den Workflow durchlaufen. Die Fähigkeit zur Datenmanipulation und -transformation direkt im Automatisierungstool ist daher ein mächtiges Werkzeug für fortgeschrittene Anwender. Dies kann die einfache Formatierung von Text umfassen, wie die Umwandlung in Groß- oder Kleinschreibung, das Entfernen überflüssiger Leerzeichen oder das Ersetzen bestimmter Zeichenketten. Oftmals ist auch die Umwandlung von Datentypen erforderlich, beispielsweise wenn ein Textfeld, das eine Zahl enthält, in ein echtes Zahlenformat für Berechnungen konvertiert werden muss oder wenn Datumsangaben in ein einheitliches Format gebracht werden sollen. Viele Automatisierungsplattformen bieten hierfür eingebaute Funktionen oder die Möglichkeit, einfache Formeln anzuwenden. Darüber hinaus kannst du Daten aufteilen, zum Beispiel einen vollständigen Namen in Vor- und Nachname trennen, oder umgekehrt mehrere Textfelder zu einer neuen Information zusammenführen.

Besonders spannend wird es, wenn KI-gestützte Methoden zur Datenextraktion und -strukturierung zum Einsatz kommen. Stell dir vor, dein Workflow erhält unstrukturierte Texte aus E-Mails, PDFs oder Webseiten. Eine integrierte KI-Komponente kann dann relevante Informationen wie Namen, Adressen, Bestelldaten oder spezifische Kennzahlen automatisch extrahieren und in eine strukturierte Form, beispielsweise für den Import in eine Datenbank oder Tabelle, überführen. Ein konkretes Anwendungsbeispiel wäre die Verarbeitung eingehender Online-Bestellungen: Der Workflow könnte automatisch Adressdaten standardisieren (z. B. Tippfehler korrigieren, Postleitzahlen validieren), Produktcodes aus der Bestellung in interne Artikelnummern umwandeln und auf Basis der bestellten Artikel und Mengen die Rechnungsbeträge inklusive Mehrwertsteuer berechnen, bevor die Rechnung generiert und versendet wird. Diese Fähigkeit, Daten aktiv zu formen, macht deine Workflows nicht nur effizienter, sondern auch intelligenter und anpassungsfähiger an die spezifischen Anforderungen deiner Prozesse.

Fehlerbehandlung und Monitoring

Auch die am besten geplanten automatisierten Workflows sind nicht vor Fehlern gefeit. Die Gründe hierfür können vielfältig sein: APIs von angebundenen Diensten könnten temporär nicht erreichbar sein, Daten könnten in einem unerwarteten Format eintreffen, oder es könnten unvorhergesehene Änderungen in den angebundenen Applikationen auftreten, die deinen Workflow aus dem Takt bringen. Als fortgeschrittener Anwender ist es daher unerlässlich, sich intensiv mit Strategien zur Fehlerbehandlung und dem Monitoring deiner Automatisierungen auseinanderzusetzen, um deren Zuverlässigkeit und Wartbarkeit sicherzustellen. Eine proaktive Fehlervermeidung beginnt bereits bei der sorgfältigen Planung und dem ausführlichen Testen deiner Workflows unter verschiedenen Bedingungen. Dazu gehört auch die Validierung von Daten an kritischen Stellen im Prozess, um sicherzustellen, dass nur korrekte und erwartete Informationen weiterverarbeitet werden. Dennoch wirst du nicht jeden Fehlerfall vorhersehen können. Deshalb ist die Implementierung von robusten Fehlerbehandlungsmechanismen entscheidend. Überlege dir für jeden kritischen Schritt deines Workflows, was passieren soll, wenn dieser fehlschlägt. Soll eine Benachrichtigung an einen verantwortlichen Mitarbeiter gesendet werden? Soll der Workflow einen alternativen Pfad einschlagen, um das Problem zu umgehen? Oder soll der Workflow geordnet angehalten werden und auf eine manuelle Überprüfung und Korrektur warten? Viele Automatisierungsplattformen bieten hierfür spezielle Module oder Einstellungen. Genauso wichtig ist ein kontinuierliches Monitoring. Nutze die von den Plattformen angebotenen Logging-Funktionen, um den Ablauf deiner Workflows nachzuvollziehen und Fehlerhistorien zu analysieren.

Richte automatische Benachrichtigungen ein, die dich oder dein Team informieren, sobald ein Fehler auftritt. Zu den Best Practices für robuste und wartbare Workflows gehört es auch, deine Automatisierungen klar zu dokumentieren, sie möglichst modular aufzubauen und regelmäßig zu überprüfen, ob alle angebundenen Dienste und APIs noch wie erwartet funktionieren. Ein gut durchdachtes Fehlermanagement sorgt dafür, dass deine Automatisierungen nicht nur Zeit sparen, wenn sie laufen, sondern auch im Fehlerfall schnell wieder einsatzbereit sind und keine kritischen Datenverluste oder Prozessunterbrechungen verursachen.

Integration von KI-Modellen in komplexe Workflows

Die wahre Stärke der AI Workflow Automation entfaltet sich, wenn Künstliche Intelligenz nicht nur als isoliertes Werkzeug, sondern als integraler Bestandteil komplexer, mehrstufiger Prozesse genutzt wird. Über die einfache Textgenerierung oder Bilderkennung hinaus kann KI als intelligenter Assistent fungieren, der Entscheidungen trifft, Daten anreichert und völlig neue Automatisierungsmöglichkeiten eröffnet. Ein wichtiger Anwendungsbereich ist die Nutzung von KI für die Entscheidungsfindung innerhalb von Workflows. Stell dir vor, ein Workflow analysiert das Sentiment von Kundenfeedback mithilfe eines Sprachmodells und priorisiert dann automatisch Support-Tickets oder leitet besonders positives Feedback direkt an das Marketing weiter. Oder ein System kategorisiert eingehende Dokumente basierend auf einer KI-Textanalyse und leitet sie den zuständigen Abteilungen zu. Ein weiterer Bereich ist die KI-gestützte Datenanreicherung. Ein Workflow könnte beispielsweise automatisch Informationen zu neu gewonnenen Leads, wie Unternehmensgröße, Branche oder aktuelle Nachrichten, aus dem Web recherchieren und diese direkt zu den entsprechenden Einträgen in deinem CRM-System hinzufügen. Besonders leistungsfähig wird es, wenn du mehrstufige KI-gestützte Prozesse entwirfst. Ein Beispiel: Ein Workflow startet mit der automatischen Erstellung eines Blogartikel-Entwurfs basierend auf vorgegebenen Keywords durch ein LLM. Im nächsten Schritt generiert eine andere KI-Komponente passende Social-Media-Posts für verschiedene Plattformen aus diesem Artikel. Parallel dazu könnte eine Bildgenerierungs-KI passende Illustrationen erstellen. All diese Schritte laufen vollautomatisiert in einem einzigen, orchestrierten Workflow ab. Bei all diesen Möglichkeiten dürfen jedoch ethische Überlegungen und die Grenzen der KI in automatisierten Entscheidungsprozessen nicht außer Acht gelassen werden. Es ist wichtig, Transparenz zu wahren und Mechanismen für menschliche Überprüfung und Korrektur vorzusehen, insbesondere wenn Entscheidungen getroffen werden, die signifikante Auswirkungen haben könnten. Ein gut konzipierter Workflow könnte beispielsweise Kundenanfragen analysieren, die Absicht des Kunden mithilfe eines LLMs erkennen, eine passende, personalisierte Antwort formulieren, diese aber vor dem automatischen Versand zur finalen Überprüfung und Freigabe an einen menschlichen Mitarbeiter senden. So kombinierst du die Effizienz der Automatisierung mit der Sicherheit und Qualität menschlicher Kontrolle.

Werkzeuge und Plattformen für Workflow-Architekten

Wenn deine Automatisierungsanforderungen komplexer werden und du an die Grenzen der Standardfunktionen der No-Code-Plattformen stößt, eröffnet sich dir ein erweitertes Arsenal an Werkzeugen und Techniken. Die bereits bekannten Plattformen wie Zapier, Make.com und n8n bieten auch für fortgeschrittene Anwender mächtige Funktionen. Dazu gehört die direkte Nutzung von Webhooks, um Systeme zu verbinden, die keine nativen Trigger oder Aktionen anbieten, oder um externe Ereignisse in deine Workflows zu integrieren. Viele Plattformen erlauben auch direkte API-Calls zu beliebigen Diensten, was dir maximale Flexibilität bei der Anbindung von Systemen gibt, die über eine Programmierschnittstelle verfügen. Für sehr spezifische Anforderungen oder wenn die eingebauten Module nicht ausreichen, bieten einige Tools, insbesondere n8n und auch Zapier oder Make.com in ihren höheren Tarifen oder über spezielle Code-Schritte, die Möglichkeit, benutzerdefinierten Code (oft in JavaScript oder Python) auszuführen. Dies erlaubt es dir, eigene Logiken zu implementieren, Daten auf sehr spezifische Weise zu transformieren oder auch exotischere Systeme anzubinden. Ein tiefes Verständnis der API-Dokumentationen der von dir genutzten Dienste wird hier unerlässlich, um die Schnittstellen korrekt ansprechen und die Antworten richtig interpretieren zu können. Neben diesen Generalisten gibt es auch spezialisierte KI-Automatisierungs-Tools oder Plattformen, die über die reinen Workflow-Orchestrierungsfunktionen hinausgehen und oft spezifische KI-gestützte Automatisierungen anbieten. Beispiele hierfür sind Bardeen.ai, das stark auf browserbasierte Automatisierung und KI-gestützte Workflow-Erstellung setzt, oder andere Plattformen, die sich auf bestimmte Nischen wie die Automatisierung von Vertriebsprozessen oder die intelligente Dokumentenverarbeitung fokussieren. Für technisch versierte Anwender, die maximale Kontrolle und Flexibilität suchen, können auch Low-Code- oder sogar Pro-Code-Ansätze interessant werden, beispielsweise durch die intensive Nutzung von Python-Skripten innerhalb von n8n oder durch den Aufbau eigener Automatisierungslösungen auf Basis von Programmierbibliotheken. Die Wahl des richtigen Werkzeugs hängt stark von deinen spezifischen Anforderungen, deinen technischen Fähigkeiten und deinem Budget ab, aber das Wissen um diese erweiterten Möglichkeiten ist entscheidend, um als Workflow-Architekt wirklich komplexe und maßgeschneiderte Lösungen entwickeln zu können.

Teste dein Wissen

Du hast nun einen umfassenden Einblick in die fortgeschrittenen Techniken und Werkzeuge der AI Workflow Automation erhalten. Es ist an der Zeit, dein neu erworbenes Wissen anzuwenden und dich auf die nächste Stufe, die Expertenliga der Automatisierung, vorzubereiten. Beginnen wir mit einer Aufgabe zur bedingten Logik: Entwirf einen Workflow, der eingehende Bewerbungen, die per E-Mail eintreffen, automatisch sichtet und weiterleitet. Bewerbungen, die sich auf die Position "Softwareentwickler" beziehen, sollen an Person A im Entwicklungsteam gesendet werden. Bewerbungen für die Position "Marketing Manager" sollen an Person B im Marketingteam gehen. Enthält die Bewerbung zusätzlich das Stichwort "Master-Abschluss" oder "Promotion", soll unabhängig von der Position eine Notiz im internen Bewerbermanagementsystem mit einem entsprechenden Vermerk erstellt werden. Beschreibe die Trigger, die wichtigsten Aktionen und die bedingte Logik dieses Workflows. Als Nächstes eine Herausforderung zur Datenmanipulation: Du erhältst regelmäßig eine CSV-Datei mit Kundenadressen. Diese Datei enthält die Spalten "STRASSE", "HAUSNR", "PLZ" und "ORT". Beschreibe, wie du einen Workflow gestalten würdest, der aus diesen vier Spalten eine neue, einzelne Spalte namens "Vollständige Adresse" im Format "Straße Hausnummer, PLZ Ort" generiert und dabei sicherstellt, dass die Straßennamen immer mit einem Großbuchstaben beginnen und der Rest klein geschrieben wird, unabhängig von der ursprünglichen Formatierung. Schließlich eine Übung zur KI-Integration: Skizziere einen Workflow, der automatisch positive Kundenbewertungen (4 oder 5 Sterne) von einer öffentlichen Bewertungsplattform extrahiert. Für jede positive Bewertung soll ein LLM ein kurzes, ansprechendes

Testimonial-Zitat formulieren, das die Kernbotschaft der Bewertung hervorhebt. Dieses Zitat soll dann zusammen mit dem Namen des Bewerters (falls verfügbar) und einem Link zur Originalbewertung zur Freigabe an das Marketing-Team in einem Slack-Kanal gepostet werden. Diese Aufgaben erfordern sorgfältiges Nachdenken und die Anwendung der gelernten Konzepte. Nimm dir die Zeit, sie gründlich zu bearbeiten, denn der Weg zum Experten führt über die praktische Anwendung und das Lösen komplexer Herausforderungen!

2.3. Meistere die Kunst der hyper-effizienten Systeme

Willkommen in der höchsten Disziplin der AI Workflow Automation! Nachdem du die fortgeschrittenen Techniken gemeistert und gelernt hast, intelligente und robuste Automatisierungen zu bauen, betreten wir nun das Reich der wahren Virtuosität. Als Experte geht es nicht mehr nur darum, komplexe Workflows zu erstellen, sondern darum, hyper-effiziente, skalierbare und wartbare Systeme zu architekturieren, die sich nahtlos in Unternehmenslandschaften einfügen und transformative Ergebnisse liefern. In diesem Abschnitt widmen wir uns den Prinzipien für den Bau von Automatisierungen, die mit deinem Unternehmen wachsen und sich an veränderte Bedingungen anpassen können. Wir tauchen tief ein in die Welt der API-gesteuerten Automatisierung und der Webhooks, um eine direkte und flexible Kommunikation zwischen unterschiedlichsten Systemen zu meistern. Du wirst erfahren, wann und wie du die Grenzen der No-Code-Plattformen durch die Entwicklung eigener Automatisierungs-Bausteine und Skripte erweitern kannst. Ein besonders spannender Aspekt wird die Nutzung von KI nicht nur in deinen Workflows, sondern auch für deren Optimierung und sogar für die Entdeckung neuer Automatisierungspotenziale sein. Schließlich beleuchten wir die ethischen Implikationen und werfen einen Blick in die Zukunft der AI Workflow Automation, um dich nicht nur zu einem technischen Meister, sondern auch zu einem verantwortungsbewussten Gestalter dieser mächtigen Technologie zu machen. Abgerundet wird dieser Experten-Teil mit Hinweisen zu spezialisierten Werkzeugen und den ultimativen Best Practices, die deinen Weg zur Meisterschaft ebnen.

Skalierbare und wartbare Workflow-Architekturen

Die wahre Kunst im Expertenlevel der Workflow-Automatisierung liegt nicht nur darin, einen Prozess einmalig zum Laufen zu bringen, sondern darin, Systeme zu entwerfen, die auch bei steigendem Geschäftsvolumen, sich ändernden Anforderungen oder der Integration neuer Technologien robust, effizient und vor allem wartbar bleiben. Ein entscheidendes Prinzip hierfür ist die Modularisierung von Workflows. Anstatt einen riesigen, monolithischen Workflow für einen komplexen End-to-End-Prozess zu erstellen, zerlegst du ihn in kleinere, logisch zusammenhängende und idealerweise wiederverwendbare Unter-Workflows. Jeder dieser Module erfüllt eine spezifische Teilaufgabe und kann unabhängig getestet, gewartet und bei Bedarf angepasst oder ausgetauscht werden, ohne den gesamten Prozess zu beeinträchtigen. Dies erhöht nicht nur die Übersichtlichkeit, sondern auch die Flexibilität und Stabilität deiner Automatisierungslandschaft. Ein weiteres wichtiges Element für die Wartbarkeit ist die konsequente Nutzung von Variablen und globalen Einstellungen. Anstatt feste Werte wie E-Mail-Adressen, API-Schlüssel oder Pfadangaben direkt in jeden einzelnen Schritt deines Workflows hart zu codieren, definierst du sie an einer zentralen Stelle als Variablen. Ändert sich beispielsweise eine E-Mail-Adresse, musst du sie nur einmal anpassen, und die Änderung wirkt sich auf alle relevanten Workflows aus. Eine sorgfältige und durchgängige Dokumentation deiner Workflows ist ebenfalls unerlässlich, auch wenn es oft als lästige Pflicht empfunden wird. Beschreibe den Zweck jedes Workflows, die beteiligten Systeme, die Logik der Entscheidungen und die erwarteten Inputs und Outputs. Dies ist nicht nur für dich selbst wichtig, wenn du nach einiger Zeit einen Workflow anpassen musst, sondern auch für Kollegen, die möglicherweise damit arbeiten oder ihn übernehmen sollen. Strategien für das Update-Management von angebundenen Apps und APIs dürfen ebenfalls nicht vernachlässigt werden. APIs ändern sich, Apps erhalten neue Versionen – deine Workflows müssen darauf vorbereitet sein. Regelmäßige Überprüfungen und Tests nach Updates der angebundenen Systeme helfen, böse Überraschungen zu vermeiden. Schließlich spielt auch die Performance-Optimierung eine Rolle, insbesondere bei hochvolumigen Prozessen. Identifiziere potenzielle Engpässe in deinen Workflows, beispielsweise langsame API-Antworten oder ineffiziente Datenverarbeitungsschritte, und suche nach Wegen, diese zu beschleunigen, etwa durch Parallelisierung von Aufgaben, wo möglich, oder durch Optimierung der Datenabfragen. Durch die Beachtung dieser Prinzipien baust du nicht nur Automatisierungen, sondern nachhaltige und zukunftssichere Systeme.

Die direkte Kommunikation zwischen Systemen meistern

Während No-Code-Plattformen eine Vielzahl von vorgefertigten Integrationen zu gängigen Apps anbieten, stößt man als Experte unweigerlich auf Szenarien, in denen eine direktere und flexiblere Kommunikation zwischen Systemen erforderlich ist. Hier kommen die direkte Nutzung von APIs (Application Programming Interfaces) und Webhooks ins Spiel. Ein tiefes Verständnis dafür, wie man APIs innerhalb von Automatisierungsplattformen über die Standard-Konnektoren hinaus nutzt, eröffnet ein enormes Potenzial. Dies beinhaltet das sichere Anwenden verschiedener Authentifizierungsmethoden, wie API-Keys oder OAuth, um deine Workflows autorisierten Zugriff auf externe Dienste zu gewähren. Du lernst, HTTP-Requests – die grundlegende Sprache des Internets – präzise zu formulieren, sei es ein GET-Request zum Abrufen von Daten, ein POST-Request zum Erstellen neuer Datensätze, ein PUT-Request zum Aktualisieren bestehender Informationen oder ein DELETE-Request zum Löschen. Genauso wichtig ist die Fähigkeit, die Antworten dieser API-Aufrufe korrekt zu verarbeiten, oft im JSON- oder XML-Format, um die benötigten Informationen zu extrahieren und im Workflow weiterzuverwenden. Webhooks sind ein weiteres mächtiges Werkzeug im Arsenal des Experten. Sie ermöglichen eine ereignisgesteuerte Kommunikation zwischen Systemen, auch wenn diese keine native Trigger-Funktionalität in deiner Automatisierungsplattform anbieten. Du kannst eigene Webhooks erstellen, die von externen Systemen aufgerufen werden können, um einen Workflow zu starten oder Daten an ihn zu übergeben. Umgekehrt können deine Workflows auch Webhooks anderer Dienste aufrufen, um dort Aktionen auszulösen. Das Debugging von

API-Calls und Webhook-Interaktionen erfordert zwar oft ein genaueres Hinsehen in Logs und Fehlermeldungen, aber die gewonnene Flexibilität ist den Aufwand wert. Ein Praxisbeispiel wäre ein Workflow, der direkt mit der API eines unternehmensinternen, benutzerdefinierten Tools interagiert, um spezifische Produktionsdaten abzurufen, diese mit externen Marktdaten zu kombinieren und die Ergebnisse in einem Dashboard zu visualisieren – ein Szenario, das mit Standard-Konnektoren oft nicht realisierbar wäre.

Entwicklung eigener Automatisierungs-Bausteine und -Skripte

Obwohl No-Code-Automatisierungsplattformen eine beeindruckende Bandbreite an Funktionen und Integrationen bieten, wird es immer wieder Situationen geben, in denen du an die Grenzen des Vorgefertigten stößt. Sei es eine sehr spezifische Datenmanipulation, eine komplexe Geschäftslogik, die sich nicht mit den Standardbausteinen abbilden lässt, oder die Notwendigkeit, ein exotisches System anzubinden, für das es keine fertige Integration gibt – hier kommt die Möglichkeit ins Spiel, eigenen Code in deine Workflows einzubetten. Viele fortgeschrittene Automatisierungsplattformen, insbesondere n8n, aber auch Zapier und Make.com in ihren erweiterten Versionen oder über spezielle "Code"-Schritte, erlauben die Ausführung von benutzerdefinierten Skripten, meist in gängigen Sprachen wie Python oder JavaScript. Dies eröffnet dir die Freiheit, kleine, maßgeschneiderte Skripte zu schreiben, die genau die Funktionalität bereitstellen, die du benötigst. Das kann die Transformation von Daten in ein sehr spezielles Format sein, die Implementierung eines komplexen Algorithmus zur Entscheidungsfindung oder die Kommunikation mit einer seltenen API, die besondere Anforderungen an die Request-Formatierung stellt. Natürlich bringt der Einsatz von eigenem Code auch eine größere Verantwortung mit sich, insbesondere hinsichtlich der Sicherheit und Fehleranfälligkeit. Es ist wichtig, den Code sorgfältig zu testen und sicherzustellen, dass er keine Sicherheitslücken öffnet oder den Workflow instabil macht.

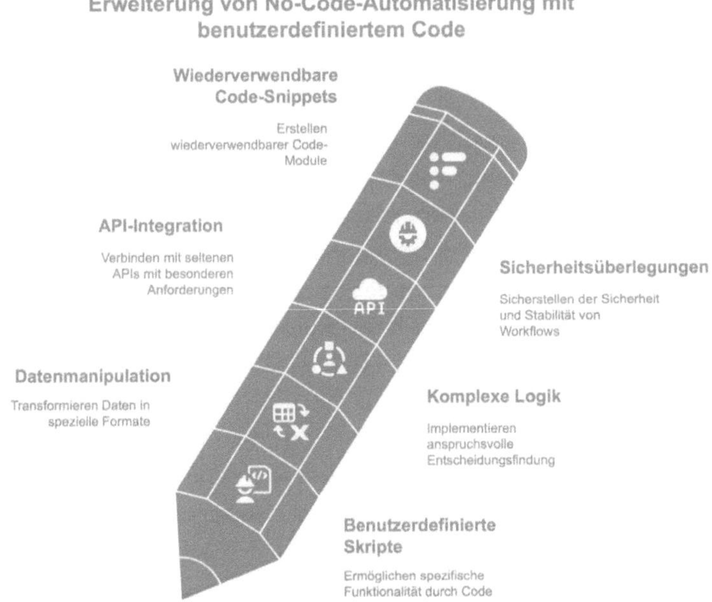

Für wiederkehrende Aufgaben oder komplexere Eigenentwicklungen kann es sich sogar lohnen, eigene wiederverwendbare Code-Snippets zu erstellen oder, im Falle von Plattformen wie n8n, eigene "Community Nodes" zu entwickeln und so die Funktionalität der Plattform für sich und potenziell auch für andere Nutzer zu erweitern. Die Fähigkeit, bei Bedarf die No-Code-Welt zu verlassen und gezielt eigene Code-Bausteine zu integrieren, ist ein Kennzeichen des wahren Workflow-Virtuosen, der die Grenzen des Möglichen immer wieder neu definiert.

Lass die KI deine Workflows verbessern

Eine der spannendsten Entwicklungen im Bereich der AI Workflow Automation ist die Nutzung von Künstlicher Intelligenz nicht nur als ausführendes Element innerhalb deiner automatisierten Prozesse, sondern auch als intelligentes Werkzeug für deren Optimierung und sogar für die Entdeckung gänzlich neuer Automatisierungspotenziale. Stell dir vor, eine KI analysiert deine bestehenden manuellen oder teilautomatisierten Abläufe und deckt dabei Engpässe, Ineffizienzen oder repetitive Tätigkeiten auf, die sich ideal für eine Automatisierung eignen würden. Dies ist die Kernidee des Process Mining, bei dem KI-gestützte Tools digitale Spuren in deinen Systemen (z. B. Log-Dateien) analysieren, um ein detailliertes Bild deiner tatsächlichen Prozesslandschaft zu zeichnen und Optimierungspotenziale aufzuzeigen. Darüber hinaus kann KI auch dabei helfen, deine bereits bestehenden automatisierten Workflows zu verbessern. Durch die Analyse von Laufzeitdaten, Fehlerprotokollen und der Performance einzelner Schritte können KI-Modelle Vorschläge zur Optimierung machen, beispielsweise indem sie ineffiziente Schleifen identifizieren, alternative Pfade vorschlagen oder aufzeigen, wo zusätzliche Fehlerbehandlungen sinnvoll wären. Ein weiterer vielversprechender Bereich ist die Predictive Automation. Hierbei kommen KI-Modelle zum Einsatz, die auf Basis historischer Daten und aktueller Parameter vorhersagen, wann ein Workflow wahrscheinlich fehlschlagen wird, eine manuelle Intervention benötigt oder wann bestimmte Ressourcen besonders stark ausgelastet sein werden. Dies ermöglicht ein proaktives Eingreifen und eine intelligentere Steuerung deiner Automatisierungslandschaft. Die KI wird so vom reinen Befehlsempfänger zum aktiven Partner, der dir hilft, deine Prozesse kontinuierlich zu verbessern und das volle Potenzial der Automatisierung auszuschöpfen.

Verantwortungsvoll automatisieren

Mit der zunehmenden Leistungsfähigkeit und Verbreitung von AI Workflow Automation wächst auch die Verantwortung, diese Technologie ethisch und bedacht einzusetzen. Die weitreichende Automatisierung von Aufgaben und ganzen Prozessen hat unweigerlich Auswirkungen auf Arbeitsplätze und die Struktur von Unternehmen. Während das Ziel oft die Entlastung von monotoner Routinearbeit und die Freisetzung von Kapazitäten für höherwertige, kreative und strategische Tätigkeiten ist, müssen wir uns auch mit den Herausforderungen auseinandersetzen, die mit dem potenziellen Wegfall bestimmter Jobprofile und der Notwendigkeit von Umschulung und Weiterbildung einhergehen. Eine besondere Verantwortung liegt im Design von automatisierten Entscheidungsprozessen. Wenn KI-Systeme beispielsweise an der Vorsortierung von Bewerbungen, der Kreditwürdigkeitsprüfung oder der Diagnosestellung im medizinischen Bereich beteiligt sind, müssen wir sicherstellen, dass diese Entscheidungen fair, transparent und frei von schädlichen Biases sind, die möglicherweise in den Trainingsdaten der KI-Modelle enthalten waren. Datenschutz und Datensicherheit gewinnen in hochgradig vernetzten und automatisierten Systemen, in denen sensible Informationen zwischen zahlreichen Anwendungen fließen, eine noch größere Bedeutung. Es gilt, robuste Sicherheitsmaßnahmen zu implementieren und die Einhaltung aller relevanten Datenschutzbestimmungen zu gewährleisten.

Ethische und strategische Überlegungen zur KI-Automatisierung

Die Rolle des Menschen in der Zukunft der Arbeit wird sich weiter wandeln. Der Fokus wird verstärkt auf jenen Fähigkeiten liegen, die KIs (noch) nicht oder nur schwer replizieren können: komplexe Problemlösung, kritisches Denken, emotionale Intelligenz, Kreativität und tiefgreifende menschliche Interaktion. Die Zukunft der AI Workflow Automation selbst verspricht spannende Entwicklungen. Konzepte wie Hyperautomation, die eine noch umfassendere und tiefere Integration von Automatisierungstechnologien in alle Unternehmensbereiche beschreiben, gewinnen an Bedeutung. Autonome Agenten, also KI-Systeme, die nicht nur vordefinierte Workflows abarbeiten, sondern eigenständig Ziele verfolgen, lernen und sich an veränderte Umgebungen anpassen können, sind bereits am Horizont sichtbar. Und selbstoptimierende Workflows, die mithilfe von KI ihre eigene Performance kontinuierlich überwachen und verbessern, könnten bald Realität werden. Als Experte ist es deine Aufgabe, diese Entwicklungen nicht nur technisch zu beherrschen, sondern auch die ethischen Dimensionen zu reflektieren und zu einer verantwortungsvollen Gestaltung dieser transformativen Technologie beizutragen.

Tools und Best Practices für Workflow-Virtuosen

Auf dem Weg zur Meisterschaft im Bereich der AI Workflow Automation wirst du feststellen, dass neben einem tiefen technischen Verständnis auch die richtigen Werkzeuge und etablierte Best Practices entscheidend sind. Für die Überwachung und Analyse komplexer, unternehmenskritischer Workflows reichen die Standard-Logging-Funktionen der Plattformen oft nicht mehr aus. Hier kommen fortgeschrittene Monitoring- und Logging-Tools ins Spiel, die detaillierte Einblicke in die Performance, Fehleranfälligkeit und Ressourcennutzung deiner Automatisierungen ermöglichen und oft auch proaktive Alarmierungsfunktionen bieten. Wenn du beginnst, eigene

Skripte oder komplexere Workflow-Definitionen zu entwickeln, wird die Nutzung von Versionskontrollsystemen wie Git unerlässlich. Sie helfen dir, Änderungen nachzuvollziehen, verschiedene Versionen zu verwalten, mit anderen im Team zusammenzuarbeiten und im Fehlerfall schnell zu einer funktionierenden früheren Version zurückzukehren. Der Austausch in Communities und Fachforen sowie die Teilnahme an Konferenzen und Webinaren sind Gold wert, um von den Erfahrungen anderer Experten zu lernen, neue Techniken und Tools zu entdecken und über die neuesten Entwicklungen auf dem Laufenden zu bleiben. Das Feld der AI Workflow Automation entwickelt sich rasant, daher ist kontinuierliches Lernen und Experimentieren kein optionales Extra, sondern ein integraler Bestandteil deiner Expertenrolle. Scheue dich nicht, neue Plattformen auszuprobieren, mit unkonventionellen Ansätzen zu experimentieren und die Grenzen des Möglichen immer wieder neu auszuloten. Eine der wichtigsten Best Practices ist der Aufbau eines eigenen Portfolios von erfolgreich umgesetzten, komplexen Automatisierungsprojekten. Diese dienen nicht nur als Referenz deiner Fähigkeiten, sondern auch als wertvolle Lernquelle. Dokumentiere deine Projekte sorgfältig, analysiere, was gut funktioniert hat und wo es Herausforderungen gab, und teile deine Erkenntnisse, wo immer es angebracht ist. Die Meisterschaft erreichst du nicht an einem Tag, sondern durch beständige Praxis, Neugier und den Willen, immer wieder Neues zu lernen und dich weiterzuentwickeln.

Teste dein Wissen

Du hast nun die tiefsten Geheimnisse der AI Workflow Automation ergründet und stehst an der Schwelle zur wahren Virtuosität. Die folgenden Aufgaben sind dazu konzipiert, dein Expertenwissen und deine Fähigkeit zur Anwendung komplexester Konzepte unter Beweis zu stellen. Zuerst eine anspruchsvolle Aufgabe zur skalierbaren Architektur: Du bist beauftragt, für ein schnell wachsendes internationales E-Commerce-Unternehmen einen Workflow zu entwerfen, der den gesamten Bestellprozess von der initialen Kundenbestellung über die Lagerverwaltung und Zahlungsabwicklung hin zum Versand und der anschließenden Kundenkommunikation (Versandbestätigung, Tracking-Informationen, Bitte um Produktbewertung) vollautomatisch abwickelt. Beschreibe die wichtigsten Designprinzipien und Architekturentscheidungen, die du treffen würdest, um sicherzustellen, dass dieser komplexe Workflow nicht nur aktuell funktioniert, sondern auch hochgradig skalierbar, wartbar und anpassbar an zukünftige Marktanforderungen und die Integration weiterer internationaler Vertriebskanäle ist. Als Nächstes eine Herausforderung zur API-Nutzung und Eigenentwicklung: Ein Unternehmen nutzt ein älteres, unternehmensintern entwickeltes CRM-System, das zwar eine rudimentäre REST-API anbietet, aber keinerlei native Integrationen in gängige Automatisierungsplattformen besitzt. Skizziere detailliert die technischen Schritte und Überlegungen, die notwendig wären, um neue Leads, die über ein modernes Webformular (z. B. auf der Unternehmenswebsite) erfasst werden, automatisch und zuverlässig über diese REST-API in dem internen CRM-System zu erstellen. Berücksichtige dabei Aspekte wie Authentifizierung, Datenmapping, Fehlerbehandlung bei API-Fehlern und die potenzielle Notwendigkeit, ein kleines benutzerdefiniertes Skript innerhalb deiner Automatisierungsplattform zu nutzen. Schließlich eine Übung zur ethischen Reflexion und Zukunftsgestaltung: Diskutiere in einigen fundierten Absätzen die potenziellen ethischen Herausforderungen und gesellschaftlichen Auswirkungen, die bei der Implementierung eines KI-gestützten Workflows zur vollautomatischen Moderation von Benutzerinhalten auf einer großen Social-Media-Plattform entstehen könnten. Berücksichtige dabei Aspekte wie Meinungsfreiheit, Zensur, algorithmische Voreingenommenheit (Bias) und die psychologische Belastung für menschliche Moderatoren, die möglicherweise nur noch für die schwierigsten Grenzfälle zuständig sind. Schlage konkrete Maßnahmen und Prinzipien vor, die das Unternehmen implementieren sollte, um diese Risiken zu minimieren und einen verantwortungsvollen Einsatz der Technologie zu gewährleisten. Diese Aufgaben erfordern dein gesamtes Expertenwissen, deine analytischen Fähigkeiten und deine Weitsicht. Viel Erfolg dabei, deine Virtuosität als Meister der AI Workflow Automation unter Beweis zu stellen!

3.0: AI Agenten – Deine intelligenten Helfer im Team

Stell dir vor, du hättest ein Team von hochspezialisierten, unermüdlichen digitalen Assistenten, die komplexe Aufgaben für dich erledigen, Informationen recherchieren, Daten analysieren und sogar kreativ zusammenarbeiten können. Das ist keine ferne Zukunftsmusik mehr, sondern die Realität, die durch AI Agenten ermöglicht wird. Dieses Kapitel entführt dich in die faszinierende Welt der intelligenten Agenten – autonome Systeme, die auf Basis von Künstlicher Intelligenz eigenständig handeln, lernen und mit ihrer Umgebung sowie miteinander interagieren können. Wir werden gemeinsam erkunden, wie diese digitalen Helfer nicht nur einzelne Aufgaben automatisieren, sondern ganze Arbeitsabläufe revolutionieren und dir dabei helfen, deine Produktivität auf ein bisher unerreichtes Niveau zu heben. Du wirst verstehen, wie Frameworks wie Lang-Graph, AutoGen und CrewAI es dir ermöglichen, solche Agenten-Teams zu erstellen und zu orchestrieren, um Herausforderungen wie komplexe Recherchen, Kundensupport oder Datenanalyse effizient zu meistern. Von den grundlegenden Konzepten über die Entwicklung kollaborativer Multi-Agenten-Systeme bis hin zu den ethischen Überlegungen und Zukunftsvisionen – dieses Kapitel macht dich fit für die Zusammenarbeit mit deinen neuen, intelligenten Teammitgliedern.

3.1. Die Bausteine intelligenter Assistenz

Der Gedanke an ein Team von KI-gesteuerten Agenten mag zunächst einschüchternd wirken, doch der Einstieg in diese Technologie ist zugänglicher, als du vielleicht denkst. In diesem Grundlagen-Abschnitt schaffen wir das Fundament für dein Verständnis von AI Agenten. Wir klären, was einen AI Agent ausmacht, welche Kernkomponenten ihn antreiben und wie er prinzipiell funktioniert, wobei wir auch die unterschiedlichen Sichtweisen führender KI-Unternehmen wie OpenAI und Anthropic beleuchten.

Anhand von anschaulichen Alltagsbeispielen wirst du erkennen, wie AI Agenten bereits heute vielfältige Aufgaben übernehmen können. Wir werfen einen ersten Blick auf populäre Frameworks wie LangGraph, AutoGen und CrewAI, die dir den Bau eigener Agenten erleichtern, und stellen dir hilfreiche Tools für deine ersten Schritte vor. Ziel ist es, dir das Rüstzeug zu geben, um die Potenziale von AI Agenten zu erkennen und erste eigene Ideen für deren Einsatz zu entwickeln.

Was genau sind AI Agenten?

AI Agenten, oder Künstliche Intelligenz Agenten, sind Softwaresysteme, die in der Lage sind, ihre Umgebung wahrzunehmen, auf Basis dieser Wahrnehmungen eigenständig Entscheidungen zu treffen und Aktionen auszuführen, um bestimmte Ziele zu erreichen. Doch die genaue Definition und Abgrenzung, insbesondere zu verwandten Konzepten wie Workflows oder Chatbots, wird selbst von führenden KI-Unternehmen differenziert betrachtet. OpenAI definiert einen Agenten als ein System, das eigenständig Workflows ausführen kann, um ein Ziel zu erreichen, wobei es ein großes Sprachmodell nutzt, um Aktionen zu steuern und Werkzeuge dynamisch auszuwählen. Entscheidend ist hierbei die zielgerichtete Steuerung und die Fähigkeit zur dynamischen Tool-Auswahl basierend auf dem aktuellen Workflow-Zustand, immer innerhalb definierter Schutzmechanismen. Ein einfacher Chatbot, der zwar ein LLM integriert, dieses aber nicht zur Steuerung eines Workflows einsetzt, wäre nach dieser Definition also noch kein Agent. Anthropic hingegen verfolgt eine nuanciertere Unterscheidung und spricht von "agentischen Systemen" als Oberkategorie. Innerhalb dieser Kategorie differenzieren sie zwischen einem Workflow, bei dem ein System Werkzeuge nach festen Regeln oder vordefinierten Prompt-Ketten steuert, und einem Agenten im engeren Sinne. Ein solcher Agent zeichnet sich dadurch aus, dass das LLM flexibel Entscheidungen trifft, eigene Ziele verfolgt und selbstständig steuert, wie es diese erreicht. Der Übergang zwischen diesen beiden Formen ist oft fließend. Unabhängig von der exakten Definition ist der Kern eines AI Agenten seine Fähigkeit zur Autonomie, Lernfähigkeit und Proaktivität.

Verständnis von AI-Agenten

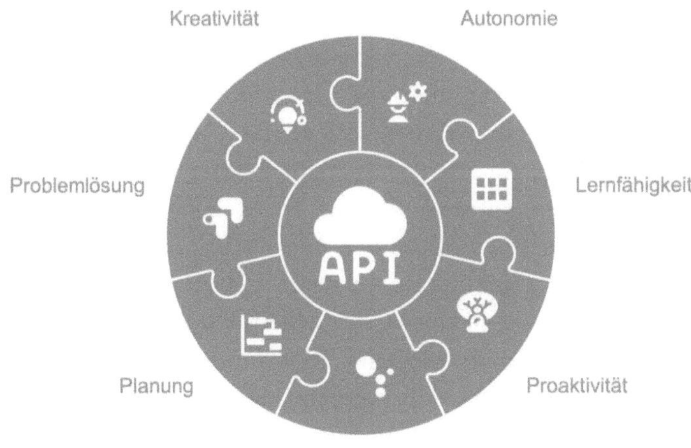

Sie können komplexe Aufgaben verstehen, planen, wie sie diese lösen, und dabei flexibel auf unvorhergesehene Umstände reagieren. Die "Intelligenz" dieser Agenten basiert oft auf großen Sprachmodellen und anderen KI-Technologien, die ihnen Fähigkeiten wie Sprachverständnis, logisches Denken, Problemlösung und sogar Kreativität verleihen. Sie sind darauf ausgelegt, Aufgaben zu übernehmen, die typischerweise menschliches Eingreifen erfordern würden, wie beispielsweise die Durchführung komplexer Recherchen, die Analyse großer Da-

tenmengen, die Erstellung von Berichten oder die Koordination von Projekten.

Die Kernkomponenten eines AI Agenten

Um die Funktionsweise von AI Agenten zu verstehen, ist es
hilfreich, ihre typischen Kernkomponenten zu betrachten, wie
sie auch von Unternehmen wie OpenAI skizziert werden. Im
Zentrum steht oft ein Modell, das als die eigentliche Entschei-
dungsinstanz des Agenten fungiert und dessen Denk- und Planungsfähigkeiten antreibt. Dieses LLM benötigt Werkzeuge
(Tools), also externe Funktionen oder APIs, auf die der Agent
zugreifen kann, um Aktionen in seiner Umgebung auszuführen
oder Informationen zu sammeln. Schließlich gibt es die Anweisungen (Instructions), explizite Richtlinien oder Regeln, die
definieren, wie das Modell handeln soll und welche Ziele es
verfolgt. Allgemeiner betrachtet, verfügt ein Agent über ein
Wahrnehmungsmodul, das es ihm ermöglicht, Informationen
aus seiner Umgebung aufzunehmen. Diese Umgebung kann
digital sein (z. B. das Internet, Datenbanken, APIs anderer
Software) oder, in fortgeschritteneren Szenarien, auch physisch. Die Wahrnehmung erfolgt über Sensoren oder Schnittstellen, die Daten in ein für den Agenten verarbeitbares Format umwandeln. Darauf aufbauend besitzt jeder Agent ein
Wissens- oder Weltmodell, eine interne Repräsentation seines
Verständnisses der Umgebung und der ihm gestellten Aufgabe.
Dieses Modell wird durch die wahrgenommenen Informationen kontinuierlich aktualisiert. Die eigentliche "Intelligenz"
und Entscheidungsfindung, oft gesteuert durch das LLM und
die Anweisungen, findet im Entscheidungs- oder Planungsmo-
dul statt. Hier werden auf Basis der aktuellen Wahrnehmung,

des Wissensmodells und der definierten Ziele des Agenten Entscheidungen darüber getroffen, welche Werkzeuge eingesetzt und welche Aktionen als Nächstes ausgeführt werden sollen.

Schließlich gibt es das Aktionsmodul, über das der Agent mit seiner Umgebung interagiert und die beschlossenen Aktionen ausführt. Das können das Abrufen von Informationen von einer Webseite, das Schreiben von Text, das Senden einer E-Mail, das Ausführen eines Programmcodes oder die Steuerung anderer Systeme sein. Ein Lernmodul kann ebenfalls vorhanden sein, das es dem Agenten ermöglicht, aus seinen Erfahrungen zu lernen und seine Leistung im Laufe der Zeit zu verbessern.

Wann ist der Bau eines Agenten sinnvoll?

Die Entscheidung, ob die Entwicklung eines AI Agenten oder eines agentischen Systems der richtige Ansatz ist, hängt stark vom spezifischen Anwendungsfall und den damit verbundenen Anforderungen ab. OpenAI empfiehlt den Einsatz von Agenten insbesondere dann, wenn komplexe Entscheidungsfindungen erforderlich sind, die nuanciertes Urteilsvermögen, die Berücksichtigung von Ausnahmen oder kontextsensitive Entscheidungen verlangen, wie beispielsweise bei Risikobewertungen oder personalisierten Empfehlungen. Auch bei schwer wartbaren Prozessen, also Systemen, die aufgrund umfangreicher und komplizierter Regelwerke fehleranfällig oder aufwändig zu aktualisieren sind, können Agenten eine flexiblere Lösung bieten. Ein weiteres starkes Argument für Agenten ist der Umgang mit unstrukturierten Daten, bei denen klassische, regelbasierte Systeme oft scheitern, beispielsweise bei der Interpretation von natürlicher Sprache, der Extraktion von Bedeutung aus Dokumenten oder der Verarbeitung von Konversationen. Schließlich sind Agenten dort sinnvoll, wo eine hohe Automatisierungsanforderung besteht und eine signifikante Entlastung von menschlicher Arbeitskraft notwendig ist. Anthropic rät hingegen dazu, zunächst die einfachste Lösung zu finden und die Komplexität nur dann zu erhöhen, wenn es wirklich notwendig ist. Das bedeutet, dass nicht immer gleich ein vollwertiges agentisches System gebaut werden muss. Agentische Systeme, so Anthropic, bringen zwar Flexibilität und Autonomie, sind aber oft schwerer vorhersehbar und können höhere Latenzzeiten oder Kosten verursachen. Einfachere Work-flow-Systeme, die auf vordefinierten Pfaden und Regeln basieren, bieten hingegen oft eine bessere Vorhersehbarkeit, Konsistenz und Kosteneffizienz für klar definierte Aufgaben.

Abwägen von Flexibilität und Vorhersehbarkeit in AI-Systemen

Agenten im engeren Sinne sind laut Anthropic dann die bessere Wahl, wenn Flexibilität und modellgetriebene Entscheidungsfindung im großen Stil erforderlich sind, insbesondere bei offenen Entscheidungsprozessen ohne festen, vorhersagbaren Pfad, wie sie beispielsweise bei Forschung, Ideengenerierung oder komplexer Planung auftreten. Die Wahl hängt also maßgeblich von der Abwägung zwischen Flexibilität und Autonomie auf der einen Seite und Vorhersehbarkeit und Stabilität auf der anderen Seite ab.

Anwendungsbeispiele für AI Agenten im Alltag und Beruf

Die Einsatzmöglichkeiten von AI Agenten sind bereits heute vielfältig und werden sich mit der Weiterentwicklung der Technologie rasant erweitern. Im beruflichen Kontext können AI Agenten beispielsweise als persönliche Rechercheassistenten fungieren, die eigenständig Informationen zu komplexen Themen aus dem Internet und internen Datenbanken zusammentragen, analysieren und in prägnanten Berichten aufbereiten. Im Kundensupport können sie nicht nur einfache Anfragen beantworten, sondern auch komplexere Probleme diagnostizieren, Lösungen vorschlagen und bei Bedarf menschliche Kollegen hinzuziehen, wobei sie den gesamten Kontext des Falls aufbereiten. In der Softwareentwicklung können AI Agenten bei der Code-Generierung, beim Testen oder bei der Fehleranalyse unterstützen. Im Marketing könnten sie bei der Erstellung von Kampagnen, der Analyse von Markttrends oder der Personalisierung von Kundenansprachen helfen. Auch im Projektmanagement können sie Aufgaben wie die Terminplanung, die Ressourcenkoordination oder die Fortschrittsüberwachung übernehmen. Im privaten Alltag könnten AI Agenten beispielsweise bei der Reiseplanung assistieren, indem sie Flüge und Hotels recherchieren und buchen, die auf persönlichen Präferenzen basieren, oder sie könnten als intelligente Einkaufsassistenten fungieren, die Angebote vergleichen und Einkaufslisten optimieren.

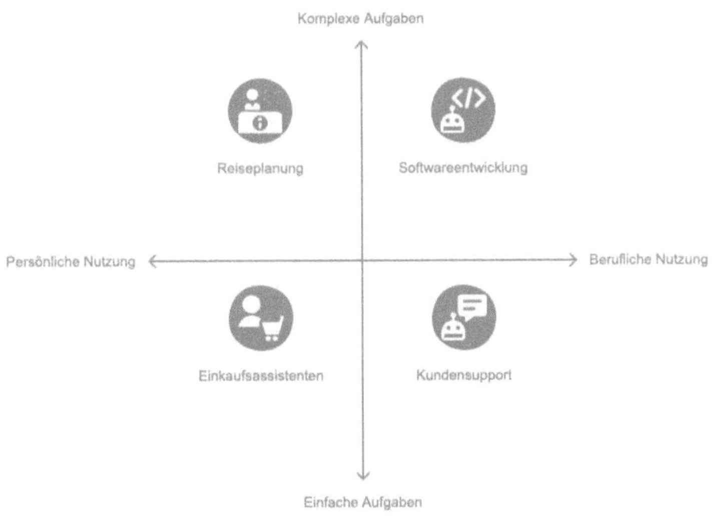

Die Fähigkeit dieser Agenten, Aufgaben kollaborativ zu bearbeiten, eröffnet dabei noch weitreichendere Möglichkeiten, wie die gemeinsame Erstellung komplexer Dokumente oder die Durchführung mehrstufiger Analyseprozesse.

Erste Einblicke in Agenten-Frameworks und Design-Grundlagen

Um die Entwicklung und Orchestrierung von AI Agenten zu vereinfachen, sind verschiedene Frameworks entstanden, die Entwicklern und auch technisch versierten Anwendern leistungsstarke Werkzeuge an die Hand geben. LangGraph ist eine Erweiterung des populären LangChain-Frameworks und wurde speziell dafür entwickelt, zyklische und zustandsbehaftete Multi-Agenten-Anwendungen zu erstellen. Es ermöglicht, Agenten als Knoten in einem Graphen zu definieren und deren Interaktionen und den Informationsfluss zwischen ihnen präzise zu steuern. AutoGen, entwickelt von Microsoft, ist ein weiteres mächtiges Framework, das die Erstellung von LLM-Anwendungen mit multiplen Agenten vereinfacht, die miteinander kommunizieren, um Aufgaben zu lösen. AutoGen ermöglicht es, verschiedene Typen von Agenten mit unterschiedlichen Rollen und Fähigkeiten zu definieren. CrewAI ist ein relativ neues Framework, das darauf abzielt, die Erstellung von anspruchsvollen, kollaborativen AI-Agenten-Crews zu vereinfachen, wobei ein Fokus auf rollenbasierten Agenten und definierten Prozessen liegt. Bei den Design-Grundlagen unterscheidet OpenAI typischerweise zwei Architekturformen für die Orchestrierung von Agenten: Single-Agent-Systeme, bei denen ein einzelner Agent schrittweise Werkzeuge hinzufügt und Workflows in einer Schleife ausführt, was eine einfache und erweiterbare Lösung darstellt. Dem gegenüber stehen Multi-Agent-Systeme, in denen mehrere spezialisierte Agenten koordiniert zusammenarbeiten. Hier gibt es wiederum zwei Hauptkategorien: Ein Manager-Modell, bei dem ein zentraler Hauptagent die spezialisierten Agenten über Werkzeugaufrufe koordiniert, wobei jeder Agent eine spezifische Aufgabe oder Domäne bearbeitet, und dezentrale Systeme, in denen mehrere Agenten als Gleichberechtigte (Peers) operieren und Aufgaben basierend auf ihren Spezialisierungen untereinander weitergeben. Anthropic wiederum beschreibt gängige Muster für agentische Systeme, die sie in der Praxis beobachtet haben. Dazu gehört das Augmented LLM als grundlegender Baustein, bei dem ein LLM durch Erweiterungen wie Retrieval-Funktionen,

Werkzeuge und Speicher verbessert wird. Darauf aufbauend gibt es Workflow-Muster wie Prompt Chaining, bei dem Schritte durch definierte Prompts verbunden werden, wobei jeder LLM-Aufruf die Ausgabe des vorherigen verarbeitet. Routing klassifiziert einen Input und leitet ihn an eine spezialisierte Folgeaufgabe weiter. Parallelisierung ermöglicht es LLMs, manchmal simultan an einer Aufgabe zu arbeiten und ihre Ausgaben programmatisch zusammenzuführen. Im Orchestrator-Worker-Workflow zerlegt ein zentrales LLM Aufgaben, delegiert sie an Worker-LLMs und synthetisiert deren Ergebnisse. Ein weiteres Muster ist der Evaluator-Optimizer-Workflow, bei dem ein LLM eine Antwort generiert, während ein zweites LLM diese bewertet und Feedback in einer Schleife liefert. Agenten im engeren Sinne sind laut Anthropic gut geeignet für offene Probleme, bei denen die Anzahl der Schritte unvorhersehbar ist und kein fester Pfad festgeschrieben werden kann. Diese Muster sind nicht präskriptiv, sondern können flexibel kombiniert werden, um unterschiedliche Anwendungsfälle abzudecken. Die Wahl zwischen einem einfachen Workflow und einem komplexeren agentischen System hängt letztlich vom Ziel, der Komplexität und den Anforderungen an Flexibilität versus Vorhersehbarkeit ab.

Hilfreiche Tools und Plattformen

Neben den genannten Frameworks, die oft ein gewisses Maß an Programmierkenntnissen erfordern, gibt es auch Plattformen und Tools, die den Einstieg in die Welt der AI Agenten erleichtern oder spezifische Agenten-Funktionalitäten anbieten. Viele der großen Cloud-Anbieter wie Google Cloud (Vertex AI), Microsoft Azure (Azure AI Studio) und Amazon Web

Services (Amazon Bedrock) bieten Werkzeuge und Dienste an, die die Entwicklung und das Hosting von KI-Anwendungen, einschließlich agentenähnlicher Systeme, unterstützen. Diese Plattformen stellen oft vortrainierte Modelle, Entwicklungsumgebungen und Infrastruktur bereit. Einige No-Code- oder Low-Code-Plattformen, die ursprünglich für Workflow-Automatisierung oder Chatbot-Erstellung konzipiert wurden, beginnen ebenfalls, agentenähnliche Fähigkeiten zu integrieren oder Schnittstellen zu den oben genannten Frameworks anzubieten. Für das Experimentieren mit den Konzepten von AI Agenten können auch spezialisierte Online-Plattformen oder Open-Source-Projekte interessant sein, die es ermöglichen, mit vordefinierten Agenten-Typen zu interagieren oder einfache Agenten-Systeme visuell zu konfigurieren. Es lohnt sich, die Dokumentationen und Community-Foren der Frameworks wie LangGraph, AutoGen und CrewAI zu studieren, da diese oft Beispiele und Anleitungen für den Einstieg bieten. Für das grundlegende Verständnis der zugrundeliegenden LLMs sind Plattformen wie der OpenAI Playground oder ähnliche Angebote anderer LLM-Anbieter hilfreich, um ein Gefühl für die Fähigkeiten und Grenzen dieser Modelle zu bekommen, die oft das "Gehirn" der Agenten bilden.

Teste dein Wissen

Du hast nun einen ersten Einblick in die faszinierende Welt der AI-Agenten erhalten und dabei die unterschiedlichen Perspektiven von OpenAI und Anthropic kennengelernt. Um dein Verständnis zu festigen, lohnt es sich, zentrale Unterschiede zu reflektieren. Was unterscheidet beispielsweise einen einfachen Chatbot von einem AI-Agenten im Sinne von OpenAI? Während ein Chatbot häufig reaktiv agiert und auf Eingaben mit festgelegten Antworten reagiert, zeichnet sich ein AI-Agent dadurch aus, dass er komplexe Aufgaben eigenständig plant und ausführt. Er besitzt also ein Maß an Autonomie, das über bloße Interaktion hinausgeht. Anthropic hingegen unterscheidet innerhalb ihrer „agentischen Systeme" zwischen einem „Workflow" – also einer festen Abfolge vordefinierter Schritte – und einem echten „Agenten", der in der Lage ist, diese Abläufe flexibel zu interpretieren, anzupassen oder sogar neu zu gestalten.

Stell dir vor, du möchtest einen solchen AI-Agenten erstellen, der dir täglich die wichtigsten Nachrichten zu einem von dir gewählten Thema, beispielsweise „Künstliche Intelligenz in der Medizin", zusammenfasst und dir als übersichtliche E-Mail zuschickt. Damit dieser Agent funktioniert, benötigt er mehrere Kernkomponenten. Nach dem OpenAI-Modell wären dies das Sprachmodell selbst, die eingebundenen Werkzeuge (z. B. für Websuche oder Datenextraktion) sowie eine Aufgabenbeschreibung (Instructions), die sein Verhalten steuert. Allgemeiner betrachtet braucht es drei Fähigkeiten: Wahrnehmung (z. B. das Erfassen neuer Artikel), Entscheidung (z. B. die Auswahl der relevantesten Informationen) und Aktion (z. B. das Verfassen und Versenden der E-Mail).

Die Funktionsweise ließe sich so skizzieren: Der Agent startet morgens mit einem Trigger, durchsucht das Netz oder eine spezialisierte Datenbank nach neuen Inhalten zum Thema. Anschließend bewertet er die Relevanz der Funde mithilfe eines semantischen Analysemoduls. Die wichtigsten Inhalte werden dann in verständlicher, komprimierter Form zusammengefasst und in eine Mail gegossen, die schließlich automatisch verschickt wird.

Für eine weiterführende Übung kannst du nun eine repetitive oder zeitaufwendige Aufgabe aus deinem Alltag betrachten – beruflich oder privat. Angenommen, du möchtest deine tägliche E-Mail-Kommunikation vorstrukturieren, Termine koordinieren und relevante Dokumente kategorisieren. Ein Team aus drei spezialisierten Agenten könnte hier zusammenarbeiten: Ein Recherche-Agent scannt eingehende Nachrichten auf relevante Inhalte, ein Schreib-Agent formuliert Antwortvorschläge oder Zusammenfassungen, und ein Organisations-Agent übernimmt die Zuordnung von Terminen und Dateien.

In diesem Fall würdest du dich vielleicht für ein Orchestrator-Worker-Muster entscheiden, wie es Anthropic beschreibt. Der Orchestrator übernimmt die Steuerung, erkennt, welche Aufgabe ansteht, und teilt sie an die passenden Worker-Agenten aus. So entsteht ein koordiniertes Zusammenspiel, bei dem sich jede Einheit auf ihre Stärke konzentrieren kann. Alternativ könntest du – je nach Komplexität – ein dezentrales OpenAI-Modell wählen, bei dem jeder Agent eigenständig agiert und nur lose koordiniert wird. Die Wahl hängt letztlich von der Dynamik und dem Grad an Abhängigkeit zwischen den Agenten ab.

Diese Übung unterstützt dich dabei, die theoretischen Konzepte praktisch zu durchdringen und erste eigene Ideen für den Einsatz von AI-Agenten zu entwickeln.

3.2. Werde zum Agenten-Architekten

Nachdem du die Grundlagen der AI Agenten verstanden und erste Ideen für deren Einsatz entwickelt hast, ist es an der Zeit, tiefer in die Materie einzutauchen und zu lernen, wie man anspruchsvolle und effektive Agenten-Systeme konzipiert, baut und managt. In diesem fortgeschrittenen Abschnitt werden wir uns mit den Design-Prinzipien beschäftigen, die notwendig sind, um Agenten zu erstellen, die nicht nur funktionieren, sondern auch robust, anpassungsfähig und zielgerichtet agieren. Ein zentraler Fokus liegt auf der Entwicklung von Multi-Agenten-Systemen, in denen mehrere Agenten intelligent kollaborieren und ihre Aktionen koordinieren, um komplexe Probleme zu lösen, wobei wir auch hier die unterschiedlichen Architekturansätze von OpenAI und Anthropic berücksichtigen werden. Du wirst lernen, wie du bestehende Agenten-Frameworks an deine spezifischen Bedürfnisse anpassen und erweitern kannst und welche Strategien es für das Datenmanagement und die Wissensrepräsentation innerhalb von Agenten-Systemen gibt. Ebenso wichtig sind Techniken zur Fehlerbehandlung und zum Debugging, um die Zuverlässigkeit deiner Agenten sicherzustellen. Schließlich werfen wir einen Blick auf spezialisierte Werkzeuge und Plattformen, die dir als angehendem Agenten-Architekten zur Verfügung stehen.

Design-Prinzipien für effektive AI Agenten

Die Entwicklung eines effektiven AI Agenten erfordert mehr als nur die Aneinanderreihung von Code oder die Konfiguration eines Frameworks. Es bedarf eines durchdachten Designs, das auf klaren Prinzipien basiert. Ein fundamentaler Aspekt ist die präzise Definition von Zielen und Aufgaben. Was genau soll der Agent erreichen? Welche spezifischen Aufgaben muss er dafür erledigen? Je klarer die Ziele definiert sind, desto besser kann der Agent seine Aktionen planen und ausführen. Ein weiteres wichtiges Prinzip ist die Modularität. Entwirf deinen Agenten so, dass seine verschiedenen Fähigkeiten und Komponenten (z. B. Wahrnehmung, Planung, Aktion) möglichst unabhängig voneinander sind. Dies erleichtert nicht nur die Entwicklung und das Testen, sondern auch die spätere Wartung und Erweiterung. Die Fähigkeit zur Anpassungsfähigkeit und Flexibilität ist entscheidend, da sich die Umgebung oder die Anforderungen ändern können. Dein Agent sollte in der Lage sein, auf unvorhergesehene Situationen zu reagieren und seine Strategie gegebenenfalls anzupassen. Eine robuste Fehlerbehandlung ist unerlässlich. Was passiert, wenn eine benötigte Information nicht verfügbar ist, eine API nicht antwortet oder eine Aktion fehlschlägt? Der Agent sollte Mechanismen besitzen, um mit solchen Fehlern umzugehen, sei es durch Wiederholungsversuche, alternative Lösungswege oder das Melden des Problems an einen menschlichen Nutzer. Für Agenten, die mit sensiblen Daten arbeiten oder wichtige Entscheidungen treffen, ist Transparenz und Nachvollziehbarkeit wichtig. Es sollte möglich sein zu verstehen, warum ein Agent eine bestimmte Entscheidung getroffen hat. Schließlich sollte auch die Effizienz berücksichtigt werden, sowohl hinsichtlich der benö-

tigten Rechenressourcen als auch der Zeit, die der Agent zur
Erledigung seiner Aufgaben benötigt.

Die Kunst der Kollaboration und Koordination intelligenter Helfer

Viele komplexe Probleme lassen sich effektiver lösen, wenn
nicht nur ein einzelner AI-Agent, sondern ein ganzes Team
spezialisierter Agenten zusammenarbeitet. Solche Multi-Agenten-Systeme (MAS) erfordern jedoch eine durchdachte Planung in Bezug auf Kollaboration und Koordination. Dabei un-

terscheiden sich die architektonischen Ansätze – wie etwa bei OpenAI und Anthropic – teils erheblich.

OpenAI beschreibt typischerweise zwei Hauptkategorien für den Aufbau solcher Systeme. Beim sogenannten Manager-Modell übernimmt ein zentraler Hauptagent die Koordination, indem er spezialisierte Agenten gezielt über Werkzeugaufrufe einsetzt. Jeder dieser Agenten konzentriert sich auf eine spezifische Aufgabe oder Domäne – etwa Recherche, Analyse oder Kommunikation. Alternativ existieren dezentrale Systeme, in denen mehrere Agenten gleichberechtigt nebeneinander agieren. In diesen Peer-Strukturen geben sie Aufgaben untereinander weiter, jeweils abhängig von ihrer Spezialisierung.

Ein zentrales Konzept in beiden Architekturen ist die klare Rollenverteilung. Jeder Agent sollte eine definierte Rolle mit entsprechenden Fähigkeiten besitzen, die ihn für bestimmte Aufgaben besonders geeignet machen – etwa als Recherche-Agent, Analyse-Agent oder Kommunikations-Agent. Entscheidend für das Gelingen ist die Art und Weise, wie die Agenten Informationen austauschen: Kommunizieren sie über eine gemeinsame Sprache oder über ein standardisiertes Nachrichtenformat? Gibt es einen zentralen Koordinator, oder erfolgt die Kommunikation direkt zwischen den Agenten?

Ebenso wichtig ist die Koordination ihrer Aktionen, um Zielkonflikte zu vermeiden und sicherzustellen, dass alle Agenten auf ein gemeinsames Ergebnis hinarbeiten. Diese Koordination kann auf verschiedenen Wegen erreicht werden – etwa durch definierte Kooperationsprotokolle, durch Verhandlungen zwischen den Agenten oder durch die Steuerung eines übergeordneten Planungs- oder Kontrollagents.

Ein weiterer zentraler Aspekt ist die Aufgabenzerlegung. Komplexe Problemstellungen müssen in sinnvolle Teilaufgaben zerlegt und den jeweiligen Agenten effizient zugewiesen werden. Ebenso muss definiert werden, wie die Ergebnisse dieser Teilaufgaben zu einer stimmigen Gesamtlösung zusammengeführt werden. Anthropic schlägt hierfür unter anderem den Orchestrator-Worker-Workflow vor: Ein zentrales Sprachmodell zerlegt die Aufgabe, delegiert sie an spezialisierte Worker-Modelle und synthetisiert am Ende deren Ergebnisse. Ein weiteres Muster ist der Evaluator-Optimizer-Workflow: Ein Agent generiert eine Antwort, ein zweiter bewertet diese und gibt Feedback zurück – ein Prozess, der sich iterativ wiederholen kann.

Frameworks wie CrewAI unterstützen diese kollaborativen Strukturen besonders gut, indem sie die Definition von Rollen, delegierten Aufgaben sowie sequenziellen oder hierarchischen Prozessabläufen vereinfachen. Sie ermöglichen so Mischformen und spezialisierte Implementierungen, die flexibel auf unterschiedliche Anforderungen und Architekturmuster reagieren können.

Anpassung und Erweiterung von Agenten-Frameworks

Die verfügbaren Agenten-Frameworks wie LangGraph, AutoGen oder CrewAI bieten eine solide Grundlage und viele nützliche Abstraktionen für die Entwicklung von AI Agenten. Oftmals wirst du jedoch feststellen, dass du für deine spezifischen Anwendungsfälle Anpassungen oder Erweiterungen vornehmen musst, um maßgeschneiderte Lösungen zu entwickeln. Dies kann die Integration eigener Tools und Fähigkeiten für deine Agenten beinhalten. Die meisten Frameworks ermöglichen es, Agenten mit spezifischen Werkzeugen auszustatten, die sie zur Erledigung ihrer Aufgaben nutzen können. Das können einfache Python-Funktionen sein, Schnittstellen zu externen APIs oder auch komplexere Algorithmen. Die Modifikation bestehender Agenten-Typen oder die Entwicklung komplett neuer Agenten-Klassen ist eine weitere Möglichkeit der Anpassung. Vielleicht benötigst du einen Agenten mit einer sehr spezifischen Entscheidungslogik oder einer besonderen Art der Wissensrepräsentation. Viele Frameworks sind so konzipiert, dass sie eine solche Erweiterbarkeit unterstützen. Auch die Anpassung der Kommunikationsprotokolle oder Koordinationsmechanismen zwischen den Agenten kann notwendig sein, um die Zusammenarbeit optimal auf deine Bedürfnisse abzustimmen. Dies könnte beispielsweise die Implementierung eines benutzerdefinierten Nachrichtenformats oder eines speziellen Algorithmus zur Aufgabenverteilung umfassen. Ein tiefes Verständnis der Architektur des jeweiligen Frameworks ist hierfür unerlässlich. Das Studium der Dokumentation, der Quellcodes (sofern Open Source) und von Beispielen aus der Community kann dir dabei helfen, die Möglichkeiten zur Anpassung und Erweiterung voll auszuschöpfen.

Das Gedächtnis deiner digitalen Helfer

Damit AI Agenten effektiv arbeiten und lernen können, benötigen sie Zugriff auf relevante Daten und eine Möglichkeit, Wissen zu speichern und zu repräsentieren. Das Datenmanagement und die Wissensrepräsentation sind daher zentrale Aspekte bei der Entwicklung fortgeschrittener Agenten-Systeme. Agenten müssen in der Lage sein, auf externe Datenquellen zuzugreifen, sei es über APIs, Datenbankabfragen oder das Parsen von Webseiten. Die Fähigkeit, diese Daten zu filtern, zu transformieren und für die eigenen Zwecke aufzubereiten, ist entscheidend. Für die Speicherung von Informationen, die der Agent während seiner Arbeit sammelt oder die für seine Aufgaben relevant sind, kommen verschiedene Techniken der Wissensrepräsentation zum Einsatz. Das können einfache strukturierte Datenformate wie JSON oder XML sein, aber auch komplexere Ansätze wie Wissensgraphen (Knowledge Graphs), die Beziehungen zwischen Entitäten darstellen, oder Vektordatenbanken, die für die Speicherung und den schnellen Abruf von semantisch ähnlichen Informationen (z. B. aus Texten) optimiert sind. Das Kurzzeitgedächtnis eines Agenten, das oft den Kontext der aktuellen Konversation oder Aufgabe enthält, muss effizient verwaltet werden.

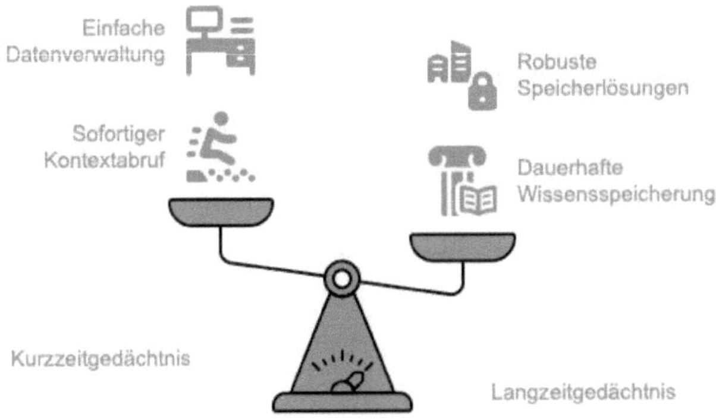

Ausbalancieren von Gedächtnisbedürfnissen in KI-Agenten

Für das Langzeitgedächtnis, das es dem Agenten ermöglicht, aus vergangenen Interaktionen zu lernen und Wissen über längere Zeiträume zu speichern, sind robustere Speicherlösungen und Mechanismen zum Abrufen und Aktualisieren des Wissens erforderlich. Die Integration von Retrieval-Augmented Generation (RAG)-Techniken, bei denen Agenten auf externe Wissensdatenbanken zugreifen, um ihre Antworten zu fundieren, ist hier ein wichtiger Ansatz, den wir im nächsten Kapitel detailliert behandeln werden.

Wenn die Helfer Hilfe brauchen

Auch die intelligentesten AI Agenten sind nicht vor Fehlern gefeit. Die Komplexität von Multi-Agenten-Systemen und die Interaktion mit einer dynamischen Umgebung können zu unerwartetem Verhalten oder Fehlfunktionen führen. Eine robuste Fehlerbehandlung und effektive Debugging-Strategien sind daher unerlässlich. Implementiere Mechanismen zur proaktiven Fehlererkennung, beispielsweise durch Validierung von Inputs und Outputs an kritischen Stellen im Agenten-Workflow. Definiere klare Fehlerbehandlungsroutinen: Was soll passieren, wenn ein Agent eine Aufgabe nicht erledigen kann, eine benötigte Information fehlt oder ein externes Tool nicht antwortet? Soll der Agent es erneut versuchen, eine alternative Strategie wählen, den Fehler protokollieren und einen menschlichen Nutzer informieren? Ein detailliertes Logging aller Aktionen, Entscheidungen und Kommunikationen der Agenten ist für das Debugging unerlässlich. Diese Logs helfen dir, das Verhalten der Agenten nachzuvollziehen und die Ursache von Fehlern zu finden.

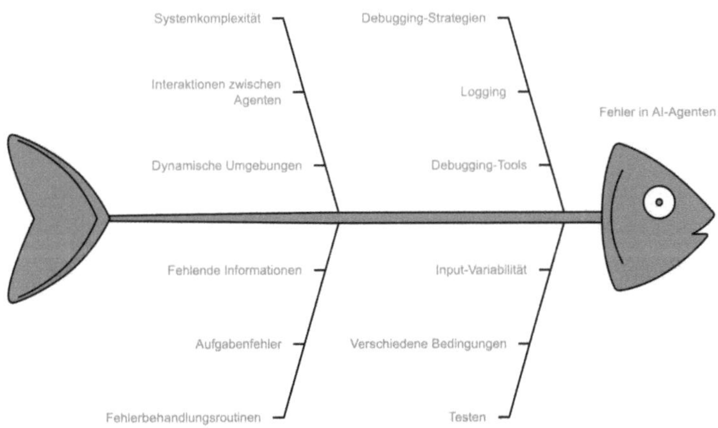

Nutze die Debugging-Tools, die von den Agenten-Frameworks oder deiner Entwicklungsumgebung bereitgestellt werden. Dies können Breakpoints, Step-by-Step-Ausführung oder die Inspektion von Variablen und Zuständen sein. Bei Multi-Agenten-Systemen ist das Debugging oft besonders herausfordernd, da Fehler durch komplexe Interaktionen zwischen den Agenten entstehen können. Hier können Visualisierungstools, die den Nachrichtenfluss und die Zustandsänderungen der Agenten grafisch darstellen, sehr hilfreich sein. Teste deine Agenten-Systeme gründlich unter verschiedenen Bedingungen und mit unterschiedlichen Inputs, um potenzielle Fehlerquellen frühzeitig zu identifizieren.

Werkzeuge und Plattformen für fortgeschrittene Agenten-Entwicklung

Für die Entwicklung anspruchsvoller AI Agenten und Multi-Agenten-Systeme stehen dir neben den bereits genannten Frameworks eine Reihe weiterer Werkzeuge und Plattformen zur Verfügung. Integrierte Entwicklungsumgebungen (IDEs) wie VS Code oder PyCharm bieten leistungsstarke Funktionen für das Schreiben, Debuggen und Verwalten von Code, was besonders bei der Anpassung von Frameworks oder der Entwicklung eigener Agenten-Komponenten hilfreich ist. Versionskontrollsysteme wie Git sind unerlässlich, um Änderungen am Code deiner Agenten nachzuverfolgen, mit anderen im Team zusammenzuarbeiten und verschiedene Versionen zu verwalten. Für das Training und Hosting von KI-Modellen, die von deinen Agenten genutzt werden (z. B. spezialisierte LLMs oder Modelle für maschinelles Lernen), bieten die großen Cloud-Plattformen (AWS, Azure, GCP) umfangreiche Dienste und Infrastrukturen. Vektordatenbanken wie Pinecone, Weaviate oder Chroma DB sind spezialisierte Datenbanken, die für die effiziente Speicherung und Suche von Vektor-Embeddings optimiert sind, was für RAG-Anwendungen und das semantische Gedächtnis von Agenten sehr nützlich ist. Monitoring- und Observability-Plattformen wie Datadog, New Relic oder Prometheus können dir helfen, das Verhalten deiner Agenten-Systeme im Produktivbetrieb zu überwachen, Performance-Engpässe zu identifizieren und Fehler frühzeitig zu erkennen. Der Austausch in Entwickler-Communities, Fachforen und auf Plattformen wie GitHub ist ebenfalls eine wertvolle Ressource, um von den Erfahrungen anderer zu lernen, Lösungen für spezifische Probleme zu finden und über neue Werkzeuge und Techniken auf dem Laufenden zu bleiben.

Teste dein Wissen

Du hast nun tiefere Einblicke in die Architektur und das Management von AI Agenten gewonnen. Es ist Zeit, dein fortgeschrittenes Wissen anzuwenden. Stell dir vor, du sollst ein Multi-Agenten-System für ein Nachrichtenportal entwerfen. Dieses System soll automatisch Nachrichtenartikel zu aktuellen Ereignissen erstellen. Definiere mindestens drei verschiedene Agenten-Rollen (z. B. Recherche-Agent, Schreib-Agent, Fakten-Check-Agent, Redaktions-Agent). Beschreibe für jede Rolle die spezifischen Aufgaben und die Fähigkeiten (Tools), die der Agent benötigt. Skizziere den grundlegenden Workflow und die wichtigsten Interaktionspunkte zwischen diesen Agenten, von der Identifizierung eines relevanten Ereignisses bis zur Veröffentlichung des fertigen Artikels. Berücksichtige dabei, ob du eher eine Manager-Agenten-Architektur (OpenAI-Stil) oder ein dezentraleres Modell bzw. ein Orchestrator-Worker-Muster (Anthropic-Stil) wählen würdest und begründe deine Entscheidung. Eine weitere Herausforderung: Du entwickelst einen AI Agent, der Kundenanfragen per E-Mail beantworten soll. Manchmal sind die Anfragen unklar oder mehrdeutig. Beschreibe, welche Strategien zur Fehlerbehandlung und zur Klärung von Mehrdeutigkeiten du in den Agenten implementieren würdest, bevor er eine potenziell falsche oder unvollständige Antwort gibt. Berücksichtige dabei auch, wann und wie der Agent einen menschlichen Mitarbeiter hinzuziehen sollte. Schließlich eine Aufgabe zur Anpassung: Du nutzt ein bestehendes Agenten-Framework, aber du benötigst eine spezielle Fähigkeit für deine Agenten, die das Framework nicht standardmäßig anbietet – beispielsweise die Fähigkeit, komplexe mathematische Berechnungen mit einer externen wissenschaftlichen Bibliothek durchzuführen. Beschreibe die grundlegenden Schritte, die du unternehmen müsstest, um diese neue Fähigkeit als benutzerdefiniertes Tool in das Framework zu integrieren und deinen Agenten zur Verfügung zu stellen. Diese Aufgaben erfordern ein detailliertes Verständnis der fortgeschrittenen Konzepte. Nimm dir die Zeit, sie sorgfältig zu durchdenken.

3.3. Entwickle autonome und visionäre Agenten-Systeme

Willkommen auf der höchsten Stufe der Meisterschaft im Umgang mit AI Agenten! Als Experte geht es nicht mehr nur darum, funktionierende Agenten-Systeme zu bauen, sondern darum, visionäre und autonome Lösungen zu entwickeln, die das Potenzial haben, ganze Branchen zu transformieren. In diesem Experten-Abschnitt werden wir uns mit den anspruchsvollsten Konzepten der Agenten-Technologie beschäftigen. Wir erkunden die Prinzipien hinter der Entwicklung von Agenten, die nicht nur vordefinierte Aufgaben erledigen, sondern auch eigenständig lernen, sich anpassen und proaktiv handeln können. Ein wichtiger Fokus liegt auf der Skalierung von Agenten-Systemen für extrem komplexe und umfangreiche Aufgabenstellungen. Dabei werden wir die Bedeutung standardisierter Kommunikationsprotokolle als technisches Rückgrat für verteilte Multi-Agenten-Systeme detailliert beleuchten, insbesondere das Model Context Protocol (MCP). Wir werden uns intensiv mit den Sicherheitsaspekten und den tiefgreifenden ethischen Überlegungen auseinandersetzen, die mit dem Einsatz hochautonomer AI Agenten verbunden sind. Du wirst lernen, wie man AI Agenten nahtlos und wertschöpfend in bestehende Unternehmensprozesse und IT-Landschaften integriert. Ein visionärer Blick in die Zukunft wird dir die aktuellen Trends und das transformative Potenzial dieser Technologie aufzeigen. Abgerundet wird dieser Abschnitt durch Hinweise zu spezialisierten Experten-Tools und den ultimativen Best Practices, die dich auf deinem Weg zum Agenten-Virtuosen unterstützen.

Entwicklung autonomer und selbstlernender Agenten: Die nächste Stufe der Intelligenz

Die Entwicklung von AI Agenten, die ein hohes Maß an Autonomie besitzen und die Fähigkeit zum Selbstlernen aufweisen, stellt die Spitze der aktuellen Forschung und Entwicklung dar. Solche Agenten können ihre Ziele über längere Zeiträume verfolgen, eigenständig komplexe Pläne entwickeln und anpassen, aus ihren Interaktionen mit der Umgebung lernen und ihre Leistung kontinuierlich verbessern, ohne dass ständige menschliche Eingriffe erforderlich sind. Ein Schlüsselkonzept hierfür ist das Reinforcement Learning (Bestärkendes Lernen), bei dem Agenten durch Belohnungen oder Bestrafungen für ihre Aktionen lernen, welche Verhaltensweisen zum Erfolg führen. Die Integration von kontinuierlichem Lernen (Continual Learning) ermöglicht es Agenten, neues Wissen und neue Fähigkeiten im Laufe der Zeit zu erwerben, ohne zuvor Gelerntes zu vergessen. Die Fähigkeit zur Proaktivität, also das eigenständige Initiieren von Aktionen zur Zielerreichung, anstatt nur auf externe Reize zu reagieren, ist ein weiteres Kennzeichen hochentwickelter Agenten.

Zyklus der KI-Agentenentwicklung

Die Entwicklung solcher Systeme erfordert oft den Einsatz komplexer KI-Architekturen, wie z. B. tiefe neuronale Netze, und erhebliche Mengen an Trainingsdaten oder Simulationsumgebungen, in denen die Agenten Erfahrungen sammeln können. Herausforderungen liegen in der Gewährleistung der Sicherheit und Zuverlässigkeit solcher autonomen Systeme sowie in der Schaffung von Mechanismen zur menschlichen Überwachung und Kontrolle, um unerwünschtes Verhalten zu verhindern.

Das Model Context Protocol (MCP)

In der anspruchsvollen Welt der Multi-Agenten-Systeme und komplexen KI-gesteuerten Workflows erweist sich die Notwendigkeit einer standardisierten, robusten und flexiblen Kommunikationsschicht als absolut fundamental. Hier tritt das Model Context Protocol (MCP) auf den Plan – ein fortschrittliches Protokoll, das darauf ausgelegt ist, die Art und Weise, wie Sprachmodelle und die von ihnen gesteuerten Agenten mit externen Werkzeugen, Datenquellen und Diensten interagieren, grundlegend zu vereinheitlichen und zu optimieren. Für Experten, die an der vordersten Front der Entwicklung von KI-Agenten stehen, ist ein tiefes Verständnis von MCP nicht nur vorteilhaft, sondern unerlässlich, um skalierbare, wartbare und interoperable Systeme zu entwerfen, die das volle Potenzial der agentischen KI ausschöpfen können. MCP zielt darauf ab, die oft ad-hoc und proprietär gestalteten Schnittstellen zwischen LLMs und ihrer Umgebung durch einen klar definierten, erweiterbaren Standard zu ersetzen. Es adressiert die Herausforderungen, die sich aus der wachsenden Vielfalt von Tools und der Notwendigkeit ergeben, Agenten nahtlos mit einer breiten Palette von Unternehmensressourcen – seien es Web-APIs, operative Datenbanken, Data Warehouses oder sogar lokale Code-Interpreter und Dateisysteme – sowie mit dem offenen Internet zu verbinden. Die Kernidee von MCP ist die Schaffung einer Abstraktionsebene, die es dem LLM im Herzen eines Agenten ermöglicht, auf kontextuell relevante Informationen und Fähigkeiten zuzugreifen und Aktionen auszuführen, ohne sich um die spezifischen Implementierungsdetails jedes einzelnen angebundenen Dienstes kümmern zu müssen. Dies fördert nicht nur die Modularität und Wiederverwendbarkeit von Agentenkomponenten, sondern verbessert auch signifikant die Skalierbarkeit und die Fähigkeit, komplexe Aufgaben durch die dynamische Orchestrierung verschiedener Tools zu bewältigen.

Die Architektur des Model Context Protocol ist typischerweise um eine klare Trennung von Verantwortlichkeiten zwischen einem MCP Host, MCP Clients und MCP Servern aufgebaut. Der MCP Host fungiert als die zentrale Umgebung, in der das primäre Sprachmodell des Agenten operiert. Innerhalb dieses Hosts agieren MCP Clients als Vermittler, die Anfragen vom LLM entgegennehmen und diese über definierte Transportmechanismen an die entsprechenden MCP Server weiterleiten. Diese MCP Server wiederum stellen die eigentliche Schnittstelle zu den externen Ressourcen dar. Sie empfangen Anfragen von den Clients, interagieren mit den angebundenen Werkzeugen oder Datenquellen (z. B. einer Wetter-API, einer Unternehmensdatenbank oder einem Suchdienst wie Brave Search) und senden die Ergebnisse zurück an den Client und somit an das LLM im Host. Die Kommunikation zwischen Client und Server kann über verschiedene Transportprotokolle abgewickelt werden, darunter RESTful APIs, Server-Sent Events (SSE) für Streaming-Antworten, Standard Input/Output für lokale Prozesse oder auch fortgeschrittenere Mechanismen wie JSON-RPC 2.0, um eine strukturierte und effiziente Interaktion zu gewährleisten. Ein entscheidender Aspekt von MCP ist die Art und Weise, wie es dem LLM im Host ermöglicht, dynamisch Werkzeuge auszuwählen und zu nutzen. Anstatt dass Entwickler für jedes Werkzeug separate Funktionsaufrufe und Ergebnisparser manuell definieren müssen – ein Ansatz, der als traditionelles Function Calling bekannt ist und schnell unübersichtlich werden kann – bietet MCP einen standardisierten Mechanismus für die Werkzeugbeschreibung, -auswahl und

-ausführung. Der MCP Client kann dem LLM eine Liste verfügbarer Werkzeuge (Tools) und deren Fähigkeiten (oft in Form von Prompts oder strukturierten Beschreibungen) präsentieren. Das LLM analysiert dann die aktuelle Benutzeranfrage (User Query) und den Kontext, wählt das am besten geeignete Werkzeug aus und formuliert eine Anfrage, die der MCP Client an den entsprechenden MCP Server weiterleitet. Dieser Prozess kann auch Genehmigungsschritte beinhalten (Server Approval Request), bevor eine Aktion endgültig ausgeführt wird, um Sicherheit und Kontrolle zu gewährleisten. Die Antwort vom MCP Server, die die Ergebnisse der Werkzeugausführung enthält, wird dann wieder an das LLM im Host zurückgespielt, das diese Informationen verarbeitet und eine Antwort für den Benutzer generiert oder den nächsten Schritt im Workflow plant. Dieser standardisierte Dialog reduziert die Komplexität der Integration neuer Werkzeuge erheblich und ermöglicht es Agenten, flexibler und adaptiver auf neue Anforderungen zu reagieren. Im Vergleich zum direkten Function Calling, bei dem das LLM oft nur eine Funktion deklariert und die Anwendung die gesamte Orchestrierung und API-Interaktion übernimmt, verlagert MCP einen Teil dieser Intelligenz und Standardisierung näher an das Modell und die Agentenarchitektur selbst, was zu einer klareren Trennung der Belange und einer verbesserten Interoperabilität führt. Insbesondere in Multi-Agenten-Systemen, wo verschiedene spezialisierte Agenten zusammenarbeiten müssen, bietet MCP eine solide Grundlage für die Kommunikation und den Datenaustausch, indem es eine gemeinsame Sprache und ein gemeinsames Verständnis für die verfügbaren Fähigkeiten und Ressourcen schafft. Es kann auch als Basis für übergeordnete Protokolle wie das Agent-to-Agent (A2A) Protokoll dienen, das die komplexere Kollaboration und Aufgabenverteilung zwischen autonomen Agenten regelt, wobei MCP die konkrete Interaktion der einzelnen Agenten mit ihrer Werkzeugumgebung übernimmt. Die Implementierung von MCP kann somit als ein entscheidender Schritt hin zu wirklich robusten, agentischen Systemen betrachtet werden, die in der Lage sind, komplexe, nicht-lineare Probleme zu lösen und sich dynamisch an verändernde Umstände anzupassen, was sie für Experten im Bereich der KI-Agentenentwicklung zu einem unverzichtbaren Konzept macht. Die erfolgreiche Skalierung von AI Agenten-Systemen von einem experimentellen Prototyp hin zu einer robusten, unternehmensweiten Lösung erfordert darüber hinaus eine sorgfältige Architekturplanung, die Aspekte wie Lastverteilung, Fehlertoleranz und Datendurchsatz berücksichtigt. Die Effizienz der einzelnen Agenten und der Kommunikationsmechanismen zwischen ihnen muss optimiert werden, um Engpässe zu vermeiden.

MCP-Anfrageverarbeitungsprozess

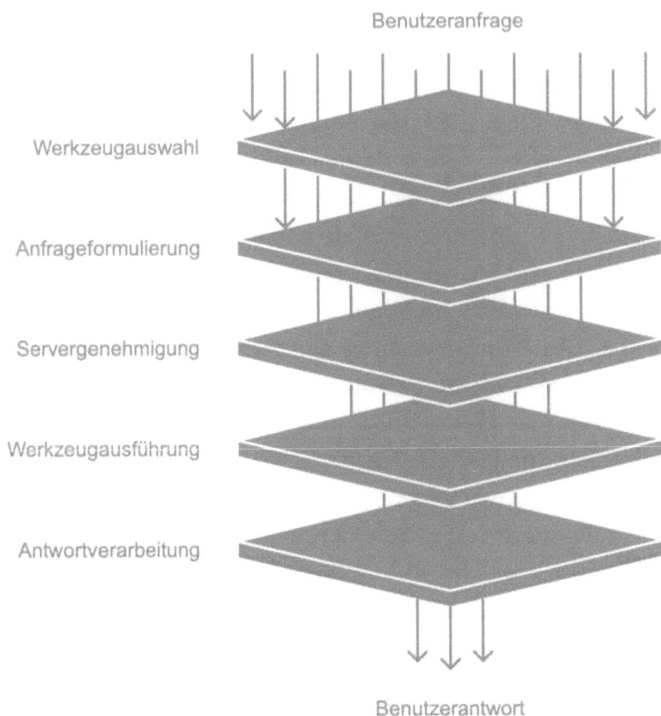

Für die Verarbeitung großer Datenmengen und die Ausführung rechenintensiver KI-Modelle ist eine skalierbare Infrastruktur erforderlich, die oft auf Cloud-Technologien basiert. Das Management und Monitoring einer großen Anzahl von

Agenten erfordert spezialisierte Tools und Prozesse, um den
Überblick über deren Zustand, Leistung und Ressourcennutzung zu behalten.

Sicherheitsaspekte und ethische Überlegungen bei hochautonomen AI Agenten

Mit zunehmender Autonomie und Leistungsfähigkeit von AI
Agenten wachsen auch die potenziellen Risiken und die Notwendigkeit einer tiefgreifenden ethischen Reflexion. Sicherheitsaspekte umfassen den Schutz vor unbeabsichtigtem Fehlverhalten der Agenten, das zu Schäden führen könnte, sowie
den Schutz vor böswilligen Angriffen, bei denen Agenten ma-
nipuliert oder für schädliche Zwecke missbraucht werden
könnten. Die Gewährleistung der Robustheit und Zuverlässigkeit autonomer Systeme unter verschiedensten Bedingungen
ist eine zentrale Herausforderung. Ethische Überlegungen betreffen insbesondere die Rechenschaftspflicht und Verantwortlichkeit: Wer ist verantwortlich, wenn ein autonomer Agent einen Fehler macht oder Schaden verursacht? Wie können Entscheidungen von hochkomplexen Agenten transparent und
nachvollziehbar gemacht werden? Die Vermeidung von algo-
rithmischer Voreingenommenheit (Bias), die dazu führen
könnte, dass Agenten bestimmte Personengruppen diskrimini-
ren, ist von größter Bedeutung. Fragen des Datenschutzes und
der Privatsphäre müssen sorgfältig adressiert werden, insbesondere wenn Agenten Zugriff auf sensible persönliche Informationen haben. Die gesellschaftlichen Auswirkungen, beispielsweise auf den Arbeitsmarkt oder die menschliche Autonomie, erfordern eine breite Diskussion und die Entwicklung von

Leitlinien und Regulierungsrahmen für den verantwortungsvollen Einsatz dieser mächtigen Technologie.

Integration von AI Agenten in bestehende Unternehmensprozesse und IT-Landschaften

Die erfolgreiche Einführung von AI Agenten in Unternehmen
hängt maßgeblich davon ab, wie gut sie in bestehende Prozesse
und die gewachsene IT-Landschaft integriert werden können.
Es geht nicht darum, bestehende Systeme komplett zu ersetzen, sondern vielmehr darum, eine nahtlose Symbiose zu schaffen, bei der AI Agenten die menschlichen Mitarbeiter unterstützen und die Effizienz und Qualität der Prozesse verbessern. Dies erfordert eine sorgfältige Analyse der bestehenden
Prozesse, um geeignete Anwendungsfälle für den Einsatz von
Agenten zu identifizieren und die Schnittstellen zu definieren.
Die technische Integration beinhaltet oft die Anbindung an bestehende Datenbanken, CRM-Systeme, ERP-Software und
andere Unternehmensanwendungen über APIs oder andere
Schnittstellen, wobei standardisierte Kommunikationsprotokolle wie MCP eine wichtige Rolle spielen können. Das Change
Management spielt eine entscheidende Rolle, um die Mitarbeiter auf die Zusammenarbeit mit den neuen digitalen Kollegen
vorzubereiten, Ängste abzubauen und die notwendigen Kompetenzen zu vermitteln. Die Messung des Erfolgs der Agenten-
Implementierung anhand klar definierter Kennzahlen (KPIs)
ist wichtig, um den Nutzen nachzuweisen und kontinuierliche
Verbesserungen zu ermöglichen. Ein iterativer Ansatz, bei dem
zunächst Pilotprojekte in begrenzten Bereichen durchgeführt
werden, bevor eine unternehmensweite Ausrollung erfolgt, ist
oft empfehlenswert.

Die Zukunft der AI Agenten

Die Entwicklung im Bereich der AI Agenten schreitet rasant voran, und die Zukunft verspricht noch leistungsfähigere und vielseitigere Systeme. Ein wichtiger Trend ist die Entwicklung hin zu noch autonomeren und proaktiveren Agenten, die komplexe Ziele über längere Zeiträume verfolgen und dabei flexibel auf sich ändernde Umgebungen reagieren können. Die Fähigkeit zur Generalisierung und zum Transferlernen, also das Anwenden von in einem Kontext erworbenem Wissen auf neue, unbekannte Situationen, wird weiter zunehmen. Multi-Agenten-Systeme werden noch komplexer und besser in der Lage sein, anspruchsvolle Aufgaben durch intelligente Kollaboration und Koordination zu lösen, unterstützt durch robuste Kommunikationsstandards wie MCP. Die Interaktion zwischen Mensch und AI Agent wird sich weiter verbessern, hin zu einer natürlicheren und intuitiveren Zusammenarbeit. Visionen reichen bis hin zu persönlichen digitalen Assistenten, die uns in allen Lebensbereichen intelligent unterstützen, oder zu autonomen Organisationen, die von einem Netzwerk von AI Agenten gesteuert werden. Das transformative Potenzial dieser Technologie ist enorm und wird voraussichtlich viele Branchen und Aspekte unseres Lebens tiefgreifend verändern, von der Art und Weise, wie wir arbeiten und lernen, bis hin zur wissenschaftlichen Forschung und der Lösung globaler Herausforderungen.

Experten-Tools, Frameworks und Best Practices

Für die Entwicklung und den Betrieb hochkomplexer, autonomer AI Agenten-Systeme greifen Experten auf spezialisierte

Tools, fortschrittliche Frameworks und etablierte Best Practices zurück. Neben den bereits genannten Frameworks wie LangGraph, AutoGen und CrewAI, die auch im Expertenbereich intensiv genutzt und erweitert werden, kommen oft spezialisierte Bibliotheken für Reinforcement Learning (z. B. TensorFlow Agenten, PyTorch RL) oder Planungsalgorithmen zum Einsatz. Für die Simulation und das Testen komplexer Agenten-Interaktionen werden oft dedizierte Simulationsumgebungen entwickelt oder genutzt. Die Entwicklung und Implementierung von standardisierten Kommunikationsprotokollen (MCPs) für große, verteilte Systeme ist eine eigene Disziplin, die spezifische Design-Tools und Validierungsmethoden erfordern kann. Fortgeschrittene Monitoring- und Observability-Plattformen sind unerlässlich, um das Verhalten autonomer Systeme im Detail zu verstehen und Anomalien frühzeitig zu erkennen. Best Practices umfassen die rigorose Validierung und Verifikation von Agenten-Verhalten, insbesondere hinsichtlich Sicherheit und Zuverlässigkeit. Die Implementierung von transparenten Erklärungsmechanismen (Explainable AI, XAI), um die Entscheidungen von Agenten nachvollziehbar zu machen, gewinnt an Bedeutung. Ein starker Fokus auf Sicherheit by Design und die kontinuierliche Bewertung und Mitigation ethischer Risiken sind integraler Bestandteil der Expertenpraxis. Der Austausch in wissenschaftlichen Communities und Forschungsnetzwerken sowie die Verfolgung neuester Publikationen sind entscheidend, um an der Spitze der Entwicklung zu bleiben.

Teste dein Wissen

Du hast nun die anspruchsvollsten Konzepte der AI Agenten-Technologie kennengelernt. Diese finalen Aufgaben fordern dein gesamtes Expertenwissen und deine visionäre Denkweise. Stell dir vor, du leitest ein Forschungsteam, das einen vollständig autonomen AI Agenten für die wissenschaftliche Entdeckung in einem bestimmten Fachgebiet (z. B. Materialwissenschaften oder Medikamentenentwicklung) entwickeln soll. Skizziere die Schlüsselkomponenten und Fähigkeiten, die dieser Agent besitzen müsste, um eigenständig Hypothesen zu generieren, Experimente zu planen (ggf. in simulierten Umgebungen), Ergebnisse zu analysieren und neue wissenschaftliche Erkenntnisse zu publizieren. Berücksichtige dabei auch Aspekte des Selbstlernens und der Wissensakkumulation. Welche Rolle könnte ein standardisiertes Kommunikationsprotokoll wie das Model Context Protocol (MCP) spielen, wenn dieser Agent mit anderen spezialisierten Forschungsagenten oder Datenquellen interagieren müsste? Eine weitere Herausforderung: Diskutiere die potenziellen Risiken und Vorteile der Entwicklung von AI Agenten, die in der Lage sind, eigene Ziele zu setzen und ihre ursprüngliche Programmierung zu modifizieren. Welche Kontrollmechanismen und Sicherheitsvorkehrungen wären absolut unerlässlich, um sicherzustellen, dass solche Agenten im Einklang mit menschlichen Werten und Zielen agieren? Schließlich eine strategische Aufgabe: Ein großes Unternehmen möchte AI Agenten unternehmensweit einführen, um die Effizienz zu steigern und neue Geschäftsmodelle zu entwickeln. Entwickle eine Roadmap mit den wichtigsten strategischen Schritten, die das Unternehmen unternehmen sollte, von der initialen Analyse und Pilotierung bis hin zur vollständigen Integration und dem Management einer großen Anzahl von AI

Agenten. Berücksichtige dabei sowohl technische (einschließlich der Notwendigkeit für Kommunikationsstandards wie MCP) als auch organisatorische und ethische Aspekte. Deine Antworten auf diese Fragen zeigen, ob du bereit bist, die Zukunft der intelligenten Systeme nicht nur zu verstehen, sondern aktiv mitzugestalten.

4.0 Intelligente Agenten mit Zugriff auf dein Wissen

Stell dir vor, du könntest die beeindruckenden Fähigkeiten großer Sprachmodelle direkt mit deinem eigenen, spezifischen Wissensschatz verbinden – seien es interne Unternehmensdokumente, deine persönlichen Notizen oder spezialisierte Fachartikel. Was wäre, wenn KI-Systeme nicht nur auf allgemeinem Weltwissen basierende Antworten geben, sondern präzise und vertrauenswürdige Informationen aus deinen Datenquellen ziehen und diese intelligent für komplexe Aufgaben nutzen könnten? Genau hier setzt die Reise an, die wir in diesem Kapitel gemeinsam antreten: von der grundlegenden Technik der Retrieval-Augmented Generation (RAG) hin zu den weitaus potenteren und flexibleren Agentic RAG Systemen. Dieses Kapitel wird dir zeigen, wie diese Evolution nicht nur die Präzision und Relevanz von KI-Antworten revolutioniert, sondern auch die Tür zu einer neuen Generation von intelligenten Agenten aufstößt, die autonomer, kontextbewusster und zielgerichteter agieren können. Wir werden die Mechanismen aufdecken, die es LLMs ermöglichen, auf externe Daten zuzugreifen, und dann den entscheidenden Schritt weitergehen, um zu verstehen, wie Agenten diese Fähigkeit orchestrieren, planen und in komplexe Arbeitsabläufe integrieren. Du wirst lernen, wie Werkzeuge wie LangChain, LlamaIndex und Vectara nicht nur als Brücken zu deinen Daten dienen, sondern auch als Bausteine für anspruchsvolle agentische Systeme, die dein Wissen auf eine bisher unerreichte Weise nutzbar machen. Bereite dich darauf vor, die Grenzen dessen zu erweitern, was du mit KI für möglich gehalten hast, und entdecke, wie Agentic RAG die Art und Weise, wie wir mit Informationen interagieren und Probleme lösen, grundlegend verändern wird.

4.1. RAG und der erste Schritt zu Agentic RAG

Der Sprung von allgemeinen Sprachmodellen zu Systemen, die spezifisches, externes Wissen nutzen können, markiert einen entscheidenden Fortschritt in der Künstlichen Intelligenz. In diesem Grundlagen-Abschnitt legen wir das Fundament für dein Verständnis, wie diese Verbindung zwischen LLMs und deinen Datenquellen funktioniert und wie daraus erste, einfachere agentische Ansätze entstehen können. Wir beginnen mit dem Kernkonzept der Retrieval-Augmented Generation (RAG) und beleuchten, warum diese Technik so wichtig ist, um die Genauigkeit und Vertrauenswürdigkeit von KI-Antworten zu steigern und typische Schwächen von LLMs wie "Halluzinationen" zu minimieren. Du wirst die grundlegenden Komponenten eines RAG-Systems kennenlernen – den Retriever, den Generator und die angebundenen Datenquellen – und verstehen, wie sie zusammenspielen. Anschließend wagen wir den ersten Schritt in Richtung Agentic RAG, indem wir aufzeigen, wie ein einfacher Agent beginnen kann, diesen RAG-Prozess zu steuern und zu orchestrieren, und worin der Unterschied zu einem reinen RAG-Workflow liegt. Anhand von praktischen Anwendungsbeispielen, von präzisen Frage-Antwort-Systemen bis hin zu dynamischeren, aufgabenorientierten Assistenten, wird das Potenzial greifbar. Wir werfen einen ersten Blick auf Schlüsselwerkzeuge wie LangChain, LlamaIndex und Vectara, die nicht nur die Anbindung an deine privaten Daten wie PDFs, Notion-Seiten oder interne Dokumente ermöglichen, sondern auch die Basis für den Aufbau von Agentic RAG Systemen legen. Ziel ist es, dir das Rüstzeug zu geben, um die Prinzipien von RAG zu verstehen und erste Ideen zu entwickeln, wie ein einfacher, wissensbasierter Agent deine Aufgaben unterstützen könnte.

Was ist Retrieval-Augmented Generation (RAG)? Das Kernkonzept einfach erklärt – LLMs mit externem Wissen füttern (Datenquellen, Embedding, Vektor-DB, Retrieval, Augmentierung, Generation)

Retrieval-Augmented Generation, kurz RAG, ist eine Technik, die große Sprachmodelle befähigt, Informationen aus externen, vordefinierten Wissensquellen abzurufen und in ihre Antwortgenerierung einzubeziehen. Stell dir vor, ein LLM ist ein extrem kluger Kopf, der aber nicht jedes Detail auswendig weiß, besonders wenn es um sehr spezifische oder aktuelle Informationen geht, die nicht Teil seiner ursprünglichen Trainingsdaten waren. RAG gibt diesem klugen Kopf eine Bibliothek an die Hand, in der er bei Bedarf nachschlagen kann. Der Prozess beginnt mit deinen Datenquellen – das können PDF-Dokumente, Textdateien, Inhalte aus Notion, Webseiten oder interne Firmendokumente sein. Diese Rohdaten werden zunächst aufbereitet und in kleinere, handhabbare Abschnitte, sogenannte Chunks, zerlegt. Jeder dieser Chunks wird dann mithilfe eines Embedding-Modells in einen numerischen Vektor umgewandelt. Diese Vektoren, auch Embeddings genannt, repräsentieren die semantische Bedeutung des Textabschnitts in einem hochdimensionalen Raum. Ähnliche Inhalte haben dabei ähnliche Vektoren. Diese Vektoren werden anschließend in einer speziellen Datenbank, einer Vektor-DB (Vektordatenbank), gespeichert und indiziert, was eine schnelle und effiziente Ähnlichkeitssuche ermöglicht. Wenn nun eine Benutzeranfrage (Query) an das RAG-System gestellt wird, durchläuft diese Anfrage ebenfalls den Embedding-Prozess. Der resultierende Query-Vektor wird dann genutzt, um in der Vektor-DB die semantisch ähnlichsten Text-Chunks aus den ursprünglichen Datenquellen zu finden – das ist der Retrieval-Schritt. Die gefundenen relevanten Textabschnitte werden dann zusammen mit der ursprünglichen Benutzeranfrage an das LLM weitergegeben. Dieser Prozess, bei dem der ursprüngliche Prompt des Nutzers um die abgerufenen Informationen erweitert wird, nennt sich Augmentierung. Das LLM nutzt nun diesen angereicherten Kontext, um eine fundierte und präzise Antwort zu generieren, die auf den spezifischen Informationen aus den externen Datenquellen basiert, anstatt sich nur auf sein internes, allgemeines Wissen zu verlassen. So wird das LLM quasi mit externem Spezialwissen "gefüttert", um relevantere und vertrauenswürdigere Ergebnisse zu liefern.

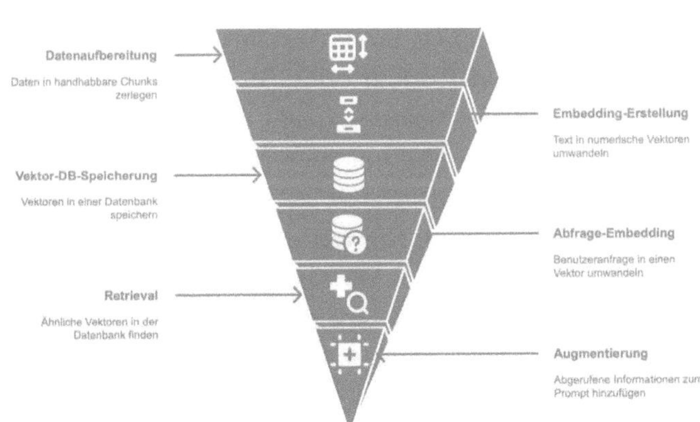

Warum RAG?

Große Sprachmodelle sind zweifellos beeindruckend in ihrer Fähigkeit, menschenähnliche Texte zu verstehen und zu generieren. Allerdings haben sie auch inhärente Grenzen. Ihr Wissen ist typischerweise auf den Zeitpunkt ihres letzten Trainings beschränkt, was bedeutet, dass sie über sehr aktuelle Ereignisse oder neu veröffentlichte Informationen oft nicht verfügen. Dies führt zum Problem der Aktualität. Zudem neigen LLMs manchmal dazu, plausible, aber sachlich falsche oder frei erfundene Informationen zu generieren, ein Phänomen, das als Halluzination bezeichnet wird. Dies geschieht insbesondere dann, wenn sie zu Themen befragt werden, zu denen sie keine oder nur unzureichende Informationen in ihren Trainingsdaten haben. Retrieval-Augmented Generation (RAG) adressiert diese Herausforderungen direkt. Indem LLMs durch RAG an spezifische, kuratierte und aktuelle Datenquellen angebunden werden, kann die Genauigkeit ihrer Antworten erheblich verbessert werden. Das Modell stützt seine Aussagen nicht mehr nur auf sein generalisiertes Wissen, sondern auf konkrete Fakten aus den bereitgestellten Dokumenten. Dies reduziert das Risiko von Halluzinationen drastisch, da die Antworten im externen Wissen verankert sind. Ein weiterer entscheidender Vorteil ist die Kontextualisierung. RAG ermöglicht es, LLMs mit unternehmensinternem Wissen, spezifischen Fachinformationen oder persönlichen Daten zu versorgen, die öffentlich nicht verfügbar sind und somit auch nicht Teil der ursprünglichen Trainingsdaten sein konnten. Dadurch können LLMs für sehr spezifische Anwendungsfälle maßgeschneidert werden, beispielsweise als interner Wissensassistent, der präzise Fragen zu Unternehmensrichtlinien beantwortet, oder als Chatbot, der auf Basis der neuesten Produktdokumentation Support leistet. RAG macht LLMs somit nicht nur klüger im Allgemeinen, sondern vor allem relevanter und vertrauenswürdiger für konkrete, datengestützte Aufgaben.

Wenn Agenten den RAG-Prozess steuern

Nachdem wir RAG als eine mächtige Technik kennengelernt haben, um LLMs mit externem Wissen zu versorgen, gehen wir nun einen entscheidenden Schritt weiter zur Vorstellung von Agentic RAG. Während RAG primär den Mechanismus des Retrievals und der Augmentierung beschreibt, um die Antwortgenerierung eines LLMs zu verbessern, bezeichnet Agentic RAG ein umfassenderes System, in dem ein oder mehrere intelligente Agenten diesen RAG-Prozess aktiv steuern, orchestrieren und in komplexere Arbeitsabläufe integrieren.

Anthropic bietet in seinem Artikel 'Building Effective Agents' eine hilfreiche Unterscheidung, die auch auf Agentic RAG anwendbar ist: Während ein einfacher RAG-Workflow einem vordefinierten Pfad folgt (Anfrage → Retrieval → Augmentierung → Antwort), übernimmt in einem Agentic RAG System ein LLM die Kontrolle über diesen Prozess und kann flexibel entscheiden, wie und wann es Retrieval-Operationen durchführt. Diese Unterscheidung zwischen vordefinierten Workflows und flexiblen, agentengesteuerten Prozessen ist fundamental für das Verständnis des Mehrwerts von Agentic RAG gegenüber klassischem RAG.

Der Kernunterschied liegt in der Ebene der Autonomie und Intelligenz, die den Prozess lenkt. Bei einem einfachen RAG-Workflow ist der Ablauf oft linear und vordefiniert: Anfrage empfangen, ähnliche Dokumente finden, Kontext erstellen, Antwort generieren. Bei Agentic RAG hingegen übernimmt ein Agent die Rolle eines intelligenten Vermittlers und Entscheiders. Dieser Agent kann beispielsweise basierend auf der Anfrage entscheiden, welche Datenquellen überhaupt relevant sind, welche Retrieval-Strategie am besten geeignet ist, ob mehrere Retrieval-Schritte notwendig sind, oder wie die abgerufenen Informationen interpretiert und kombiniert werden müssen, bevor sie dem LLM zur Generierung übergeben werden. Ein Agentic RAG System kann auch Fähigkeiten wie Memory (Gedächtnis) besitzen, um sich an vorherige Interaktio-

nen zu erinnern und den Kontext über längere Dialoge hinweg
aufrechtzuerhalten. Es kann Planning (Planung) nutzen, um
mehrstufige Aufgaben zu zerlegen und auszuführen, bei denen
RAG nur einer von mehreren Schritten ist. Es kann Tools dynamisch auswählen und nutzen, um beispielsweise Informationen aus verschiedenen Quellen zu aggregieren oder Aktionen
basierend auf den Ergebnissen des RAG-Prozesses auszuführen. Kurz gesagt: RAG ist die Technik, die den Zugriff auf
Wissen ermöglicht; Agentic RAG ist das intelligente System,
das diese Technik nutzt und in einen breiteren, oft dynamischeren und zielgerichteteren Handlungsrahmen einbettet, gesteuert durch einen oder mehrere Agenten. Dies eröffnet die Tür
zu weitaus anspruchsvolleren Anwendungen, die über einfache
Frage-Antwort-Szenarien hinausgehen.

Unterschiede in der Komplexität und Steuerung

Ein einfaches RAG-System besteht, wie bereits skizziert, im
Wesentlichen aus drei Kernkomponenten: den Datenquellen
(z. B. eine Sammlung von PDFs), einem Retriever (der den
Embedding-Prozess, die Vektordatenbank und den Suchalgorithmus umfasst) und einem Generator (dem LLM, das die
augmentierte Anfrage verarbeitet). Die Steuerung ist hier oft
relativ statisch: Eine Anfrage kommt rein, der Retriever sucht,
das LLM generiert. Die Komplexität liegt vor allem in der
Qualität der Datenaufbereitung, der Wahl des Embedding-
Modells und der Optimierung der Vektordatenbank.

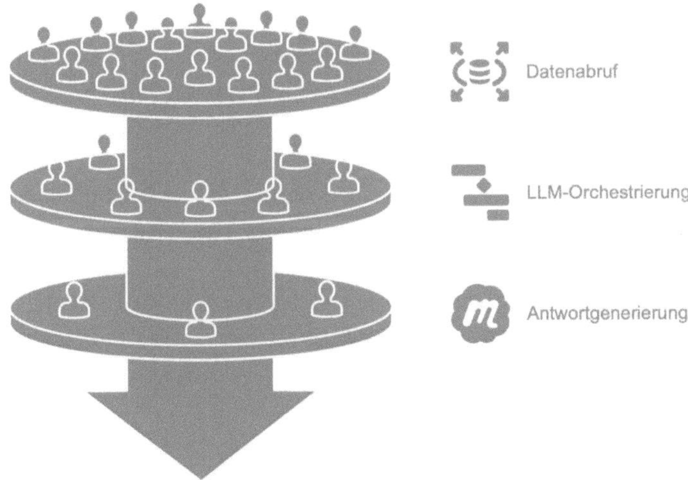

Ein erstes Agentic RAG System baut auf diesen Komponenten auf, fügt aber eine zusätzliche Ebene der Intelligenz und Steuerung hinzu, typischerweise in Form eines Agenten. Dieser Agent ist oft selbst ein LLM, das aber nicht primär für die Endantwort zuständig ist, sondern für die Orchestrierung des Prozesses.

Googles Agent Companion-Papier bietet eine strukturierte Sicht auf Agentenarchitekturen, die sich hervorragend auf Agentic RAG übertragen lässt: Das Modell fungiert als zentrale Entscheidungseinheit, die den RAG-Prozess steuert. Die Tools – in diesem Fall primär der Retrieval-Mechanismus, aber auch andere Werkzeuge – ermöglichen die Interaktion mit externen Daten und Diensten. Die Orchestrierungsschicht bestimmt, wie der Agent Informationen aufnimmt, verarbeitet und für nachfolgende Entscheidungen nutzt. Diese Schicht ist im Agentic RAG besonders wichtig, da sie die dynamische Steuerung des Retrieval-Prozesses ermöglicht und für die Aufrechterhaltung von Gedächtnis, Zustand und Planung verantwortlich ist.

Zu den ersten Elementen, die ein Agentic RAG System von einem einfachen RAG-Workflow unterscheiden, gehören:

1. Agenten-Kern (oft ein LLM): Dieses Modul trifft Entscheidungen über den Ablauf. Es analysiert die Nutzeranfrage und entscheidet, ob und wie RAG eingesetzt werden soll.

2. Dynamische Tool-Nutzung: Der Agent kann lernen, den Retriever als ein Werkzeug (Tool) unter mehreren möglichen Werkzeugen zu betrachten. Er könnte entscheiden, zuerst eine Websuche durchzuführen und dann RAG auf internen Dokumenten anzuwenden.

3. Einfaches Planning/Task Decomposition: Der Agent könnte eine komplexe Anfrage in kleinere Schritte zerlegen. Beispielsweise könnte er zuerst relevante Dokumente per RAG identifizieren und dann eine zweite RAG-Anfrage auf diesen spezifischen Dokumenten ausführen, um eine detailliertere Antwort zu erhalten.

4. Rudimentäres Memory: Der Agent könnte sich zumindest den unmittelbaren Kontext der Konversation mer-

ken, um Folgefragen besser im RAG-Prozess zu verankern.

Der Hauptunterschied liegt also in der Komplexität der Steuerung. Während ein einfaches RAG-System einem festen Algorithmus folgt, führt ein Agentic RAG System eine explizite
Entscheidungs- und Orchestrierungsebene ein. Der Agent
wird zum Dirigenten, der entscheidet, wann und wie die RAG-
Instrumente gespielt werden, um ein bestimmtes Ziel zu erreichen. Dies erhöht die Flexibilität und die Fähigkeit, mit mehrdeutigen oder vielschichtigen Anfragen umzugehen, bereitet
aber auch den Weg für anspruchsvollere agentische Fähigkeiten, die wir in den fortgeschrittenen Abschnitten betrachten
werden.

Von präzisen Q&A-Systemen zu dynamischeren, aufgabenorientierten Assistenten

Die Einsatzmöglichkeiten von Retrieval-Augmented Generation (RAG) sind bereits vielfältig und beeindruckend. Ein klassisches Anwendungsbeispiel sind präzise Frage-Antwort-Systeme (Q&A). Unternehmen können RAG nutzen, um Chatbots
oder interne Suchfunktionen zu erstellen, die exakte Antworten auf Fragen zu Produkten, Dienstleistungen, Unternehmensrichtlinien oder technischen Dokumentationen liefern, indem sie direkt auf die entsprechenden internen Dokumente zugreifen. Dies steigert die Effizienz im Kundenservice oder im
Wissensmanagement erheblich. Auch im Bildungsbereich können Studierende RAG-Systeme nutzen, um spezifische Informationen aus umfangreichen Lehrmaterialien schnell zu finden
und zu verstehen.

OpenAI hebt in seinem 'Practical Guide to Building Agents' hervor, dass Agenten besonders wertvoll sind, wenn es um die Verarbeitung unstrukturierter Daten geht – ein Szenario, das bei RAG-Anwendungen häufig vorkommt. Ein Agentic RAG System kann beispielsweise komplexe Dokumente wie Verträge, wissenschaftliche Publikationen oder technische Handbücher analysieren und dabei kontextabhängige Entscheidungen treffen: Welche Teile sind relevant? Welche zusätzlichen Informationen werden benötigt? Wie sollten widersprüchliche Informationen aus verschiedenen Quellen bewertet werden? Diese Fähigkeit zur nuancierten Beurteilung macht Agentic RAG besonders wertvoll für Anwendungsfälle, bei denen die reine Informationsextraktion nicht ausreicht.

Wenn wir nun den Schritt von klassischen RAG-Ansätzen hin zu ersten Ideen für Agentic RAG machen, erweitern sich die Möglichkeiten deutlich – hin zu dynamischeren, aufgabenorientierten Assistenten. Statt lediglich Fragen zu beantworten, übernehmen diese Agenten komplette Aufgaben. Stell dir beispielsweise einen Assistenten vor, der ein Meeting nicht nur zusammenfasst, sondern auch konkrete Aktionspunkte daraus ableitet: Ein solches Agentic RAG System könnte die Transkripte eines Meetings analysieren, mithilfe von RAG die wichtigsten Aussagen extrahieren und anschließend seine Planungsfähigkeiten einsetzen, um eine strukturierte Zusammenfassung zu erstellen. Darüber hinaus würde der Agent eigenständig Handlungsbedarfe identifizieren und sie gezielt den entsprechenden Teilnehmenden zuordnen.

Ein weiteres Beispiel ist ein personalisierter Lernbegleiter. Ein solcher Agent könnte auf Grundlage der individuellen Lernziele und des bisherigen Fortschritts eines Nutzers passende Inhalte aus einer umfangreichen Wissensdatenbank vorschlagen. Dabei würde er RAG einsetzen, um relevante Ausschnitte zu identifizieren, und ergänzend kleine Quizfragen zur Vertiefung des Gelernten generieren.

Auch im Bereich komplexer Rechercheaufgaben zeigt sich das Potenzial: Wird ein Thema wie der Vergleich der Umweltauswirkungen von Elektroautos und Wasserstoffautos angefragt, könnte ein Agentic RAG System zunächst über eine Websuche aktuelle Studien identifizieren, diese in eine temporäre Wissensbasis integrieren und dann gezielt die relevanten Vergleichspunkte herausarbeiten. Der Agent würde dabei den gesamten mehrstufigen Prozess koordinieren – von der Informationsbeschaffung bis zur Antwortgenerierung.

Schließlich ließe sich auch der Kundensupport durch solche Systeme transformieren: Ein dynamischer Support-Agent könnte bei einer Anfrage zunächst die Bestellhistorie sowie bekannte Probleme des Kunden über RAG abrufen, auf dieser Basis die Situation analysieren und entscheiden, ob er zusätzliche Informationen benötigt oder direkt eine Lösung anbieten kann. In manchen Fällen wäre der Agent sogar in der Lage, eigenständig Maßnahmen wie eine Rückerstattung einzuleiten.

Diese Beispiele zeigen, wie Agentic RAG über die reine Informationsbereitstellung hinausgeht und zu einem intelligenten Assistenten wird, der Aufgaben versteht, plant und ausführt, wobei RAG ein zentrales, aber nicht das einzige Werkzeug in seinem Arsenal ist.

Werkzeuge für den RAG-Einstieg

Um mit RAG und später mit Agentic RAG zu starten, stehen dir verschiedene leistungsstarke Werkzeuge zur Verfügung, die den Einstieg erheblich erleichtern. Drei besonders populäre und vielseitige Frameworks sind LangChain, LlamaIndex und Vectara. Jedes dieser Tools bietet spezifische Stärken und Funktionen, die wir kurz beleuchten wollen.

LangChain hat sich als eines der führenden Frameworks für die Entwicklung von LLM-basierten Anwendungen etabliert. Es bietet eine umfassende Sammlung von Komponenten und Modulen, die speziell für RAG und agentische Systeme entwickelt wurden. Mit LangChain kannst du:

- Verschiedene Dokumenttypen (PDFs, Word-Dokumente, Markdown, HTML etc.) laden und verarbeiten

- Dokumente in Chunks zerlegen und mit verschiedenen Embedding-Modellen vektorisieren

- Auf verschiedene Vektordatenbanken zugreifen (FAISS, Chroma, Pinecone, Weaviate etc.)

- Retrieval-Prozesse mit verschiedenen Strategien durchführen

- Agenten erstellen, die RAG-Prozesse steuern und mit anderen Tools interagieren können

- Memory-Komponenten integrieren, um Konversationskontexte zu speichern

LangChain bietet zudem spezielle Integrationen für Dienste wie Notion, Google Drive, GitHub und viele andere, was den Zugriff auf deine bestehenden Datenquellen vereinfacht. Für den Einstieg in Agentic RAG ist besonders das Agenten-Framework von LangChain interessant, das verschiedene Agententypen (ReAct, Plan-and-Execute, OpenAI Functions etc.) unterstützt und die Orchestrierung von RAG-Prozessen ermöglicht.

LlamaIndex (früher GPT Index) ist ein Framework, das sich besonders auf die Datenanbindung und Indexierung für LLMs konzentriert. Es bietet:

- Einfache Schnittstellen zum Laden und Verarbeiten verschiedener Datenquellen

- Fortschrittliche Indexierungsstrategien, die über einfache Vektorindizes hinausgehen

- Hierarchische Indexstrukturen, die besonders für große Dokumentmengen geeignet sind

- Query-Engines, die komplexe Abfragen über deine Daten ermöglichen

- Agenten-Integrationen, die LlamaIndex-Komponenten als Tools nutzen können

LlamaIndex zeichnet sich besonders durch seine Flexibilität bei der Indexierung aus. Neben einfachen Vektorindizes bietet es auch Strukturen wie Tree-Indizes, List-Indizes oder Knowledge-Graph-Indizes, die je nach Anwendungsfall Vorteile bieten können. Für Agentic RAG ist besonders interessant, dass LlamaIndex seine Komponenten als Tools für Agenten-Frameworks wie LangChain bereitstellen kann, was eine nahtlose Integration ermöglicht.

Vectara unterscheidet sich von den beiden vorherigen Frameworks, da es sich um eine vollständig verwaltete Plattform handelt, die RAG als Service anbietet. Mit Vectara kannst du:

- Dokumente hochladen und automatisch indexieren lassen, ohne dich um die technischen Details kümmern zu müssen

- Von fortschrittlichen Retrieval-Algorithmen profitieren, die kontinuierlich optimiert werden

- Hybrid-Suche nutzen, die semantische und lexikalische Suche kombiniert

- Mehrsprachige Dokumente verarbeiten und sprachübergreifende Suchen durchführen

- APIs nutzen, um Vectara in deine eigenen Anwendungen zu integrieren

Vectara ist besonders für Einsteiger oder Teams geeignet, die schnell eine RAG-Lösung implementieren möchten, ohne sich um die Infrastruktur oder die technischen Details kümmern zu müssen. Für Agentic RAG kann Vectara als Retrieval-Tool in einen Agenten integriert werden, der dann die abgerufenen Informationen weiterverarbeitet.

Alle drei Werkzeuge bieten gute Dokumentation, Tutorials und Beispiele, die den Einstieg erleichtern. Für erste Experimente mit RAG und einfachen Agentic RAG Systemen sind sie hervorragend geeignet und legen eine solide Basis für anspruchsvollere Implementierungen, die wir in den folgenden Abschnitten betrachten werden.

Deine erste RAG-Toolbox und erste Schritte zur Konzeption eines einfachen Agenten, der RAG nutzt

Um deine ersten Schritte mit RAG und Agentic RAG zu erleichtern, stellen wir dir eine Auswahl an Tools und Plattformen vor, die zusammen eine leistungsstarke Einstiegs-Toolbox bilden. Diese Tools decken verschiedene Aspekte des RAG-Workflows ab und helfen dir, schnell funktionale Prototypen zu erstellen.

Für die Datenaufbereitung und -verarbeitung:

– Unstructured.io: Eine Bibliothek, die unstrukturierte Daten (PDFs, Bilder, E-Mails etc.) in strukturierte Formate umwandelt, die für RAG geeignet sind.

– PyPDF2/PyMuPDF: Python-Bibliotheken für die Verarbeitung von PDF-Dokumenten, die oft die Basis für RAG-Systeme bilden.

– BeautifulSoup/Scrapy: Für das Extrahieren von Informationen aus Webseiten, wenn deine Datenquellen online verfügbar sind.

– Pandas: Für die Verarbeitung und Transformation strukturierter Daten in Tabellenform.

Für Embeddings und Vektordatenbanken:

- Sentence-Transformers: Eine Python-Bibliothek, die hochwertige Embeddings für Texte erzeugt und verschiedene vortrainierte Modelle anbietet.

- OpenAI Embeddings API: Einfach zu nutzende API für hochwertige Embeddings, die gut mit OpenAI-Modellen harmonieren.

- Chroma: Eine einfach zu nutzende, in-memory Vektordatenbank, ideal für Prototypen und kleinere Projekte.

- FAISS: Eine effiziente Bibliothek für Ähnlichkeitssuche in großen Vektormengen, entwickelt von Facebook Research.

- Pinecone/Weaviate/Qdrant: Verwaltete Vektordatenbank-Dienste, die Skalierbarkeit und einfache Nutzung bieten.

Für LLMs und Agenten:

- OpenAI API: Zugang zu leistungsstarken Modellen wie GPT-4, die sowohl für RAG als auch für Agenten genutzt werden können.

- Anthropic Claude API: Alternative zu OpenAI mit Stärken in längeren Kontexten und Instruktionsbefolgung.

- Hugging Face Transformers: Für den Zugriff auf Open-Source-Modelle, wenn du mehr Kontrolle oder geringere Kosten benötigst.

- LangChain Agents: Framework für die Erstellung von Agenten, die Tools (einschließlich RAG) nutzen können.

– AutoGPT/BabyAGI: Open-Source-Projekte, die auto-
  nomere Agenten implementieren und als Inspiration dienen können.

Für Deployment und Nutzung:

– Streamlit: Ermöglicht die schnelle Erstellung von Web-
  Interfaces für deine RAG- oder Agentic RAG-Anwendungen.

– Gradio: Ähnlich wie Streamlit, aber mit Fokus auf ML-
  Modelle und einfacher Erstellung von Demos.

– FastAPI/Flask: Für die Erstellung von APIs, wenn du
  deine RAG-Lösung in andere Anwendungen integrieren
  möchtest.

– Vercel/Netlify: Für das einfache Deployment von Web-
  Anwendungen, die deine RAG-Systeme nutzen.

Für die ersten Schritte zur Konzeption eines einfachen Agenten, der RAG nutzt, empfehlen wir folgenden Ansatz:

1. Definiere den Anwendungsfall: Überlege, welche Art
   von Fragen oder Aufgaben dein Agent bearbeiten soll
   und welche Datenquellen dafür relevant sind.

2. Starte mit einem einfachen RAG-System: Implementiere zunächst ein grundlegendes RAG-System mit Lang-
   Chain oder LlamaIndex, das deine Dokumente indiziert
   und einfache Abfragen beantworten kann.

3. Füge eine einfache Agenten-Logik hinzu: Erweitere
   dein System um eine Komponente, die entscheidet,

wann und wie RAG eingesetzt werden soll. Dies kann zunächst ein einfaches regelbasiertes System sein.

4. Integriere Memory: Füge eine Komponente hinzu, die den Konversationskontext speichert, um Folgefragen besser zu verstehen.

5. Erweitere die Tool-Palette: Gib deinem Agenten Zugriff auf weitere Tools neben RAG, wie z. B. eine Websuche oder einen Taschenrechner.

6. Implementiere einfaches Planning: Füge Logik hinzu, die komplexere Anfragen in Teilschritte zerlegt und diese sequenziell ausführt.

7. Teste und iteriere: Sammle Feedback von Nutzern und verbessere deinen Agenten kontinuierlich.

Mit dieser Toolbox und dem schrittweisen Ansatz kannst du schnell erste Erfolge erzielen und die Grundlagen für anspruchsvollere Agentic RAG Systeme legen, die wir in den folgenden Abschnitten betrachten werden.

Teste dein Wissen

Der zentrale Unterschied zwischen einem klassischen RAG-Workflow und einem Agentic RAG-Ansatz liegt in der Steuerung und Flexibilität des Prozesses. Während ein einfaches RAG-System einem vordefinierten, linearen Ablauf folgt – typischerweise bestehend aus Retrieval über eine Vektordatenbank und anschließender Antwortgenerierung durch ein Sprachmodell – nutzt ein Agentic RAG einen intelligenten Agenten, der diesen Prozess dynamisch orchestriert. Dieser

Agent kann in Echtzeit Entscheidungen treffen, den Ablauf anpassen, Tools gezielt einsetzen und komplexe Aufgaben in Teilschritte zerlegen.

Ein charakteristisches Merkmal von Agentic RAG ist daher die Fähigkeit zur Aufgabenplanung („Planning"), die über das hinausgeht, was klassische RAG-Systeme leisten. Diese Planungsfähigkeit erlaubt es dem System, komplexe Anfragen sinnvoll in einzelne Arbeitsschritte zu unterteilen, etwa bei einer Analyse von Finanzberichten über mehrere Quartale hinweg: Ein Agentic RAG-System würde die relevanten Berichte identifizieren, Kennzahlen extrahieren, Trends analysieren und daraus eine strukturierte Antwort ableiten. Ein einfaches RAG-System hingegen würde lediglich versuchen, passende Textpassagen zu finden und diese direkt als Antwort zu verwenden.

Architektonisch unterscheidet sich Agentic RAG ebenfalls deutlich vom klassischen RAG. Zwar nutzen beide typischerweise Embedding-Modelle und Vektordatenbanken, doch in einem Agentic RAG-System übernimmt ein Sprachmodell eine zentrale Rolle in der Steuerung. Es greift nicht nur auf Informationen zu, sondern agiert innerhalb einer Orchestrierungsschicht, die sowohl externe Tools als auch APIs koordinieren kann. Diese Architektur erlaubt deutlich komplexere Prozesse und eine adaptive Interaktion mit der Umwelt – ganz im Sinne eines agentenbasierten Systems.

Besonders profitieren von einem Agentic RAG-Ansatz würden Szenarien, in denen komplexe, strukturierte Analysen über mehrere Datenquellen hinweg notwendig sind – beispielsweise bei der Beantwortung von Forschungsfragen, die Bewertung widersprüchlicher Informationen oder die Erstellung von Entscheidungsgrundlagen. Einfache Aufgaben wie FAQ-Chatbots oder das Extrahieren einzelner Fakten aus klar strukturierten Dokumenten hingegen lassen sich effizienter mit klassischen RAG-Systemen umsetzen.

Zusammenfassend zeigt sich: Agentic RAG erweitert die klassischen RAG-Prinzipien um ein intelligentes Steuerungssystem, das es ermöglicht, nicht nur Informationen zu finden, sondern sie zielgerichtet, planvoll und kontextabhängig zu verarbeiten.

4.2. Aufbau und Management von Agentic RAG Systemen

Nachdem wir die Grundlagen von RAG und die ersten Schritte zu Agentic RAG kennengelernt haben, tauchen wir nun tiefer ein in den Aufbau und das Management komplexerer Agentic RAG Systeme. In diesem Abschnitt betrachten wir, wie Agenten nicht nur als passive Nutzer von RAG-Techniken fungieren, sondern zu aktiven Dirigenten werden, die den gesamten Prozess der Wissensabfrage, -verarbeitung und -nutzung orchestrieren. Wir beginnen mit Design-Prinzipien für effektive Agentic RAG Systeme und erkunden dann die drei Kernkomponenten, die einen Agenten im Agentic RAG Kontext ausmachen: Memory (Gedächtnis), Planning (Planung) und Tools (Werkzeuge). Du wirst lernen, wie diese Komponenten zusammenspielen, um Agenten zu schaffen, die kontextbewusst, zielgerichtet und flexibel mit Wissen umgehen können. Wir führen das Konzept des Aggregator Agenten ein, der in komplexeren Setups die Aktivitäten mehrerer spezialisierter Agenten koordiniert. Praktische Aspekte wie der Aufbau von Agentic RAG Pipelines mit Frameworks wie LangChain und LlamaIndex sowie die Evaluierung und Feinabstimmung solcher Systeme werden ebenfalls behandelt. Sicherheitsaspekte und Datenmanagement in Agentic RAG Umgebungen runden den Abschnitt ab. Ziel ist es, dir das Wissen und die Werkzeuge an die Hand zu geben, um Agentic RAG Systeme zu entwickeln, die über einfache Frage-Antwort-Szenarien hinausgehen und zu mächtigen, wissensbasierten Assistenten werden, die komplexe Aufgaben autonom bewältigen können.

Von der Datenaufbereitung über Agenten-Design bis zur Prompt-Optimierung für Agenten

Der Aufbau eines effektiven Agentic RAG Systems erfordert eine sorgfältige Planung und durchdachte Design-Entscheidungen auf mehreren Ebenen. Beginnend mit der Aufbereitung der Datenquellen über die Architektur des Agenten bis hin zur Optimierung der Prompts – jeder Aspekt trägt maßgeblich zur Gesamtleistung bei.

Zunächst spielt die Datenaufbereitung und Indexierung eine zentrale Rolle. Dabei gilt das Prinzip „Qualität vor Quantität“: Es ist entscheidend, dass die verwendeten Datenquellen relevant, aktuell und vertrauenswürdig sind. Ein kleiner, aber qualitativ hochwertiger Datensatz führt in der Regel zu besseren Ergebnissen als eine große Menge minderwertiger Informationen. Die Art und Weise, wie Dokumente in kleinere Einheiten – sogenannte Chunks – zerlegt werden, beeinflusst die Qualität der Informationswiedergabe erheblich. Unterschiedliche Strategien wie überlappende Chunks, semantisches Chunking oder eine Strukturierung entlang natürlicher Dokumentgrenzen (z. B. Absätze oder Abschnitte) sollten ausprobiert und bewertet werden. Zusätzlich empfiehlt es sich, die Chunks mit Metadaten wie Quelle, Erstellungsdatum, Autor oder Kategorie anzureichern, um sie später gezielter filtern und kontextualisieren zu können. Bei großen Dokumentmengen kann eine hierarchische Indexierung hilfreich sein, bei der der Agent zunächst relevante Dokumente oder Abschnitte identifiziert und erst danach gezielt innerhalb dieser Inhalte sucht.

Auch das Design des Agenten ist entscheidend für den Erfolg des Systems. Eine klare Definition der Aufgaben, die der Agent übernehmen soll, ist unabdingbar – ein zu weit gefasster Aufgabenbereich führt schnell zu Verwirrung und schwacher Performance. Der Agent sollte modular aufgebaut sein, damit einzelne Komponenten wie Retrieval-Strategien, Planungsalgorithmen oder Memory-Typen flexibel austauschbar oder erweiterbar bleiben. Transparenz und Erklärbarkeit der Entscheidungen des Agenten sind essenziell, insbesondere wenn er auf Basis abgerufener Informationen agiert – dies schafft Vertrauen und erleichtert das Debugging. Feedback-Schleifen ermöglichen es dem Agenten, aus Nutzerreaktionen zu lernen und seine Strategien entsprechend anzupassen. Zudem muss das System fehlertolerant ausgelegt sein: Es sollte robust auf unvollständige oder widersprüchliche Informationen reagieren und adäquat handeln, wenn keine relevanten Inhalte gefunden werden.

Die Optimierung der Prompts für Agenten stellt einen weiteren zentralen Erfolgsfaktor dar. Hierzu gehört die klare Definition der Rolle des Agenten – beispielsweise als Recherche-Assistent, der Informationen zusammenträgt und analysiert.

Komplexe Aufgaben sollten in klar definierte Schritte oder Phasen strukturiert werden, die der Agent systematisch durchläuft. Da der Kontextbereich von LLMs begrenzt ist, ist ein effizientes Kontext-Management notwendig: Es gilt, die wichtigsten Informationen zu priorisieren und Strategien für den Umgang mit längeren Kontexten zu entwickeln – etwa durch Zusammenfassungen oder selektives Vergessen. Zusätzlich sollte der Agent durch Few-Shot Learning mit Beispielen für Denkprozesse, Entscheidungen oder erwartete Outputs unterstützt werden. Anweisungen zur expliziten Darstellung von Gedankengängen (Chain-of-Thought) fördern die Qualität der Schlussfolgerungen.

Auch die Systemintegration muss durchdacht erfolgen. Ein klares und konsistentes API-Design sorgt für eine reibungslose Interaktion mit dem Agenten – sowohl für Endnutzer als auch für angebundene Systeme. Da Agentic RAG Systeme häufig mehrere LLM-Aufrufe und Retrieval-Operationen durchführen, ist ein effektives Latenz-Management unerlässlich. Hier gilt es, wo möglich, Optimierungen vorzunehmen und gleichzeitig die Nutzer transparent über die zu erwartende Antwortzeit zu informieren. Skalierbarkeit ist ein weiterer wichtiger Aspekt: Bereits in der Planungsphase sollte berücksichtigt werden, dass sowohl die Datenmenge als auch die Anzahl der Nutzer im Laufe der Zeit wachsen können. Um die Leistungsfähigkeit des Systems im Blick zu behalten und Probleme frühzeitig zu erkennen, ist ein umfassendes Monitoring und Logging unverzichtbar.

Zyklus der Entwicklung von Agentic RAG Systemen

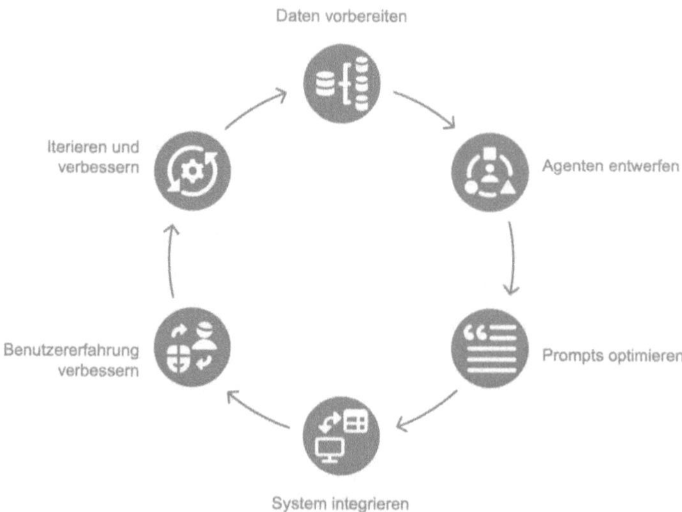

Nicht zuletzt steht der Nutzer im Zentrum des Designs. Eine realistische Kommunikation darüber, was der Agent leisten kann und was nicht, beugt überhöhten Erwartungen vor. Die Interaktion mit dem Agenten sollte intuitiv und benutzerfreundlich gestaltet sein, mit klar erkennbarem Feedback über Status und Fortschritt von Anfragen. Darüber hinaus ist es sinnvoll, dem Agenten die Möglichkeit zu geben, aus vergangenen Interaktionen zu lernen und sich an die Präferenzen und Bedürfnisse einzelner Nutzer anzupassen.

Die Entwicklung eines Agentic RAG Systems ist ein iterativer Prozess. Es empfiehlt sich, mit einem einfachen Design zu beginnen, dieses gründlich zu testen und auf Basis von Feedback und Leistungskennzahlen kontinuierlich zu verfeinern. Mit der Zeit entsteht so ein tiefes Verständnis dafür, welche Design-Entscheidungen sich für den jeweiligen Anwendungsfall am besten eignen.

Der Agent im Agentic RAG

Im Herzen eines Agentic RAG Systems steht der Agent selbst – eine intelligente Entität, die weit mehr ist als nur ein großes Sprachmodell. Während das LLM oft das "Gehirn" des Agenten bildet, ist die Gesamtarchitektur komplexer und umfasst typischerweise drei Kernkomponenten: Memory (Gedächtnis), Planning (Planung) und Tools (Werkzeuge). Diese Komponenten ermöglichen es dem Agenten, über einfache Frage-Antwort-Interaktionen hinauszugehen und zu einem autonomen, zielgerichteten System zu werden, das komplexe, wissensbasierte Aufgaben bewältigen kann.

Anthropic beschreibt in Building Effective Agents mehrere bewährte Muster für agentische Systeme, die sich hervorragend auf Agentic RAG übertragen lassen. Diese Muster bieten flexible und leistungsfähige Strukturen, die über einfache, lineare RAG-Workflows hinausgehen und eine dynamische, skalierbare Verarbeitung komplexer Aufgaben ermöglichen.

Ein zentrales Prinzip ist das Prompt-Chaining. Dabei wird der RAG-Prozess in eine klar strukturierte Sequenz von Einzelschritten unterteilt – etwa von der Analyse der Anfrage über die Auswahl und Durchführung der passenden Retrieval-Strategie bis hin zur Bewertung der Ergebnisse und der finalen Antwortgenerierung. Jeder Schritt wird durch einen separaten Aufruf des Sprachmodells ausgeführt, wobei die jeweilige Ausgabe direkt in den nächsten Schritt überführt wird.

Ein weiteres effektives Muster ist das Routing. Hier übernimmt ein zentraler Agent die Klassifikation der eingehenden Anfragen und leitet sie an spezialisierte RAG-Pipelines weiter. Diese Pipelines sind gezielt auf bestimmte Dokumenttypen oder Themenbereiche optimiert und erlauben so eine differenzierte und präzisere Verarbeitung.

Zur Steigerung der Effizienz bietet sich das Muster der Parallelisierung an. Der Agent kann mehrere RAG-Abfragen gleichzeitig durchführen – beispielsweise um unterschiedliche Datenquellen zu konsultieren oder verschiedene Retrieval-Strategien parallel zu testen. Die Ergebnisse werden anschließend zusammengeführt und bewertet, um die beste Antwort zu generieren.

Besonders leistungsfähig zeigt sich der Orchestrator-Worker-Ansatz. In diesem Workflow übernimmt ein zentrales LLM die dynamische Zerlegung einer komplexen Aufgabe in Teilaufgaben, delegiert diese an spezialisierte Worker-Modelle und integriert deren Ergebnisse zu einer kohärenten Gesamtantwort.

Diese Architekturmuster bilden die Grundlage für fortschrittliche Agentic RAG-Systeme, die nicht nur flexibel auf unterschiedliche Anforderungen reagieren, sondern auch Skalierbarkeit, Modularität und Anpassungsfähigkeit in wissensintensiven Domänen sicherstellen.

Betrachten wir nun die drei Kernkomponenten im Detail: Memory, Planning und Tools.

Damit ein Agent effektiv in einem Dialog agieren oder mehrstufige Aufgaben im RAG-Prozess ausführen kann, benötigt er ein Gedächtnis. Dieses Gedächtnis kann verschiedene Formen annehmen. Das Kurzzeitgedächtnis bezieht sich häufig auf den unmittelbaren Kontext der aktuellen Konversation oder Aufgabe, also beispielsweise auf die letzten Benutzeranfragen und Agentenantworten. Es hilft dem Agenten, den Gesprächsfaden nicht zu verlieren und kohärent zu bleiben. Das Langzeitgedächtnis hingegen ermöglicht es dem Agenten, Informationen über längere Zeiträume hinweg zu speichern und bei Bedarf abzurufen. Dazu zählen gelernte Nutzerpräferenzen, Ergebnisse früherer RAG-Abfragen oder sogar aggregiertes Wissen aus zahlreichen Interaktionen. Technisch kann das Memory durch einfache Puffer oder durch komplexere Strukturen wie Vektordatenbanken für semantische Erinnerungen oder Wissensgraphen realisiert werden. Im Agentic RAG Kontext ist dieses Gedächtnis entscheidend, damit der Agent etwa nachvollziehen kann, welche Dokumente bereits durchsucht wurden oder welche Informationen für den aktuellen Nutzer besonders relevant sind.

Ein weiterer zentraler Bestandteil ist die Planung. Ein Agent muss in der Lage sein, einen strukturierten Plan zu erstellen, um seine Ziele zu erreichen – insbesondere dann, wenn eine Aufgabe komplex ist und mehrere Schritte erfordert. Statt lediglich reaktiv auf eine Anfrage zu antworten, zerlegt ein planender Agent die Aufgabe in kleinere, besser handhabbare Teilaufgaben. Er bestimmt deren Reihenfolge und wählt die notwendigen Ressourcen aus, darunter auch RAG-Abfragen oder andere Tools. Techniken wie ReACT (Reason and Act) oder Chain-of-Thought (CoT), die wir im weiteren Verlauf noch näher betrachten, dienen dabei als methodische Grundlage für Denk- und Planungsprozesse. Ein typischer Plan im Agentic RAG könnte etwa darin bestehen, zunächst die Anfrage zu analysieren, dann relevante Schlüsselwörter für die Informationsbeschaffung zu identifizieren, die RAG-Abfrage durchzuführen, die Ergebnisse zu bewerten und anschließend eine Antwort zu formulieren oder weitere Aktionen einzuleiten.

Schließlich benötigen Agenten Werkzeuge, um mit ihrer Umgebung zu interagieren und spezifische Aufgaben zu bewältigen, die über die reinen Fähigkeiten eines Sprachmodells hinausgehen. Im Agentic RAG stellt der Retrieval-Mechanismus, also der Zugriff auf Vektordatenbanken und relevante Datenquellen, das primäre Werkzeug dar. Darüber hinaus kann ein Agent jedoch auch andere Hilfsmittel einsetzen: etwa eine Websuchmaschine, um aktuelle Informationen zu finden, einen Taschenrechner für Rechenoperationen, eine API zum Abrufen externer Daten oder einen Code-Interpreter für die Ausführung kleiner Programme. Die Fähigkeit, dynamisch das jeweils passende Werkzeug auszuwählen und dessen Ergebnisse korrekt zu interpretieren, zeichnet fortgeschrittene Agenten aus. Die Integration dieser Tools kann über standardisierte Schnittstellen erfolgen. Konzepte wie der MCP Server (Model Context Protocol Server) dienen dazu, den Zugriff auf verschiedene Datenquellen und Dienste – wie lokale Datenserver, Suchmaschinen oder Cloud-Engines – zu vereinheitlichen und zentral zu verwalten.

Zyklus der Agentenkomponenten

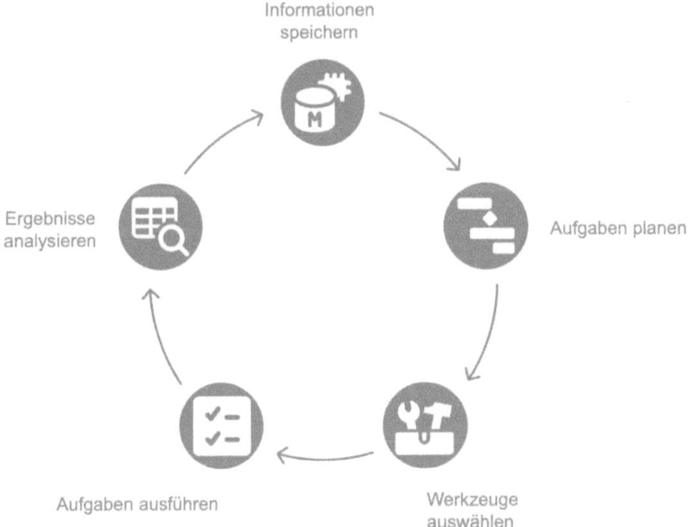

Diese drei Komponenten – Memory, Planning und Tools – wirken zusammen und befähigen den Agenten, im RAG-Prozess als intelligenter und autonom handelnder Akteur aufzutreten, dessen Leistungsfähigkeit deutlich über die eines einfachen LLM-Aufrufs hinausgeht.

Kurzzeit- und Langzeitgedächtnis für kontextbewusste Agenten im RAG-Prozess

Das Gedächtnis ist eine entscheidende Komponente, die einen Agenten im Agentic RAG System befähigt, kontextbewusst und über längere Interaktionen hinweg kohärent zu agieren. Ohne Gedächtnis würde der Agent jede Anfrage isoliert betrachten und könnte weder auf vorherige Gesprächsinhalte aufbauen noch aus vergangenen Interaktionen lernen. Wir unterscheiden hier primär zwischen Kurzzeit- und Langzeitgedächtnis.

Das Kurzzeitgedächtnis (Short-Term Memory) dient dazu, den unmittelbaren Kontext der aktuellen Aufgabe oder Konversation zu speichern. Das können die letzten paar Nachrichten in einem Chatverlauf sein, die spezifischen Parameter einer laufenden RAG-Abfrage oder Zwischenergebnisse einer mehrstufigen Planung. Technisch wird dies oft durch einen einfachen Puffer realisiert, der eine begrenzte Anzahl der letzten Interaktionen speichert (z. B. "ConversationBufferMemory" in LangChain). Für RAG-Prozesse ist das Kurzzeitgedächtnis wichtig, um beispielsweise zu vermeiden, dass der Agent dieselben Informationen mehrmals abruft oder um sicherzustellen, dass Folgefragen korrekt im Kontext der vorherigen RAG-Ergebnisse interpretiert werden. Es hilft dem Agenten, den "roten Faden" nicht zu verlieren.

Das Langzeitgedächtnis (Long-Term Memory) geht darüber hinaus und ermöglicht es dem Agenten, Informationen über einen längeren Zeitraum zu speichern, abzurufen und potenziell auch zu modifizieren. Dies ist besonders relevant für personalisierte Agentic RAG Systeme oder solche, die kontinuierlich lernen sollen. Beispiele für Inhalte des Langzeitgedächtnisses könnten sein: Nutzerpräferenzen (z. B. bevorzugte Informationsquellen für RAG), Zusammenfassungen früherer Konversationen, Feedback zu früheren RAG-Ergebnissen oder sogar aggregiertes Wissen, das der Agent aus vielen RAG-Interaktionen gewonnen hat. Die Implementierung eines Langzeitgedächtnisses gestaltet sich deutlich komplexer und kann unterschiedliche Technologien einbeziehen. Eine Möglichkeit besteht darin, Erinnerungen in Form von Embeddings in einer Vektordatenbank abzulegen – ähnlich wie beim Retrieval-Augmented Generation (RAG)-Ansatz. Auf diese Weise lassen sich semantisch ähnliche vergangene Erfahrungen effizient wieder auffinden. Darüber hinaus eignen sich Wissensgraphen, um strukturierte Informationen sowie Beziehungen zwischen Entitäten wie Nutzern, Themen oder Dokumenten langfristig zu speichern und nachvollziehbar darzustellen. Für explizit strukturierte Erinnerungen, etwa eine Liste bereits bearbeiteter Aufgaben, kommen zusätzlich klassische relationale oder NoSQL-Datenbanken zum Einsatz.

Im Agentic RAG Kontext ermöglicht ein effektives Langzeitgedächtnis dem Agenten, seine Retrieval-Strategien zu personalisieren (z. B. häufig genutzte Dokumente bevorzugen), aus Fehlern zu lernen (z. B. Quellen meiden, die oft zu ungenauen RAG-Ergebnissen geführt haben) und ein tieferes Verständnis für die Informationsbedürfnisse des Nutzers über die Zeit zu entwickeln. Die Herausforderung liegt darin, relevante Erinnerungen effizient abzurufen und das Gedächtnis aktuell und konsistent zu halten, ohne es mit irrelevanten Informationen zu überfrachten.

Einführung in ReACT (Reason and Act) und Chain-of-Thought (CoT) für mehrstufige RAG-Aufgaben

Damit ein Agent in einem Agentic RAG System komplexe, mehrstufige Aufgaben bewältigen kann, die über eine einfache Frage-Antwort-Interaktion hinausgehen, benötigt er die Fähigkeit zur Planung und zum logischen Denken. Zwei einflussreiche Techniken, die Agenten dabei unterstützen, sind ReACT (Reason and Act) und Chain-of-Thought (CoT) Prompting.

Chain-of-Thought (CoT) Prompting ist eine Methode, um die Denkprozesse eines Sprachmodells expliziter zu machen und seine Fähigkeit zur Lösung komplexer Probleme zu verbessern. Anstatt das Modell direkt um die finale Antwort zu bitten, wird es im Prompt angewiesen, seine Gedankenkette – also die einzelnen Schritte und Überlegungen, die zur Lösung führen – darzulegen, bevor es die endgültige Antwort gibt. Zum Beispiel, anstatt zu fragen "Was ist die Hauptstadt von Frankreich?", könnte man mit CoT fragen: "Erkläre Schritt für Schritt, wie du herausfindest, was die Hauptstadt von Frankreich ist, und nenne dann die Hauptstadt." Diese Technik hilft dem Modell, komplexere Probleme in kleinere, handhabbare Teile zu zerlegen und logische Schlussfolgerungen zu ziehen. Im Kontext von Agentic RAG kann CoT genutzt werden, um den Agenten anzuleiten, wie er eine komplexe RAG-Anfrage bearbeiten soll: Welche Informationen müssen zuerst abgerufen werden? Wie hängen diese Informationen zusammen? Welche Schlussfolgerungen lassen sich daraus ziehen?

OpenAI betont in seinem 'Practical Guide to Building Agents' die Bedeutung der Aufgabenzerlegung für komplexe Agentensysteme. Für Agentic RAG ist dieser Ansatz besonders wertvoll: Anstatt eine komplexe Informationsanfrage direkt an den

RAG-Prozess zu übergeben, kann der Agent die Anfrage zunächst in kleinere, präzisere Teilfragen zerlegen. Für jede dieser Teilfragen kann dann ein optimierter RAG-Prozess durchgeführt werden, wobei der Agent die Zwischenergebnisse sammelt, bewertet und zu einer kohärenten Gesamtantwort zusammenführt. Diese Strategie verbessert nicht nur die Präzision des Retrievals, sondern ermöglicht auch die Beantwortung von Fragen, die mehrere Wissensdomänen oder Dokumenttypen betreffen.

ReACT (Reason and Act) ist ein Framework, das CoT erweitert und es Agenten ermöglicht, nicht nur zu denken, sondern auch Aktionen (also die Nutzung von Tools) in ihren Denkprozess zu integrieren. Das ReACT-Paradigma funktioniert typischerweise in einer Schleife aus Denken (Thought), Aktion (Action) und Beobachtung (Observation):

1. Thought (Denken): Der Agent analysiert die aktuelle Aufgabe und seinen bisherigen Wissensstand und formuliert einen Plan oder eine Überlegung, was als Nächstes zu tun ist. (z. B. "Ich muss herausfinden, welche Dokumente Informationen über X enthalten.")

2. Action (Aktion): Basierend auf seiner Überlegung wählt der Agent ein geeignetes Werkzeug (Tool) aus und führt eine Aktion aus. (z. B. "Nutze das Retrieval-Tool, um in der Vektordatenbank nach Dokumenten zu X zu suchen.")

3. Observation (Beobachtung): Der Agent erhält das Ergebnis seiner Aktion. (z. B. "Das Retrieval-Tool hat die Dokumente A, B und C gefunden.")

Diese Schleife wiederholt sich, wobei der Agent seine Gedanken und Pläne basierend auf den Beobachtungen anpasst, bis die Aufgabe gelöst ist oder ein bestimmtes Ziel erreicht wurde. ReACT ermöglicht es Agenten, dynamisch auf Informationen zu reagieren, Werkzeuge iterativ zu nutzen und komplexe Probleme zu lösen, die eine Kombination aus Informationsbeschaffung (z. B. durch RAG) und logischer Schlussfolgerung erfordern. Ein Agentic RAG System, das ReACT nutzt, könnte beispielsweise eine vage Anfrage erhalten, dann durch mehrere RAG-Abfragen und logische Überlegungen die benötigten Informationen sammeln und schließlich eine umfassende Antwort generieren. Diese Planungsfähigkeiten sind entscheidend, um Agenten zu schaffen, die proaktiv und intelligent mit Wissen umgehen können.

Wie Agenten dynamisch auf Datenquellen und externe Werkzeuge zugreifen

Die Fähigkeit, dynamisch auf eine Vielzahl von Werkzeugen (Tools) zuzugreifen und diese situationsgerecht einzusetzen, ist ein Kernmerkmal fortgeschrittener Agentic RAG Systeme. Während das primäre "Tool" im RAG-Kontext der Retrieval-Mechanismus ist, der den Zugriff auf die indizierten Datenquellen ermöglicht, können Agenten ihre Fähigkeiten erheblich erweitern, indem sie auch andere externe Werkzeuge nutzen.

Google betont in seinem Agent Whitepaper, dass für die Funktionalität eines echten Agenten nicht nur der Zugang zu externen Tools, sondern auch die Fähigkeit zur selbstständigen Planung und Ausführung entscheidend ist. Im Kontext von Agentic RAG bedeutet dies, dass der Agent nicht nur auf Retrieval-Mechanismen zugreifen kann, sondern auch entscheiden muss, wann und wie er diese einsetzt. Der Agent könnte beispielsweise erkennen, dass für eine bestimmte Anfrage zunächst eine Web-Suche sinnvoller ist als ein Retrieval aus der internen Dokumentenbasis, oder dass nach einem ersten Retrieval eine Präzisierung der Suchanfrage basierend auf den gefundenen Informationen notwendig ist. Diese dynamische Tool-Auswahl und -Orchestrierung ist ein wesentliches Merkmal fortgeschrittener Agentic RAG Systeme.

Ein Agentic RAG System kann eine Vielzahl spezialisierter Werkzeuge integrieren, um seine Aufgaben effizient und zielgerichtet auszuführen. Zu den zentralen Komponenten gehören sogenannte Retrieval-Tools, die den Zugriff auf Vektordatenbanken wie FAISS, ChromaDB, Pinecone oder Weaviate ermöglichen. Mit ihrer Hilfe führt der Agent semantische Suchen in eigenen Datenquellen wie PDFs, Notion-Seiten oder internen Dokumenten durch. Frameworks wie LangChain oder LlamaIndex stellen dafür umfangreiche Abstraktionen bereit und erleichtern die Integration.

Darüber hinaus kann ein Agent Web-Suchmaschinen-Tools verwenden, um auf aktuelle Informationen zuzugreifen, die nicht in internen Datenquellen vorhanden sind. Er stellt dafür Verbindungen zu Diensten wie Google oder Bing her oder greift auf spezialisierte Suchmaschinen wie Kagi zurück.

Einen weiteren Baustein bilden API-Tools. Viele Unternehmen betreiben interne oder externe Schnittstellen, die strukturierte Daten aus CRM-Systemen, Datenbanken oder Wetterdiensten bereitstellen. Ein Agent kann diese APIs gezielt aufrufen, um benötigte Informationen abzurufen oder Aktionen in angebundenen Systemen auszulösen.

Für komplexe Berechnungen, Datenmanipulationen oder die Erstellung von Inhalten, die über die Möglichkeiten eines Sprachmodells hinausgehen, nutzt der Agent Code-Interpreter-Tools, etwa für die Programmiersprache Python. Dabei generiert der Agent zunächst den Code, lässt ihn ausführen und verarbeitet anschließend die Ergebnisse.

Schließlich ermöglichen Datenbank-Tools den direkten Zugriff auf relationale oder nicht-relationale Datenbanken. So kann der Agent strukturierte Daten nicht nur abfragen, sondern auch verändern und in bestehende Prozesse einbinden.

Die dynamische Auswahl und Nutzung dieser Tools wird vom Agenten gesteuert, oft im Rahmen eines Planungs-Frameworks wie ReACT. Der Agent entscheidet basierend auf der aktuellen Aufgabe und dem verfügbaren Kontext, welches Tool am besten geeignet ist. Um den Zugriff auf eine heterogene Landschaft von Datenquellen und Diensten (Local Data Servers, Search Engines, Cloud Engines wie AWS oder Azure, spezialisierte Dienste wie Kagi) zu vereinheitlichen und zu managen, können MCP Server (Model Context Protocol Server) Konzepte eingesetzt werden. Ein MCP Server fungiert als eine Art Gateway oder Abstraktionsschicht, die dem Agenten einen standardisierten Zugriffspunkt bietet. Der Agent kommuniziert mit dem MCP Server, und dieser leitet die Anfragen an die entsprechenden Backend-Systeme weiter, kümmert sich um Authentifizierung, Autorisierung und möglicherweise auch um Daten-Transformationen. Dies vereinfacht das Agenten-Design erheblich, da der Agent nicht die Details jeder einzelnen Datenquelle oder jedes Dienstes kennen muss.

Abwägung zwischen Workflows und Agenten

Anthropic führt in 'Building Effective Agents' eine wichtige architektonische Unterscheidung ein:

- Workflows sind Systeme, bei denen LLMs und Tools durch vordefinierte Codepfade orchestriert werden. Sie bieten Vorhersehbarkeit und Konsistenz für klar definierte Aufgaben.

- Agenten sind Systeme, bei denen LLMs ihre eigenen Prozesse und Werkzeugnutzung dynamisch steuern und die Kontrolle darüber behalten, wie sie Aufgaben erledigen. Sie bieten mehr Flexibilität für offene Probleme.

Diese Unterscheidung hilft bei der Entscheidung, welcher Ansatz für ein bestimmtes Problem am besten geeignet ist. Workflows sind oft die bessere Wahl für klar definierte, vorhersehbare Aufgaben, während Agenten sich besser für offene Entscheidungsprozesse ohne festen Pfad eignen, wie sie beispielsweise bei Forschung, Ideengenerierung oder komplexer Planung auftreten.

Koordination und Orchestrierung in komplexeren Agentic RAG Setups

In einfacheren Agentic RAG Systemen mag ein einzelner Agent ausreichen, um den RAG-Prozess zu steuern und mit einigen wenigen Tools zu interagieren. Sobald die Komplexität jedoch zunimmt – beispielsweise wenn mehrere spezialisierte Agenten zusammenarbeiten müssen, eine Vielzahl von Daten-

quellen und Tools involviert ist oder komplexe, mehrstufige
Aufgaben über längere Zeiträume bearbeitet werden – tritt oft
die Notwendigkeit eines Aggregator Agenten (manchmal auch
Orchestrator Agent oder Meta-Agent genannt) auf.

Anthropics Orchestrator-Worker-Modell, beschrieben in 'Building Effective Agents', bietet eine elegante Blaupause für komplexere Agentic RAG Systeme. Der Orchestrator-Agent fungiert als strategischer Koordinator, der den gesamten RAG-Prozess überwacht und steuert. Er kann spezialisierte Worker-Agenten für verschiedene Aspekte des RAG-Prozesses einsetzen: Ein Agent könnte auf die Reformulierung von Anfragen spezialisiert sein, um die Retrieval-Qualität zu verbessern. Ein anderer könnte als Experte für die Bewertung und Filterung von abgerufenen Dokumenten dienen. Ein dritter könnte auf die Synthese von Informationen aus mehreren Quellen spezialisiert sein. Der Orchestrator-Agent behält den Überblick über den Gesamtprozess, trifft strategische Entscheidungen und integriert die Ergebnisse der Worker-Agenten zu einer kohärenten Lösung. Dieses Modell ermöglicht eine modulare, skalierbare Architektur für Agentic RAG Systeme, die komplexe Informationsverarbeitungsaufgaben bewältigen können.

Der Aggregator Agent fungiert als übergeordnete Steuerungsinstanz und koordiniert die Aktivitäten spezialisierterer Agenten oder Sub-Systeme innerhalb eines Agentic RAG Systems. Seine Hauptaufgabe besteht darin, eine komplexe Nutzeranfrage oder ein übergeordnetes Ziel entgegenzunehmen, dieses zu analysieren und in kleinere, handhabbare Teilaufgaben zu zerlegen. Diese Teilaufgaben delegiert er anschließend an spezialisierte Agenten, etwa an einen Retrieval-Agenten, einen

Analyse-Agenten oder einen Synthese-Agenten, je nachdem, welcher für die jeweilige Aufgabe am besten geeignet ist.

Darüber hinaus erstellt der Aggregator Agent einen Gesamtplan für die Bearbeitung der Anfrage und legt fest, in welcher Reihenfolge die spezialisierten Agenten ihre Teilaufgaben ausführen sollen. Dabei berücksichtigt er Abhängigkeiten zwischen den Aufgaben und sorgt für eine logische und effiziente Abarbeitung. Gleichzeitig managt er den Informationsfluss zwischen den beteiligten Agenten, indem er die Ergebnisse einzelner Bearbeitungsschritte einsammelt, aufbereitet und in geeigneter Form an nachgelagerte Agenten weitergibt.

Kommt es im Verlauf der Bearbeitung zu widersprüchlichen Informationen oder konkurrierenden Lösungsansätzen, übernimmt der Aggregator Agent auch die Rolle des Entscheiders oder leitet geeignete Mechanismen zur Konfliktlösung ein. Zudem überwacht er kontinuierlich den Fortschritt der Gesamtaufgabe sowie die Performance der einzelnen Agenten. Bei Fehlern oder unerwarteten Problemen ist er in der Lage, alternative Pläne zu aktivieren oder gezielte Korrekturmaßnahmen zu ergreifen.

Sobald alle Teilaufgaben abgeschlossen sind, führt der Aggregator Agent die Einzelergebnisse zu einer konsistenten Gesamtlösung zusammen. Er bereitet die Resultate so auf, dass sie entweder dem Nutzer direkt präsentiert oder von einem weiteren System weiterverarbeitet werden können.

Insgesamt ermöglicht ein Aggregator Agent den Aufbau modularer und skalierbarer Agentic RAG Systeme. Statt auf einen monolithischen Super-Agenten zu setzen, der sämtliche Aufgaben allein bewältigen muss, wird ein intelligentes Zusammenspiel spezialisierter Agenten realisiert, das zentral vom Aggregator Agent gesteuert wird. Dies verbessert nicht nur die Leistungsfähigkeit, sondern auch die Wartbarkeit und Erweiterbarkeit des Systems. Die Kommunikation zwischen dem Aggregator Agent und den spezialisierten Agenten erfolgt in der Regel über definierte APIs oder standardisierte Nachrichtenprotokolle.

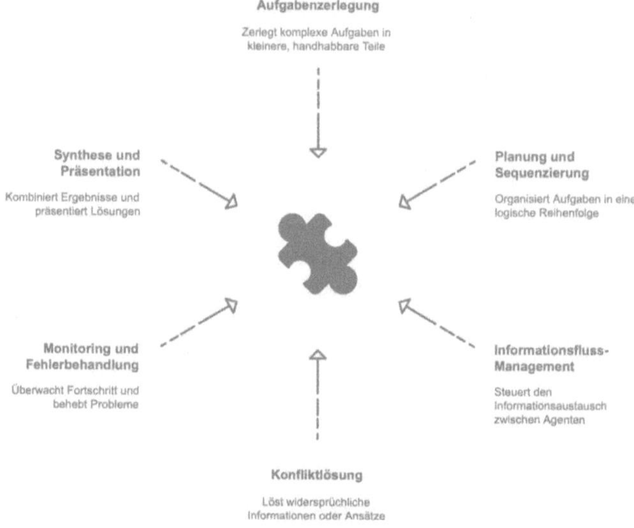

Effektive Kontextsteuerung in Agentic RAG

Eine der größten Herausforderungen bei Agentic RAG Systemen besteht in der effektiven Steuerung des Kontexts – also der Informationen, die dem Agenten für seine Entscheidungsfindung zur Verfügung stehen. Ein Konzept, das sich in diesem Zusammenhang besonders bewährt hat, stammt aus den „Claude Code Best Practices" von Anthropic und lässt sich hervorragend auf Agentic RAG übertragen: die Verwendung spezieller Kontextdateien.

Im Kontext eines Agentic RAG Systems könnte dieses Prinzip in mehreren Bereichen zur Anwendung kommen. So dienen sogenannte Retrieval-Richtlinien dazu, dem Agenten klare Vorgaben für den Informationsabruf zu machen. In diesen Dateien wird definiert, welche Datenquellen bevorzugt genutzt werden sollen, wie viele Dokumente maximal abgerufen werden dürfen und welche Relevanzschwellen für die Auswahl gelten.

Darüber hinaus spielen domänenspezifische Wissensdateien eine zentrale Rolle. Sie enthalten Hintergrundinformationen zu den Themenfeldern, mit denen der Agent arbeitet, und helfen ihm, die abgerufenen Inhalte besser einzuordnen und sachgerecht zu interpretieren.

Ein weiterer wichtiger Aspekt sind Nutzerprofile. Sie enthalten Angaben zu den Präferenzen, dem Vorwissen und den Bedürfnissen der jeweiligen Nutzer und ermöglichen es dem Agenten, den RAG-Prozess individuell anzupassen und zu personalisieren.

Diese Kontextdateien können dem Agenten automatisch bei jeder Anfrage zur Verfügung gestellt werden, ohne dass sie explizit in den Prompt aufgenommen werden müssen. Auf diese Weise wird nicht nur die Länge des Prompts reduziert, sondern auch die Konsistenz der Agentenantworten erhöht und eine gezieltere Steuerung des Agentenverhaltens ermöglicht.

Für die praktische Umsetzung stehen – je nach verwendetem Framework – verschiedene Mechanismen zur Verfügung. Diese reichen von einfachen Textdateien über strukturierte Konfigurationsdateien bis hin zu dynamisch angebundenen Datenbanken, aus denen die relevanten Kontextinformationen automatisch in die Arbeitsumgebung des Agenten eingebunden werden können.

Metriken für Agenten-Performance, Retrieval-Qualität und Antwortgenauigkeit im Agentenkontext

Die Evaluierung und Feinabstimmung von Agentic RAG Systemen ist ein entscheidender Schritt, um deren Zuverlässigkeit, Genauigkeit und praktischen Nutzen sicherzustellen. Im Unterschied zu klassischen RAG-Systemen gestaltet sich die Bewertung bei Agentic RAG deutlich komplexer. Hier müssen nicht nur die Qualität der abgerufenen Informationen und die generierten Antworten beurteilt werden, sondern auch die Leistungsfähigkeit der Agenten selbst – insbesondere deren Planungsvermögen und die Nutzung externer Werkzeuge.

Ein umfassender Evaluierungsansatz berücksichtigt verschiedene Metriken. Zur Bewertung der Retrieval-Qualität dienen Precision@K und Recall@K, die Auskunft darüber geben, wie viele der Top-K abgerufenen Dokumente tatsächlich relevant sind und wie viele der insgesamt relevanten Dokumente in den Top-K enthalten sind. Ergänzend dazu misst der Mean Reciprocal Rank (MRR), an welcher Position das erste relevante Dokument erscheint.

Die Antwortqualität wird anhand mehrerer Kriterien beurteilt. Dabei spielt die Faktentreue eine zentrale Rolle – also die Frage, ob sich die Antwort tatsächlich auf die abgerufenen Informationen stützt oder ob das System Inhalte halluziniert. Weitere Aspekte sind die Relevanz der Antwort im Hinblick auf die Nutzeranfrage, deren Vollständigkeit sowie die sprachliche Kohärenz und Lesbarkeit.

Auch die Agenten-Performance wird differenziert bewertet. Dazu zählen die Erfolgsrate bei der Aufgabenbearbeitung (Task Completion Rate), die Effizienz hinsichtlich der benötigten Schritte und Tool-Aufrufe sowie die Robustheit im Umgang mit unerwarteten oder fehlerhaften Eingaben.

Für die systematische Überprüfung stehen unterschiedliche Teststrategien zur Verfügung. Goldene Datensätze mit bekannten idealen Antworten und den entsprechenden relevanten Dokumenten erlauben eine automatisierte Teil-Evaluierung. Ergänzend ist menschliches Feedback unverzichtbar, insbesondere bei der Bewertung von Faktentreue, Relevanz und sprachlicher Qualität. A/B-Tests im Live-Betrieb ermöglichen den direkten Vergleich unterschiedlicher Systemvarianten. Einzelkomponenten wie Retriever oder Tools lassen sich gezielt durch Unit-Tests prüfen, während End-to-End-Tests den kompletten Workflow von der Anfrage bis zur Antwort abdecken. Darüber hinaus hilft Adversarial Testing dabei, das System gezielt mit schwierigen oder mehrdeutigen Anfragen herauszufordern, um potenzielle Schwächen aufzudecken.

Evaluierung und Optimierung sind jedoch keine einmaligen Schritte, sondern Teil eines kontinuierlichen Verbesserungsprozesses. Dazu gehört ein systematisches Logging und Monitoring sämtlicher Anfragen, Aktionen, Kontexte und Antworten. Nutzerrückmeldungen sollten aktiv eingeholt und strukturiert in Feedback-Schleifen verarbeitet werden. Nach Änderungen am System oder an den Datenquellen ist eine regelmäßige Neubewertung unerlässlich. Die iterative Feinabstimmung basiert auf den gewonnenen Erkenntnissen und kann unterschiedliche Maßnahmen umfassen – vom Feintuning der Prompts über die Anpassung der Retrieval-Parameter und Modellauswahl bis hin zur Weiterentwicklung der Agentenlogik.

Die Feinabstimmung von Agentic RAG Systemen erfordert nicht nur technisches Know-how, sondern auch Erfahrung und ein Gespür für Detailarbeit. Entscheidend ist ein methodischer Evaluierungsansatz in Verbindung mit der Bereitschaft zu kontinuierlichem Lernen und Optimieren – nur so lassen sich leistungsfähige, verlässliche und skalierbare Agentenlösungen entwickeln.

Schutz sensibler Informationen und Umgang mit dynamischen Daten

Wenn Agentic RAG Systeme auf private oder sensible Daten zugreifen und gleichzeitig die Fähigkeit besitzen, Aktionen in anderen Systemen auszuführen, werden Sicherheitsaspekte und ein durchdachtes Datenmanagement zu zentralen Erfolgsfaktoren. Der Schutz vertraulicher Informationen sowie ein verantwortungsvoller Umgang mit dynamisch veränderlichen Daten müssen von Beginn an systematisch in das Design integriert werden.

Ein besonders wichtiger Sicherheitsaspekt ist die Zugriffskontrolle. Nur autorisierte Nutzer und Agenten dürfen auf Datenquellen und Werkzeuge zugreifen. Robuste Mechanismen zur Authentifizierung und Autorisierung sind hierbei unerlässlich. Rollenbasierte Zugriffskonzepte (Role-Based Access Control, RBAC) bieten die Möglichkeit, Berechtigungen präzise und differenziert zu verwalten.

Arbeitet das System mit personenbezogenen Daten, müssen zwingend geltende Datenschutzrichtlinien wie die DSGVO eingehalten werden. Maßnahmen wie Anonymisierung oder Pseudonymisierung helfen dabei, die Privatsphäre der Nutzer zu wahren. Gleichzeitig ist sorgfältig abzuwägen, welche Daten der Agent tatsächlich benötigt und wie lange diese gespeichert bleiben dürfen.

Die sichere Nutzung externer Tools und Schnittstellen ist ein weiterer kritischer Punkt. Schnittstellenaufrufe sollten stets über gesicherte Protokolle wie HTTPS erfolgen. Werkzeuge mit Schreibzugriff oder potenziell risikobehafteten Nebenwirkungen erfordern besondere Vorsicht. Für sicherheitsrelevante Aktionen empfiehlt sich der Einbau von Bestätigungsschritten oder menschlicher Überwachung.

Zudem muss das System gegen sogenannte Prompt Injection Angriffe geschützt werden. Solche Angriffe zielen darauf ab, durch manipulierte Eingaben die Kontrolle über den Agenten zu gewinnen, sensible Informationen abzufragen oder unerwünschte Handlungen auszulösen. Gegenmaßnahmen können in Form von Eingabevalidierung, Ausgabe-Filterung oder einer gezielten Begrenzung der Agentenfähigkeiten erfolgen.

Die Sicherheit der zugrunde liegenden Vektordatenbank und aller Datenquellen ist ebenso essenziell. Nur ein wirksamer Schutz vor unbefugtem Zugriff oder Manipulation sichert die Integrität des Systems. Ergänzend sollte eine lückenlose Protokollierung aller Systemereignisse, Agentenhandlungen und Datenzugriffe erfolgen, um mögliche Sicherheitsvorfälle nachvollziehen und gezielt untersuchen zu können.

Neben diesen Sicherheitsanforderungen stellt auch das Datenmanagement in dynamischen Umgebungen hohe Anforderungen. Die Aktualität der Datenbasis muss gewährleistet werden – etwa durch regelmäßige Re-Indexierung oder ereignisgesteuerte Updates. Gleichzeitig ist auf eine gleichbleibend hohe Datenqualität und Konsistenz zu achten. Neue Informationen sollten vor der Aufnahme ins System validiert werden.

Ein systematisches Versionierungsmanagement erlaubt es, sowohl Datenquellen als auch Indizes und gegebenenfalls Agentenmodelle in verschiedenen Ständen zu dokumentieren und bei Bedarf auf frühere Versionen zurückzugreifen. Für den Umgang mit widersprüchlichen oder veralteten Informationen ist eine klare Strategie erforderlich. Dazu gehören beispielsweise Mechanismen zur Bewertung der Quellenvertrauenswürdigkeit oder die Bevorzugung aktueller Inhalte.

Schließlich kann auch das System selbst zur Verbesserung seiner Datenbasis beitragen: Durch gezielte Rückmeldeschleifen, etwa über Nutzerfeedback oder eigene Beobachtungen des Agenten, lassen sich Fehler und Ungenauigkeiten identifizieren und entsprechende Korrekturmaßnahmen einleiten.

Ein proaktiver, ganzheitlicher Ansatz für Sicherheit und Datenmanagement ist entscheidend, um das Vertrauen der Nutzer zu gewinnen und die langfristige Verlässlichkeit und Effektivität eines Agentic RAG Systems sicherzustellen. Diese Aspekte dürfen nicht als nachgelagerte Ergänzungen verstanden werden, sondern müssen von Anfang an als integrale Bestandteile in die Systemarchitektur eingebettet sein.

Was tun, wenn der Agent oder die Daten versagen?

Agentic RAG Systeme sind komplexe Gebilde, die aus vielen zusammenspielenden Teilen bestehen – LLMs, Datenquellen, Retriever, Tools, Agentenlogik. In einer solchen Umgebung können Fehler an verschiedenen Stellen auftreten: Das LLM könnte halluzinieren, der Retriever könnte keine relevanten Dokumente finden, ein externes Tool könnte ausfallen, oder die Agentenplanung könnte in eine Sackgasse geraten. Eine robuste Fehlerbehandlung ist daher entscheidend, um sicherzustellen, dass das System auch unter widrigen Umständen noch nutzbar bleibt oder zumindest graceful degradet (kontrolliert an Leistung verliert).

Typische Fehlerquellen in Agentic RAG Systemen sowie geeignete Strategien zur Fehlerbehandlung spielen eine zentrale Rolle für die Zuverlässigkeit und Nutzerzufriedenheit solcher Systeme. Ein robustes System zeichnet sich nicht dadurch aus, dass es fehlerfrei arbeitet, sondern dadurch, dass es Fehler frühzeitig erkennt, sinnvoll darauf reagiert und dem Nutzer auch unter schwierigen Bedingungen möglichst zielführend assistiert.

Im Retrieval-Prozess können verschiedene Probleme auftreten. Findet der Agent keine relevanten Dokumente, sollte er dies klar kommunizieren, anstatt eine Antwort ohne belastbare

Grundlage zu generieren. In solchen Fällen kann er den Nutzer auffordern, die Anfrage umzuformulieren oder alternative Suchbegriffe anbieten. Werden hingegen zu viele irrelevante Dokumente abgerufen, sollte der Agent über geeignete Filter- oder Bewertungsmechanismen verfügen oder den Dialog nutzen, um die Anfrage gezielt zu präzisieren.

Auch bei der Antwortgenerierung durch das Sprachmodell können Fehler entstehen. Trotz RAG-Integration können sogenannte Halluzinationen auftreten – also Antworten, die frei erfunden sind und nicht auf den abgerufenen Informationen basieren. Der Agent sollte daher in der Lage sein, die generierte Antwort mit den zugrunde liegenden Quellen abzugleichen. Bei Unsicherheiten kann er die Antwort als potenziell ungesichert kennzeichnen oder den Nutzer um Rückmeldung bitten. Unvollständige oder inhaltlich unsinnige Antworten sollten durch eine erneute Generierung mit verändertem Prompt oder angepassten Parametern korrigiert werden können.

Fehler bei der Nutzung externer Tools treten beispielsweise dann auf, wenn ein Tool nicht verfügbar ist oder unerwartete Ergebnisse liefert. Der Agent sollte in der Lage sein, Timeouts und Fehlermeldungen korrekt zu interpretieren, Wiederholungsversuche zu starten, auf Alternativen auszuweichen oder den Nutzer über das Problem zu informieren. Auch bei fehlerhaften Ausgaben muss der Agent flexibel reagieren und gegebenenfalls seinen Plan anpassen.

Auf der Ebene der Agentenplanung oder -logik können Planungsfehler auftreten, etwa wenn der Agent in eine logische Sackgasse gerät oder in einer Endlosschleife festhängt. In solchen Situationen sollte er alternative Lösungswege prüfen, den Nutzer aktiv einbeziehen oder die Aufgabe als nicht lösbar kennzeichnen. Mechanismen wie eine Begrenzung der maximalen Iterationen helfen dabei, endlose Schleifen zu vermeiden.

Auch Probleme mit den zugrunde liegenden Datenquellen können den Agentenbetrieb beeinträchtigen. Veraltete oder widersprüchliche Informationen lassen sich durch Vertrauensbewertungen der Quellen oder transparente Quellenangaben entschärfen. Feedback-Schleifen, in denen Nutzer fehlerhafte Inhalte melden können, tragen zur kontinuierlichen Verbesserung der Datenqualität bei.

Um die Robustheit des Gesamtsystems zu erhöhen, sollten explizite Fehlerzustände definiert und klare Fallback-Strategien implementiert werden. Dazu zählen generische Antworten, Bitten um Klärung oder die Weiterleitung an einen menschlichen Ansprechpartner. Temporäre Fehler – etwa durch Netzwerkprobleme – lassen sich durch Retry-Mechanismen mit exponentiellem Backoff abfangen. Die Validierung von Ein- und Ausgaben jeder Systemkomponente ist ein weiterer wichtiger Baustein, um Fehler frühzeitig zu erkennen und abzufangen. Ergänzend dazu ermöglichen umfassendes Logging und Monitoring eine schnelle Fehleranalyse und proaktives Handeln. In besonders sensiblen oder sicherheitskritischen Fällen kann es sinnvoll sein, eine menschliche Überprüfung vorzusehen, bevor eine Entscheidung oder Antwort final ausgegeben wird.

Ein widerstandsfähiges Agentic RAG System erkennt seine eigenen Grenzen, geht aktiv mit Fehlern um und bleibt auch in schwierigen Situationen nutzerorientiert. Die konsequente Integration robuster Fehlerbehandlungsmethoden ist deshalb kein optionales Detail, sondern ein zentrales Qualitätsmerkmal intelligenter agentengestützter Systeme.

Teste dein Wissen

Du hast nun die fortgeschrittenen Konzepte zum Aufbau und Management von Agentic RAG Systemen kennengelernt, einschließlich Agenten-Architekturen (Memory, Planning, Tools), dem Aggregator Agenten und der Evaluierung. Um dein Verständnis zu vertiefen, stelle dir folgende Aufgabe: Du sollst ein Agentic RAG System entwerfen, das einen Journalisten bei der Recherche für einen Artikel zum Thema "Die Auswirkungen des Klimawandels auf die globale Kaffeeproduktion in den letzten 5 Jahren" unterstützt. Das System soll nicht nur relevante wissenschaftliche Studien und Nachrichtenartikel finden, sondern auch Daten zu Kaffeepreisen und Ernteerträgen aus verschiedenen Quellen extrahieren, diese Informationen zusammenfassen und mögliche widersprüchliche Aussagen hervorheben.

1. Agenten-Architektur und Komponenten: Welche Hauptkomponenten (Agenten, Tools, Datenquellen, Memory-Typen) würdest du für dieses System vorsehen? Skizziere grob, wie ein Aggregator Agent die verschiedenen spezialisierten Agenten (z. B. einen für wissenschaftliche Paper, einen für Nachrichten, einen für Preisdaten) und Tools (z. B. Web-Suche, PDF-Parser, Datenbank-Connector für Preisdaten, RAG-Retriever für interne Notizen des Journalisten) koordinieren könnte.

2. Planungs- und Reasoning-Prozess: Beschreibe einen möglichen ReACT- oder CoT-ähnlichen Prozess, den der Aggregator Agent durchlaufen könnte, um die Anfrage des Journalisten zu bearbeiten. Welche Schritte

wären notwendig, von der Analyse der Anfrage bis zur
Präsentation der Ergebnisse?

3. Herausforderungen bei Evaluierung und Sicherheit:
   Welche spezifischen Herausforderungen siehst du bei
   der Evaluierung der Antwortqualität dieses Systems (z.
   B. Faktentreue, Vollständigkeit der Recherche)? Welche Sicherheitsaspekte wären besonders wichtig, wenn
   der Journalist auch seine eigenen, potenziell vertraulichen Recherche-Notizen in das System einspeisen
   möchte?

Denke bei deiner Skizze daran, wie die verschiedenen Konzepte – Memory, Planning, Tools, Aggregator Agent, Evaluierung
und Sicherheit – zusammenspielen müssten, um eine solch anspruchsvolle, aufgabenorientierte Assistenz zu ermöglichen. Es
geht hier nicht um eine perfekte technische Ausarbeitung, sondern um das konzeptionelle Verständnis der Zusammenhänge
auf fortgeschrittenem Niveau.

4.3. Die Symphonie der wissensbasierten Agenten

Willkommen im Experten-Bereich von Agentic RAG! Nachdem du die Grundlagen und fortgeschrittenen Techniken gemeistert hast, um Agenten zu bauen, die Wissen intelligent abrufen und nutzen, stoßen wir nun in die Sphären vor, in denen
Agentic RAG sein volles transformatives Potenzial entfaltet. In
diesem Abschnitt tauchen wir tief ein in visionäre Architektu-

ren, die über einzelne Agenten hinausgehen und komplexe Multi-Agenten-Systeme für RAG ermöglichen. Du wirst lernen, wie spezialisierte Agenten zusammenarbeiten, koordiniert von übergeordneten Aggregator-Agenten, und wie sie auf eine Vielzahl von Datenquellen und Diensten, beispielsweise über MCP Server Konzepte, zugreifen, um bisher unlösbar scheinende, wissensintensive Probleme zu meistern. Wir werden uns mit den Herausforderungen und Lösungen für die Skalierung von Agentic RAG Systemen für unternehmensweite Anwendungen beschäftigen, von der Performance-Optimierung über die Infrastruktur bis hin zum Kostenmanagement. Konzepte wie kontinuierliches Lernen und die automatische Aktualisierung von Wissensbasen durch Agenten werden ebenso beleuchtet wie die ethischen Führungsaspekte und Governance-Fragen, die mit solch autonomen, wissensbasierten Systemen einhergehen. Wir werfen einen Blick auf die Zukunft von Agentic RAG, diskutieren Trends, Visionen und das disruptive Potenzial für Branchen wie Forschung, Recht und Medizin. Schließlich rüsten wir dich mit dem Wissen über Experten-Tools, Frameworks und Best Practices aus, die dich befähigen, an der Spitze dieser Entwicklung mitzuwirken und die nächste Generation wissensbasierter KI-Systeme aktiv mitzugestalten. Bereite dich darauf vor, die Grenzen des Möglichen zu verschieben und die Symphonie der wissensbasierten Agenten zu dirigieren.

Komplexe Multi-Agenten-Systeme für RAG

Die wahre Leistungsfähigkeit von Agentic RAG entfaltet sich dann, wenn spezialisierte Agenten nicht isoliert, sondern in einem orchestrierten Multi-Agenten-System zusammenarbeiten.

Solche Systeme lassen sich mit menschlichen Expertenteams vergleichen, bei denen einzelne Mitglieder spezifische Fachkompetenzen einbringen, während ein Koordinator die Zusammenarbeit steuert. Google betont in seinem Agent-Whitepaper die Bedeutung dieser Struktur insbesondere für komplexe, domänenspezifische Anwendungen – etwa in der Automobilindustrie, wo spezialisierte Agenten gemeinsam an Fahrzeugentwicklung, Produktionsplanung oder Kundenservice arbeiten. Jeder Agent verfügt dabei über eigenen Zugriff auf bestimmte Datenquellen und Fachwissen, während ein zentraler Koordinator die Gesamtstrategie bestimmt.

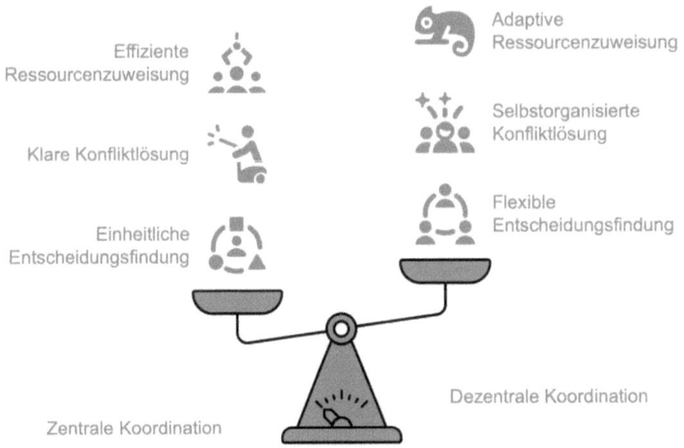

Vergleich von Koordinationsansätzen in Multi-Agenten-Systemen

Ein solches Ökosystem besteht aus verschiedenen Typen spezialisierter Agenten. Retrieval-Spezialisten beherrschen unterschiedliche Strategien zur Informationsbeschaffung, können Suchanfragen umformulieren und sind auf spezifische Dokumenttypen fokussiert – etwa wissenschaftliche Arbeiten, rechtliche Texte oder technische Spezifikationen. Analyse-Agenten verarbeiten die abgerufenen Informationen weiter, erkennen Muster, decken Widersprüche auf oder führen Berechnungen durch. Synthese-Agenten wiederum führen Informationen aus mehreren Quellen zu einer strukturierten Antwort oder einem Bericht zusammen. Unterstützt werden sie von kritischen Prüfern, die die Ergebnisse anderer Agenten bewerten, Fehler identifizieren und Klarstellungen anfordern. Domänenexperten verfügen über vertieftes Wissen in spezifischen Fachgebieten wie Medizin, Recht oder Finanzen und dienen als fachliche Berater oder Bearbeiter spezieller Aufgaben. Schließlich koordinieren Aggregator-Agenten die Zusammenarbeit innerhalb des Netzwerks, delegieren Aufgaben, lösen Konflikte und integrieren die Ergebnisse zu einer Gesamtlösung.

Die Zusammenarbeit kann in verschiedenen Formen organisiert sein. Bei der sequenziellen Kollaboration arbeiten Agenten schrittweise nacheinander, wobei jeweils das Ergebnis des einen Agenten die Grundlage für den nächsten bildet – vergleichbar mit einer Produktionslinie. In der parallelen Kollaboration bearbeiten mehrere Agenten gleichzeitig verschiedene Teilaspekte einer Aufgabe und tauschen anschließend ihre Resultate aus. In hierarchischen Strukturen delegieren übergeordnete Agenten Aufgaben an untergeordnete Instanzen und bündeln deren Resultate. In einer Peer-to-Peer-Kollaboration hingegen arbeiten Agenten gleichberechtigt miteinander, tauschen Informationen aus und entwickeln gemeinsam Lösungen.

Die Koordination dieser Abläufe kann zentral durch einen Koordinator-Agenten erfolgen, der Planung, Aufgabenverteilung und Konfliktlösung übernimmt. Alternativ koordinieren sich die Agenten dezentral durch direkte Kommunikation und Verhandlung. Hybride Modelle kombinieren beide Ansätze, indem sie strategische Entscheidungen zentral steuern, operative Aufgaben jedoch dezentral abstimmen. In marktanalogen Systemen können Agenten sogar auf Aufgaben bieten – abhängig von ihrer Eignung und Ressourcenverfügbarkeit.

Für eine reibungslose Zusammenarbeit ist eine effiziente Kommunikation entscheidend. Diese kann über standardisierte Nachrichtenprotokolle erfolgen, in denen Anfragen, Antworten, Statusinformationen und Metadaten strukturiert ausgetauscht werden. Gemeinsame Wissensbasen erlauben Agenten den Zugriff auf zentrale Informationen. Argumentationsbasierte Kommunikation erweitert den Austausch um Begründungen, Hypothesen und Schlussfolgerungen. Je nach Anwendungsfall erfolgt die Kommunikation entweder in natürlicher Sprache, was Flexibilität ermöglicht, oder in strukturierten Formaten wie JSON, die eine maschinelle Verarbeitung erleichtern.

Allerdings bringt ein solches System auch Herausforderungen mit sich. Eine zentrale Herausforderung besteht darin, Konsistenz und Kohärenz der Ergebnisse sicherzustellen – etwa durch zentrale Validierung, Konsensfindung oder formale Verifikation. Ressourceneffizienz ist ebenso kritisch, da Multi-Agenten-Systeme einen hohen Rechenaufwand verursachen können. Hier helfen intelligente Scheduling-Algorithmen, Priorisierungen und gezielte Aktivierung einzelner Agenten. Mit zunehmender Anzahl der beteiligten Agenten steigt auch die

Koordinationskomplexität. Diese lässt sich durch modulare Architekturen, hierarchische Strukturen und optimierte Kommunikationsprotokolle beherrschen. Darüber hinaus muss das System fehlertolerant sein, etwa durch Redundanz, automatische Failover-Mechanismen und die dynamische Neuzuweisung von Aufgaben im Fehlerfall.

Multi-Agenten-Systeme stellen den derzeit fortschrittlichsten Entwicklungsstand im Bereich Agentic RAG dar. Sie ermöglichen die Lösung hochkomplexer, wissensintensiver Aufgaben und bieten ein leistungsfähiges Modell für die Spezialisierung und Skalierung intelligenter Systeme – orientiert an der Logik menschlicher Zusammenarbeit in Expertenteams.

Kollaborative Entwicklung mit Agentic RAG

Anthropic beschreibt in 'Claude Code Best Practices' einen Ansatz, der sich hervorragend auf die Entwicklung von Agentic RAG Systemen übertragen lässt: die kollaborative Entwicklung zwischen Menschen und KI-Agenten. In diesem Modell arbeiten Entwickler und Agenten als Team zusammen, wobei jeder seine spezifischen Stärken einbringt.

Für Agentic RAG könnte dies bedeuten:

1. Mensch-Agent-Pairing: Entwickler und RAG-Agenten arbeiten in Paaren, wobei der Agent Vorschläge für Retrieval-Strategien, Prompt-Optimierungen oder Architekturentscheidungen macht, während der Mensch diese bewertet, anpasst und implementiert.

2. Iterative Verbesserung: Der Agent kann kontinuierlich Testfälle generieren, Schwachstellen identifizieren und

Verbesserungsvorschläge machen, während der Entwickler die Systemarchitektur verfeinert.

3. Dokumentationsunterstützung: Der Agent kann automatisch Dokumentation generieren, die erklärt, wie das System funktioniert, welche Entscheidungen getroffen wurden und warum.

4. Prototyping: Agenten können schnell Prototypen für verschiedene RAG-Komponenten erstellen, die dann von Entwicklern verfeinert werden.

Diese kollaborative Entwicklung führt zu robusteren, besser dokumentierten und innovativeren Agentic RAG Systemen, da sie die analytischen und kreativen Fähigkeiten von Menschen mit der Skalierbarkeit und dem Detailwissen von KI-Agenten kombiniert.

Wenn Agenten ihre eigenen Werkzeuge generieren

Eine besonders fortschrittliche Fähigkeit von Agentic RAG Systemen liegt in der dynamischen Tool-Erstellung und -Nutzung. Anders als klassische Ansätze, bei denen Agenten ausschließlich auf eine vorab definierte Auswahl an Werkzeugen zurückgreifen können, eröffnet dieses Konzept die Möglichkeit, dass ein Agent eigenständig neue Tools generiert, wenn die vorhandenen nicht ausreichen. Damit wird ein entscheidender Schritt in Richtung autonomer Problemlösung und flexibler Systemintelligenz vollzogen.

Im Kern bedeutet dynamische Tool-Erstellung, dass ein Agent in der Lage ist, den Bedarf an einem nicht vorhandenen Werkzeug zu erkennen, eine Spezifikation dafür zu formulieren, den benötigten Code zu erzeugen – meist in einer Skriptsprache wie Python – und diesen anschließend zu testen, zu debuggen und in den laufenden Workflow zu integrieren. Der gesamte Prozess erfolgt dabei weitgehend eigenständig durch den Agenten, was ein hohes Maß an Autonomie voraussetzt.

Die Einsatzmöglichkeiten sind vielfältig. Ein typisches Beispiel sind spezialisierte Datenextraktoren, die Agenten für ungewöhnliche oder proprietäre Dateiformate erstellen, sobald diese in abgerufenen Dokumenten auftauchen. Ebenso können benutzerdefinierte Analysewerkzeuge generiert werden, etwa zur Durchführung komplexer statistischer Auswertungen oder für die Visualisierung von Mustern in den Daten. Formatkonverter ermöglichen es, inkompatible Datenquellen miteinander zu verknüpfen, indem sie Inhalte in nutzbare Strukturen überführen. In Fällen, in denen externe APIs angesprochen werden sollen, für die keine vorgefertigten Clients vorliegen, kann der Agent passende Schnittstellen dynamisch entwickeln. Auch für die Überprüfung von Datenqualität oder inhaltlicher Konsistenz lassen sich situationsspezifische Validatoren erzeugen.

Technisch basiert dieses Vorgehen in der Regel auf der Fähigkeit von großen Sprachmodellen, aus einer natürlichsprachlichen Anforderung ausführbaren Code zu generieren. Um Sicherheitsrisiken zu vermeiden, erfolgt die Ausführung des generierten Codes in isolierten, kontrollierten Umgebungen (Sandboxing). Das System muss darüber hinaus Mechanismen bereitstellen, um neu erstellte Tools zur Laufzeit zu registrieren, ihre Schnittstellen zu verwalten und sie gegebenenfalls wieder zu entfernen. Fortgeschrittene Agenten können sogar abstrahieren, welche Tool-Typen besonders häufig benötigt werden, und daraus wiederverwendbare Komponenten ableiten.

Mit diesen Möglichkeiten gehen allerdings auch erhebliche Herausforderungen einher. Die größte betrifft die Sicherheit: Dynamisch erzeugter Code kann potenziell schädlich sein oder unbeabsichtigte Nebenwirkungen haben. Daher sind Sandboxing und strikte Validierung unverzichtbar. Auch die Zuverlässigkeit solcher Tools ist nicht immer gewährleistet, da sie ad hoc und ohne umfassende Testprozesse entstehen. Schließlich stellt die Integration der dynamischen Tool-Erstellung hohe Anforderungen an die Architektur und Komplexitätsbeherrschung des Gesamtsystems.

Trotz dieser Hürden eröffnet die Fähigkeit zur dynamischen Tool-Erstellung eine neue Dimension in der Entwicklung intelligenter Agenten. Sie erlaubt es Agentic RAG Systemen, sich flexibel an neue Herausforderungen anzupassen, eigenständig Lösungen zu entwickeln und ihren Handlungsspielraum weit über statische Systeme hinaus zu erweitern. Damit steigt nicht nur die Problemlösungskompetenz, sondern auch die Resilienz und Zukunftsfähigkeit solcher Systeme erheblich.

Performance-Optimierung, Infrastruktur und Kostenmanagement

Die erfolgreiche Implementierung eines Agentic RAG Prototyps stellt einen wichtigen Meilenstein dar. Doch erst mit der Skalierung für den unternehmensweiten Einsatz entfaltet ein solches System sein volles Potenzial – und bringt gleichzeitig erhebliche Anforderungen mit sich. Denn wenn viele Nutzer parallel komplexe Anfragen stellen und auf umfangreiche Datenquellen zugreifen, werden Performance, Infrastrukturstabilität und Kostenkontrolle zu zentralen Herausforderungen.

Ein kritischer Erfolgsfaktor ist die Performance-Optimierung. Die Antwortzeit des Systems hat direkten Einfluss auf die Nutzerakzeptanz. Besonders relevant ist dabei die Retrieval-Geschwindigkeit: Die zugrunde liegende Vektordatenbank muss effizient arbeiten, wofür optimierte Indexierungsstrategien, Hardware-Beschleunigung und intelligente Caching-Mechanismen eingesetzt werden können. Hinzu kommt die Inferenzzeit großer Sprachmodelle, die sich durch Techniken wie Quantisierung, Pruning oder den Einsatz spezialisierter, kleinerer Modelle für Teilaufgaben verkürzen lässt. Auch Hardware-Beschleuniger wie GPUs oder TPUs spielen hier eine zentrale Rolle. Externe Tools, etwa APIs oder Websuche, müssen möglichst schnell und asynchron angesprochen werden; Timeouts verhindern unnötige Wartezeiten. Gleichzeitig sollte die Netzwerklatenz durch eine kluge Verteilung der Systemkomponenten minimiert werden. Die Agentenlogik selbst darf keine ineffizienten Planungsabläufe oder unnötigen Iterationen enthalten – sie muss kontinuierlich analysiert und optimiert werden.

Neben der Performance stellt auch die Infrastruktur hohe Anforderungen. Unternehmen benötigen elastische Rechenressourcen, die sich dynamisch an die Last anpassen. Cloud-Plattformen wie AWS, Azure oder GCP bieten hierfür Dienste wie Kubernetes oder Serverless Functions. Auch die Vektordatenbank muss horizontal skalierbar sein, um große Abfragevolumina zu verarbeiten. Eine robuste Daten-Pipeline sorgt dafür, dass Informationen und Indizes stets aktuell und konsistent sind. Lastverteilung und Fehlertoleranzmechanismen – etwa redundante Komponenten oder automatische Failover-Szenarien – sichern die hohe Verfügbarkeit des Systems. Ohne umfassendes Monitoring und Logging lassen sich Engpässe oder Fehlerquellen nicht frühzeitig erkennen, weshalb deren Einrichtung essenziell ist.

Nicht zuletzt muss das Kostenmanagement von Anfang an mitgedacht werden. Die Nutzung leistungsstarker LLMs und Cloud-Ressourcen verursacht teils erhebliche Betriebskosten. Eine effiziente Nutzung der Sprachmodelle ist daher entscheidend: Kürzere Prompts, Batch-Verarbeitung, die gezielte Auswahl kostengünstiger Modelle sowie das Caching identischer Antworten tragen zur Kostenreduktion bei. Auch die Nutzung externer Tools sollte gezielt erfolgen – unnötige API-Aufrufe lassen sich vermeiden. In der Cloud helfen Autoscaling, die Wahl geeigneter Instanzgrößen und die Nutzung von Spot-Instanzen, den Ressourcenverbrauch zu optimieren. Ein kontinuierliches Kosten-Monitoring schafft Transparenz, identifiziert Kostentreiber und erschließt weitere Optimierungspotenziale. Dabei lohnt sich auch ein Vergleich der Preismodelle verschiedener Anbieter, sowohl bei LLMs als auch bei Vektordatenbanken und Cloud-Diensten.

In der Summe erfordert die Skalierung von Agentic RAG einen ganzheitlichen Ansatz. Technische Optimierungen, vorausschauende Infrastrukturplanung und ein ausgeprägtes Kostenbewusstsein müssen ineinandergreifen. Der Weg zur produktiven, unternehmensweiten Nutzung ist dabei meist ein iterativer Prozess: Das System wird stufenweise weiterentwickelt, kontinuierlich überwacht und an neue Anforderungen angepasst. Nur so lässt sich ein Agentic RAG System realisieren, das leistungsfähig, wirtschaftlich tragfähig und langfristig stabil ist.

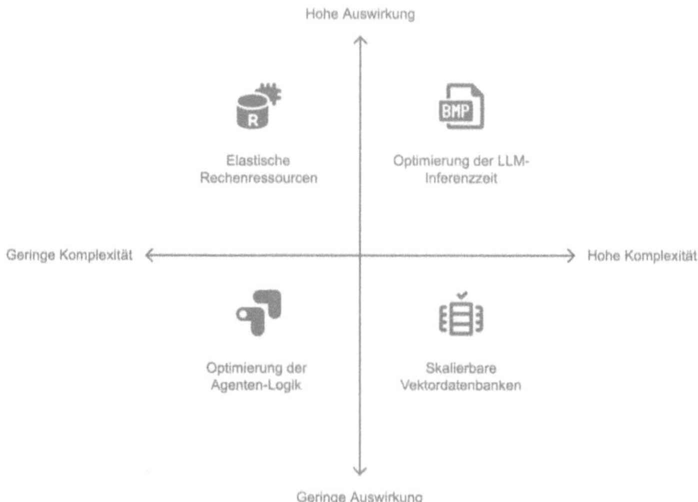

Kontinuierliches Lernen und automatische Aktualisierung von Wissensbasen in RAG-Systemen

Ein statisches Agentic RAG System, dessen Wissensbasis und Fähigkeiten sich nicht weiterentwickeln, verliert in dynamischen Umgebungen schnell an Relevanz. Deshalb ist die Fähigkeit zur kontinuierlichen Aktualisierung der Wissensquellen und zum fortlaufenden Lernen des Agenten ein entscheidender Faktor für die langfristige Nützlichkeit, Skalierbarkeit und Zukunftssicherheit eines solchen Systems.

Ein zentrales Element ist die automatische Aktualisierung der Wissensbasen. Da sich externe Datenquellen stetig verändern, muss das System in der Lage sein, neue Informationen zu erfassen, veraltete Inhalte zu entfernen und bestehende Dokumente bei Änderungen neu zu indexieren. Dafür sind regelmäßige Neuindexierungsprozesse erforderlich, die die Datenquellen in definierten Intervallen – etwa täglich oder wöchentlich – scannen und den Vektorindex aktualisieren. In vielen Anwendungsfällen bietet sich zudem ein ereignisgesteuerter Ansatz an: Sobald beispielsweise ein neues Dokument in einem Content-Management-System hochgeladen wird, sollte das System automatisch eine Indexaktualisierung anstoßen. Um dabei Konsistenz und Nachvollziehbarkeit sicherzustellen, ist es sinnvoll, Versionierung auf Ebene der Daten und Indizes einzuführen. Ergänzend müssen alle neu eingehenden Inhalte einer systematischen Qualitätsprüfung unterzogen werden, um Fehler, Duplikate oder irrelevante Informationen zu vermeiden.

Doch nicht nur die Datenbasis, auch der Agent selbst sollte kontinuierlich lernen. Eine wichtige Grundlage hierfür ist das systematische Einbeziehen von Nutzerfeedback. Dabei kann es sich sowohl um explizite Rückmeldungen handeln – etwa Bewertungen von Antwortqualität oder manuelle Korrekturen – als auch um implizite Signale wie Klickverhalten, Verweildauer oder Abbruchraten. Solche Daten lassen sich nutzen, um Retrieval-Strategien zu verfeinern, Prompts zu optimieren oder Modelle gezielter einzusetzen. Weitergehende Lernprozesse können auf Methoden wie Reinforcement Learning from Human Feedback (RLHF) oder Reinforcement Learning from AI Feedback (RLAIF) basieren. Dabei wird der Agent durch Belohnungssysteme trainiert, die gewünschtes Verhalten verstärken und unerwünschtes Verhalten abschwächen – entweder durch menschliches Feedback oder durch Bewertungen anderer, leistungsfähigerer KI-Systeme.

Ein fortschrittlicher Agent kann zudem proaktiv neue, potenziell relevante Datenquellen identifizieren, etwa durch Monitoring themenspezifischer Webseiten, wissenschaftlicher Publikationen oder Branchenportale, und deren Aufnahme in die Wissensbasis vorschlagen. Auch die Fähigkeit, Planungsstrategien dynamisch anzupassen – basierend auf der Effektivität vergangener Lösungswege – sowie die kontinuierliche Verbesserung der Tool-Nutzung durch Erfahrungswerte, stärken die Problemlösungsfähigkeit des Agenten im Zeitverlauf.

Allerdings bringt kontinuierliches Lernen auch spezifische Herausforderungen mit sich. Ein zentrales Problem ist das sogenannte Stability-Plasticity-Dilemma: Das System muss neues Wissen integrieren können, ohne dabei bestehendes, wichtiges Wissen zu verlieren – ein Phänomen, das als „katastrophales Vergessen" bekannt ist. Auch die Qualität des gesammelten Feedbacks ist entscheidend: Ungenaue, inkonsistente oder widersprüchliche Rückmeldungen können den Lernprozess verfälschen. Hinzu kommen die teils erheblichen Rechen- und Infrastrukturkosten, die mit regelmäßigem Training oder der laufenden Optimierung verbunden sind. Nicht zuletzt erfordert kontinuierliches Lernen eine engmaschige Evaluierung im laufenden Betrieb, um sicherzustellen, dass das System sich tatsächlich verbessert – und nicht unbemerkt an Leistungsfähigkeit verliert.

Die konsequente Umsetzung automatischer Wissensaktualisierung und kontinuierlichen Lernens macht aus einem statischen Agentic RAG System ein adaptives, wachstumsfähiges System. Es wird in der Lage sein, sich an veränderte Anforderungen,

Datenlandschaften und Nutzererwartungen anzupassen – und gewinnt dadurch mit der Zeit an Wert, statt an Bedeutung zu verlieren. Voraussetzung dafür ist jedoch eine sorgfältig konzipierte Systemarchitektur, die diese Weiterentwicklung strukturell unterstützt und kontrollierbar macht.

Agent Ops: Qualitätssicherung für Agentic RAG

OpenAI beschreibt in seinem Practical Guide to Building Agents mit dem Konzept „Agent Ops" einen systematischen Ansatz zur Betriebsführung, Qualitätssicherung und kontinuierlichen Weiterentwicklung von Agentensystemen. Dieses Konzept lässt sich ideal auf Agentic RAG Systeme übertragen – insbesondere dann, wenn diese unternehmenskritische Funktionen übernehmen oder in dynamischen Umfeldern zuverlässig skalieren sollen.

Ein zentrales Element von Agent Ops ist das kontinuierliche Monitoring. In Echtzeit werden Kennzahlen zur Agentenleistung erfasst – etwa Erfolgsraten bei Aufgaben, Latenzzeiten, Auslastung von Ressourcen oder Fehlerraten bei Tool-Aufrufen. Diese Überwachung bildet die Grundlage für schnelle Diagnosen und gezielte Optimierungen im laufenden Betrieb.

Automatisierte Tests ergänzen dieses Monitoring durch strukturierte Regressionstests. Dabei werden definierte Szenarien regelmäßig durchgespielt, um sicherzustellen, dass Updates an Prompts, Modellen oder Tool-Integrationen keine unbeabsichtigten Funktionsverluste oder Qualitätseinbußen verursachen. Gerade bei komplexen Multi-Agent-Setups ist dies essenziell, um versteckte Wechselwirkungen zu erkennen.

Die Fehleranalyse ist darauf ausgelegt, nicht nur einzelne Probleme zu beheben, sondern systematisch Ursachen zu identifizieren und daraus strukturelle Verbesserungen abzuleiten. Fehlerberichte, Log-Auswertungen und statistische Analysen helfen dabei, wiederkehrende Schwachstellen zu erkennen — etwa in der Agentenlogik, im Retrieval-Verhalten oder in der Tool-Nutzung.

Versionskontrolle ist ein weiterer zentraler Baustein. Alle Änderungen an Konfigurationen, Prompts, Modulen oder Modellen müssen nachvollziehbar dokumentiert und versioniert werden. So lassen sich neue Varianten gezielt testen und bei Bedarf auf bewährte Zustände zurückrollen. Dies schafft nicht nur Transparenz, sondern auch Sicherheit in der Weiterentwicklung.

Leistungsmetriken — also konkret definierte KPIs — machen die Qualität und den Nutzen des Agentic RAG Systems messbar. Dazu gehören etwa Antwortgenauigkeit, Retrieval-Präzision, Abdeckung der Nutzeranfragen, Ausfallraten, Tool-Nutzungs-Effizienz oder Nutzerzufriedenheit. Nur durch diese systematische Bewertung kann das System gezielt weiterentwickelt und dessen Wert für das Unternehmen belegt werden.

Ein wesentliches Element von Agent Ops sind außerdem Feedback-Schleifen. Nutzerfeedback — sei es explizit über Bewertungen oder implizit über Nutzungsverhalten — wird systematisch ausgewertet und in die Weiterentwicklung eingebunden. Dadurch wird das Agentic RAG System nicht nur technisch optimiert, sondern auch konsequent an den tatsächlichen Bedürfnissen der Nutzer ausgerichtet.

Zusammengefasst sorgt Agent Ops dafür, dass Agentic RAG Systeme nicht nur einmalig entwickelt, sondern dauerhaft zuverlässig betrieben und kontinuierlich verbessert werden können. In einem professionellen Unternehmenskontext ist dieser strukturelle Rahmen unerlässlich – insbesondere dann, wenn der Agent nicht nur technische Assistenz bietet, sondern auch als geschäftskritischer Bestandteil in Geschäftsprozesse, Entscheidungsunterstützung oder Kundeninteraktionen eingebunden ist.

Guardrails für Agentic RAG: Sicherheit und Kontrolle

Anthropic hebt in seinen Best Practices zu KI-Systemen die zentrale Bedeutung sogenannter „Guardrails" hervor – ein Konzept, das sich für Agentic RAG Systeme besonders konsequent umsetzen lässt. Da solche Systeme nicht nur auf sensible Daten zugreifen, sondern auch potenziell weitreichende Aktionen ausführen können, sind klar definierte Leitplanken unerlässlich, um Sicherheit, Verlässlichkeit und Verantwortlichkeit sicherzustellen.

Ein zentrales Element sind fein abgestufte Zugriffskontrollen. Sie legen präzise fest, auf welche Datenquellen ein Agent zugreifen darf und welche externen Tools oder Systeme er ansteuern kann. Damit lassen sich sensible oder geschäftskritische Informationen gezielt abschirmen – etwa durch rollenbasierte Berechtigungsmodelle oder kontextabhängige Zugriffsbeschränkungen.

Inhaltliche Beschränkungen sorgen dafür, dass der Agent keine unangemessenen, schädlichen oder vertraulichen Inhalte verarbeitet oder ausgibt. Diese Filter können sowohl während der

Datenaufnahme (z. B. bei der Indexierung) als auch bei der Antwortgenerierung greifen. Sie verhindern beispielsweise die versehentliche Weitergabe von personenbezogenen Daten oder geschützten Geschäftsgeheimnissen.

Auch Aktionslimits sind ein wesentlicher Bestandteil sicherheitsbewusster Agentenarchitekturen. Sie definieren, wie viele oder welche Arten von Aktionen ein Agent ausführen darf – insbesondere dann, wenn diese irreversibel oder sicherheitsrelevant sind. So kann etwa verhindert werden, dass ein Agent unbegrenzt viele externe Systemanfragen auslöst, Daten verändert oder automatisierte Kommunikation ohne Prüfung verschickt.

Für besonders kritische Fälle sollten Mechanismen zur menschlichen Überprüfung vorgesehen sein. Das bedeutet, dass bestimmte Aktionen – etwa das Versenden sensibler Informationen, das Ändern von Datenbeständen oder die Ausführung externer Skripte – nicht autonom erfolgen, sondern eine explizite Bestätigung durch eine autorisierte Person erfordern.

Ein vollständiger Audit-Trail dokumentiert sämtliche relevanten Aktionen des Agenten – einschließlich Datenzugriffe, Systembefehle, Tool-Nutzung und generierter Antworten. Diese Nachvollziehbarkeit ist essenziell für Audits, Sicherheitsanalysen und Compliance-Anforderungen.

Ergänzt wird dieses Sicherheitsnetz durch eine Notfall-Abschaltung. Diese erlaubt es, den Agentenbetrieb bei erkannten Fehlverhalten sofort zu stoppen, um weiteren Schaden zu verhindern. Die Abschaltung kann manuell oder automatisiert ausgelöst werden – etwa durch Anomalieerkennung oder Verstöße gegen definierte Sicherheitsrichtlinien.

Zusammengenommen bilden diese Guardrails die fundamentale Sicherheitsarchitektur eines Agentic RAG Systems. Sie schützen nicht nur die Nutzer und ihre Daten, sondern stärken auch das Vertrauen von Organisationen in die Zuverlässigkeit und Beherrschbarkeit solcher KI-gesteuerter Systeme. Entscheidend ist dabei, dass diese Schutzmechanismen von Anfang an systematisch in das Design integriert werden – nicht als nachträgliche Ergänzung, sondern als integraler Bestandteil eines verantwortungsvollen Agentenbetriebs.

Ethische Führung und Governance bei RAG-Anwendungen

Mit zunehmender Autonomie und Reichweite von Agentic RAG Systemen wächst auch die Verantwortung, ethische Standards konsequent umzusetzen und Governance-Strukturen aufzubauen, die diese Systeme kontrollierbar und vertrauenswürdig machen. Agenten, die komplexe Entscheidungen treffen, auf private oder sensible Daten zugreifen und über Schnittstellen in andere Systeme eingreifen können, müssen sich an klaren Prinzipien orientieren – und diese für alle Beteiligten nachvollziehbar umsetzen.

Transparenz ist dabei die Grundlage jeder verantwortungsvollen Nutzung. Nutzer und Betreiber müssen verstehen können, wie der Agent zu seinen Ergebnissen kommt. Dazu gehört insbesondere die eindeutige Angabe der genutzten Quellen: Das System sollte offenlegen, auf welche Dokumente, Absätze oder Datenpunkte es sich bei der Antwort stützt, um eine eigenständige Prüfung zu ermöglichen. Ebenso wichtig ist die Offenlegung von Systemgrenzen: Welche Datenquellen werden berücksichtigt? Wie aktuell sind sie? Für welche Aufgabentypen ist der Agent optimiert – und wo stößt er an seine Grenzen? Bei mehrstufigen Interaktionen oder der Nutzung komplexer Planungsstrategien sollte der Agent zudem Auskunft darüber geben, in welchem Schritt seines Entscheidungsprozesses er sich gerade befindet.

Erklärbarkeit geht über reine Transparenz hinaus und betrifft die Nachvollziehbarkeit der inneren Logik. Agentic RAG Systeme sollten – insbesondere bei nicht-trivialen Entscheidungen – ihre Argumentationskette offenlegen. Dazu zählen zentrale Entscheidungskriterien, abgeleitete Zwischenschritte oder gewählte Retrieval- und Planungsstrategien. Eine einfache Darstellung des Chain-of-Thought- oder ReACT-Prozesses kann bereits helfen, Vertrauen aufzubauen. Für technische Anwender und Auditoren sind zusätzlich visuelle Werkzeuge hilfreich, die den Entscheidungsfluss, verwendete Tools und Datenquellen abbilden. In bestimmten Fällen kann es sinnvoll sein, kontrafaktische Erklärungen bereitzustellen – etwa, wie sich eine Antwort verändert hätte, wenn ein anderer Fakt im Kontext gestanden hätte.

Ein besonders kritischer Bereich ist die Vermeidung von Bias, der aus den genutzten externen Datenquellen stammen kann. Historisch gewachsene Ungleichgewichte, gesellschaftliche Stereotype oder einseitige Darstellungen lassen sich in vielen Dokumentbeständen nachweisen. Agentic RAG Systeme, die diese Inhalte ungefiltert wiedergeben, laufen Gefahr, Diskriminierung zu verstärken oder falsche Narrative zu stützen. Dem lässt sich auf mehreren Ebenen begegnen: durch die sorgfältige Auswahl und Kuratierung der Datenquellen, durch technische Debiasing-Verfahren bei der Indexierung oder Ausgabe, durch regelmäßige Bias-Audits und Tests, sowie durch ein diverses, sensibilisiertes Entwicklungsteam. Ebenso wichtig ist ein Feedbackmechanismus, mit dem Nutzer problematische Antworten melden und so zur Qualitätssicherung beitragen können.

Darüber hinaus braucht es verbindliche Governance-Strukturen. Unternehmen, die Agentic RAG einsetzen, sollten klare ethische Leitlinien formulieren und kommunizieren. Zuständigkeiten für Entwicklung, Betrieb, Überwachung und Incident Response müssen explizit definiert und mit entsprechender Rechenschaftspflicht versehen sein. Ein strukturiertes Risikomanagement identifiziert potenzielle ethische oder gesellschaftliche Auswirkungen und adressiert diese proaktiv. Regelmäßige Audits – intern oder extern – sichern die langfristige Konformität mit ethischen und rechtlichen Standards. Besondere Bedeutung kommt dabei der Einhaltung gesetzlicher Vorgaben wie der DSGVO zu, insbesondere bei personenbezogenen Daten.

Ethische Führung und Governance sind keine optionalen Komponenten, sondern konstitutive Bestandteile jedes verantwortungsvollen Agentic RAG Systems. Sie schaffen nicht nur Vertrauen bei Nutzer:innen und Stakeholdern, sondern sind auch ein Schutzmechanismus für Unternehmen, die solche Systeme einsetzen – technisch, rechtlich und reputativ. Nur wer diese Dimensionen ernst nimmt, kann die Potenziale von Agentic RAG dauerhaft und zum Wohle aller entfalten.

Die Zukunft von Agentic RAG

Die Entwicklung von Agentic RAG steht erst am Anfang, aber die bisherigen Fortschritte deuten auf eine Zukunft hin, in der diese Technologie eine transformative Rolle in vielen wissensintensiven Branchen spielen wird. Die Fähigkeit von intelligenten Agenten, präzise auf riesige Mengen spezifischen Wissens zuzugreifen, dieses zu verstehen, zu kombinieren und für komplexe Aufgaben zu nutzen, eröffnet faszinierende Perspektiven. Zukünftige Agentic RAG Systeme werden nicht nur Text, sondern auch Bilder, Audio, Video und andere Datenmodalitäten nahtlos integrieren und verarbeiten können. Ein Agent könnte beispielsweise eine Frage zu einem medizinischen Bild beantworten, indem er relevante wissenschaftliche Literatur und ähnliche Fallstudien abruft. Die Fähigkeit von Agenten, logisch zu denken, Schlussfolgerungen zu ziehen und komplexe Probleme zu lösen, wird sich weiter verbessern. Dies wird es ihnen ermöglichen, abgerufene Informationen tiefgreifender zu analysieren und zu interpretieren. Wir werden zunehmend Systeme sehen, in denen mehrere spezialisierte Agenten zusammenarbeiten, um komplexe Aufgaben zu lösen, ähnlich wie Teams menschlicher Experten. Agenten werden in der Lage sein, aus Interaktionen zu lernen, ihre Strategien anzupassen und ihre Wissensbasis kontinuierlich zu erweitern und zu aktualisieren. Agentic RAG wird zudem zunehmend mit Robotik, IoT und anderen physischen Systemen integriert werden, was die Brücke zwischen Informationsverarbeitung und physischer Welt schlägt.

In der Forschung und Wissenschaft könnten Agenten Millionen von wissenschaftlichen Publikationen durchsuchen, relevante Erkenntnisse extrahieren und neue Verbindungen zwischen verschiedenen Forschungsgebieten herstellen. Durch die Analyse von Forschungslücken und widersprüchlichen Ergebnissen könnten sie neue Forschungshypothesen vorschlagen. Auch bei der Planung von Experimenten, der Identifikation ähnlicher Studien und der Ableitung methodischer Empfehlungen wären sie eine wertvolle Hilfe. Darüber hinaus könnten sie als Brücke zwischen verschiedenen Forschungsteams fungieren, indem sie relevantes Wissen aus unterschiedlichen Disziplinen zusammenführen.

Im Bereich Recht und Justiz könnten Agenten Gesetze, Präzedenzfälle und juristische Kommentare analysieren, um relevante Informationen für einen bestimmten Fall zu finden. Durch den Zugriff auf Vertragsvorlagen, Rechtsprechung und branchenspezifische Standards könnten sie bei der Erstellung und Prüfung von Verträgen unterstützen. Zudem könnten sie kontinuierlich Gesetzesänderungen überwachen und deren Auswirkungen auf bestehende Geschäftspraktiken analysieren. Die Analyse ähnlicher Fälle und deren Ausgänge würde es ihnen ermöglichen, Prognosen über mögliche Urteilstendenzen zu erstellen.

Im Medizin- und Gesundheitswesen könnten Agenten medizinische Literatur, Fallstudien und klinische Richtlinien durchsuchen, um Ärzten bei der Diagnosestellung zu helfen. Sie könnten personalisierte Behandlungsempfehlungen geben, indem sie Patientendaten, genetische Informationen und aktuelle Forschungsergebnisse analysieren. Darüber hinaus könnten sie Muster in großen medizinischen Datensätzen identifizieren, neue Forschungsrichtungen vorschlagen und komplexe medizinische Informationen in verständliche Erklärungen für Patienten übersetzen.

Auch im Bildungsbereich eröffnen sich vielfältige Einsatzmöglichkeiten. Agenten könnten auf das Vorwissen, die Interessen und den Lernstil eines Schülers zugeschnittene Lernmaterialien und -aktivitäten empfehlen. Sie könnten als Tutoren fungieren, Fragen beantworten, Feedback geben und Lernende durch komplexe Themen führen. Die Entwicklung relevanter Lehrpläne könnte durch die Analyse von Bildungsstandards, aktuellen Forschungsergebnissen und Arbeitsmarktanforderungen unterstützt werden. Zudem könnten sie Lerngruppen unterstützen, indem sie relevante Ressourcen bereitstellen und Diskussionen moderieren.

In der Unternehmensberatung und Strategieentwicklung könnten Agenten Marktdaten, Branchenberichte und Nachrichten analysieren, um Trends zu identifizieren und Prognosen zu erstellen. Durch die Analyse von Unternehmensberichten, Patenten und Produktankündigungen könnten sie ein umfassendes Bild der Wettbewerbslandschaft zeichnen. Bei der Entwicklung von Geschäftsstrategien könnten sie Best Practices, Fallstudien und theoretische Modelle einbeziehen. Im Rahmen von Due Diligence-Prozessen bei Fusionen und Übernahmen könnten sie große Mengen an Dokumenten analysieren, um potenzielle Risiken und Chancen zu identifizieren.

Trotz des enormen Potenzials gibt es auch Herausforderungen und ethische Fragen, die adressiert werden müssen. Der Zugriff auf sensible Daten erfordert robuste Sicherheitsmaßnahmen und die Einhaltung von Datenschutzbestimmungen. Es stellt sich die Frage, wer die Verantwortung trägt, wenn ein Agent falsche oder schädliche Empfehlungen gibt. Die Entscheidungsprozesse von Agenten müssen nachvollziehbar sein, insbesondere in kritischen Anwendungsbereichen. Die Vermeidung von Vorurteilen und die Sicherstellung von Fairness bleiben zentrale Herausforderungen. Die richtige Balance zwischen Autonomie und menschlicher Kontrolle muss gefunden werden. Schließlich besteht die Gefahr, dass nur privilegierte

Gruppen oder Organisationen von dieser Technologie profitieren.

Die Zukunft von Agentic RAG verspricht eine Welt, in der intelligente Agenten als wertvolle Partner in wissensintensiven Berufen fungieren, menschliche Fähigkeiten erweitern und neue Möglichkeiten für Innovation und Problemlösung eröffnen. Der Schlüssel zum Erfolg liegt in der verantwortungsvollen Entwicklung und Nutzung dieser Technologie, mit einem klaren Fokus auf ethische Grundsätze und menschenzentrierte Anwendungen.

Fortgeschrittene Bibliotheken, Plattformen und Best Practices für Entwickler

Für Entwickler, die an der Spitze der Agentic RAG-Technologie arbeiten möchten, steht mittlerweile eine Vielzahl fortgeschrittener Tools, Frameworks und Best Practices zur Verfügung. Sie ermöglichen es, komplexe, leistungsfähige und skalierbare Agentic RAG-Systeme zu implementieren und weiterzuentwickeln.

Im Bereich der Bibliotheken und Frameworks bieten sich insbesondere Lösungen wie LangChain mit seinen erweiterten Modulen an. LangGraph unterstützt die Modellierung komplexer Agenten-Workflows mit Zustandsmanagement, während LangSmith als leistungsfähiges Debugging- und Monitoring-Tool dient. LCEL – die LangChain Expression Language – ermöglicht eine deklarative Komposition komplexer Chains. Darüber hinaus stehen fortgeschrittene Agentenarchitekturen wie Plan-and-Execute, ReAct und Reflexion zur Verfügung. LlamaIndex bietet mit dem Kompositionsindex, intelligenten

Routing-Modulen und spezialisierten Query-Engines eine hohe Flexibilität für differenzierte Retrieval-Strategien. Der Agentic Router verteilt Anfragen dynamisch an spezialisierte Agenten. Microsofts AutoGen erlaubt Multi-Agenten-Interaktionen zur kollaborativen Problemlösung. CrewAI hingegen fokussiert sich auf agentenbasierte Teamstrukturen mit definierten Rollen und Entscheidungsmechanismen. Mit DSPy lassen sich LLM-Pipelines deklarativ programmieren, wobei automatische Optimierung und komplexes Reasoning unterstützt werden.

Zur Datenhaltung und -abfrage bieten moderne Vektordatenbanken wie Weaviate, Milvus, Qdrant, Pinecone und Chroma vielseitige Funktionalitäten. Weaviate erlaubt multimodale Abfragen über Text, Bilder und weitere Formate mit GraphQL-Schnittstelle. Milvus eignet sich für hochskalierbare Systeme mit Milliarden von Vektoren. Qdrant legt den Fokus auf Filterung und Payload-Management, Pinecone überzeugt durch verwaltete Services mit globaler Replikation, während Chroma sich für lokale Entwicklung und Prototyping eignet.

Für die Orchestrierung und Optimierung großer Sprachmodelle stehen leistungsfähige Technologien bereit. Vllm verbessert mit PagedAttention die GPU-Nutzung, was zu niedriger Latenz bei gleichzeitig hohem Durchsatz führt. Ray skaliert ML-Workloads durch verteiltes Computing und bietet Bibliotheken für Agentenorchestrierung. DeepSpeed beschleunigt sowohl Training als auch Inferenz durch Modellparallelismus und Quantisierung. TensorRT-LLM von NVIDIA bringt hochoptimierte LLM-Inferenz auf GPU-Infrastruktur in Produktionsqualität.

Zur Überwachung, Evaluierung und zum Debugging von Agentic RAG-Systemen existieren spezialisierte Plattformen.

Weights & Biases (W&B) ermöglicht das Tracking von Experimenten und die Zusammenarbeit im Team. Arize AI und Phoenix bieten Observability-Funktionen für LLMs, inklusive Tracing und Evaluierung. DeepEval unterstützt die automatisierte Bewertung mit vordefinierten Metriken, während Ragas speziell für RAG-Systeme Metriken wie Kontextrelevanz, Antwortgenauigkeit und Halluzinationen bereitstellt.

Best Practices helfen Entwicklern, robuste und leistungsfähige Systeme zu gestalten. Im Bereich Architektur und Design empfiehlt sich ein modulares Systemaufbau mit klaren Komponenten und Fail-Safe-Mechanismen. Testgetriebene Entwicklung und Separation of Concerns gewährleisten Wartbarkeit und Qualität. Beim Prompt Engineering sollten Agentenrollen präzise definiert, Reasoning explizit angefordert und das Kontextfenster optimal genutzt werden. Few-Shot-Beispiele fördern konsistente Ausgaben.

Die Retrieval-Optimierung lässt sich durch hybride Strategien, intelligentes Chunking, Re-Ranking und Query-Transformationen verbessern. Für die Skalierung sind Caching, asynchrone Verarbeitung, Batching und Ressourcenmanagement zentrale Bausteine. Sicherheitsaspekte verlangen Input-Validierung, Ausgabefilter, Zugriffskontrollen und umfassendes Audit-Logging. Zur kontinuierlichen Verbesserung dienen A/B-Tests, Nutzerfeedback, Monitoring und automatisierte Evaluierungen.

Die Entwicklung von Agentic RAG-Systemen auf Expertenniveau erfordert somit nicht nur ein tiefes technisches Verständnis, sondern auch methodische Disziplin in Design, Test und Betrieb. Wer diese Herausforderungen systematisch angeht, kann mit den heutigen Werkzeugen Anwendungen realisieren, die weit über herkömmliche RAG-Ansätze hinausgehen und neue Maßstäbe setzen.

Teste dein Wissen

Du hast nun einen tiefgreifenden Einblick in die fortgeschrittensten Konzepte und Techniken rund um Agentic RAG erhalten. Um dein Wissen zu testen und zugleich zu vertiefen, steht dir nun eine anspruchsvolle, aber zugleich kreative Herausforderung bevor: Entwirf ein visionäres Agentic RAG-System für eine komplexe und wissensintensive Domäne deiner Wahl – sei es wissenschaftliche Forschung, Rechtswesen, Medizin, Finanzanalyse oder ein anderes hochspezialisiertes Feld.

In deinem Konzept sollte die Systemarchitektur mit einem klaren Multi-Agenten-Design beginnen. Überlege dir, welche spezialisierten Agenten erforderlich sind, welche Aufgaben sie jeweils übernehmen und wie sie untereinander koordiniert und gesteuert werden. Lege dar, wie diese Agenten kommunizieren – etwa über standardisierte Protokolle, Shared Memory oder über einen zentralen Orchestrator. Entscheidend ist auch, welche Datenquellen und Wissensbasen du einbindest: Woher stammt das Wissen, wie ist es strukturiert und wie wird es kontinuierlich aktualisiert und versioniert, um verlässliche Antworten sicherzustellen?

Für die eigentliche Wissensverarbeitung sind fortgeschrittene Retrieval- und Reasoning-Strategien essenziell. Entwickle eine Retrieval-Architektur, die neben semantischer Suche auch hybride Methoden und dynamische Query-Transformationen einsetzt, um höchste Relevanz zu erzielen. Beschreibe, wie das System komplexe Schlussfolgerungen zieht, z. B. durch Reaktionsketten, iteratives Reasoning oder kooperatives Argumentieren mehrerer Agenten. Zeige zudem auf, wie das System mit Unsicherheiten, widersprüchlichen Informationen oder Lücken umgeht – etwa durch Rückfragen, probabilistische Bewertungen oder das Markieren von Unsicherheiten in den Antworten.

Ein zukunftsfähiges Agentic RAG-System muss sich zudem weiterentwickeln können. Skizziere, wie dein System aus Nutzerinteraktionen lernt, z. B. über aktives Feedback, implizite Nutzersignale oder performanzbasierte Gewichtung von Agentenantworten. Erkläre, welche Mechanismen die automatische Aktualisierung und Erweiterung der Wissensbasis ermöglichen, etwa durch kontinuierliches Crawling, strukturierte Feedbackintegration oder modellgestützte Wissensgenerierung.

Angesichts des hohen Automatisierungsgrads darf auch der Bereich Ethik, Governance und Sicherheit nicht fehlen. Identifiziere potenzielle ethische Herausforderungen in deiner Domäne – wie z. B. Verzerrungen, diskriminierende Ergebnisse, Datenschutzprobleme oder Intransparenz – und entwickle Strategien zu ihrer aktiven Kontrolle. Nenne geeignete Governance-Mechanismen, etwa rollenbasierte Zugriffskonzepte, Audit-Logging, Content-Filter oder erklärbare Agentenentscheidungen. Zeige, wie dein System Transparenz, Nachvollziehbarkeit und Fairness durch technische und organisatorische Maßnahmen sicherstellt.

Abschließend solltest du das transformative Potenzial deines Agentic RAG-Systems herausarbeiten. Welche konkreten Veränderungen würde es in der täglichen Arbeit von Experten bewirken? Könnte es Entscheidungen beschleunigen, neue Erkenntnisse fördern, bisher unlösbare Probleme angehen oder ganze Berufsbilder verändern? Entwickle eine Zukunftsvision, in der dein System nicht nur die Effizienz steigert, sondern die Art und Weise, wie Wissen erzeugt, geteilt und genutzt wird, grundlegend transformiert – mit Auswirkungen weit über die gewählte Branche hinaus.

Bei deinem Entwurf geht es nicht allein um technische Realisierbarkeit, sondern auch um visionäres Denken mit Substanz. Dein Konzept soll zeigen, wie sich technische Exzellenz und strategische Vorstellungskraft vereinen lassen, um die Zukunft wissensintensiver Arbeit neu zu gestalten.

5.0 Wenn Maschinen sehen, hören und verstehen lernen

Willkommen zu Kapitel 5 unserer Reise durch die AI-Welt! Bisher haben wir uns intensiv mit KI-Systemen beschäftigt, die primär auf Text basieren. Doch die Welt ist nicht nur Text – sie ist eine Symphonie aus Bildern, Klängen, geschriebenen Worten und dem Code, der unsere digitale Realität formt. In diesem Kapitel tauchen wir ein in die faszinierende Welt der Multimodalen KI. Du wirst entdecken, wie moderne KI-Modelle die Grenzen der reinen Textverarbeitung sprengen. Diese Modelle sind nicht mehr nur auf das Verstehen und Generieren von Wörtern beschränkt; sie lernen, visuelle Informationen aus Bildern zu interpretieren, die Nuancen in Audiodateien zu erfassen, die Logik in Programmcode zu verstehen und all diese verschiedenen Informationsarten – Bilder, Audio, Code und

Text – in einem einzigen, integrierten Workflow zu verarbeiten. Wir werden untersuchen, wie diese Fähigkeit, mehrere Modalitäten gleichzeitig zu verstehen und zu nutzen, zu einer neuen Generation von KI-Anwendungen führt, die unsere Interaktion mit Technologie grundlegend verändern. Von der automatischen Bildbeschreibung über die sprachgesteuerte Code-Generierung bis hin zur Analyse komplexer Dokumente, die Text und Grafiken enthalten – die Möglichkeiten sind revolutionär. Dieses Kapitel wird dir nicht nur die theoretischen Grundlagen der multimodalen KI vermitteln, sondern auch zeigen, wie du diese mächtigen Modelle praktisch einsetzen kannst, um kreative Lösungen zu entwickeln und komplexe Probleme zu lösen, die bisher außerhalb der Reichweite von KI lagen. Bereite dich darauf vor, zu erfahren, wie Maschinen beginnen, die Welt so wahrzunehmen und zu verstehen, wie wir Menschen es tun – in all ihrer vielfältigen, multimodalen Pracht.

5.1. Einführung in die multimodale Verarbeitung

Willkommen zum Grundlagen-Abschnitt unseres fünften Kapitels, in dem wir uns mit der faszinierenden Welt der Multimodalen KI beschäftigen. Stell dir vor, die künstliche Intelligenz, die du bisher vielleicht hauptsächlich als textbasiertes Werkzeug kennengelernt hast, entwickelt plötzlich Sinne – sie kann sehen, hören und Informationen aus ganz unterschiedlichen Quellen gleichzeitig verarbeiten, ganz ähnlich wie du es tust. Genau das ist der Kern der Multimodalen KI. Wir werden gemeinsam entdecken, wie Modelle wie ChatGPT-o3, Gemini

2.5 Pro, Claude 3.7 Sonnet und Grok 3 nicht mehr nur auf das Verstehen und Generieren von Wörtern beschränkt sind, sondern lernen, Bilder zu interpretieren, die Nuancen in Audiodateien zu erfassen und sogar die Logik in Programmcode zu verstehen. Dieser Abschnitt legt das Fundament, damit du verstehst, wie diese "Sinne der KI" funktionieren und welche revolutionären neuen Möglichkeiten sich dadurch eröffnen, wenn Maschinen beginnen, die Welt reicher, vernetzter und facettenreicher wahrzunehmen.

Was ist Multimodale KI?

Beginnen wir ganz von vorne: Was genau verbirgt sich hinter dem Begriff Multimodale KI? Stell dir vor, du liest einen Artikel (Text), betrachtest die dazugehörigen Bilder, hörst vielleicht eine begleitende Audiodatei und siehst sogar Code-Schnipsel, die bestimmte Funktionen erklären. Du als Mensch verarbeitest all diese unterschiedlichen Informationsarten – Modalitäten genannt – ganz selbstverständlich und integrierst sie zu einem Gesamtverständnis. Multimodale KI strebt genau das für Maschinen an. Es geht also um KI-Systeme, die in der Lage sind, Informationen aus mehreren verschiedenen Modalitäten (wie Text, Bild, Audio, Video, Code, aber auch Sensordaten wie Temperatur oder Bewegung) gleichzeitig zu verarbeiten, zu interpretieren und zu nutzen.

Google zieht in seinem Agent Whitepaper eine aufschlussreiche Parallele: So wie Menschen oft auf Hilfsmittel wie Bücher, Suchmaschinen oder Taschenrechner zurückgreifen, um ihr Vorwissen zu ergänzen, bevor sie zu einem Schluss kommen, können auch KI-Modelle trainiert werden, externe Werkzeuge zu nutzen. Diese Analogie verdeutlicht, dass multimodale Systeme nicht allwissend sein müssen, sondern – ähnlich wie Menschen – ihre Fähigkeiten durch den gezielten Einsatz verschiedener Sinneskanäle und externer Ressourcen erweitern können.

Die Bedeutung dieser Fähigkeit ist immens. Während unimodale Systeme, die sich nur auf eine Datenart konzentrieren (z. B. reine Textmodelle), bereits beeindruckende Leistungen erbringen, stoßen sie an Grenzen, wenn es darum geht, die Komplexität der realen Welt abzubilden. Die Welt ist eben nicht nur Text. Indem KI lernt, verschiedene Sinne zu nutzen und zu kombinieren, kann sie ein wesentlich reicheres, kontextbezogeneres und menschenähnlicheres Verständnis entwickeln. Dies eröffnet nicht nur völlig neue Anwendungsfelder, sondern verbessert auch die Interaktion zwischen Mensch und Maschine fundamental, da die KI uns auf natürlichere und umfassendere Weise verstehen und mit uns kommunizieren kann.

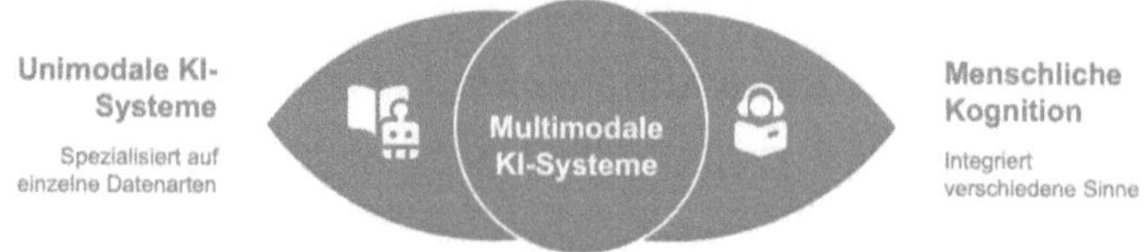

Warum Multimodalität?

Du fragst dich vielleicht, warum dieser Schritt zur Multimodalität so entscheidend ist. Die Vorteile sind vielfältig und tiefgreifend. Der offensichtlichste Vorteil ist das bereits erwähnte reichere Verständnis. Wenn eine KI ein Bild nicht nur als Pixelhaufen sieht, sondern erkennt, was darauf abgebildet ist, und dies mit einer textuellen Beschreibung oder einer gesprochenen Erklärung verbinden kann, entsteht ein viel tieferes Verständnis des Inhalts. Dies führt direkt zur Erschließung neuer Anwendungsfelder. Denk an selbstfahrende Autos, die visuelle Informationen von Kameras mit Radardaten und Kartenmaterial kombinieren müssen, oder an medizinische Diagnosesysteme, die Röntgenbilder zusammen mit Patientenakten und Fachliteratur analysieren. Solche komplexen Aufgaben sind ohne multimodale Fähigkeiten kaum denkbar.

Anthropic betont in seinem Artikel 'Building Effective Agents' einen überraschenden Befund aus der Zusammenarbeit mit Dutzenden von Teams: Die erfolgreichsten Implementierungen nutzen keine komplexen Frameworks oder spezialisierten Bibliotheken, sondern setzen auf einfache, komponierbare Muster. Diese Erkenntnis lässt sich auch auf multimodale Systeme übertragen – oft ist ein pragmatischer Ansatz, der verschiedene Modalitäten gezielt kombiniert, effektiver als hochkomplexe, alles-in-einem Architekturen.

Ein weiterer wichtiger Aspekt ist die verbesserte Mensch-Maschine-Interaktion. Wir Menschen kommunizieren multimodal – wir verwenden Sprache, Gestik, Mimik und zeigen auf Dinge. Wenn KI-Systeme ebenfalls multimodal agieren können, wird die Interaktion intuitiver, effizienter und natürlicher. Stell dir einen Assistenten vor, dem du einfach ein defektes Gerät zeigen kannst und der dann versteht, was kaputt ist und dir Reparaturanleitungen gibt, die sowohl Text als auch Bilder oder Videos enthalten. Multimodalität ermöglicht es der KI, die Welt vollständiger wahrzunehmen und auf eine Weise zu agieren, die unserem eigenen Erleben und unserer Kommunikation viel näherkommt.

Kernkonzepte der multimodalen Verarbeitung

Um zu verstehen, wie multimodale KI funktioniert, müssen wir uns einige Kernkonzepte ansehen. Ein zentraler Punkt ist die Datenrepräsentation und die Erstellung von Embeddings für verschiedene Modalitäten. Jede Datenart – sei es ein Bild, ein Ton oder ein Stück Code – muss für die KI in eine numerische Form umgewandelt werden, die sie verarbeiten kann. Diese numerischen Repräsentationen nennt man Embeddings. Für Bilder werden oft Techniken aus der Computer Vision wie Convolutional Neural Networks (CNNs) oder Vision Transformers (ViTs) verwendet, um aussagekräftige Merkmalsvektoren zu extrahieren. Für Audio kommen beispielsweise spektrogrammbasierte Ansätze oder spezielle Audio-Transformer zum Einsatz.

Googles Agent Companion-Papier bietet eine klare Strukturierung der Architektur in drei Kernelemente, die sich auch auf multimodale Systeme übertragen lässt: Das Modell fungiert als zentrale Entscheidungseinheit und verarbeitet die verschiedenen Modalitäten. Die Tools überbrücken die Kluft zwischen den internen Fähigkeiten des Systems und der externen Welt und ermöglichen Interaktionen mit externen Daten und Diensten. Die Orchestrierungsschicht ist ein zyklischer Prozess, der bestimmt, wie das System Informationen aus verschiedenen Quellen aufnimmt, intern verarbeitet und dieses Denken für nachfolgende Aktionen oder Entscheidungen nutzt. Diese Dreiteilung bietet ein klareres Verständnis der funktionalen Komponenten eines multimodalen Systems und ihrer Interaktionen.

Ein entscheidendes Konzept sind dann die sogenannten Shared Embedding Spaces (gemeinsame Einbettungsräume). Die Idee hierbei ist, die Embeddings aus verschiedenen Modalitäten so in einen gemeinsamen Vektorraum abzubilden, dass ähnliche Konzepte, auch wenn sie aus unterschiedlichen Datenarten stammen, nahe beieinander liegen. Ein Bild einer Katze sollte also im Embedding-Raum in der Nähe des Wortes "Katze" und vielleicht auch in der Nähe des Geräusches eines Miauens liegen. Um die Informationen aus den verschiedenen Modalitäten dann für eine bestimmte Aufgabe zu nutzen, kommen verschiedene Fusionstechniken zum Einsatz. Man unterscheidet grob zwischen Early Fusion (frühe Verschmelzung), bei der die Rohdaten oder niedrigstufigen Merkmale der verschiedenen Modalitäten früh im Prozess kombiniert werden, und Late Fusion (späte Verschmelzung), bei der jede Modalität zunächst separat verarbeitet wird und die Ergebnisse erst später, oft auf einer höheren Entscheidungsebene, zusammengeführt werden. Dazwischen gibt es auch hybride Ansätze.

Schließlich spielt das Cross-Modale Lernen eine wichtige Rolle. Hierbei lernt das Modell Beziehungen und sogar Übersetzungen zwischen verschiedenen Modalitäten. Ein klassisches Beispiel ist das Image Captioning, bei dem das Modell lernt, ein Bild in Text zu übersetzen, oder Visual Question Answering, wo es Fragen zu einem Bild beantwortet. Diese Konzepte bilden das Rückgrat der multimodalen Verarbeitung und ermöglichen es den Modellen, die Brücke zwischen den verschiedenen Sinnen zu schlagen.

Vorstellung der Schlüsselmodelle und ihrer multimodalen Fähigkeiten

Werfen wir nun einen Blick auf einige der Schlüsselmodelle, die im Bereich der multimodalen KI für Furore sorgen. ChatGPT-o3, oder genauer gesagt Modelle wie GPT-4o von OpenAI, haben beeindruckende multimodale Fähigkeiten demonstriert. Sie können nicht nur Text verarbeiten, sondern auch Bilder analysieren, Fragen dazu beantworten und sogar in einer Konversation auf visuelle Eingaben reagieren. Auch das Verständnis und die Generierung von Code gehören zu ihren Stärken, und die Verarbeitung von Audio-Eingaben für eine natürlichere Sprachinteraktion ist ein wichtiger Bestandteil.

OpenAI empfiehlt in seinem 'Practical Guide to Building Agents' den Einsatz von Agenten insbesondere für die Verarbeitung unstrukturierter Daten, bei denen klassische, regelbasierte Systeme oft scheitern, beispielsweise bei der Interpretation von natürlicher Sprache, der Extraktion von Bedeutung aus Dokumenten oder der Verarbeitung von Konversationen. Diese Empfehlung unterstreicht die Stärke multimodaler Systeme im Umgang mit komplexen, unstrukturierten Informationen aus verschiedenen Quellen.

Gemini 2.5 Pro von Google wurde von Grund auf als multimodales Modell konzipiert und zeigt besondere Stärken in der nativen Verarbeitung und dem Verständnis von Text, Code,

Bildern, Audio und sogar Video. Es ist darauf ausgelegt, komplexe Schlussfolgerungen über verschiedene Modalitäten hinweg zu ziehen. Claude 3.7 Sonnet von Anthropic hat ebenfalls starke multimodale Fähigkeiten, insbesondere im Bereich der Text- und Bildverarbeitung, und zeichnet sich durch seine Analysefähigkeiten und sein Bestreben nach Sicherheit und Harmlosigkeit aus. Grok 3 von xAI, obwohl vielleicht noch weniger öffentlich dokumentiert als die anderen, zielt ebenfalls darauf ab, komplexe Informationen aus verschiedenen Quellen zu verarbeiten und ein tiefes Verständnis der Welt zu entwickeln, oft mit einem Fokus auf Echtzeitinformationen und eine etwas andere Herangehensweise an die Modellarchitektur. Es ist wichtig zu verstehen, dass sich diese Modelle rasant weiterentwickeln und ihre spezifischen Fähigkeiten und Schwerpunkte variieren können. Gemeinsam ist ihnen jedoch das Bestreben, die Grenzen der unimodalen Verarbeitung zu überwinden und eine umfassendere Form der künstlichen Intelligenz zu ermöglichen.

Anwendungsbeispiele für multimodale KI im Alltag

Multimodale KI ist längst nicht mehr nur ein Forschungsthema, sondern findet bereits Einzug in unseren Alltag, oft auf subtile Weise. Ein klassisches Beispiel ist die automatische Bildbeschreibung (Image Captioning), die du vielleicht von Social-Media-Plattformen kennst, wo Bilder für sehbehinderte Nutzer automatisch mit einem beschreibenden Text versehen werden. Eng damit verwandt ist das Visuelle Fragebeantwortung (Visual Question Answering – VQA), bei dem du einer KI Fragen zu einem Bild stellen kannst, z. B. "Welche Farbe hat das Auto auf dem Bild?".

Ein besonders anschauliches Beispiel, das OpenAI in seinem 'Practical Guide to Building Agents' beschreibt, ist die Zahlungsbetrugserkennung: Eine traditionelle Regel-Engine funktioniert wie eine Checkliste, die Transaktionen anhand voreingestellter Kriterien kennzeichnet. Im Gegensatz dazu arbeitet ein multimodaler Agent eher wie ein erfahrener Ermittler, der den Kontext bewertet, subtile Muster in verschiedenen Datenquellen berücksichtigt und verdächtige Aktivitäten identifiziert, selbst wenn keine eindeutigen Regelverstöße vorliegen. Diese nuancierte Reasoning-Fähigkeit ermöglicht es multimodalen Systemen, komplexe, mehrdeutige Situationen effektiv zu bewältigen, bei denen regelbasierte Systeme an ihre Grenzen stoßen.

Auch die automatische Untertitelung von Videos oder die Generierung von Transkripten für Audioinhalte basiert auf multimodaler Verarbeitung, die gesprochene Sprache erkennt und in Text umwandelt, oft im Kontext visueller Informationen. Die Sprachsuche auf deinem Smartphone, bei der du nicht nur sprichst, sondern vielleicht auch ein Bild zeigst, um nach ähnlichen Produkten oder Orten zu suchen, ist ein weiteres Beispiel. Diese alltäglichen Anwendungen zeigen bereits das enorme Potenzial, das in der Fähigkeit liegt, verschiedene Sinne miteinander zu verbinden und so nützlichere und zugänglichere KI-Systeme zu schaffen.

Werkzeuge und Plattformen

Wenn du selbst erste Schritte in die Welt der multimodalen KI wagen möchtest, gibt es einige Werkzeuge und Plattformen, die dir den Einstieg erleichtern. Die großen Anbieter der oben genannten Schlüsselmodelle stellen in der Regel Programmierschnittstellen (APIs) zur Verfügung, über die du auf deren multimodale Funktionen zugreifen kannst. Die API von OpenAI beispielsweise erlaubt es dir, Bilder an Modelle wie GPT-4o zu senden und textuelle Antworten oder Analysen zu erhalten. Ähnliche Möglichkeiten bieten die APIs von Google AI (Vertex AI) für Gemini-Modelle oder die API von Anthropic für Claude-Modelle.

Anthropic beschreibt in seinen 'Claude Code Best Practices' einen innovativen Ansatz zur Kontextsteuerung, der sich auch auf multimodale Systeme übertragen lässt: die Verwendung von speziellen Kontextdateien. Anstatt wichtige Informationen, Richtlinien oder Konventionen bei jeder Interaktion neu zu kommunizieren, werden sie in speziellen Dateien hinterlegt, die das System automatisch in seinen Kontext einbezieht. Diese Methode kann besonders nützlich sein, wenn du mit komplexen multimodalen Anwendungen arbeitest, die konsistente Richtlinien für die Verarbeitung verschiedener Modalitäten benötigen.

Für Entwickler, die tiefer einsteigen und Modelle selbst anpassen oder trainieren möchten, ist die Plattform Hugging Face eine unschätzbare Ressource. Ihre `transformers`-Bibliothek unterstützt eine wachsende Zahl von multimodalen Modellen und bietet Werkzeuge, um diese zu laden, zu verwenden und sogar zu feintunen. Du findest dort auch viele vortrainierte Modelle und Datensätze, die speziell für multimodale Aufgaben konzipiert sind. Manchmal gibt es auch einfachere Online-Tools oder Demo-Anwendungen direkt von den Modellentwicklern oder von Drittanbietern, die es dir erlauben, die Fähigkeiten multimodaler KI interaktiv zu erleben, ohne selbst Code schreiben zu müssen. Diese können ein guter Ausgangspunkt sein, um ein Gefühl für die Möglichkeiten zu bekommen, bevor du dich in die technischen Details der APIs oder Bibliotheken einarbeitest.

Teste dein Wissen

Nachdem du nun die ersten Konzepte der multimodalen KI kennengelernt hast, ist es an der Zeit, dein Verständnis ein wenig auf die Probe zu stellen. Überlege doch einmal, was deiner Meinung nach den Kernunterschied zwischen einem unimodalen KI-System, das beispielsweise nur Text verarbeitet, und einem multimodalen KI-System ausmacht. Kannst du dir vielleicht drei ganz konkrete Situationen oder Aufgaben aus deinem Alltag oder Berufsleben vorstellen, in denen die Fähigkeit einer KI, mehrere verschiedene Datenarten wie Bild, Ton und Text gleichzeitig zu verarbeiten und zu verstehen, einen wirklich deutlichen Vorteil bringen oder sogar ganz neue Lösungen ermöglichen würde? Wenn du über diese Fragen nachdenkst, wirst du feststellen, wie breit das Anwendungsspektrum der multimodalen KI tatsächlich ist und wie sehr es unser Verständnis von intelligenter Datenverarbeitung erweitert.

5.2. Techniken und Architekturen

Nachdem du im Grundlagen-Abschnitt die ersten wichtigen Konzepte der multimodalen KI kennengelernt hast, wollen wir nun tiefer in die Materie eintauchen und uns anschauen, wie diese faszinierenden Modelle tatsächlich "in Aktion" treten. Im fortgeschrittenen Teil unserer Reise wirst du die technischen Details hinter den Kulissen entdecken – die Architekturen und Mechanismen, die es Modellen wie ChatGPT-o3, Gemini 2.5 Pro, Claude 3.7 Sonnet und Grok 3 ermöglichen, ihre beeindruckenden multimodalen Fähigkeiten zu entfalten. Wir werden uns spezifische Techniken für die Verarbeitung einzelner Modalitäten wie Bilder, Audio und Code im Kontext multimodaler Systeme genauer ansehen und untersuchen, wie diese unterschiedlichen Informationsströme dann effektiv fusioniert und für gemeinsame, komplexe Aufgaben genutzt werden.

Anthropic betont in seinem Artikel 'Building Effective Agents', dass erfolgreiche multimodale Systeme oft auf einfachen, komponierbaren Mustern basieren, anstatt auf komplexen, monolithischen Architekturen. Diese Erkenntnis wird uns durch diesen Abschnitt begleiten, während wir verschiedene Architekturansätze und ihre praktischen Anwendungen erkunden.

Du wirst verschiedene Ansätze für das Cross-Modale Training und die Erstellung gemeinsamer Repräsentationen (Joint Embeddings) verstehen lernen, die es der KI erlauben, Verbindungen und Analogien zwischen scheinbar unterschiedlichen Datenarten zu ziehen. Wir beleuchten anspruchsvolle Anwendungsfälle wie die multimodale Suche, bei der du mit einer Kombination aus Text und Bild nach Informationen suchen kannst, oder die Content-Generierung über verschiedene Modalitäten hinweg – stell dir vor, eine KI erstellt ein komplettes Video basierend auf einem Textskript, einigen Beispielbildern und einer passenden Hintergrundmusik. Auch die Fähigkeit von KI, komplexe, gemischt-modale Dokumente wie wissenschaftliche Paper oder Geschäftsberichte mit Text, Grafiken und Tabellen zu verstehen, wird ein Thema sein. Natürlich werden wir auch die Herausforderungen nicht verschweigen, die bei der Entwicklung und dem Training solch komplexer multimodaler Modelle auftreten, sei es die Verfügbarkeit geeigneter Datensätze, die enormen Rechenanforderungen oder die Schwierigkeit, die Leistung über verschiedene Modalitäten hinweg fair und aussagekräftig zu bewerten. Ziel dieses Abschnitts ist es, dir das Wissen zu vermitteln, um nicht nur die beeindruckenden Ergebnisse multimodaler KI zu nutzen, sondern auch die zugrundeliegenden Prinzipien zu verstehen und vielleicht sogar eigene, anspruchsvollere Anwendungen zu konzipieren und umzusetzen.

Architekturen multimodaler Modelle

Um die Magie hinter multimodalen Modellen zu verstehen, müssen wir uns mit ihren Architekturen befassen – den strukturellen Bauplänen, die festlegen, wie verschiedene Modalitäten verarbeitet und integriert werden. Eine der dominierenden Architekturen in diesem Bereich sind Transformer-basierte Ansätze. Ursprünglich für die Verarbeitung von Textsequenzen entwickelt, haben sich Transformer dank ihrer Fähigkeit, Beziehungen zwischen weit entfernten Elementen einer Sequenz zu erfassen (durch den sogenannten Self-Attention-Mechanismus), als äußerst vielseitig erwiesen. Für multimodale Anwendungen wurden sie erweitert, um auch andere Datentypen wie Bilder oder Audio zu verarbeiten.

Googles Agent Companion-Papier bietet eine klare Strukturierung der Architektur in drei Kernelemente, die sich auch auf multimodale Systeme übertragen lässt: Das Modell fungiert als zentrale Entscheidungseinheit und verarbeitet die verschiedenen Modalitäten. Die Tools überbrücken die Kluft zwischen den internen Fähigkeiten des Systems und der externen Welt und ermöglichen Interaktionen mit externen Daten und Diensten. Die Orchestrierungsschicht ist ein zyklischer Prozess, der bestimmt, wie das System Informationen aus verschiedenen Quellen aufnimmt, intern verarbeitet und dieses Denken für nachfolgende Aktionen oder Entscheidungen nutzt. Diese Dreiteilung bietet ein klareres Verständnis der funktionalen Komponenten eines multimodalen Systems und ihrer Interaktionen.

Ein besonders wichtiger Mechanismus für die Integration verschiedener Modalitäten ist der Cross-Attention-Mechanismus. Während Self-Attention Beziehungen innerhalb einer Modalität erfasst (z. B. zwischen Wörtern in einem Text), ermöglicht Cross-Attention die Aufmerksamkeit zwischen verschiedenen Modalitäten. So kann beispielsweise ein Modell lernen, welche Teile eines Bildes für bestimmte Wörter in einer Textbeschreibung relevant sind. Dies ist entscheidend für Aufgaben wie Visual Question Answering, bei denen das Modell Fragen zu einem Bild beantworten muss.

Eine weitere verbreitete Architektur sind Two-Tower-Modelle (oder Dual-Encoder). Hier werden verschiedene Modalitäten zunächst durch separate "Türme" (Encoder) verarbeitet, die jeweils auf die spezifische Modalität spezialisiert sind. Die Ausgaben dieser Encoder werden dann in einem gemeinsamen Vektorraum zusammengeführt. Dieser Ansatz ist besonders effizient für Retrieval-Aufgaben, bei denen beispielsweise Bilder zu Texten oder umgekehrt gefunden werden sollen, da die Encodings für jede Modalität vorberechnet und dann effizient verglichen werden können.

Zunehmend gewinnen auch End-to-End-Architekturen an Bedeutung, bei denen alle Modalitäten von Anfang an gemeinsam verarbeitet werden, anstatt zunächst separate Verarbeitungspfade zu durchlaufen. Modelle wie Gemini 2.5 Pro wurden von Grund auf multimodal konzipiert und können so tiefere Verbindungen zwischen den Modalitäten herstellen. Diese Architekturen erfordern jedoch oft größere Datenmengen und Rechenressourcen für das Training.

Techniken zur Integration verschiedener Datenströme

Ein zentrales Konzept in multimodalen Systemen ist die Fusion – der Prozess, bei dem Informationen aus verschiedenen Modalitäten zusammengeführt werden. Es gibt verschiedene Strategien, wann und wie diese Fusion stattfinden kann, jede mit ihren eigenen Vor- und Nachteilen.

Bei der Early Fusion (frühe Fusion) werden die Rohdaten oder niedrigstufigen Merkmale der verschiedenen Modalitäten sehr früh im Verarbeitungsprozess kombiniert. Dies ermöglicht es dem Modell, von Anfang an modalitätsübergreifende Muster zu lernen. Ein Beispiel wäre die direkte Kombination von Pixel-Features aus Bildern mit Wort-Embeddings aus Text, bevor tiefere Verarbeitungsschritte stattfinden. Dieser Ansatz kann sehr leistungsfähig sein, da er tiefe Interaktionen zwischen den Modalitäten ermöglicht, erfordert aber oft mehr Daten und Rechenleistung für das Training.

Im Gegensatz dazu werden bei der Late Fusion (späte Fusion) die verschiedenen Modalitäten zunächst unabhängig voneinander verarbeitet, und erst ihre höherstufigen Repräsentationen oder sogar die finalen Entscheidungen werden kombiniert.

Dies kann durch einfache Methoden wie Gewichtung oder Abstimmung geschehen oder durch komplexere Techniken wie Attention-Mechanismen. Late Fusion ist oft einfacher zu implementieren und zu trainieren, kann aber subtilere Interaktionen zwischen den Modalitäten verpassen.

Anthropic beschreibt in Building Effective Agents mehrere bewährte Muster für agentische Systeme, die sich auch auf die multimodale Fusion übertragen lassen. Eines dieser Muster ist die sequenzielle Verarbeitung, bei der die Modalitäten nacheinander bearbeitet werden – ähnlich dem Prompt-Chaining-Prinzip. Hierbei nutzt jede Modalität die Ergebnisse der vorhergehenden, was einer Form der Late Fusion mit sequenzieller Abhängigkeit entspricht.

Ein weiteres Muster ist das Routing, bei dem eine initiale Analyse entscheidet, welche Modalitäten für eine bestimmte Aufgabe relevant sind und in welcher Weise sie verarbeitet werden sollen. Dieses Verfahren erlaubt eine adaptive Fusion, die sich dynamisch an die jeweilige Eingabe anpasst.

Bei der Parallelisierung hingegen erfolgt die Verarbeitung der unterschiedlichen Modalitäten gleichzeitig. Die daraus resultierenden Ergebnisse werden anschließend zusammengeführt. Dieses Vorgehen ist besonders effizient, wenn die einzelnen Modalitäten weitgehend unabhängige Informationen liefern.

Ein komplexeres Muster stellt das Orchestrator-Workers-Modell dar. Dabei übernimmt ein zentrales Modell die Koordination der Verarbeitung durch spezialisierte „Worker"-Modelle, die jeweils auf bestimmte Modalitäten ausgerichtet sind. Die Ergebnisse dieser Worker werden anschließend integriert –

vergleichbar mit einer hierarchischen Fusion, die über einen übergeordneten Integrationsmechanismus gesteuert wird.

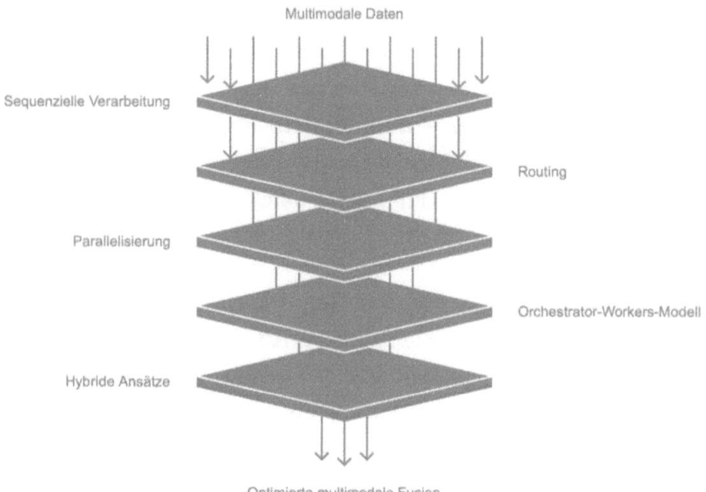

In der Praxis setzen moderne multimodale Systeme meist auf hybride Ansätze, die Elemente von Early und Late Fusion kombinieren. Beispielsweise können bestimmte Modalitäten frühzeitig miteinander fusioniert werden, während andere erst in späteren Verarbeitungsschritten hinzukommen. Ebenso sind mehrere Fusionspunkte auf verschiedenen Abstraktionsebenen denkbar. Diese flexible Gestaltung erlaubt es, die jeweiligen Stärken beider Ansätze zu nutzen und deren Schwächen zu minimieren.

Verarbeitung von Bildern, Audio und Code in multimodalen Systemen

Obwohl multimodale Systeme darauf abzielen, verschiedene Datentypen zu integrieren, erfordert jede Modalität zunächst spezifische Verarbeitungstechniken, die ihren einzigartigen Eigenschaften gerecht werden. Schauen wir uns an, wie moderne Systeme mit den wichtigsten Modalitäten umgehen.

Für die Bildverarbeitung in multimodalen Systemen werden häufig spezialisierte Architekturen wie Convolutional Neural Networks (CNNs) oder Vision Transformers (ViTs) eingesetzt. CNNs nutzen Faltungsoperationen, um lokale Muster in Bildern zu erkennen und haben sich seit langem in der Computer Vision bewährt. Vision Transformers hingegen wenden den Transformer-Mechanismus auf Bilder an, indem sie diese in Patches aufteilen und als Sequenz behandeln. Dies ermöglicht eine globalere Sicht auf das Bild und hat in vielen Aufgaben zu Leistungsverbesserungen geführt. Moderne multimodale Modelle wie GPT-4o und Gemini 2.5 Pro verwenden oft fortschrittliche ViT-Varianten, die für die Integration mit anderen Modalitäten optimiert sind.

OpenAI empfiehlt in seinem 'Practical Guide to Building Agents' den Einsatz von Agenten insbesondere für die Verarbeitung unstrukturierter Daten, bei denen klassische, regelbasierte Systeme oft scheitern. Diese Empfehlung ist besonders relevant für die Bildverarbeitung, wo die Interpretation visueller Inhalte oft kontextabhängig und nuanciert ist. Multimodale Systeme können hier ihre Stärke ausspielen, indem sie visuelle Informationen mit textuellen Beschreibungen oder Fragen in Beziehung setzen.

Bei der Audioverarbeitung werden typischerweise zunächst Spektrogramme erstellt – visuelle Darstellungen der Frequenzverteilung über die Zeit. Diese können dann ähnlich wie Bilder verarbeitet werden. Für Sprache im Speziellen werden oft zusätzlich Automatic Speech Recognition (ASR) Systeme eingesetzt, um das Gesprochene in Text umzuwandeln, der dann weiterverarbeitet werden kann. Neuere Ansätze versuchen jedoch, direkt mit den Audiofeatures zu arbeiten, um auch nichtsprachliche Informationen wie Tonfall, Emotionen oder Umgebungsgeräusche zu erfassen.

Die Codeverarbeitung stellt besondere Anforderungen, da Code sowohl syntaktische Struktur als auch semantische Bedeutung hat. Moderne multimodale Modelle verwenden oft spezialisierte Tokenizer und Vorverarbeitungsschritte, die die Struktur von Code berücksichtigen. Einige Systeme nutzen auch Abstract Syntax Trees (ASTs) oder andere Coderepräsentationen, um die strukturellen Eigenschaften besser zu erfassen. Die Integration von Code mit anderen Modalitäten, etwa um Codebeispiele mit textuellen Erklärungen oder visuellen Diagrammen zu verbinden, erfordert ein tiefes Verständnis sowohl der Programmiersprache als auch des Kontexts.

Anthropic hat in seinen 'Claude Code Best Practices' ein innovatives Konzept zur Kontextsteuerung vorgestellt, das sich auch auf die multimodale Verarbeitung übertragen lässt: die Verwendung von speziellen Kontextdateien. Anstatt wichtige Informationen bei jeder Interaktion neu zu kommunizieren, werden sie in speziellen Dateien hinterlegt, die das System automatisch in seinen Kontext einbezieht. Diese Methode kann besonders nützlich sein, wenn du mit komplexen multimodalen

Anwendungen arbeitest, die konsistente Richtlinien für die Verarbeitung verschiedener Modalitäten benötigen.

Eine besondere Herausforderung bei der Integration dieser verschiedenen Techniken ist die Skalierung der Aufmerksamkeit über verschiedene Modalitäten hinweg. Während ein Mensch intuitiv weiß, wann er auf ein Bild, einen Text oder ein Geräusch achten sollte, muss ein multimodales System lernen, seine Aufmerksamkeitsressourcen effektiv zu verteilen. Moderne Architekturen verwenden oft komplexe Attention-Mechanismen, die dynamisch entscheiden, welche Teile welcher Modalität in einem bestimmten Kontext wichtig sind.

Wie KI Verbindungen zwischen verschiedenen Datentypen lernt

Ein faszinierender Aspekt multimodaler KI ist ihre Fähigkeit, Verbindungen und Analogien zwischen verschiedenen Datentypen zu ziehen – etwa zu verstehen, dass das Bild einer Katze, das Wort "Katze" und das Geräusch eines Miauens alle auf dasselbe Konzept verweisen. Diese Fähigkeit wird durch spezielle Trainingstechniken und Repräsentationsformen ermöglicht.

Cross-Modales Training bezieht sich auf Methoden, bei denen ein Modell lernt, Informationen zwischen verschiedenen Modalitäten zu übertragen oder zu übersetzen. Ein klassisches Beispiel ist das Contrastive Learning, bei dem das Modell lernt, zusammengehörige Paare von Daten aus verschiedenen Modalitäten (z. B. ein Bild und seine Beschreibung) näher zusammenzubringen, während nicht zusammengehörige Paare auseinandergedrückt werden. CLIP (Contrastive Language-Image Pretraining) von OpenAI ist ein bekanntes Beispiel für diesen

Ansatz, bei dem ein Modell trainiert wurde, Bilder mit ihren textuellen Beschreibungen zu verbinden.

Googles Agent Whitepaper betont eine wichtige Parallele: So wie Menschen oft auf Hilfsmittel zurückgreifen, um ihr Vorwissen zu ergänzen, bevor sie zu einem Schluss kommen, können auch KI-Modelle trainiert werden, externe Werkzeuge zu nutzen. Diese Analogie lässt sich auf cross-modales Training übertragen – multimodale Systeme lernen, verschiedene "Sinne" zu nutzen und zu integrieren, um ein umfassenderes Verständnis zu entwickeln, ähnlich wie Menschen ihre verschiedenen Sinne kombinieren.

Eine weitere wichtige Technik ist das Masked Multimodal Modeling, eine Erweiterung des Masked Language Modeling aus der Textverarbeitung. Hierbei werden Teile der Eingabe in verschiedenen Modalitäten maskiert (verborgen), und das Modell muss lernen, diese fehlenden Teile vorherzusagen. Dies fördert ein tiefes Verständnis der Beziehungen zwischen den Modalitäten. Beispielsweise könnte ein Teil eines Bildes verborgen werden, und das Modell muss basierend auf dem sichtbaren Teil des Bildes und einer textuellen Beschreibung vorhersagen, was in dem verborgenen Bereich zu sehen ist.

Joint Embeddings (gemeinsame Einbettungen) sind ein zentrales Konzept in diesem Zusammenhang. Sie bezeichnen Vektorrepräsentationen, die verschiedene Modalitäten in einem gemeinsamen semantischen Raum abbilden. In diesem Raum sollten ähnliche Konzepte, unabhängig von ihrer ursprünglichen Modalität, nahe beieinander liegen. Die Erstellung solcher Joint Embeddings kann durch verschiedene Techniken erfolgen, darunter die bereits erwähnten contrastive und masked learning Ansätze, aber auch durch Encoder-Decoder-Architekturen, bei denen ein Encoder eine Modalität in einen latenten Raum projiziert und ein Decoder versucht, eine andere Modalität aus dieser Repräsentation zu rekonstruieren.

Ein besonders leistungsfähiger Ansatz ist das Multimodal Few-Shot Learning, bei dem ein Modell, das auf einer großen Menge multimodaler Daten vortrainiert wurde, schnell neue Konzepte oder Aufgaben mit nur wenigen Beispielen lernen kann. Dies wird oft durch sogenannte In-Context Learning Fähigkeiten ermöglicht, bei denen das Modell aus wenigen Beispielen im Kontext generalisieren kann, ohne dass seine Parameter aktualisiert werden müssen.

Die Qualität dieser cross-modalen Verbindungen ist entscheidend für die Leistung multimodaler Systeme in komplexen Aufgaben. Ein Modell, das tiefe, nuancierte Verbindungen zwischen verschiedenen Modalitäten herstellen kann, wird besser in der Lage sein, kontextbezogene Fragen zu beantworten, relevante Informationen über Modalitäten hinweg zu finden oder kreative multimodale Inhalte zu generieren.

Anwendungsfall: Multimodale Suche und Retrieval

Eine der praktischsten und weitverbreitetsten Anwendungen multimodaler KI ist die multimodale Suche und Retrieval – die Fähigkeit, Informationen über verschiedene Modalitäten hinweg zu finden und abzurufen. Dies geht weit über traditionelle textbasierte Suchmaschinen hinaus und eröffnet völlig neue Möglichkeiten der Informationserschließung.

Die Suche mit Text und Bild kombiniert textuelle Anfragen mit visuellen Informationen. Stell dir vor, du möchtest ein Kleidungsstück finden, das du auf einem Foto gesehen hast, aber nicht genau beschreiben kannst. Mit multimodaler Suche könntest du das Bild hochladen und zusätzlich spezifizieren: "Finde dieses Kleid in Blau" oder "Zeige mir ähnliche Stühle, aber in einem moderneren Stil". Diese Art der Suche erfordert ein tiefes Verständnis sowohl der visuellen Merkmale als auch der textuellen Nuancen und wie diese zusammenhängen.

Anthropic beschreibt in 'Building Effective Agents' ein Muster namens "Routing", das sich hervorragend auf multimodale Suchsysteme anwenden lässt: Basierend auf einer initialen Analyse der Suchanfrage wird entschieden, welche Modalitäten für diese spezifische Suche relevant sind und wie sie verarbeitet werden sollten. Dies ermöglicht eine adaptive Suchstrategie, die je nach Eingabe variieren kann – manchmal liegt der Schwerpunkt mehr auf dem Bild, manchmal mehr auf dem Text, je nachdem, was für die aktuelle Anfrage am informativsten ist.

Cross-Modal Retrieval geht noch einen Schritt weiter und ermöglicht die Suche über Modalitätsgrenzen hinweg. Hier könnte eine Eingabe in einer Modalität (z. B. ein Text) verwendet werden, um relevante Inhalte in einer anderen Modalität (z. B. Bilder oder Videos) zu finden. Ein Beispiel wäre die Suche nach Bildern, die zu einer bestimmten textuellen Beschreibung passen, oder umgekehrt die Suche nach Texten, die ein bestimmtes Bild gut beschreiben. Dies ist besonders nützlich in Bereichen wie der Medienarchivierung, wo große Mengen multimodaler Inhalte effizient durchsuchbar gemacht werden müssen.

Die technische Umsetzung solcher Systeme basiert oft auf den bereits diskutierten Joint Embeddings. Indem sowohl Texte als auch Bilder in denselben semantischen Raum projiziert werden, können Ähnlichkeiten zwischen ihnen effizient berechnet werden, unabhängig von ihrer ursprünglichen Modalität. Moderne Systeme verwenden oft eine Kombination aus vortrainierten multimodalen Modellen und spezialisierten Retrieval-Techniken wie Dense Retrieval oder Vector Search, um schnell die relevantesten Ergebnisse zu finden.

Ein besonders anschauliches Beispiel, das OpenAI in seinem 'Practical Guide to Building Agents' beschreibt, ist die Anwendung von Agenten in Situationen, wo klassische, regelbasierte Systeme an ihre Grenzen stoßen – etwa bei der Interpretation unstrukturierter Daten oder der Berücksichtigung subtiler Kontextinformationen. Multimodale Suchsysteme profitieren genau von diesen Fähigkeiten, da sie oft mit mehrdeutigen Anfragen und komplexen Informationsbedürfnissen umgehen müssen, die über einfache Schlüsselwortsuchen hinausgehen.

Die Leistungsfähigkeit multimodaler Suchsysteme wird kontinuierlich verbessert, unter anderem durch Techniken wie Query Expansion (Erweiterung der Suchanfrage um verwandte Konzepte), Relevance Feedback (Nutzung von Nutzer-Feedback zur Verfeinerung der Suchergebnisse) und Personalisierung (Anpassung der Suchergebnisse an individuelle Präferenzen und Suchhistorie). Diese Fortschritte machen multimodale Suche zu einem immer leistungsfähigeren Werkzeug für die Erschließung der wachsenden Menge multimodaler Inhalte im digitalen Raum.

Multimodale Content-Generierung

Eine der faszinierendsten Anwendungen multimodaler KI ist die multimodale Content-Generierung – die Fähigkeit, Inhalte in einer Modalität basierend auf Eingaben in einer anderen zu erzeugen oder Inhalte zu erstellen, die mehrere Modalitäten nahtlos integrieren. Diese Technologien revolutionieren die Art und Weise, wie kreative Inhalte produziert werden, und eröffnen völlig neue Möglichkeiten der Kommunikation und des künstlerischen Ausdrucks.

Die Text-zu-Bild-Generierung hat in den letzten Jahren enorme Fortschritte gemacht. Modelle wie DALL-E, Midjourney oder Stable Diffusion können aus textuellen Beschreibungen beeindruckend detaillierte und kreative Bilder erzeugen. Diese Systeme basieren oft auf Diffusionsmodellen, die lernen, aus Rauschen schrittweise ein Bild zu erzeugen, das der textuellen Beschreibung entspricht. Die Qualität dieser Modelle hängt stark von ihrer Fähigkeit ab, nuancierte textuelle Anweisungen zu verstehen und in visuelle Elemente zu übersetzen – eine Aufgabe, die tiefes cross-modales Verständnis erfordert.

Googles Agent Companion-Papier beschreibt eine Dreiteilung der Architektur, die sich auch auf multimodale Generierungssysteme übertragen lässt: Das Modell verarbeitet die Eingabe (z. B. eine textuelle Beschreibung) und plant die Generierung. Die Tools ermöglichen die eigentliche Erzeugung des Inhalts in der Zielmodalität (z. B. ein Bild). Die Orchestrierungsschicht koordiniert den gesamten Prozess, einschließlich möglicher Iterationen und Verfeinerungen basierend auf Feedback. Diese strukturierte Herangehensweise ermöglicht eine kontrollierte und zielgerichtete Generierung.

Die Bild-zu-Text-Generierung, oft auch als Image Captioning bezeichnet, ist der umgekehrte Prozess – hier wird aus einem Bild eine textuelle Beschreibung erzeugt. Dies kann von einfachen Bildunterschriften bis hin zu detaillierten Beschreibungen oder sogar kreativen Geschichten reichen, die von dem Bild inspiriert sind. Diese Technologie ist besonders wichtig für die Barrierefreiheit, da sie sehbehinderten Menschen den Zugang zu visuellen Inhalten ermöglicht, aber auch für die automatische Katalogisierung und Suche in großen Bildarchiven.

Anthropic beschreibt in 'Building Effective Agents' ein Muster namens "Orchestrator-Workers", das sich hervorragend auf komplexe multimodale Generierungsaufgaben anwenden lässt: Ein zentrales Modell zerlegt die Generierungsaufgabe in Teilaufgaben, delegiert diese an spezialisierte Modelle und synthetisiert deren Ergebnisse. Dies ermöglicht eine modulare und flexible Herangehensweise an die Content-Generierung, bei der verschiedene Aspekte des Inhalts von spezialisierten Komponenten bearbeitet werden können.

Besonders anspruchsvoll ist die Cross-Modal Translation – die Übersetzung von Inhalten zwischen verschiedenen Modalitäten unter Beibehaltung ihrer semantischen Bedeutung. Dies geht über einfache Generierungsaufgaben hinaus und erfordert ein tiefes Verständnis der Äquivalenzen zwischen verschiedenen Ausdrucksformen. Beispiele hierfür sind die Umwandlung von Musik in visuelle Darstellungen, die Erzeugung von Choreographien aus textuellen Beschreibungen oder die Erstellung von Diagrammen aus verbalen Erklärungen komplexer Konzepte.

Die neuesten Entwicklungen in diesem Bereich umfassen multimodale Kreativwerkzeuge, die es Nutzern ermöglichen, den

Generierungsprozess interaktiv zu steuern und zu verfeinern. Statt einfach eine Beschreibung einzugeben und das Ergebnis zu akzeptieren, können Nutzer durch iterative Anpassungen, visuelle Hinweise oder sogar Skizzen den Generierungsprozess lenken. Dies führt zu einer kollaborativen Kreativität zwischen Mensch und KI, bei der die Stärken beider Seiten kombiniert werden.

Ein besonders spannendes Anwendungsgebiet ist die Video-Generierung, bei der aus textuellen Beschreibungen, Bildern oder Audioinhalten komplette Videos erzeugt werden. Diese Technologie steckt noch in den Anfängen, macht aber rasche Fortschritte und könnte in Zukunft die Videoproduktion revolutionieren, indem sie den Aufwand für die Erstellung visueller Inhalte drastisch reduziert und neue kreative Möglichkeiten eröffnet.

Verstehen komplexer Dokumente

Eine besonders wertvolle, wenn auch weniger spektakuläre Anwendung multimodaler KI ist das Verstehen komplexer Dokumente – die Fähigkeit, Informationen aus Dokumenten zu extrahieren und zu interpretieren, die verschiedene Modalitäten wie Text, Grafiken, Tabellen und Diagramme kombinieren. Diese Fähigkeit ist entscheidend für die Automatisierung von Wissensarbeit und die Erschließung der enormen Menge an Informationen, die in strukturierten Dokumenten gespeichert ist.

Wissenschaftliche Paper sind ein klassisches Beispiel für komplexe multimodale Dokumente. Sie enthalten nicht nur Text, sondern auch Formeln, Diagramme, Grafiken und Tabellen, die alle zusammen das wissenschaftliche Argument bilden. Ein multimodales KI-System, das solche Paper verstehen kann, muss in der Lage sein, die verschiedenen Elemente zu erkennen, ihre Bedeutung zu erfassen und die Beziehungen zwischen ihnen herzustellen. Dies ermöglicht Anwendungen wie die automatische Zusammenfassung von Forschungsergebnissen, die Extraktion von Schlüsselinformationen oder sogar die Identifikation von Widersprüchen oder Lücken in der Argumentation.

OpenAI empfiehlt in seinem 'Practical Guide to Building Agents' den Einsatz von Agenten insbesondere für die Verarbeitung unstrukturierter Daten, bei denen klassische, regelbasierte Systeme oft scheitern. Diese Empfehlung ist besonders relevant für das Verstehen komplexer Dokumente, wo die Interpretation oft kontextabhängig ist und ein tiefes Verständnis der Domäne erfordert. Multimodale Systeme können hier ihre Stärke ausspielen, indem sie Texte, Grafiken und Tabellen in ihrem Zusammenhang interpretieren.

Ähnlich anspruchsvoll sind Geschäftsberichte und Finanzanalysen, die oft eine Vielzahl von Darstellungsformen kombinieren, um komplexe wirtschaftliche Zusammenhänge zu kommunizieren. Ein multimodales System, das solche Berichte analysieren kann, könnte automatisch Trends identifizieren, Risiken bewerten oder Inkonsistenzen zwischen textuellen Aussagen und numerischen Daten aufdecken. Dies hat enormes Potenzial für die Automatisierung von Due-Diligence-Prozessen, Investmentanalysen oder regulatorischen Überprüfungen.

Die technische Umsetzung solcher Systeme erfordert spezialisierte Komponenten für die verschiedenen Dokumentelemente. Für Tabellenverstehen werden oft Techniken wie Table Transformers eingesetzt, die die zweidimensionale Struktur von Tabellen berücksichtigen und Beziehungen zwischen Zellen erfassen können. Für Diagramm- und Grafikverstehen werden Computer-Vision-Techniken mit domänenspezifischem Wissen kombiniert, um nicht nur die visuellen Elemente zu erkennen, sondern auch ihre semantische Bedeutung zu erfassen.

Anthropic beschreibt in 'Building Effective Agents' ein Muster namens "Parallelisierung", das sich gut auf die Verarbeitung komplexer Dokumente anwenden lässt: Verschiedene Teile des Dokuments (Text, Tabellen, Grafiken) werden parallel von spezialisierten Komponenten verarbeitet, und ihre Ergebnisse werden anschließend zu einem kohärenten Gesamtverständnis aggregiert. Dies ermöglicht eine effiziente Verarbeitung auch umfangreicher Dokumente.

Eine besondere Herausforderung bei der Verarbeitung komplexer Dokumente ist die Referenzauflösung – das Verständnis, wenn im Text auf eine Grafik oder Tabelle verwiesen wird oder umgekehrt. Dies erfordert ein tiefes Verständnis der Dokumentstruktur und der Beziehungen zwischen verschiedenen Elementen. Moderne multimodale Systeme verwenden oft Graph-basierte Repräsentationen, um diese komplexen Beziehungen zu modellieren und zu navigieren.

Die Fortschritte in diesem Bereich haben bereits zu praktischen Anwendungen geführt, wie intelligenten Dokumentenanalysetools, die automatisch Schlüsselinformationen aus komplexen Berichten extrahieren können, oder interaktiven Forschungsassistenten, die Wissenschaftlern helfen, relevante Informationen in der wachsenden Flut von Fachpublikationen zu finden und zu kontextualisieren.

Herausforderungen und Lösungsansätze beim Training multimodaler Modelle

Das Training multimodaler Modelle bringt eine Reihe spezifischer Herausforderungen mit sich, die über die bereits anspruchsvolle Aufgabe des Trainings unimodaler Modelle hinausgehen. Verstehen wir diese Herausforderungen und die aktuellen Lösungsansätze.

Eine der grundlegendsten Herausforderungen betrifft die Datensätze. Multimodale Modelle benötigen große Mengen an Trainingsdaten, die verschiedene Modalitäten umfassen und idealerweise gut aligniert sind – d. h., die Daten aus verschiedenen Modalitäten sollten semantisch zusammenhängen. Solche Datensätze sind jedoch oft schwer zu beschaffen oder zu erstellen. Während es riesige Mengen an Textdaten oder Bildern gibt, sind Datensätze, die beide Modalitäten in hoher Qualität und mit klaren Beziehungen zueinander enthalten, seltener. Noch schwieriger wird es, wenn weitere Modalitäten wie Audio oder Video hinzukommen.

Googles Agent Whitepaper betont eine wichtige Parallele: So wie Menschen oft auf Hilfsmittel zurückgreifen, um ihr Vorwissen zu ergänzen, können auch KI-Modelle trainiert werden, externe Werkzeuge zu nutzen. Diese Analogie lässt sich auf das Training multimodaler Modelle übertragen – anstatt zu versuchen, alle Informationen in einem monolithischen Modell zu speichern, können multimodale Systeme lernen, bei Bedarf auf externe Ressourcen oder spezialisierte Komponenten zuzugreifen.

Lösungsansätze für das Datenproblem umfassen synthetische Datengenerierung, bei der künstliche Datenpaare erzeugt werden, schwach überwachtes Lernen, das mit weniger perfekt alignierten Daten arbeiten kann, und selbstüberwachte Lernmethoden, die aus ungelabelten multimodalen Daten lernen können, indem sie intrinsische Zusammenhänge zwischen den Modalitäten ausnutzen.

Eine weitere große Herausforderung sind die enormen Rechenanforderungen beim Training multimodaler Modelle. Diese Modelle sind oft deutlich größer als ihre unimodalen Pendants, da sie separate Encoder für jede Modalität sowie Mechanismen zur Integration dieser Modalitäten enthalten. Dies führt zu höheren Speicher- und Rechenanforderungen, längeren Trainingszeiten und höheren Kosten.

Anthropic betont in seinem Artikel 'Building Effective Agents' einen überraschenden Befund: Die erfolgreichsten Implementierungen nutzen oft einfache, komponierbare Muster anstatt komplexer, monolithischer Architekturen. Diese Erkenntnis ist besonders relevant für multimodale Systeme, wo ein modularer Ansatz mit spezialisierten Komponenten für verschiedene Modalitäten oft effizienter ist als ein einziges, alles umfassendes Modell.

Lösungsansätze für die Rechenherausforderungen umfassen effiziente Architekturdesigns, die Rechenressourcen gezielter einsetzen, Modellkomprimierungstechniken wie Quantisierung oder Pruning, die die Modellgröße reduzieren ohne signifikanten Leistungsverlust, und verteiltes Training über mehrere Geräte oder sogar Rechenzentren hinweg.

Eine besonders knifflige Herausforderung ist die Evaluierung multimodaler Modelle. Wie misst man die Leistung eines Systems, das verschiedene Datentypen verarbeitet und integriert?

Traditionelle Metriken für einzelne Modalitäten (wie BLEU-Scores für Text oder PSNR für Bilder) erfassen oft nicht die Qualität der modalitätsübergreifenden Integration. Zudem können verschiedene Anwendungsfälle unterschiedliche Aspekte der multimodalen Verarbeitung priorisieren.

OpenAI beschreibt in seinem 'Practical Guide to Building Agents' die Herausforderung, die Leistung von Agenten zu bewerten, die in offenen, komplexen Umgebungen operieren – eine Herausforderung, die sich direkt auf multimodale Systeme übertragen lässt. Die Lösung liegt oft in einer Kombination aus automatisierten Metriken und menschlichen Bewertungen, die verschiedene Aspekte der Systemleistung erfassen.

Aktuelle Lösungsansätze umfassen multimodale Benchmarks, die speziell für die Bewertung modalitätsübergreifender Fähigkeiten entwickelt wurden, aufgabenspezifische Evaluierungen, die die Leistung in konkreten Anwendungsfällen messen, und menschliche Evaluierungen, die subjektive Aspekte wie die Natürlichkeit oder Kohärenz der multimodalen Ausgaben bewerten.

Eine weitere Herausforderung ist die Fairness und Verzerrung in multimodalen Systemen. Da diese Modelle aus großen Datenmengen lernen, können sie gesellschaftliche Vorurteile und Verzerrungen aus diesen Daten übernehmen und möglicherweise verstärken. Dies ist besonders problematisch, wenn verschiedene Modalitäten unterschiedliche Verzerrungen aufweisen, die sich in komplexer Weise interagieren können.

Lösungsansätze hierfür umfassen Bias-Audits während des Trainings und der Evaluierung, Datenaugmentierungstechniken, die unterrepräsentierte Gruppen oder Szenarien gezielt verstärken, und Fairness-Constraints während des Trainings, die explizit faire Repräsentationen fördern.

Werkzeuge und Frameworks für fortgeschrittene multimodale Anwendungen

Für Entwickler und Forscher, die tiefer in die Welt der multimodalen KI eintauchen möchten, gibt es eine wachsende Zahl von Werkzeugen und Frameworks, die die Entwicklung fortgeschrittener Anwendungen erleichtern. Diese reichen von Low-Level-Bibliotheken für das Training eigener Modelle bis hin zu High-Level-APIs, die den Zugriff auf vortrainierte multimodale Systeme ermöglichen.

Auf der Ebene der Deep-Learning-Frameworks bieten Plattformen wie PyTorch und TensorFlow umfangreiche Unterstützung für multimodale Modellierung. PyTorch ist besonders in der Forschungsgemeinschaft beliebt und bietet flexible Werkzeuge für die Implementierung komplexer multimodaler Architekturen. TensorFlow, mit seiner TensorFlow Extended (TFX) Plattform, bietet robuste Werkzeuge für die Produktionisierung von ML-Pipelines, was für den Einsatz multimodaler Systeme in realen Anwendungen wichtig ist.

Anthropic beschreibt in 'Building Effective Agents' einen pragmatischen Ansatz zur Implementierung agentischer Systeme, der sich auch auf multimodale Anwendungen übertragen lässt: Beginne mit der einfachsten möglichen Lösung und erhöhe die Komplexität nur bei Bedarf. Dieser Rat ist besonders wertvoll im multimodalen Bereich, wo die Versuchung groß sein kann, sofort komplexe Architekturen zu implementieren, obwohl einfachere Ansätze oft ausreichen.

Spezialisierte Bibliotheken wie Hugging Face Transformers bieten einfachen Zugang zu einer Vielzahl vortrainierter multimodaler Modelle. Die Bibliothek unterstützt Modelle für Text-Bild-Verarbeitung, Audio-Text-Verarbeitung und mehr, und ermöglicht sowohl die Nutzung dieser Modelle als auch ihre Feinabstimmung für spezifische Anwendungen. Die Datasets-Bibliothek von Hugging Face bietet zudem Zugang zu zahlreichen multimodalen Datensätzen, die für das Training oder die Evaluierung genutzt werden können.

Für Entwickler, die nicht von Grund auf eigene Modelle trainieren möchten, bieten die großen KI-Unternehmen Cloud-basierte APIs für ihre multimodalen Systeme an. Die OpenAI API ermöglicht den Zugriff auf Modelle wie GPT-4o, die Text und Bilder verarbeiten können. Google Cloud AI bietet Zugang zu Gemini-Modellen über die Vertex AI Plattform. Anthropic stellt Claude-Modelle über seine API zur Verfügung. Diese APIs abstrahieren die Komplexität der zugrundeliegenden Modelle und ermöglichen es Entwicklern, sich auf die Anwendungslogik zu konzentrieren.

Googles Agent Companion-Papier beschreibt eine Dreiteilung der Architektur, die sich auch auf die Entwicklung multimodaler Anwendungen übertragen lässt: Das Modell (zugänglich über APIs oder Bibliotheken), die Tools (spezialisierte Komponenten für verschiedene Modalitäten) und die Orchestrierungsschicht (die den Gesamtablauf koordiniert). Diese strukturierte Herangehensweise kann als Blaupause für die Entwicklung komplexer multimodaler Anwendungen dienen.

Für spezifische multimodale Aufgaben gibt es auch spezialisierte Frameworks. Für Text-zu-Bild-Generierung sind Bibliotheken wie Diffusers (von Hugging Face) populär, die eine einfache Schnittstelle zu verschiedenen Diffusionsmodellen bieten. Für Dokumentenverständnis gibt es Frameworks wie Layout Parser oder DocVQA, die auf die Verarbeitung komplexer Dokumente mit gemischten Modalitäten spezialisiert sind.

Ein wichtiger Trend ist die Entwicklung von Multimodalen Agenten-Frameworks, die es ermöglichen, KI-Systeme zu erstellen, die nicht nur verschiedene Modalitäten verarbeiten, sondern auch aktiv mit ihrer Umgebung interagieren können. Frameworks wie LangChain oder AutoGPT bieten Werkzeuge für die Erstellung solcher Agenten, die beispielsweise Webinhalte analysieren, Bilder generieren oder komplexe Recherchen durchführen können.

Anthropic hat in seinen 'Claude Code Best Practices' ein innovatives Konzept zur Kontextsteuerung vorgestellt: die Verwendung von speziellen Kontextdateien. Diese Methode kann besonders nützlich sein, wenn du mit komplexen multimodalen Anwendungen arbeitest, die konsistente Richtlinien für die Verarbeitung verschiedener Modalitäten benötigen. Anstatt diese Richtlinien bei jeder Interaktion neu zu kommunizieren, können sie in speziellen Dateien hinterlegt werden, die das System automatisch in seinen Kontext einbezieht.

Für die Evaluierung multimodaler Systeme gibt es Frameworks wie MMMU (Massive Multi-discipline Multimodal Understanding) oder MMBench, die standardisierte Benchmarks für verschiedene multimodale Fähigkeiten bieten. Diese sind besonders wertvoll, um die Leistung eigener Implementierungen mit dem Stand der Technik zu vergleichen.

Teste dein Wissen

Nachdem du nun einen tieferen Einblick in die Techniken und Architekturen multimodaler KI-Systeme gewonnen hast, ist es an der Zeit, dein Verständnis praktisch zu erproben. Stell dir beispielsweise vor, du möchtest ein System entwickeln, das automatisch Bildunterschriften für medizinische Bilder generiert. Diese sollen nicht nur fachlich präzise, sondern auch für medizinische Laien verständlich sein. In einem solchen Fall stellt sich die Frage, welche Architektur sich hierfür besonders eignet und wie du mit der Herausforderung umgehen würdest, dass medizinische Fachbegriffe häufig schwer zugänglich sind.

Eine weitere Überlegung betrifft die Konzeption eines multimodalen Retrieval-Systems für ein Unternehmen, das über eine umfangreiche Sammlung von Produktdokumentationen verfügt – bestehend aus Texten, Bildern und Diagrammen. Hier stellt sich die Frage, welche Fusionsstrategie am sinnvollsten ist und warum gerade diese Strategie im konkreten Anwendungsfall die besten Ergebnisse verspricht.

Darüber hinaus solltest du auch die ethischen Implikationen multimodaler Systeme reflektieren. Insbesondere Aspekte wie Fairness und Verzerrungen spielen eine zentrale Rolle. Überlege, wie sich Verzerrungen in verschiedenen Modalitäten gegenseitig beeinflussen könnten und welche Strategien geeignet wären, um solchen Effekten systematisch zu begegnen.

Diese Fragen haben bewusst keine eindeutig „richtigen" Antworten. Sie sollen dir vielmehr dabei helfen, die vielschichtigen Herausforderungen zu erkennen, die mit der Entwicklung multimodaler Systeme verbunden sind – und dich dazu anregen,

komplexe Abwägungen selbstständig und verantwortungsvoll
zu treffen.

5.3. Multimodale KI an den Grenzen der Innovation

Willkommen im Experten-Abschnitt unseres Kapitels über
multimodale KI. Nachdem wir die Grundlagen und fortgeschrittenen Konzepte erkundet haben, werden wir uns nun mit
den Grenzbereichen dieser faszinierenden Technologie befassen – den neuesten Forschungstrends, den ethischen Herausforderungen und den aufregenden Zukunftsperspektiven. Dieser Abschnitt richtet sich an diejenigen, die tiefer in die Materie eintauchen und ein umfassendes Verständnis der Spitzenforschung und ihrer Implikationen erlangen möchten.

Google betont in seinem Agent Whitepaper, dass die wirklich
transformativen Durchbrüche oft an den Schnittstellen verschiedener Forschungsfelder entstehen – eine Beobachtung,
die besonders auf multimodale KI zutrifft, wo die Integration
verschiedener "Sinne" völlig neue Fähigkeiten ermöglicht. Diese Perspektive wird uns durch diesen Abschnitt begleiten, während wir die Grenzen des derzeit Möglichen erkunden.

Wir werden uns mit den neuesten Architekturen und Trainingsmethoden befassen, die die Grenzen multimodaler Verarbeitung verschieben, und untersuchen, wie Konzepte wie Few-
Shot Learning, In-Context Learning und Emergent Abilities in
multimodalen Systemen zum Tragen kommen. Wir werden
auch einen Blick auf spezialisierte Anwendungen in Bereichen

wie Medizin, Wissenschaft und Kunst werfen, wo multimodale KI bereits transformative Wirkung zeigt. Die ethischen Dimensionen – von Fragen der Fairness und Verzerrung bis hin zu tiefgreifenden gesellschaftlichen Auswirkungen – werden ebenfalls eingehend beleuchtet. Schließlich werden wir einen Ausblick auf die Zukunft wagen und die vielversprechendsten Forschungsrichtungen und aufkommenden Trends in diesem sich rasant entwickelnden Feld erkunden. Dieser Abschnitt soll nicht nur Wissen vermitteln, sondern auch zum kritischen Nachdenken über die Möglichkeiten und Herausforderungen anregen, die multimodale KI für unsere Zukunft bereithält.

Die neuesten Architekturen und Trainingsmethoden für multimodale Modelle

An der Spitze der Forschung zu multimodaler KI entwickeln sich die Architekturen und Trainingsmethoden mit atemberaubender Geschwindigkeit weiter. Lassen uns einen Blick auf die neuesten Innovationen werfen, die die Grenzen des Möglichen verschieben.

Eine der aufregendsten Entwicklungen sind Foundational Multimodal Models – Modelle, die von Grund auf darauf trainiert werden, verschiedene Modalitäten zu verstehen und zu integrieren, anstatt unimodale Modelle nachträglich zu kombinieren. Diese Modelle, zu denen Gemini 2.5 Pro, GPT-4o und Claude 3.7 Sonnet gehören, zeigen bemerkenswerte Fähigkeiten zur modalitätsübergreifenden Generalisierung und können Aufgaben bewältigen, für die sie nicht explizit trainiert wurden. Sie basieren oft auf Unified Transformer Architectures, die alle Modalitäten in einem einzigen, massiven Modell verarbeiten können, indem sie verschiedene Datentypen in eine gemeinsame Tokensequenz umwandeln.

Anthropic beschreibt in 'Building Effective Agents' ein überraschendes Muster: Die erfolgreichsten Implementierungen komplexer KI-Systeme nutzen oft einfache, komponierbare Muster anstatt komplexer, monolithischer Architekturen. Diese Erkenntnis steht in interessantem Kontrast zu den immer größer werdenden Foundational Models und deutet darauf hin, dass es möglicherweise einen "sweet spot" gibt, wo die Vorteile großer, vereinheitlichter Modelle mit der Flexibilität und Effizienz modularer Ansätze kombiniert werden können.

Im Bereich der Trainingsmethoden gewinnt Multimodal Contrastive Learning zunehmend an Bedeutung. Diese Technik, die durch Modelle wie CLIP popularisiert wurde, trainiert das Modell, zusammengehörige Paare aus verschiedenen Modalitäten (z. B. Bilder und ihre Beschreibungen) zu erkennen und nicht zusammengehörige Paare zu unterscheiden. Dies führt zu robusten Repräsentationen, die gut auf neue Aufgaben generalisieren. Eine Weiterentwicklung dieses Ansatzes ist Multimodal Masked Autoencoders, bei denen Teile der Eingabe in verschiedenen Modalitäten maskiert werden, und das Modell lernt, diese zu rekonstruieren – ähnlich wie BERT für Text, aber über verschiedene Modalitäten hinweg.

Googles Agent Companion-Papier beschreibt eine Dreiteilung der Architektur, die sich auch auf fortschrittliche multimodale Systeme übertragen lässt: Das Modell als zentrale Entscheidungseinheit, die Tools als Schnittstelle zur externen Welt und die Orchestrierungsschicht als zyklischer Prozess, der den Informationsfluss steuert. Diese Strukturierung bietet einen klaren konzeptionellen Rahmen für die Entwicklung komplexer multimodaler Systeme, die nicht nur passiv Informationen verarbeiten, sondern aktiv mit ihrer Umgebung interagieren.

Eine weitere vielversprechende Richtung ist Multimodal In-Context Learning – die Fähigkeit eines Modells, neue Aufgaben durch wenige Beispiele im Kontext zu lernen, ohne dass seine Parameter aktualisiert werden müssen. Dies ist besonders wertvoll für multimodale Systeme, da es ihnen ermöglicht, flexibel auf neue Arten von Inputs und Aufgaben zu reagieren, ohne explizites Finetuning. Modelle wie GPT-4o zeigen beeindruckende Fähigkeiten in diesem Bereich, etwa wenn sie lernen, neue visuelle Konzepte zu erkennen oder modalitätsübergreifende Analogien zu ziehen, nachdem sie nur wenige Beispiele gesehen haben.

Die Skalierung bleibt ein zentrales Thema in der Forschung. Größere Modelle mit mehr Parametern, trainiert auf größeren und diverseren Datensätzen, zeigen oft bessere Leistungen, insbesondere bei komplexen multimodalen Aufgaben. Allerdings bringt dies auch Herausforderungen mit sich, von den enormen Rechenanforderungen bis hin zu Fragen der Datenqualität und -repräsentation. Neuere Forschung konzentriert sich daher auch auf effiziente Skalierungsmethoden wie Mixture-of-Experts (MoE) Architekturen, bei denen nur Teile des Modells für bestimmte Eingaben aktiviert werden, oder Parameter-Efficient Finetuning Techniken, die es ermöglichen, große vortrainierte Modelle mit minimalen Ressourcen an neue Aufgaben anzupassen.

Ein besonders aktives Forschungsgebiet ist die multimodale Reasoning – die Fähigkeit eines Modells, komplexe Schlussfolgerungen über verschiedene Modalitäten hinweg zu ziehen. Dies umfasst Techniken wie Chain-of-Thought Prompting für multimodale Inputs, bei denen das Modell ermutigt wird, seine Gedankengänge explizit darzulegen, oder Multimodal Symbolic Reasoning, bei dem symbolische Repräsentationen und Regeln mit neuronalen Verarbeitungstechniken kombiniert werden.

OpenAI beschreibt in seinem 'Practical Guide to Building Agents' die Bedeutung von Agenten für komplexe Entscheidungsfindungen, die nuanciertes Urteilsvermögen erfordern – eine Beobachtung, die direkt auf multimodale Reasoning-Aufgaben übertragbar ist, wo die Integration verschiedener Informationsquellen oft subtile Abwägungen erfordert. Diese Perspektive unterstreicht die Bedeutung von Reasoning-Fähigkeiten für die praktische Anwendbarkeit multimodaler Systeme in anspruchsvollen Szenarien.

Schließlich gewinnt die Erforschung von Emergent Abilities in multimodalen Systemen zunehmend an Bedeutung. Dies bezieht sich auf Fähigkeiten, die erst ab einer bestimmten Modellgröße oder Datenmenge auftreten und nicht linear mit der Skalierung zunehmen. Multimodale Modelle scheinen besonders reich an solchen emergenten Fähigkeiten zu sein, möglicherweise weil die Integration verschiedener Modalitäten komplexe Wechselwirkungen ermöglicht, die zu qualitativ neuen Verhaltensweisen führen können.

Lernen mit minimalen Beispielen

Eine der bemerkenswertesten Fähigkeiten moderner KI-Systeme ist ihre Fähigkeit, mit minimalen Beispielen – oder sogar ganz ohne spezifische Beispiele – neue Aufgaben zu bewältigen. Diese als Few-Shot Learning und Zero-Shot Learning bekannten Paradigmen sind besonders relevant für multimodale Systeme, wo die Vielfalt möglicher Aufgaben und Inputs enorm ist und es unpraktisch wäre, für jede spezifische Kombination umfangreiche Trainingsdaten zu sammeln.

Zero-Shot Learning bezieht sich auf die Fähigkeit eines Modells, Aufgaben zu bewältigen, für die es während des Trainings keine expliziten Beispiele gesehen hat. In multimodalen Systemen könnte dies bedeuten, Objekte in Bildern zu erkennen, die nie im Trainingsdatensatz vorkamen, oder Fragen zu beantworten, die Modalitäten auf neue Weise kombinieren. Diese Fähigkeit basiert oft auf der Nutzung von semantischen Räumen, in denen verschiedene Konzepte und Modalitäten so repräsentiert werden, dass ihre Beziehungen zueinander erfasst werden. Ein Modell, das gelernt hat, dass "Hund" und "bellen" zusammenhängen, und das weiß, wie Hunde aussehen, könnte in der Lage sein, das Geräusch des Bellens mit Bildern von Hunden zu assoziieren, selbst wenn es nie explizit trainiert wurde, diese Verbindung herzustellen.

Googles Agent Whitepaper betont eine wichtige Parallele: So wie Menschen oft auf Hilfsmittel zurückgreifen, um ihr Vorwissen zu ergänzen, bevor sie zu einem Schluss kommen, können auch KI-Modelle trainiert werden, externe Werkzeuge zu nutzen. Diese Analogie ist besonders relevant für Zero-Shot-Szenarien, wo Modelle oft auf ihr breites Hintergrundwissen zurückgreifen müssen, um neue Situationen zu bewältigen — ähnlich wie Menschen, die auf ihr allgemeines Verständnis der Welt zurückgreifen, wenn sie mit unbekannten Aufgaben konfrontiert werden.

Few-Shot Learning geht einen Schritt weiter und bezieht sich auf die Fähigkeit, aus nur wenigen Beispielen zu lernen. In

multimodalen Kontexten könnte dies bedeuten, einem Modell
einige Beispiele für eine neue Art der modalitätsübergreifenden
Interaktion zu zeigen – etwa wie man bestimmte visuelle Merkmale mit spezifischen Textbeschreibungen verbindet – und
dann zu erwarten, dass es dieses Muster auf neue Fälle generalisieren kann. Diese Fähigkeit wird oft durch In-Context
Learning ermöglicht, bei dem das Modell aus Beispielen lernt,
die im Eingabekontext enthalten sind, ohne dass seine Parameter aktualisiert werden müssen.

Anthropic beschreibt in 'Building Effective Agents' ein Muster
namens "Routing", das sich gut auf Few-Shot-Szenarien anwenden lässt: Basierend auf einer initialen Analyse wird entschieden, welche spezialisierten Komponenten oder Verarbeitungspfade für eine bestimmte Aufgabe am besten geeignet
sind. In Few-Shot-Kontexten könnte dies bedeuten, dass das
System dynamisch entscheidet, welche seiner vorhandenen Fähigkeiten am relevantesten für die neue Aufgabe sind, basierend auf den wenigen verfügbaren Beispielen.

Die Forschung zu Multimodal Few-Shot Prompting untersucht, wie Prompts gestaltet werden können, um die Few-
Shot-Leistung in multimodalen Systemen zu maximieren. Dies
umfasst Techniken wie die Bereitstellung von Beispielen, die
verschiedene Modalitäten in ausgewogener Weise repräsentieren, die Verwendung von Chain-of-Thought Prompting, um
das Reasoning des Modells zu lenken, oder die Nutzung von
Retrieval-Augmented Generation, bei der das Modell dynamisch relevante Informationen aus einer externen Wissensbasis
abruft, um seine Few-Shot-Fähigkeiten zu verbessern.

Ein besonders interessantes Phänomen ist die Cross-Modal
Transfer Learning Fähigkeit – die Fähigkeit eines Modells,

Wissen, das es in einer Modalität erworben hat, auf eine andere zu übertragen. Ein Modell, das beispielsweise gelernt hat, bestimmte abstrakte Konzepte in Texten zu erkennen, könnte in der Lage sein, diese Konzepte auch in Bildern zu identifizieren, selbst mit minimalen modalitätsübergreifenden Beispielen. Diese Fähigkeit deutet auf ein tiefes, modalitätsunabhängiges Verständnis semantischer Konzepte hin.

OpenAI beschreibt in seinem 'Practical Guide to Building Agents' die Bedeutung von Agenten für die Verarbeitung unstrukturierter Daten, bei denen klassische, regelbasierte Systeme oft scheitern. Diese Beobachtung ist besonders relevant für Few-Shot-Szenarien in multimodalen Kontexten, wo die Fähigkeit, aus wenigen Beispielen zu generalisieren, oft den Unterschied zwischen Erfolg und Misserfolg ausmacht, insbesondere bei der Interpretation komplexer, unstrukturierter Inputs aus verschiedenen Modalitäten.

Die Grenzen des Few-Shot und Zero-Shot Learnings in multimodalen Systemen werden kontinuierlich erweitert, mit Fortschritten wie Multimodal Chain-of-Thought Techniken, die das Reasoning über verschiedene Modalitäten hinweg verbessern, oder Compositional Generalization Methoden, die es Modellen ermöglichen, neue Kombinationen von Konzepten zu verstehen, die sie nie explizit gesehen haben. Diese Fortschritte bringen uns näher an KI-Systeme, die flexibel auf neue Situationen reagieren können, ähnlich wie Menschen, die ihr Verständnis der Welt auf neue Kontexte übertragen können.

Multimodale KI in spezialisierten Domänen: Medizin, Wissenschaft, Kunst und mehr

Die transformative Kraft multimodaler KI zeigt sich besonders deutlich in spezialisierten Domänen, wo die Fähigkeit, verschiedene Arten von Informationen zu integrieren und zu interpretieren, völlig neue Anwendungen ermöglicht. Lassen uns einige der spannendsten Entwicklungen in verschiedenen Bereichen betrachten.

In der Medizin revolutioniert multimodale KI die Diagnostik, Behandlungsplanung und Patientenversorgung. Systeme, die medizinische Bilder (wie Röntgenaufnahmen, MRTs oder histologische Schnitte) mit klinischen Texten (wie Patientenakten, Laborbefunden oder wissenschaftlicher Literatur) kombinieren, können Diagnosen mit höherer Genauigkeit stellen als Systeme, die nur eine Datenquelle nutzen. Ein Beispiel ist die multimodale Krebsdiagnostik, bei der Bildgebungsdaten mit genetischen Informationen, Patientenhistorie und aktueller Forschungsliteratur integriert werden, um präzisere und personalisierte Diagnosen und Behandlungspläne zu erstellen.

Googles Agent Companion-Papier beschreibt eine Dreiteilung der Architektur, die sich hervorragend auf medizinische Anwendungen übertragen lässt: Das Modell verarbeitet und interpretiert die verschiedenen medizinischen Daten, die Tools ermöglichen den Zugriff auf spezialisierte medizinische Ressourcen und Datenbanken, und die Orchestrierungsschicht koordiniert den gesamten diagnostischen oder therapeutischen Prozess, einschließlich der Interaktion mit medizinischem Fachpersonal. Diese strukturierte Herangehensweise ermöglicht eine kontrollierte und nachvollziehbare medizinische Entscheidungsfindung.

In der wissenschaftlichen Forschung ermöglicht multimodale KI die Integration und Analyse heterogener Datenquellen, die traditionell getrennt betrachtet wurden. In der Materialwissenschaft können Systeme, die mikroskopische Bilder, spektroskopische Daten und theoretische Modelle kombinieren, neue Materialien mit gewünschten Eigenschaften vorhersagen oder entdecken. In der Astronomie helfen multimodale Systeme, Daten von verschiedenen Teleskopen und Instrumenten zu integrieren, die unterschiedliche Teile des elektromagnetischen Spektrums abdecken, um ein umfassenderes Bild kosmischer Phänomene zu erhalten.

Anthropic beschreibt in 'Building Effective Agents' ein Muster namens "Orchestrator-Workers", das sich hervorragend auf wissenschaftliche Anwendungen anwenden lässt: Ein zentrales Modell koordiniert spezialisierte Komponenten für verschiedene Aspekte der wissenschaftlichen Analyse, von der Datenvorverarbeitung über die Modellierung bis hin zur Interpretation der Ergebnisse. Dieser modulare Ansatz ermöglicht eine flexible und skalierbare wissenschaftliche Datenanalyse, die verschiedene Expertise-Domänen integriert.

Im Bereich der Kunst und Kreativität eröffnet multimodale KI völlig neue Ausdrucksformen und kreative Prozesse. Generative Kunst, die Text, Bild und Musik kombiniert, ermöglicht immersive, multimodale Erlebnisse, die traditionelle Grenzen zwischen Kunstformen überschreiten. Kollaborative Kreativwerkzeuge ermöglichen es Künstlern, mit KI zu interagieren, die verschiedene Modalitäten versteht und generieren kann, um neue kreative Richtungen zu erkunden oder technische Aspekte ihrer Arbeit zu unterstützen.

OpenAI beschreibt in seinem 'Practical Guide to Building Agents' die Bedeutung von Agenten für komplexe Entscheidungsfindungen, die nuanciertes Urteilsvermögen erfordern — eine Beobachtung, die direkt auf kreative Prozesse übertragbar ist, wo ästhetische Entscheidungen oft subtile Abwägungen zwischen verschiedenen Faktoren erfordern. Diese Perspektive unterstreicht das Potenzial multimodaler Systeme als kreative Partner, die nicht nur technische Unterstützung bieten, sondern auch zum kreativen Dialog beitragen können.

In der Bildung ermöglichen multimodale Systeme personalisierte Lernerfahrungen, die verschiedene Lernstile und -bedürfnisse berücksichtigen. Adaptive Lernplattformen können Text, Bilder, Videos und interaktive Elemente kombinieren und dynamisch anpassen, basierend auf dem Verständnis und den Präferenzen des Lernenden. Multimodale Tutoren können komplexe Konzepte durch verschiedene Modalitäten erklären, Fragen in natürlicher Sprache beantworten und Feedback zu Übungen geben, die verschiedene Ausdrucksformen umfassen.

Im Umweltschutz und der Klimaforschung helfen multimodale Systeme, die enormen und heterogenen Datenmengen zu integrieren und zu analysieren, die für das Verständnis und die Bewältigung globaler Umweltherausforderungen erforderlich sind. Systeme, die Satellitenbilder, Sensordaten, wissenschaftliche Literatur und lokales Wissen kombinieren, können bei der Überwachung von Ökosystemen, der Vorhersage von Klimaauswirkungen oder der Entwicklung nachhaltiger Landnutzungsstrategien helfen.

Eine besonders vielversprechende Entwicklung ist die domänenübergreifende Wissensintegration — die Fähigkeit multimodaler Systeme, Erkenntnisse und Methoden aus verschiedenen Fachgebieten zu kombinieren, um interdisziplinäre Herausforderungen anzugehen. Dies könnte zu bahnbrechenden Fortschritten in Bereichen führen, die von Natur aus multidisziplinär sind, wie der Präzisionsmedizin, der nachhaltigen Stadtentwicklung oder der Mensch-Roboter-Interaktion.

Multi-Agenten-Systeme und kollaborative multimodale KI

Eine der aufregendsten Entwicklungen an der Spitze der multimodalen KI-Forschung ist die Entstehung von Multi-Agenten-Systemen – Netzwerke von KI-Agenten, die zusammenarbeiten, um komplexe Aufgaben zu lösen, die verschiedene Modalitäten und Expertise-Bereiche umfassen. Diese Systeme gehen über einzelne multimodale Modelle hinaus und schaffen emergente Fähigkeiten durch Kollaboration und Spezialisierung.

Google beschreibt in seinem Agent Companion-Papier eine besonders anschauliche Anwendung von Multi-Agenten-Systemen in der Automobilindustrie: Moderne Fahrzeuge erfordern Konversationsschnittstellen, die mit oder ohne Konnektivität funktionieren, zwischen On-Device- und Cloud-Verarbeitung balancieren und spezialisierte Fähigkeiten über Navigation, Mediensteuerung, Messaging und Fahrzeugsysteme nahtlos koordinieren müssen. Die Lösung liegt in einem Multi-Agenten-System, bei dem verschiedene Koordinationsmuster – hierarchisch, kollaborativ und Peer-to-Peer – zusammenkommen. Ein zentraler Orchestrator-Agent interpretiert Benutzeranfragen und delegiert sie an spezialisierte Agenten, die wiederum untereinander kommunizieren können, um komplexe Aufgaben zu lösen.

In der Grundarchitektur von Multi-Agenten-Systemen finden wir oft spezialisierte Agenten, die auf bestimmte Modalitäten oder Aufgaben fokussiert sind. Ein Agent könnte beispielsweise auf die Analyse visueller Daten spezialisiert sein, während ein anderer sich auf die Verarbeitung natürlicher Sprache konzentriert, und ein dritter auf die Integration und Interpretation multimodaler Informationen. Diese Spezialisierung ermöglicht eine effizientere Ressourcennutzung und tiefere Expertise in spezifischen Bereichen.

Anthropic beschreibt in 'Building Effective Agents' ein Muster namens "Orchestrator-Workers", das die Grundlage vieler Multi-Agenten-Systeme bildet: Ein zentraler Agent zerlegt komplexe Aufgaben, delegiert sie an spezialisierte Worker-Agenten und synthetisiert deren Ergebnisse. Dieses Muster ermöglicht eine modulare und skalierbare Herangehensweise an komplexe multimodale Aufgaben, bei der verschiedene Agenten ihre jeweiligen Stärken einbringen können.

Die Kommunikation zwischen Agenten ist ein zentraler Forschungsbereich. Agenten müssen in der Lage sein, Informationen, Zwischenergebnisse und Unsicherheiten effektiv auszutauschen, oft über verschiedene Repräsentationsformen hinweg. Forschung zu interoperablen Repräsentationen und gemeinsamen Kommunikationsprotokollen zielt darauf ab, diese Kommunikation zu standardisieren und zu verbessern. Einige Systeme verwenden natürliche Sprache als universelles Kommunikationsmedium zwischen Agenten, während andere strukturiertere Formate wie JSON oder spezialisierte Vektorrepräsentationen nutzen.

Ein besonders interessantes Phänomen in Multi-Agenten-Systemen ist die Entstehung von emergenten Fähigkeiten – Fähigkeiten, die kein einzelner Agent besitzt, die aber durch die Kollaboration mehrerer Agenten entstehen. Ein klassisches Beispiel ist die kollektive Problemlösung, bei der Agenten mit unterschiedlichen Perspektiven und Fähigkeiten zusammenarbeiten, um Lösungen zu finden, die für jeden einzelnen unerreichbar wären. Dies ähnelt der Art und Weise, wie menschliche Teams oft bessere Ergebnisse erzielen als Einzelpersonen, insbesondere bei komplexen, multidisziplinären Herausforderungen.

OpenAI beschreibt in seinem 'Practical Guide to Building Agents' die Bedeutung von Agenten für komplexe Entscheidungsfindungen, die nuanciertes Urteilsvermögen erfordern – eine Beobachtung, die sich direkt auf Multi-Agenten-Systeme übertragen lässt, wo die kollektive Intelligenz mehrerer spezialisierter Agenten oft zu nuancierteren und robusteren Entscheidungen führt als die eines einzelnen, allgemeinen Agenten.

Die Koordination und Orchestrierung von Multi-Agenten-Systemen ist eine zentrale Herausforderung. Verschiedene Koordinationsmuster werden erforscht, von hierarchischen Strukturen, bei denen ein übergeordneter Agent die Aktivitäten anderer koordiniert, über Marktbasierte Mechanismen, bei denen Agenten Aufgaben basierend auf ihren Fähigkeiten und Ressourcen "handeln", bis hin zu dezentralen, selbstorganisierenden Systemen, die ohne zentrale Kontrolle funktionieren. Die Wahl des Koordinationsmusters hängt oft von der spezifischen Anwendung, den Anforderungen an Robustheit und Skalierbarkeit sowie den verfügbaren Rechenressourcen ab.

Ein aufstrebendes Forschungsgebiet ist die Meta-Kognition in Multi-Agenten-Systemen – die Fähigkeit des Systems, seine eigenen Prozesse zu überwachen, zu bewerten und anzupassen.

Dies umfasst Mechanismen zur Selbstbewertung der Leistung einzelner Agenten, zur dynamischen Ressourcenzuweisung basierend auf der Komplexität der Aufgabe und zur adaptiven Teambildung, bei der die Zusammensetzung des Agententeams basierend auf den Anforderungen der aktuellen Aufgabe angepasst wird.

Die Anwendungen von Multi-Agenten-Systemen in multimodalen Kontexten sind vielfältig und transformativ. In der wissenschaftlichen Forschung können Teams von Agenten verschiedene Aspekte komplexer Phänomene untersuchen, von der Datensammlung und -analyse bis hin zur Modellierung und Interpretation. In kreativen Domänen können kollaborative Agenten verschiedene Aspekte des kreativen Prozesses übernehmen, von der Ideengenerierung über die technische Umsetzung bis hin zur kritischen Bewertung. In komplexen Entscheidungsumgebungen wie dem Finanzwesen oder der Stadtplanung können Multi-Agenten-Systeme verschiedene Perspektiven und Interessen repräsentieren und zu ausgewogeneren, nachhaltigeren Entscheidungen beitragen.

Ethische Dimensionen multimodaler KI

Die zunehmende Leistungsfähigkeit und Verbreitung multimodaler KI-Systeme wirft wichtige ethische Fragen auf, die von technischen Aspekten wie Fairness und Verzerrung bis hin zu breiteren gesellschaftlichen Auswirkungen reichen. Als Experten müssen wir uns mit diesen Dimensionen auseinandersetzen, um verantwortungsvolle Entwicklung und Nutzung dieser Technologien zu fördern.

Eine zentrale Herausforderung ist die Fairness und Verzerrung in multimodalen Systemen. Da diese Systeme aus großen Datenmengen lernen, können sie gesellschaftliche Vorurteile und Verzerrungen aus diesen Daten übernehmen und möglicherweise verstärken. Dies ist besonders komplex in multimodalen Kontexten, wo Verzerrungen in verschiedenen Modalitäten auf unterschiedliche Weise auftreten und interagieren können. Ein System könnte beispielsweise in seiner Textverarbeitung relativ fair sein, aber in seiner Bildverarbeitung bestimmte Gruppen benachteiligen, oder umgekehrt.

Anthropic betont in seinen 'Claude Code Best Practices' die Bedeutung von Guardrails – Schutzmechanismen, die sicherstellen, dass KI-Systeme innerhalb ethischer und sicherer Grenzen operieren. Dieses Konzept ist besonders wichtig für multimodale Systeme, die aufgrund ihrer vielfältigen Eingabe- und Ausgabemodalitäten ein breiteres Spektrum potenzieller Schäden verursachen könnten. Effektive Guardrails für multimodale Systeme müssen alle Modalitäten abdecken und ihre Interaktionen berücksichtigen.

Die Forschung zu multimodaler Fairness untersucht, wie Fairness über verschiedene Modalitäten hinweg definiert, gemessen und gewährleistet werden kann. Dies umfasst die Entwicklung von modalitätsübergreifenden Fairness-Metriken, die erfassen, wie fair ein System über verschiedene Datentypen und Nutzergruppen hinweg ist, sowie Fairness-Interventionen, die Verzerrungen während des Trainings oder der Inferenz korrigieren können. Besonders herausfordernd ist die intersektionale Fairness – die Berücksichtigung, wie verschiedene Identitätsmerkmale (wie Geschlecht, Ethnizität, Alter oder Behinderung) in verschiedenen Modalitäten interagieren und zu komplexen Mustern von Benachteiligung führen können.

Ein weiteres wichtiges Thema ist die Transparenz und Erklärbarkeit multimodaler Systeme. Die Komplexität dieser Systeme, insbesondere wenn sie auf großen, vortrainierten Modellen basieren, macht es oft schwierig, ihre Entscheidungen zu verstehen und zu erklären. Dies ist besonders problematisch in Hochrisiko-Anwendungen wie der medizinischen Diagnostik oder der Strafverfolgung, wo die Nachvollziehbarkeit von Entscheidungen entscheidend ist. Die Forschung zu multimodaler Erklärbarkeit entwickelt Methoden, um die Entscheidungsprozesse dieser Systeme transparenter zu machen, etwa durch modalitätsspezifische Attributionstechniken, die zeigen, welche Teile welcher Modalität zu einer bestimmten Entscheidung beigetragen haben, oder kontrafaktische Erklärungen, die illustrieren, wie sich die Ausgabe des Systems ändern würde, wenn bestimmte Aspekte der Eingabe anders wären.

OpenAI beschreibt in seinem 'Practical Guide to Building Agents' die Bedeutung von Transparenz und Kontrolle in agentischen Systemen – ein Prinzip, das für multimodale Systeme besonders relevant ist, wo die Komplexität der Verarbeitung und die Vielfalt der Ausgaben eine besondere Herausforderung für die Nachvollziehbarkeit darstellen. Diese Perspektive unterstreicht die Notwendigkeit, Transparenz nicht als nachträgliche Überlegung, sondern als grundlegendes Designprinzip zu betrachten.

Die Datenprivatsphäre stellt in multimodalen Kontexten besondere Herausforderungen dar. Bilder, Videos oder Audiodaten können sensible persönliche Informationen enthalten, die nicht immer offensichtlich sind oder leicht anonymisiert werden können. Die Kombination verschiedener Datentypen kann zudem zu Mosaikeffekten führen, bei denen scheinbar harmlose Daten aus verschiedenen Quellen kombiniert werden können, um sensible Informationen zu rekonstruieren. Forschung zu Privacy-Preserving Multimodal Learning entwickelt Techniken wie Federated Learning für multimodale Daten, bei dem Modelle lokal auf den Geräten der Nutzer trainiert werden, ohne dass die Rohdaten geteilt werden müssen, oder Differential Privacy für multimodale Systeme, die mathematische Garantien für den Schutz individueller Daten bietet.

Googles Agent Whitepaper betont die Bedeutung von Sicherheit und Verantwortung bei der Entwicklung von Agenten – ein Prinzip, das für multimodale Systeme besonders wichtig ist, da ihre Fähigkeit, verschiedene Arten von Informationen zu verarbeiten und zu generieren, sowohl ihr Potenzial als auch ihre Risiken erhöht. Diese Perspektive unterstreicht die Notwendigkeit, Sicherheitsüberlegungen in den gesamten Entwicklungsprozess zu integrieren, von der Datensammlung über das Modelltraining bis hin zur Bereitstellung.

Auf gesellschaftlicher Ebene müssen wir die breiteren Auswirkungen multimodaler KI betrachten. Die Fähigkeit dieser Systeme, menschenähnliche multimodale Inhalte zu generieren, wirft Fragen zu Desinformation und synthetischen Medien auf. Die zunehmende Qualität von KI-generierten Bildern, Videos und Audioinhalten macht es immer schwieriger, echte von synthetischen Inhalten zu unterscheiden, was Herausforderungen für die Informationsintegrität und das öffentliche Vertrauen mit sich bringt. Gleichzeitig bieten diese Technologien enorme Chancen für Kreativität und Zugänglichkeit, indem sie neue

Ausdrucksformen ermöglichen und Barrieren für Menschen mit Behinderungen abbauen.

Die Arbeitsmarktauswirkungen multimodaler KI sind ebenfalls bedeutsam. Diese Technologien automatisieren zunehmend Aufgaben, die traditionell menschliche multimodale Verarbeitung erforderten, von der Bildanalyse in der medizinischen Diagnostik bis hin zur Content-Moderation in sozialen Medien. Dies könnte zu Verschiebungen in der Arbeitswelt führen, wobei einige Rollen obsolet werden, während neue entstehen, die sich auf die Zusammenarbeit mit und die Überwachung von KI-Systemen konzentrieren.

Schließlich müssen wir die globale Dimension dieser Technologien berücksichtigen. Der Zugang zu fortschrittlicher multimodaler KI ist ungleich verteilt, mit Konzentrationen von Expertise und Rechenressourcen in bestimmten Regionen und Organisationen. Dies wirft Fragen zur globalen Gerechtigkeit und Inklusion auf, insbesondere wenn es um die Repräsentation verschiedener Sprachen, Kulturen und Perspektiven in diesen Systemen geht. Die Entwicklung von ressourceneffizienten multimodalen Modellen, die auf weniger leistungsstarker Hardware laufen können, und die Förderung von lokalisierter KI-Entwicklung, die auf spezifische regionale Bedürfnisse und Kontexte zugeschnitten ist, sind wichtige Schritte in Richtung einer inklusiveren multimodalen KI-Landschaft.

Zukunftstrends und aufkommende Forschungsrichtungen in multimodaler KI

Die Landschaft der multimodalen KI entwickelt sich mit atemberaubender Geschwindigkeit weiter, mit neuen Durchbrüchen und Forschungsrichtungen, die regelmäßig auftauchen. Lassen uns einen Blick auf einige der vielversprechendsten Horizonte werfen, die die Zukunft dieser Technologie prägen könnten.

Eine der aufregendsten Entwicklungen ist die Erforschung von Multimodal-Embodied AI – KI-Systeme, die nicht nur verschiedene Datentypen verarbeiten können, sondern auch physisch in der Welt verkörpert sind und mit ihr interagieren können. Dies umfasst Roboter, die visuelle, taktile und auditive Informationen integrieren können, um komplexe Aufgaben in der realen Welt zu bewältigen, oder Augmented-Reality-Systeme, die nahtlos zwischen physischen und digitalen Modalitäten vermitteln. Diese Verkörperung ermöglicht ein tieferes Verständnis der physischen Welt und ihrer Gesetzmäßigkeiten, was zu robusteren und nützlicheren KI-Systemen führen könnte.

Googles Agent Companion-Papier beschreibt eine Dreiteilung der Architektur, die sich hervorragend auf verkörperte KI-Systeme übertragen lässt: Das Modell verarbeitet und interpretiert die verschiedenen sensorischen Inputs, die Tools ermöglichen physische Interaktionen mit der Umgebung, und die Orchestrierungsschicht koordiniert den gesamten Prozess der Wahrnehmung, Entscheidungsfindung und Aktion. Diese strukturierte Herangehensweise bietet einen klaren konzeptionellen Rahmen für die Entwicklung komplexer verkörperter Systeme, die nicht nur passiv Informationen verarbeiten, sondern aktiv mit ihrer Umgebung interagieren.

Ein weiterer vielversprechender Trend ist die Entwicklung von Multimodal Foundation Models, die als Grundlage für eine Vielzahl von Anwendungen dienen können. Diese Modelle werden auf enormen, diversen Datensätzen vortrainiert und können dann für spezifische Aufgaben feinabgestimmt werden, ähnlich wie GPT oder BERT für Text, aber über verschiedene Modalitäten hinweg. Die Forschung konzentriert sich auf die Entwicklung effizienterer Trainingsmethoden, die Verbesserung der Generalisierungsfähigkeiten über verschiedene Domänen hinweg und die Erforschung der emergenten Fähigkeiten, die in diesen Modellen auftreten können.

Anthropic betont in seinem Artikel 'Building Effective Agents' einen überraschenden Befund: Die erfolgreichsten Implementierungen nutzen oft einfache, komponierbare Muster anstatt komplexer, monolithischer Architekturen. Diese Erkenntnis könnte die Entwicklung zukünftiger multimodaler Systeme beeinflussen, indem sie zu modularen, spezialisierten Komponenten führt, die flexibel kombiniert werden können, anstatt zu immer größeren, alles umfassenden Modellen.

Die Integration von Symbolischem Reasoning und Neuronalen Netzwerken in multimodalen Kontexten ist ein weiteres vielversprechendes Forschungsgebiet. Während neuronale Netzwerke hervorragend darin sind, Muster in großen Datenmengen zu erkennen, fehlt ihnen oft die Fähigkeit zu logischem Schlussfolgern und abstraktem Denken, die symbolische Systeme bieten. Hybride Ansätze, die die Stärken beider Paradigmen kombinieren, könnten zu KI-Systemen führen, die sowohl datengetriebene Muster erkennen als auch logische Schlussfolgerungen ziehen können, was besonders wertvoll für komplexe multimodale Aufgaben ist, die tiefes Reasoning erfordern.

OpenAI beschreibt in seinem 'Practical Guide to Building Agents' die Bedeutung von Agenten für komplexe Entscheidungsfindungen, die nuanciertes Urteilsvermögen erfordern — eine Beobachtung, die direkt auf die Integration von symbolischem Reasoning übertragbar ist, wo die Fähigkeit, explizite logische Schlussfolgerungen zu ziehen, oft den Unterschied zwischen oberflächlichem und tiefem Verständnis ausmacht. Diese Perspektive unterstreicht das Potenzial hybrider Ansätze, die das Beste aus beiden Welten kombinieren.

Die Erforschung von Multimodal Continual Learning – der Fähigkeit von Systemen, kontinuierlich aus neuen Daten zu lernen, ohne früher erworbenes Wissen zu vergessen – gewinnt ebenfalls an Bedeutung. Dies ist besonders relevant für multimodale Systeme, die in dynamischen Umgebungen operieren, wo sich die Datenverteilungen über die Zeit ändern können oder neue Modalitäten hinzukommen. Techniken wie Elastic Weight Consolidation, Memory Replay oder Parameter Isolation werden adaptiert und erweitert, um den spezifischen Herausforderungen des kontinuierlichen Lernens in multimodalen Kontexten gerecht zu werden.

Ein besonders faszinierendes Forschungsgebiet ist die Multimodale Kognitive Architektur – der Versuch, KI-Systeme zu entwickeln, die menschenähnliche kognitive Fähigkeiten über verschiedene Modalitäten hinweg zeigen. Dies umfasst Fähigkeiten wie multimodale Aufmerksamkeit (die Fähigkeit, selektiv auf relevante Aspekte verschiedener Modalitäten zu fokussieren), multimodales Gedächtnis (die Speicherung und der Abruf von Informationen über verschiedene Modalitäten hinweg) und multimodale Metakognition (das Bewusstsein und die Regulation der eigenen kognitiven Prozesse über verschiedene Modalitäten hinweg). Diese Forschung ist oft interdisziplinär und verbindet KI mit Erkenntnissen aus der Kognitionswissenschaft, der Neurowissenschaft und der Psychologie.

Die Multimodale Mensch-KI-Kollaboration ist ein weiterer vielversprechender Trend. Anstatt KI als autonomes System zu betrachten, konzentriert sich diese Forschung darauf, wie Menschen und KI effektiv zusammenarbeiten können, wobei jeder seine komplementären Stärken einbringt. Dies umfasst die Entwicklung von adaptiven Schnittstellen, die sich an die Präferenzen und Fähigkeiten des menschlichen Partners anpassen, gemischte Initiative Interaktionen, bei denen sowohl Mensch als auch KI die Führung übernehmen können, je nach Kontext, und gemeinsame Aufmerksamkeitsmechanismen, die es Mensch und KI ermöglichen, ihre Aufmerksamkeit auf dieselben Aspekte einer Aufgabe zu richten.

Anthropic beschreibt in seinen 'Claude Code Best Practices' mehrere Muster für die effektive Zusammenarbeit mit KI, die sich auf multimodale Kontexte übertragen lassen: Pair Programming, iterative Verfeinerung und kollaboratives Debugging. Diese Muster betonen die Bedeutung kontinuierlicher, iterativer Interaktion zwischen Mensch und KI, bei der beide Partner ihre jeweiligen Stärken einbringen – ein Prinzip, das für die Zukunft der Mensch-KI-Kollaboration in multimodalen Kontexten zentral sein dürfte.

Schließlich gewinnt die Erforschung von Multimodaler KI für soziale Gerechtigkeit und Nachhaltigkeit zunehmend an Bedeutung. Dies umfasst die Entwicklung von Systemen, die marginalisierte Sprachen und Kulturen besser repräsentieren, die Zugänglichkeit für Menschen mit Behinderungen verbessern oder die bei der Bewältigung globaler Herausforderungen wie dem Klimawandel helfen. Diese Forschung erfordert oft interdisziplinäre Zusammenarbeit zwischen KI-Forschern, Sozialwissenschaftlern, Aktivisten und betroffenen Gemeinschaften, um sicherzustellen, dass die entwickelten Technologien tatsächlich den Bedürfnissen und Werten der Menschen dienen, die sie nutzen sollen.

Teste dein Wissen

Nachdem du nun einen tiefen Einblick in die Spitzenforschung und die ethischen Dimensionen multimodaler KI gewonnen hast, ist es an der Zeit, dein Verständnis anhand einiger anspruchsvoller Fragestellungen zu vertiefen.

Stell dir vor, du entwickelst ein multimodales System für die medizinische Diagnostik, das Röntgenbilder, Patientenakten und genetische Daten integriert. In einem solchen Szenario stellen sich erhebliche ethische Herausforderungen. Du müsstest unter anderem sicherstellen, dass das System fair gegenüber unterschiedlichen Bevölkerungsgruppen funktioniert, verständlich und nachvollziehbar erklärt, wie es zu bestimmten Entscheidungen gelangt, und dass sensible Patientendaten jederzeit geschützt bleiben. Der Umgang mit diesen Aspekten erfordert durchdachte Strategien, die sowohl technische als auch organisatorische Maßnahmen umfassen.

Ein weiteres Szenario könnte ein Multi-Agenten-System für die wissenschaftliche Forschung sein, das verschiedene Modalitäten und Expertise-Bereiche miteinander verbindet. Dabei müsstest du überlegen, welche Koordinationsmechanismen sich eignen, um die Agenten effizient zusammenarbeiten zu lassen, und wie die Kommunikation gestaltet werden kann, um Wissen verlustfrei und zielgerichtet auszutauschen.

Auch der Blick in die Zukunft multimodaler KI ist lohnenswert: Welche drei Forschungsrichtungen oder Anwendungsfelder erscheinen dir besonders vielversprechend? Und welche technischen oder ethischen Hürden müssten überwunden werden, um ihr Potenzial vollständig auszuschöpfen?

Diese Fragen lassen sich nicht mit eindeutigen „richtigen" Antworten beantworten. Vielmehr sollen sie dich dazu anregen, die komplexen technischen, ethischen und gesellschaftlichen Herausforderungen multimodaler KI-Systeme kritisch zu reflektieren und eigene fundierte Positionen zu entwickeln.

6.0 Maßgeschneiderte Intelligenz für deine Aufgaben

In diesem sechsten Kapitel unserer "AI Navigation mit dem KI Kompass" tauchen wir tief in die Welt des Fine-Tunings und der Erstellung maßgeschneiderter KI-Assistenten ein. Du hast bereits die beeindruckende Leistungsfähigkeit großer Sprachmodelle und multimodaler Systeme kennengelernt. Doch was passiert, wenn diese Alleskönner für deine spezifischen Aufgaben, deine einzigartigen Datensätze oder deinen besonderen Unternehmenskontext noch nicht perfekt passen? Hier kommt die Kunst der Anpassung ins Spiel. Wir werden gemeinsam entdecken, wie du durch gezieltes Fine-Tuning bestehende Modelle verfeinern und wie du mithilfe von Plattformen wie dem OpenAI GPT Builder, Hugging Face und den Werkzeugen von Cohere hochspezialisierte KI-Assistenten erschaffen kannst, die genau auf deine Bedürfnisse zugeschnitten sind. Dieses Kapitel wird dir das Rüstzeug geben, um von generischer Intelligenz zu echter, domänenspezifischer Expertise überzugehen und so das volle Potenzial der KI für deine individuellen Herausforderungen zu entfesseln.

6.1. Das ABC des Fine-Tunings und der KI-Assistenten

Willkommen zum Grundlagen-Abschnitt unseres sechsten Kapitels, in dem wir uns mit der faszinierenden Welt des Fine-Tunings und der maßgeschneiderten KI-Assistenten beschäftigen. Stell dir vor, du hast ein unglaublich vielseitiges Schweizer Taschenmesser – das ist dein vortrainiertes KI-Modell. Aber für eine ganz spezielle Aufgabe brauchst du vielleicht nicht alle Werkzeuge, sondern ein besonders scharfes, präzises Skalpell. Genau hier setzen Fine-Tuning und spezialisierte Assistenten an. Wir werden gemeinsam die grundlegenden Konzepte verstehen, die es dir ermöglichen, die rohe Kraft der KI zu zähmen und sie exakt auf deine individuellen Bedürfnisse zuzuschneiden. Dieser Abschnitt legt das Fundament, damit du verstehst, wie du von einer allgemeinen KI zu einer Lösung kommst, die deine Sprache spricht und deine Probleme versteht.

Was ist Fine-Tuning? Definition und Abgrenzung zu Pre-Training und Prompt Engineering

Im ersten Schritt legen wir das Fundament und klären, was genau unter Fine-Tuning zu verstehen ist. Stell dir vor, ein großes KI-Modell hat bereits eine Art "Allgemeinbildung" durch das Pre-Training erhalten, bei dem es auf riesigen Mengen an Text- und Code-Daten trainiert wurde, um Sprache, Muster und Zusammenhänge zu lernen. Es ist wie ein Student, der viele Bücher gelesen hat. Prompt Engineering ist dann die Kunst, diesem Studenten durch geschickte Fragen und Anweisungen (Prompts) spezifisches Wissen zu entlocken oder ihn zu bestimmten Denkweisen anzuregen. Du gibst ihm klare Aufgabenstellungen. Fine-Tuning geht einen Schritt weiter: Es ist wie ein spezialisiertes Aufbaustudium für diesen Studenten. Du nimmst das bereits vortrainierte Modell und trainierst es auf einem kleineren, aber sehr spezifischen Datensatz weiter, der genau auf deine Aufgabe oder deine Domäne zugeschnitten ist. Dadurch lernt das Modell die Nuancen, den Jargon und die spezifischen Muster deines Anwendungsbereichs. Es verfeinert also seine bereits vorhandenen Fähigkeiten und passt sein "Verhalten" an die neuen, spezifischeren Daten an. Der Hauptunterschied liegt also in der Tiefe der Anpassung: Prompt Engineering lenkt ein bestehendes Modell, Fine-Tuning modifiziert das Modell selbst, um es für bestimmte Aufgaben besser geeignet zu machen.

Anthropic betont in seinem Artikel 'Building Effective Agents' einen überraschenden Befund aus der Zusammenarbeit mit Dutzenden von Teams: Die erfolgreichsten Implementierungen nutzen keine komplexen Frameworks oder spezialisierten Bibliotheken, sondern setzen auf einfache, komponierbare Muster. Sie empfehlen, bei der Entwicklung von KI-Anwendungen stets die einfachste mögliche Lösung zu wählen und die Komplexität nur bei Bedarf zu erhöhen. Diese Erkenntnis gilt auch für Fine-Tuning – oft ist es sinnvoller, zunächst mit gezieltem Prompt Engineering zu experimentieren, bevor man in den aufwändigeren Prozess des Fine-Tunings einsteigt.

Warum Fine-Tuning?

Nachdem wir wissen, was Fine-Tuning ist, widmen wir uns der Frage, warum es so wertvoll ist und welche Türen es öffnet. Einer der größten Vorteile ist die Spezialisierung auf Domänenwissen. Stell dir vor, du arbeitest in der Medizin, im Rechtswesen oder in einer technischen Nische. Allgemeine Modelle kennen zwar viele Begriffe, aber oft fehlt ihnen das tiefe Verständnis für spezifische Fachtermini, komplexe Zusammenhänge oder die aktuelle Forschungslage in deiner Domäne. Durch Fine-Tuning mit relevanten Fachartikeln, Fallstudien oder internen Dokumenten kann ein Modell lernen, präziser und kontextuell korrekter in dieser spezifischen Domäne zu agieren. Ein weiterer entscheidender Vorteil ist die Anpassung an eine bestimmte Tonalität oder einen spezifischen Schreibstil. Möchtest du, dass deine KI im lockeren Ton eines Social-Media-Posts kommuniziert, im formellen Stil eines Geschäftsberichts oder im empathischen Ton eines Kundendienstmitarbeiters? Fine-Tuning mit Beispielen des gewünschten Stils kann dem Modell helfen, diese Tonalität zu verinnerlichen. Darüber hinaus führt Fine-Tuning oft zu einer signifikanten Verbesserung der Genauigkeit und Relevanz für Nischenaufgaben. Wenn du beispielsweise eine KI benötigst, die sehr spezifische Kundenanfragen zu einem seltenen Produkt beantwortet oder die Fehler in einem bestimmten Typ von Softwarecode erkennt, kann ein feingetuntes Modell deutlich bessere Ergebnisse liefern als ein allgemeines Modell. Anwendungsfälle sind vielfältig: von Chatbots, die hochspezialisierten Kundensupport leisten, über Systeme zur automatischen Zusammenfassung von Fachtexten bis hin zu KI-gestützten Werkzeugen, die kreative Texte in einem ganz bestimmten Genre verfassen.

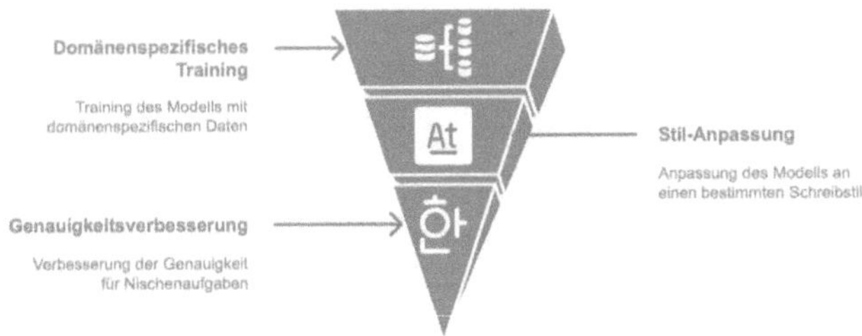

OpenAI empfiehlt in seinem 'Practical Guide to Building Agents' den Einsatz von spezialisierten KI-Lösungen insbesondere in Szenarien, die komplexe Entscheidungsfindungen erfordern, die nuanciertes Urteilsvermögen, die Berücksichtigung von Ausnahmen oder kontextsensitive Entscheidungen verlangen. Ein besonders anschauliches Beispiel ist die Zahlungsbetrugserkennung: Eine traditionelle Regel-Engine funktioniert wie eine Checkliste, die Transaktionen anhand voreingestellter Kriterien kennzeichnet. Im Gegensatz dazu arbeitet ein spezialisiertes KI-Modell eher wie ein erfahrener Ermittler,

der den Kontext bewertet, subtile Muster berücksichtigt und
verdächtige Aktivitäten identifiziert, selbst wenn keine eindeutigen Regelverstöße vorliegen. Diese nuancierte Reasoning-Fähigkeit ermöglicht es feingetunten Modellen, komplexe, mehrdeutige Situationen effektiv zu bewältigen, bei denen regelbasierte Systeme an ihre Grenzen stoßen.

Was sind sie und wie unterscheiden sie sich von allgemeinen Chatbots?

Parallel zum Fine-Tuning betrachten wir das Konzept der KI-
Assistenten. Während ein allgemeiner Chatbot oft darauf ausgelegt ist, eine breite Palette von Konversationen zu führen,
sind KI-Assistenten typischerweise stärker auf spezifische Aufgaben oder Domänen fokussiert. Denk an einen persönlichen
Assistenten, der dir hilft, deine Termine zu managen, oder einen Fachassistenten, der dich bei der Recherche zu einem bestimmten Thema unterstützt. Ein wesentliches Merkmal von
KI-Assistenten ist ihre Fähigkeit zur Integration von externen
Werkzeugen (Tools) und Datenquellen. Sie können beispielsweise auf deine Kalender zugreifen, E-Mails versenden, Infor-
mationen aus spezifischen Datenbanken abrufen oder sogar
Aktionen in anderen Softwareanwendungen ausführen. Diese
Integration ermöglicht es ihnen, weit über das reine Generieren
von Text hinauszugehen und aktiv in deinen Arbeitsabläufen
mitzuwirken. Ein KI-Assistent kann auf einem feingetunten
Modell basieren, um seine Kernkompetenz in einer bestimmten
Domäne zu schärfen, und gleichzeitig durch die Anbindung an
Tools und Daten seine Fähigkeiten dynamisch erweitern. Der
Unterschied zu einem einfachen Chatbot liegt also oft in der

Tiefe der Spezialisierung, der Handlungsfähigkeit durch Tool-Nutzung und der engeren Einbettung in spezifische Prozesse.

Google zieht in seinem Agent Whitepaper eine aufschlussreiche Parallele: So wie Menschen oft auf Hilfsmittel wie Bücher, Suchmaschinen oder Taschenrechner zurückgreifen, um ihr Vorwissen zu ergänzen, bevor sie zu einem Schluss kommen, können auch KI-Assistenten trainiert werden, externe Werkzeuge zu nutzen. Diese Analogie verdeutlicht, dass Assistenten nicht allwissend sein müssen, sondern – ähnlich wie Menschen – ihre Fähigkeiten durch den gezielten Einsatz externer Ressourcen erweitern können. Google betont zudem, dass für die Funktionalität eines fortschrittlichen Assistenten zwei Kernelemente erforderlich sind: Nicht nur der Zugang zu externen Tools, sondern auch die Fähigkeit, Aufgaben selbstständig zu planen und auszuführen. Diese Kombination aus Denkvermögen, Logik und Zugriff auf externe Informationen, verbunden mit einem generativen KI-Modell, verkörpert das Konzept eines leistungsfähigen Assistenten.

Werkzeuge und Plattformen für den Einstieg

Um die Konzepte des Fine-Tunings und der Erstellung von KI-Assistenten greifbar zu machen, werfen wir einen Blick auf einige Schlüsselplattformen und Werkzeuge, die dir den Einstieg erleichtern. Eine sehr zugängliche Option ist der OpenAI GPT Builder. Diese Plattform ermöglicht es dir, eigene, angepasste Versionen von ChatGPT, sogenannte "GPTs", für spezifische Zwecke zu erstellen. Du kannst dies oft ohne tiefgreifende Programmierkenntnisse tun, indem du dem Builder klare Anweisungen gibst, zusätzliches Wissen in Form von Dateien hochlädst und bestimmte Fähigkeiten (Actions) definierst, die dein

GPT ausführen kann. Für einen tieferen Einstieg in das Fine-Tuning von Modellen ist Hugging Face eine unverzichtbare Ressource. Die Plattform bietet den "Model Hub" mit Tausenden von vortrainierten Modellen und den "Dataset Hub" mit ebenso vielen Datensätzen. Wichtiger noch sind die Bibliotheken wie transformers, die den Zugriff auf und das Training von Modellen standardisieren, sowie Tutorials und Dokumentationen, die den Einstieg in das Fine-Tuning erleichtern. Auch Cohere bietet Entwicklerwerkzeuge und Modelle, die sich für den Aufbau von Unternehmensanwendungen eignen. Ihre Plattform ermöglicht ebenfalls Fine-Tuning und stellt Werkzeuge bereit, um Modelle für Aufgaben wie semantische Suche oder Klassifikation anzupassen, oft mit einem Fokus auf einfache Integration und Skalierbarkeit für geschäftliche Anwendungsfälle. Diese Plattformen bieten unterschiedliche Abstraktionsebenen und Werkzeugsets, sodass du je nach deinen technischen Fähigkeiten und Projektanforderungen den passenden Einstiegspunkt finden kannst.

Anthropic betont in seinen 'Claude Code Best Practices' ein innovatives Konzept, das sich auch auf die Entwicklung von KI-Assistenten übertragen lässt: die Verwendung von speziellen Kontextdateien. Anstatt wichtige Informationen, Richtlinien oder Konventionen bei jeder Interaktion neu zu kommunizieren, werden sie in speziellen Dateien hinterlegt, die der Assistent automatisch in seinen Kontext einbezieht. Diese Dateien können auf verschiedenen Ebenen platziert werden: auf Projektebene für projektspezifische Informationen, auf Domänenebene für branchenspezifisches Wissen und auf globaler Ebene für allgemeine Richtlinien. Diese Kontextsteuerung bietet mehrere Vorteile: Sie reduziert Redundanz in der Kommunikation, gewährleistet Konsistenz über mehrere Interaktionen hinweg und ermöglicht eine feinere Kontrolle über das Assistentenverhalten.

Vorbereitung von Daten für das Fine-Tuning und grundlegende Konfiguration eines einfachen Assistenten

Bevor wir uns in die technischen Details stürzen, wollen wir die ersten Schritte konzeptionell durchgehen. Die Vorbereitung von Daten für das Fine-Tuning ist absolut entscheidend für den Erfolg. Der Grundsatz "Garbage in, garbage out" gilt hier in besonderem Maße. Du musst dir überlegen, welche Art von Daten dein Modell lernen soll. Für das Fine-Tuning eines Chatbots könnten das beispielsweise Paare von Nutzeranfragen und idealen Antworten sein. Für die Anpassung an einen bestimmten Schreibstil wären es Textbeispiele in diesem Stil. Wichtig sind Qualität, Konsistenz und Relevanz der Daten. Sie sollten sauber, fehlerfrei und repräsentativ für die Zieldomäne sein. Auch das Format spielt eine Rolle; oft werden strukturierte Formate wie JSONL (JSON Lines) verwendet, bei denen jede Zeile ein Trainingsbeispiel darstellt. Parallel dazu skizzieren wir die grundlegende Konfiguration eines einfachen KI-Assistenten, zum Beispiel mit dem OpenAI GPT Builder. Hier beginnst du typischerweise damit, den Namen, die Beschreibung und die grundlegenden Anweisungen (Instructions) für deinen Assistenten festzulegen. Diese Anweisungen definieren seine Persönlichkeit, seinen Zweck und wie er sich verhalten soll. Anschließend kannst du ihm Wissensquellen hinzufügen, indem du Dateien hochlädst (z. B. PDFs mit Produktinformationen oder Richtlinien). Schließlich kannst du erste Fähigkeiten (Capabilities) aktivieren, wie z. B. das Browsen im Web oder die Bildgenerierung, oder sogar einfache Custom Actions definieren. Ziel dieser ersten konzeptionellen Schritte ist es, ein Verständnis dafür zu entwickeln, dass sowohl die Datenaufbereitung für das Fine-Tuning als auch die sorgfältige Konfiguration eines Assistenten iterative Prozesse sind, die mit einer klaren Zielsetzung beginnen.

OpenAI betont in seinem 'Practical Guide to Building Agents' die Bedeutung von Guardrails – Schutzmechanismen, die sicherstellen, dass KI-Assistenten innerhalb ethischer und sicherer Grenzen operieren. Bereits in der Grundkonfiguration solltest du überlegen, welche Grenzen dein Assistent haben sollte. Dies kann durch klare Anweisungen in den Instructions erfolgen, die festlegen, welche Arten von Anfragen der Assistent ablehnen sollte oder wie er mit sensiblen Themen umgehen soll. Diese frühe Integration von Sicherheitsüberlegungen ist besonders wichtig, wenn der Assistent in Bereichen eingesetzt werden soll, die potenziell sensible Informationen betreffen oder wo Fehler schwerwiegende Konsequenzen haben könnten. Googles Agent Whitepaper unterstreicht ebenfalls die Bedeutung von Sicherheit und Verantwortung bei der Entwicklung von Assistenten – ein Prinzip, das von Anfang an in den Entwicklungsprozess integriert werden sollte, von der Datensammlung über das Modelltraining bis hin zur Bereitstellung.

Teste dein Wissen

Nachdem du nun die ersten Grundlagen des Fine-Tunings und der KI-Assistenten kennengelernt hast, ist es an der Zeit, dein Verständnis zu überprüfen. Kannst du dir beispielsweise vergegenwärtigen, worin der Hauptunterschied zwischen Prompt Engineering und Fine-Tuning besteht? Überlege dir, wie beide Methoden die Leistung eines KI-Modells beeinflussen und in welchen Situationen du dich eher für die eine oder andere Methode entscheiden würdest. Vielleicht fallen dir auch schon zwei Plattformen ein, die dir beim Erstellen von KI-Assistenten helfen können? Versuche, kurz zu beschreiben, worauf diese Plattformen ihren Hauptfokus für Einsteiger legen und welche Art von Nutzer sich von welcher Plattform besonders angesprochen fühlen könnte. Und schließlich, ein ganz zentraler Punkt: Warum ist die Qualität der Daten beim Fine-Tuning so unglaublich wichtig? Denke darüber nach, welche negativen Auswirkungen schlecht vorbereitete, inkonsistente oder irrelevante Daten auf das Endergebnis deines feingetunten Modells haben könnten. Wenn du diese Überlegungen anstellst, festigst du dein neu erworbenes Wissen und bist gut gerüstet für die nächsten, tiefergehenden Schritte in die Welt der maßgeschneiderten KI.

6.2. Techniken und Strategien für anspruchsvolles Fine-Tuning und komplexe Assistenten

Nachdem du die Grundlagen des Fine-Tunings und der KI-Assistenten verstanden hast, betreten wir nun die Werkstatt des KI-Maßschneiders. In diesem fortgeschrittenen Abschnitt werden wir uns die Techniken und Strategien genauer ansehen, die du benötigst, um wirklich anspruchsvolle und hochgradig angepasste KI-Lösungen zu entwickeln. Wir tauchen tiefer in die verschiedenen Methoden des Fine-Tunings ein, beleuchten die entscheidende Rolle der Datensatzerstellung und -aufbereitung und schauen uns an, wie du komplexe Assistenten mit erweiterten Fähigkeiten bauen kannst. Du wirst lernen, nicht nur was möglich ist, sondern auch wie du es praktisch umsetzen kannst, um Modelle und Assistenten zu schaffen, die präzise auf deine spezifischen Anforderungen zugeschnitten sind und echte Mehrwerte liefern.

Fine-Tuning-Techniken

Beginnen wir mit einer Vertiefung der verschiedenen Fine-Tuning-Techniken. Die traditionellste Methode ist das Full Fine-Tuning, bei dem alle oder ein Großteil der Parameter eines vortrainierten Modells während des Trainings auf deinem spezifischen Datensatz aktualisiert werden. Stell dir vor, du renovierst ein ganzes Haus, um es deinen Bedürfnissen anzupassen – das ist Full Fine-Tuning. Es kann zu sehr guten Ergebnissen führen, da das Modell umfassend an die neue Aufgabe adaptiert wird. Allerdings ist dieser Ansatz rechenintensiv und erfordert oft erhebliche Mengen an Speicherplatz, da für jedes feingetunte Modell eine vollständige Kopie der Modellgewichte gespeichert werden muss. Angesichts der Größe moderner Sprachmodelle kann dies schnell zu einer Herausforderung werden. Genau hier kommen die Parameter-Efficient Fine-Tuning (PEFT) Methoden ins Spiel. Diese Ansätze zielen darauf ab, nur eine kleine Teilmenge der Modellparameter zu trainieren oder zusätzliche, kleine Module hinzuzufügen, während der Großteil des ursprünglichen Modells eingefroren bleibt. Eine populäre PEFT-Methode ist LoRA (Low-Rank Adaptation). Bei LoRA werden kleine, trainierbare Matrizen (Adapter) in die Schichten des Transformer-Modells injiziert, und nur diese Adapter werden während des Fine-Tunings angepasst. Das ist so, als würdest du in deinem Haus nur einige wenige, aber sehr effektive Umbauten vornehmen, anstatt alles neu zu machen. Dies reduziert den Rechenaufwand und den Speicherbedarf drastisch, da nur die kleinen Adapter-Gewichte gespeichert werden müssen, während das Basismodell unverändert bleibt. QLoRA (Quantized Low-Rank Adaptation) geht noch einen Schritt weiter, indem es das Basismodell während des Trainings quantisiert (d. h., die Präzision der Zahlenwerte reduziert), um den Speicherbedarf noch weiter zu senken, und dann LoRA auf dieses quantisierte Modell anwendet. Andere PEFT-Methoden umfassen beispielsweise Adapters, bei denen kleine neuronale Netze zwischen die Schichten des ursprünglichen Modells eingefügt und trainiert werden, oder Techniken wie Prompt Tuning und Prefix Tuning, bei denen trainierbare Vektoren an die Eingabe-Embeddings angehängt werden. Die Wahl der richtigen Technik hängt von deinen spezifischen Anforderungen, den verfügbaren Ressourcen und der gewünschten Balance zwischen Leistung und Effizienz ab. PEFT-Methoden haben das Fine-Tuning demokratisiert, da sie es ermöglichen, auch sehr große Modelle mit begrenzten Ressourcen anzupassen.

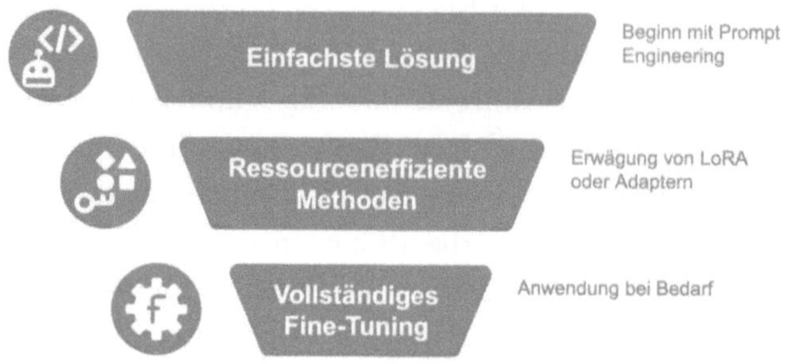

Anthropic betont in seinem Artikel 'Building Effective Agents', dass die Wahl der richtigen Technik nicht nur von technischen Faktoren abhängt, sondern auch von der spezifischen Aufgabe und dem gewünschten Ergebnis. Sie empfehlen einen pragmatischen Ansatz: Beginne mit der einfachsten Lösung, die funktionieren könnte, und steigere die Komplexität nur bei Bedarf. Für viele Anwendungsfälle kann ein gut durchdachtes Prompt Engineering mit In-Context-Beispielen bereits ausreichend sein, ohne dass ein vollständiges Fine-Tuning erforderlich ist. Wenn jedoch eine tiefere Anpassung notwendig ist, sollten zunächst ressourceneffiziente Methoden wie LoRA in Betracht gezogen werden, bevor auf Full Fine-Tuning zurückgegriffen wird. Diese Herangehensweise spart nicht nur Ressourcen, sondern ermöglicht auch schnellere Iterationszyklen und eine agilere Entwicklung.

Datensatzerstellung und -aufbereitung für fortgeschrittenes Fine-Tuning

Die Qualität deines Fine-Tuning-Datensatzes ist der vielleicht wichtigste Faktor für den Erfolg. Du kannst die ausgefeiltesten Techniken anwenden, aber wenn deine Daten mangelhaft sind, werden die Ergebnisse enttäuschend sein. Bei der Datensatzerstellung und -aufbereitung für fortgeschrittenes Fine-Tuning gibt es mehrere kritische Aspekte zu beachten. Zunächst die Qualität: Deine Daten müssen sauber, korrekt und relevant für die Zielaufgabe sein. Das bedeutet, sie sollten frei von Fehlern, Inkonsistenzen und Rauschen sein. Wenn du beispielsweise ein Modell für die Beantwortung von Kundenfragen feintunst, sollten die Beispielfragen und -antworten präzise und hilfreich sein. Neben der Qualität spielt auch die Quantität eine Rolle. Während die genaue Anzahl der benötigten Beispiele je nach Aufgabe variiert, gilt oft die Faustregel: Je komplexer die Aufgabe, desto mehr Daten werden benötigt. Für einfache Aufgaben können bereits einige hundert gut kuratierte Beispiele ausreichen, während komplexere Aufgaben tausende oder mehr erfordern könnten. Die Formatierung deiner Daten ist ebenfalls entscheidend. Für Modelle wie GPT wird oft das Format von Konversationen verwendet, bei dem Eingabe und gewünschte Ausgabe klar definiert sind. Ein weiterer wichtiger Aspekt ist der Umgang mit Bias in deinen Daten. Vortrainierte Modelle können bereits Vorurteile aus ihren Trainingsdaten enthalten, und wenn deine Fine-Tuning-Daten weitere Vorurteile einführen, können diese verstärkt werden. Es ist daher wichtig, deine Daten auf Fairness und Ausgewogenheit zu prüfen und gegebenenfalls Gegenmaßnahmen zu ergreifen, wie das Hinzufügen von ausgleichenden Beispielen oder das Entfernen problematischer Inhalte. Schließlich solltest du auch an die Validierung denken: Reserviere einen Teil deiner Daten (typischerweise 10-20 %) als Validierungssatz, um die Leistung deines feingetunten Modells zu bewerten und Überanpassung (Overfitting) zu erkennen.

OpenAI betont in seinem 'Practical Guide to Building Agents' die Bedeutung von Guardrails – Schutzmechanismen, die sicherstellen, dass KI-Systeme innerhalb ethischer und sicherer Grenzen operieren. Bei der Datensatzerstellung für das Fine-Tuning sollten diese Guardrails bereits berücksichtigt werden. Dies kann durch die Einbeziehung von Beispielen geschehen, die zeigen, wie das Modell auf problematische oder missbräuchliche Anfragen reagieren soll, oder durch die Entwicklung spezieller Evaluationsmetriken, die nicht nur die Leistung, sondern auch die Sicherheit und ethische Konformität des Modells bewerten. Googles Agent Whitepaper unterstreicht ebenfalls die Notwendigkeit, Sicherheitsüberlegungen von Anfang an in den Entwicklungsprozess zu integrieren, insbesondere wenn es um die Erstellung von Datensätzen geht, die das Verhalten von Agenten formen sollen.

Fortgeschrittene Konfiguration von KI-Assistenten

Nachdem wir uns mit dem Fine-Tuning beschäftigt haben, wenden wir uns nun der fortgeschrittenen Konfiguration von KI-Assistenten zu. Ein zentrales Element ist der System Prompt – eine Art "Betriebsanleitung" für den Assistenten, die sein Verhalten, seine Persönlichkeit und seine Fähigkeiten definiert. Ein gut gestalteter System Prompt ist präzise, umfassend und gibt klare Anweisungen, wie der Assistent in verschiedenen Situationen reagieren soll. Er kann Informationen über den Zweck des Assistenten, seinen Kommunikationsstil, seine

Grenzen und spezifische Handlungsanweisungen enthalten. Die Kunst besteht darin, den richtigen Detaillierungsgrad zu finden: zu vage, und der Assistent verhält sich inkonsistent; zu spezifisch, und er verliert Flexibilität. Ein weiterer wichtiger Aspekt ist die Tool-Integration. Fortgeschrittene Assistenten können mit externen Tools und APIs interagieren, um Aktionen in der realen Welt auszuführen oder auf externe Informationen zuzugreifen. Dies kann von einfachen Websuchen über das Senden von E-Mails bis hin zur Steuerung von Smart-Home-Geräten reichen. Die Integration erfordert eine sorgfältige Definition der Tool-Schnittstellen, Berechtigungen und Fehlerbehandlung. Besonders wichtig für langfristige Interaktionen ist die Gedächtnis- und Zustandsverwaltung. Da die meisten LLMs zustandslos sind (d. h., sie "erinnern" sich nicht an frühere Interaktionen), müssen Mechanismen implementiert werden, um relevante Informationen aus früheren Gesprächen zu speichern und bei Bedarf abzurufen. Dies kann durch einfache Kontextfenster geschehen, die die letzten N Nachrichten enthalten, oder durch komplexere Systeme, die wichtige Informationen extrahieren, kategorisieren und in strukturierten Datenbanken speichern. Fortgeschrittene Assistenten können auch Personalisierung bieten, indem sie Nutzervorlieben lernen und ihre Antworten entsprechend anpassen, sowie Multi-Turn-Reasoning unterstützen, bei dem komplexe Aufgaben in mehrere Schritte zerlegt werden, wobei jeder Schritt auf den Ergebnissen des vorherigen aufbaut.

Googles Agent Companion-Papier bietet eine klare Strukturierung der Agentenarchitektur in drei Kernelemente, die bei der fortgeschrittenen Konfiguration von KI-Assistenten berücksichtigt werden sollten: Das Modell fungiert als zentrale Entscheidungseinheit und basiert auf instruktionsbasiertem Denken und logischen Frameworks. Die Tools überbrücken die Kluft zwischen den internen Fähigkeiten des Agenten und der externen Welt und ermöglichen Interaktionen mit externen Daten und Diensten. Die Orchestrierungsschicht ist ein zyklischer Prozess, der bestimmt, wie der Agent Informationen aufnimmt, intern verarbeitet und dieses Denken für nachfolgende Aktionen oder Entscheidungen nutzt. Diese Schicht ist verantwortlich für die Aufrechterhaltung von Gedächtnis, Zustand, Reasoning und Planung. Diese Dreiteilung bietet ein klareres Verständnis der funktionalen Komponenten eines Assistenten und ihrer Interaktionen.

Workflow-Muster für agentische Systeme

Anthropic beschreibt in Building Effective Agents mehrere bewährte Muster für agentische Systeme, die sich in der Praxis bereits erfolgreich bewährt haben und sich besonders gut für die Entwicklung fortschrittlicher KI-Assistenten eignen. Eines dieser Muster ist das sogenannte Prompt-Chaining, bei dem eine komplexe Aufgabe in eine Sequenz klar definierter Schritte zerlegt wird. Jeder Schritt verarbeitet dabei die Ausgabe des vorhergehenden und kann durch programmatische Prüfungen ergänzt werden. Dieses Vorgehen bietet sich vor allem dann an, wenn sich eine Aufgabe strukturiert in Teilaufgaben gliedern lässt – etwa bei der Erstellung von Marketinginhalten, bei der zunächst Ideen generiert, anschließend ein Konzept ausgearbeitet und schließlich an verschiedene Plattformen angepasst wird.

Ein weiteres bewährtes Muster ist das Routing, bei dem ein Input zunächst klassifiziert und dann an eine spezialisierte Folgeaufgabe weitergeleitet wird. Diese Trennung erlaubt eine präzise Anpassung an unterschiedliche Anliegen. So könnte ein Kundenservice-Assistent Anfragen automatisch nach Themen wie „Technische Probleme", „Rückerstattungen" oder „Produktinformationen" sortieren und jeweils spezialisierte Unterprozesse aktivieren.

Auch die Parallelisierung bietet einen leistungsfähigen Ansatz. Dabei arbeiten mehrere Sprachmodelle gleichzeitig an einer Aufgabe, deren Teilergebnisse anschließend aggregiert werden. Dies lässt sich entweder durch Sektionierung – also die Aufteilung einer Aufgabe in voneinander unabhängige Teilaspekte – oder durch Abstimmung realisieren, bei der dieselbe Aufgabe mehrfach bearbeitet wird, um verschiedene Perspektiven zu erhalten. Ein Recherche-Assistent könnte so parallel unterschiedliche Facetten eines Themas untersuchen oder alternative Blickwinkel zusammenführen.

Ein besonders flexibles und mächtiges Muster stellt das Orchestrator-Workers-Prinzip dar. In diesem Workflow zerlegt ein zentrales Modell dynamisch eine Aufgabe, delegiert sie an spezialisierte Worker-Modelle und integriert deren Ergebnisse anschließend zu einer konsistenten Gesamtlösung. Diese Architektur eignet sich besonders für komplexe, offene Fragestellungen, wie sie etwa im Projektmanagement auftreten. Ein Assistent könnte hier als Orchestrator fungieren, der die Teilaufgaben Recherche, Planung und Dokumentation an verschiedene spezialisierte Module überträgt und deren Ergebnisse zu einem kohärenten Gesamtbild zusammenführt.

Diese Muster sind nicht als starre Vorgaben zu verstehen, sondern lassen sich flexibel miteinander kombinieren, um unterschiedlichste Anwendungsfälle optimal zu adressieren. Welche Kombination letztlich gewählt wird, hängt von der Komplexität der Aufgabe, den verfügbaren Ressourcen und den konkreten Anforderungen des jeweiligen Systems ab.

Effektive Kontextsteuerung für fortgeschrittene Assistenten

Eine der größten Herausforderungen bei der Arbeit mit fortgeschrittenen KI-Assistenten besteht in der effektiven Steuerung ihres Kontexts – also jener Informationen, auf die sie für ihre Entscheidungen und Handlungen zurückgreifen. Anthropic hat in seinen Claude Code Best Practices ein innovatives Konzept vorgestellt, das sich auch auf agentische Systeme im Allgemeinen übertragen lässt: die Verwendung spezieller Kontextdateien.

Das zugrunde liegende Prinzip ist dabei ebenso simpel wie wirkungsvoll. Anstatt bei jeder Interaktion erneut wichtige Informationen, Richtlinien oder Konventionen zu übermitteln, werden diese einmalig in dedizierten Dateien hinterlegt, die der Assistent automatisch in seinen Kontext einbezieht. Diese Dateien lassen sich auf unterschiedlichen Ebenen organisieren, je nachdem, wie spezifisch oder allgemein die darin enthaltenen Informationen sind.

Auf Projektebene umfassen solche Dateien Inhalte, die für ein bestimmtes Vorhaben relevant sind – etwa Informationen zur Projektstruktur, zu zentralen Komponenten oder zu getroffenen Designentscheidungen. Ein Assistent, der bei der Softwareentwicklung unterstützt, könnte hier beispielsweise auf Architekturbeschreibungen, Coding-Standards oder konkrete Implementierungsdetails zugreifen.

Auf der Domänenebene werden Kontextdateien genutzt, um Wissen und Konventionen zu hinterlegen, die für eine gesamte Fachdomäne gelten. Ein medizinischer Assistent etwa könnte auf Dateien zurückgreifen, die medizinische Fachbegriffe, Behandlungsleitlinien oder regulatorische Anforderungen enthalten.

Die globale Ebene schließlich umfasst allgemeine Richtlinien und Präferenzen, die unabhängig vom konkreten Anwendungsfall gelten sollen – beispielsweise ethische Grundsätze, gewünschte Kommunikationsstile oder Sicherheitsrichtlinien.

Diese Form der Kontextsteuerung bietet erhebliche Vorteile. Sie reduziert Redundanzen in der Kommunikation, sorgt für Konsistenz über mehrere Interaktionen hinweg und ermöglicht eine präzisere Steuerung des Assistentenverhaltens. Darüber hinaus lassen sich die Kontextdateien versionieren und mit anderen Teammitgliedern teilen, was die Zusammenarbeit und Wartbarkeit erheblich erleichtert.

Je nach verwendetem Framework kann die praktische Umsetzung unterschiedlich ausfallen – von einfachen Textdateien über strukturierte Konfigurationsdateien bis hin zu Datenbankeinträgen. Entscheidend ist jedoch in jedem Fall, dass der Kontext klar strukturiert, leicht aktualisierbar und für den Assistenten jederzeit zugänglich ist.

Wie du die Leistung deines feingetunten Modells oder Assistenten misst und verbesserst

Ein oft übersehener, aber entscheidender Aspekt des Fine-Tunings und der Assistentenentwicklung ist die Evaluierung und

Iteration. Es reicht nicht aus, ein Modell einmal zu trainieren oder einen Assistenten zu konfigurieren und dann zu hoffen, dass er optimal funktioniert. Stattdessen solltest du einen systematischen Ansatz zur Bewertung und kontinuierlichen Verbesserung verfolgen. Beginne mit der Definition klarer Evaluationsmetriken, die zu deiner spezifischen Aufgabe passen. Für einen Chatbot könnten dies Metriken wie Antwortgenauigkeit, Relevanz, Hilfreichkeit oder Nutzerzufriedenheit sein. Für spezialisierte Aufgaben wie Klassifikation oder Zusammenfassung könnten traditionellere Metriken wie Präzision, Recall oder ROUGE-Scores angemessener sein. Neben quantitativen Metriken ist auch eine qualitative Bewertung wichtig, bei der menschliche Evaluatoren die Ausgaben des Modells oder Assistenten bewerten. Dies kann durch strukturierte Bewertungsbögen, A/B-Tests oder offenes Feedback geschehen. Ein weiterer wichtiger Aspekt ist die Fehleranalyse: Identifiziere systematisch die Fälle, in denen dein Modell oder Assistent schlecht abschneidet, und versuche, Muster zu erkennen. Handelt es sich um bestimmte Arten von Anfragen? Gibt es Lücken im Trainingsdatensatz? Basierend auf dieser Analyse kannst du gezielte Verbesserungen vornehmen, sei es durch Anpassung des Trainingsdatensatzes, Feinabstimmung der Hyperparameter oder Überarbeitung des System Prompts. Dieser iterative Prozess – Evaluieren, Analysieren, Verbessern, erneut Evaluieren – ist der Schlüssel zur Entwicklung wirklich leistungsfähiger und nützlicher KI-Lösungen. Denke daran, dass die Entwicklung eines hochwertigen Modells oder Assistenten kein einmaliges Projekt ist, sondern ein kontinuierlicher Prozess der Verfeinerung und Anpassung an sich ändernde Anforderungen und Nutzerfeedback.

OpenAI's 'Practical Guide to Building Agents' betont die Bedeutung von Agent Ops – einem systematischen Ansatz zur Überwachung, Wartung und Verbesserung von KI-Assistenten in Produktionsumgebungen. Dies umfasst die kontinuierliche Überwachung der Leistung, die Analyse von Nutzerfeedback und die regelmäßige Aktualisierung des Assistenten basierend auf neuen Erkenntnissen. Ein besonders wichtiger Aspekt ist die Implementierung von Feedback-Schleifen, bei denen Nutzerinteraktionen gesammelt, analysiert und zur Verbesserung des Assistenten verwendet werden. Diese Daten können zur Identifizierung von Schwachstellen, zur Priorisierung von Verbesserungen und zur Messung des Erfolgs von Updates verwendet werden. Googles Agent Whitepaper unterstreicht ebenfalls die Notwendigkeit eines systematischen Ansatzes zur Qualitätssicherung, der sowohl automatisierte Tests als auch menschliche Evaluation umfasst, um sicherzustellen, dass Assistenten zuverlässig, sicher und nützlich bleiben.

Guardrails für KI-Assistenten implementieren

Guardrails – oder Leitplanken – sind Schutzmechanismen, die sicherstellen, dass KI-Assistenten innerhalb ethischer, rechtlicher und sicherheitsrelevanter Grenzen agieren. Ihre Bedeutung ist insbesondere bei Systemen hoch, die in sensiblen Bereichen zum Einsatz kommen oder Zugriff auf kritische Infrastrukturen besitzen. Anthropic hebt in seinen Best Practices die Wichtigkeit eines mehrschichtigen Sicherheitskonzepts hervor, das auf präventive, detektive und reaktive Mechanismen setzt.

Präventive Guardrails werden bereits in der Entwicklungsphase integriert und zielen darauf ab, problematisches Verhalten gar nicht erst entstehen zu lassen. Dazu zählen klar definierte Verhaltensregeln, die direkt im System-Prompt verankert sind, sowie Input-Filter, die potenziell gefährliche oder unangemessene Anfragen frühzeitig erkennen und abweisen. Auch die gezielte Begrenzung der Fähigkeiten eines Assistenten auf das absolut Notwendige – gemäß dem „Principle of Least Privilege" – sowie technische Maßnahmen wie Ratenbegrenzungen und Zugriffskontrollen gehören zu diesem präventiven Schutz.

Detektive Guardrails hingegen greifen zur Laufzeit und dienen der kontinuierlichen Überwachung des Systemverhaltens. Hierzu zählt unter anderem die automatisierte Analyse der generierten Ausgaben, um etwa toxische, irreführende oder sicherheitskritische Inhalte frühzeitig zu identifizieren. Klassifikatoren helfen dabei, problematische Inhalte zuverlässig zu erkennen, während systematisches Logging und die Auswertung von Interaktionsmustern helfen, auffälliges Verhalten zu detektieren und gegebenenfalls einzugreifen.

Reaktive Guardrails treten dann in Kraft, wenn ein konkretes Fehlverhalten festgestellt wird. In solchen Fällen kann der Assistent automatisch problematische Antworten zurückhalten oder umformulieren. Zudem ermöglichen Eskalationsmechanismen die Einbindung menschlicher Prüfinstanzen bei Unsicherheiten, und bei schwerwiegenden Vorfällen kann das System automatisch deaktiviert werden, um weiteren Schaden zu vermeiden.

Über die rein technischen Schutzmechanismen hinaus betont Googles Agent Whitepaper die Bedeutung von Transparenz und Kontrolle als zusätzlicher Dimension von Guardrails. Nutzer sollen nachvollziehen können, was der Assistent tut und warum er so handelt. Dazu gehören Mechanismen wie explizite Bestätigungsabfragen, verständlich erklärte Entscheidungsprozesse und eine klare Kommunikation der Systemgrenzen.

Die erfolgreiche Implementierung wirksamer Guardrails erfordert einen ganzheitlichen Ansatz, der technische Sicherheitsmaßnahmen mit organisatorischen Prozessen verbindet. Dies schließt regelmäßige Sicherheitsaudits ebenso ein wie klar definierte Verantwortlichkeiten für Überwachung und Wartung der Schutzmechanismen. Schulungen für Entwickler und Nutzer ergänzen diesen Rahmen, indem sie über sichere Einsatzszenarien und die Grenzen der Systemnutzung aufklären. Nur durch dieses Zusammenspiel aus Technik, Organisation und Kompetenz lässt sich die Sicherheit komplexer KI-Systeme nachhaltig gewährleisten.

Fallstudien und Best Practices aus der Industrie

Um die bisher besprochenen Konzepte zu veranschaulichen, werfen wir einen Blick auf einige Fallstudien und Best Practices aus der Industrie. Ein bemerkenswertes Beispiel ist die Implementierung von KI-Assistenten im Kundenservice. Unternehmen wie Intercom oder Zendesk haben feingetunte Modelle in ihre Plattformen integriert, die nicht nur Kundenanfragen verstehen und beantworten können, sondern auch nahtlos mit bestehenden Systemen interagieren, um Tickets zu erstellen, Bestellungen zu verfolgen oder Rückerstattungen zu veranlassen. Der Schlüssel zum Erfolg liegt hier in der sorgfältigen Abstimmung des Modells auf die spezifische Unternehmenssprache und -richtlinien sowie in der Integration mit den relevanten Backend-Systemen. Eine andere interessante Fallstudie ist der Einsatz von feingetunten Modellen in der Medizin. Hier wurden Modelle auf medizinische Literatur, Fallstudien und klinische Richtlinien trainiert, um Ärzten bei der Diagnose, Behandlungsplanung oder Literaturrecherche zu helfen. Aufgrund der hohen Anforderungen an Genauigkeit und Sicherheit in diesem Bereich wurden besonders robuste Evaluierungsmethoden und Guardrails implementiert, einschließlich mehrstufiger Überprüfungen und klarer Kennzeichnung von KI-generierten Vorschlägen. Aus diesen und anderen Fallstudien lassen sich einige übergreifende Best Practices ableiten: Beginne mit einer klaren Definition des Problems und der gewünschten Ergebnisse; investiere Zeit in die Erstellung hochwertiger Trainingsdaten; implementiere robuste Evaluierungsmethoden; plane von Anfang an für Sicherheit und ethische Aspekte; und etabliere einen kontinuierlichen Feedback- und Verbesserungsprozess. Besonders wichtig ist auch die Einbeziehung der Endnutzer in den Entwicklungsprozess, um sicherzustellen, dass die Lösung tatsächlich ihre Bedürfnisse erfüllt und in ihren Arbeitsablauf integriert werden kann.

Eine besonders anschauliche Anwendung von Multi-Agenten-Systemen findet sich in der Automobilindustrie, wie Google in seinem Agent Companion-Papier beschreibt. Moderne Fahrzeuge erfordern Konversationsschnittstellen, die mit oder ohne Konnektivität funktionieren, zwischen On-Device- und Cloud-Verarbeitung für Sicherheit und Benutzererfahrung balancieren und spezialisierte Fähigkeiten über Navigation, Mediensteuerung, Messaging und Fahrzeugsysteme nahtlos koordinieren müssen.

Diese Umgebung stellt besondere Herausforderungen dar: Die Agenten müssen in Echtzeit reagieren, auch bei eingeschränkter oder fehlender Internetverbindung funktionieren und höchste Sicherheitsstandards erfüllen. Gleichzeitig müssen sie eine nahtlose, intuitive Benutzererfahrung bieten.

Die Lösung liegt in einem Multi-Agenten-System, bei dem verschiedene Koordinationsmuster – hierarchisch, kollaborativ und Peer-to-Peer – zusammenkommen. Ein zentraler Orchestrator-Agent interpretiert Benutzeranfragen und delegiert sie an spezialisierte Agenten für Navigation, Mediensteuerung oder Fahrzeugsystemsteuerung. Diese spezialisierten Agenten können wiederum untereinander kommunizieren, um komplexe Aufgaben zu lösen, wie beispielsweise das Finden und Navigieren zu einem Restaurant, während gleichzeitig Musik abgespielt und die Klimaanlage angepasst wird.

Diese Fallstudie veranschaulicht, wie Multi-Agenten-Systeme in anspruchsvollen Umgebungen mit erheblichen Einschränkungen robuste, reaktionsschnelle Benutzererfahrungen schaffen können und bietet wertvolle Einblicke für die Entwicklung komplexer Assistentensysteme in anderen Domänen.

Teste dein Wissen

Nachdem wir die fortgeschrittenen Konzepte des Fine-Tunings und der KI-Assistenten erkundet haben, ist es Zeit, dein Verständnis zu vertiefen. Überlege, welche PEFT-Methode für ein Szenario mit begrenzten Rechenressourcen, aber der Notwendigkeit, ein großes Sprachmodell an eine sehr spezifische Domäne anzupassen, am besten geeignet wäre. Denke darüber nach, welche Vor- und Nachteile Methoden wie LoRA oder Adapters in diesem Kontext bieten würden. Reflektiere auch über die Herausforderungen bei der Datensatzerstellung für Fine-Tuning: Wie würdest du mit potenziellen Bias in deinen

Trainingsdaten umgehen? Welche Strategien könntest du anwenden, um die Qualität und Repräsentativität deines Datensatzes sicherzustellen? Für die Entwicklung von KI-Assistenten, überlege, wie du einen effektiven System Prompt gestalten würdest, der sowohl klare Anweisungen gibt als auch genügend Flexibilität für verschiedene Nutzungsszenarien bietet. Wie würdest du die Leistung deines Assistenten evaluieren, und welche Metriken wären für verschiedene Anwendungsfälle relevant? Schließlich, denke über die ethischen Implikationen nach: Welche Guardrails würdest du implementieren, um sicherzustellen, dass dein Assistent verantwortungsvoll und im Einklang mit ethischen Grundsätzen handelt? Diese Reflexionen helfen dir, die komplexen Abwägungen zu verstehen, die bei der Entwicklung fortgeschrittener KI-Lösungen eine Rolle spielen.

6.3. Fortgeschrittene Techniken, Architekturen und Strategien für hochspezialisierte KI-Lösungen

Willkommen in der Meisterklasse des Fine-Tunings und der KI-Assistenten. In diesem Experten-Abschnitt werden wir die Grenzen des Möglichen erkunden und uns mit fortgeschrittenen Techniken, komplexen Architekturen und strategischen Überlegungen beschäftigen, die dir helfen, wirklich hochspezialisierte und leistungsfähige KI-Lösungen zu entwickeln. Wir werden tief in die technischen Details eintauchen, uns mit den neuesten Forschungsergebnissen auseinandersetzen und komplexe Herausforderungen wie Multimodalität, Skalierung und Robustheit angehen. Dieser Abschnitt richtet sich an diejenigen, die bereit sind, über die Standardansätze hinauszugehen und das volle Potenzial von maßgeschneiderten KI-Modellen und -Assistenten auszuschöpfen.

Fortgeschrittene Fine-Tuning-Techniken und -Architekturen

Beginnen wir mit einem tiefen Eintauchen in fortgeschrittene Fine-Tuning-Techniken und -Architekturen. Eine besonders leistungsfähige Methode ist das Instruction Tuning, bei dem das Modell speziell darauf trainiert wird, natürlichsprachlichen Anweisungen zu folgen. Dies geschieht typischerweise durch die Erstellung eines Datensatzes, der aus Paaren von Anweisungen und gewünschten Antworten besteht. Durch dieses Training lernt das Modell, komplexe Anweisungen zu verstehen und präzise auszuführen, was es besonders nützlich für Assistenten macht, die vielfältige Aufgaben bewältigen müssen. Eine Erweiterung dieses Konzepts ist RLHF (Reinforcement Learning from Human Feedback), bei dem menschliches Feedback genutzt wird, um das Modell iterativ zu verbessern. Hierbei werden zunächst mehrere Antworten für eine Anfrage generiert, dann von Menschen bewertet und schließlich ein Belohnungsmodell trainiert, das die Präferenzen der Menschen abbildet. Dieses Belohnungsmodell wird dann verwendet, um das Sprachmodell mittels Reinforcement Learning zu optimieren. Eine weitere fortgeschrittene Technik ist das Chain-of-

Thought Fine-Tuning, bei dem das Modell darauf trainiert wird, seinen Denkprozess Schritt für Schritt offenzulegen. Dies verbessert nicht nur die Nachvollziehbarkeit der Antworten, sondern führt oft auch zu genaueren Ergebnissen, insbesondere bei komplexen Reasoning-Aufgaben. Für Anwendungen, die mehrere Modalitäten umfassen, ist Multimodales Fine-Tuning relevant. Hierbei wird das Modell darauf trainiert, Zusammenhänge zwischen verschiedenen Datentypen wie Text, Bildern oder Audio herzustellen. Dies erfordert spezielle Architekturanpassungen und Trainingsverfahren, um die verschiedenen Modalitäten effektiv zu verarbeiten und zu integrieren. Schließlich ist auch das Domain-Adaptive Pre-Training (DAPT) eine wichtige Technik, bei der ein Modell zunächst auf domänenspezifischen Daten weiter vortrainiert wird, bevor das eigentliche Fine-Tuning auf der spezifischen Aufgabe erfolgt. Dies ist besonders nützlich für Domänen mit spezialisierter Terminologie oder ungewöhnlichen sprachlichen Mustern.

Google betont in seinem Agent Whitepaper die Bedeutung einer modularen Architektur für hochspezialisierte KI-Lösungen. Anstatt zu versuchen, ein einzelnes Modell für alle Aspekte einer komplexen Aufgabe zu optimieren, empfiehlt Google einen Ansatz, bei dem spezialisierte Modelle für verschiedene Teilaufgaben entwickelt und dann in einer übergeordneten Architektur integriert werden. Diese Modularität ermöglicht nicht nur eine bessere Leistung durch Spezialisierung, sondern auch eine einfachere Wartung und Aktualisierung einzelner Komponenten. Anthropic ergänzt diesen Ansatz in seinen 'Building Effective Agents' Best Practices mit der Beobachtung, dass die erfolgreichsten Implementierungen oft auf einfachen, komponierbaren Mustern basieren, die flexibel kombiniert werden können. Diese Kombination aus modularer Architektur und komponierbaren Mustern bildet eine solide Grundlage für die Entwicklung hochspezialisierter KI-Lösungen, die sowohl leistungsfähig als auch wartbar sind.

Kollaborative Entwicklung mit KI-Assistenten

KI-Assistenten können weit mehr leisten als nur isolierte Aufgaben zu übernehmen – sie lassen sich als aktive Kollaborationspartner in den Entwicklungsprozess integrieren. Anthropic beschreibt in seinen Claude Code Best Practices mehrere bewährte Muster, wie diese Zusammenarbeit effektiv gestaltet werden kann, wobei sich viele Ansätze auch auf andere Domänen übertragen lassen.

Ein zentrales Muster ist das Pair Programming mit Assistenten. Anstatt den Assistenten nur punktuell zu nutzen, kann er kontinuierlich als Partner eingebunden werden, der Ideen vorschlägt, Code überprüft, alternative Lösungswege aufzeigt und bei der Problemlösung unterstützt. Diese enge Zusammenarbeit führt häufig zu besseren Ergebnissen als die sporadische Nutzung einzelner Funktionen. Bei der Entwicklung komplexer Fine-Tuning-Lösungen etwa kann der Assistent bei der Datenaufbereitung helfen, geeignete Hyperparameter vorschlagen oder die Analyse von Evaluierungsmetriken übernehmen.

Auch beim Debugging zeigt sich das Potenzial der Zusammenarbeit. Assistenten können Fehlermeldungen und Logs analysieren, Hypothesen über mögliche Ursachen generieren und konkrete Lösungsvorschläge machen. Besonders wertvoll ist ihre Fähigkeit, große Informationsmengen schnell zu durchsuchen und Muster zu erkennen, die menschlichen Entwicklern leicht entgehen. Gerade in komplexen Fine-Tuning-Pipelines mit zahlreichen Verarbeitungsschritten, Trainingsläufen und Evaluierungen kann diese Unterstützung entscheidend sein.

Ein weiteres effektives Einsatzgebiet ist das Refactoring. Da Assistenten den gesamten Kontext eines Codes erfassen können, sind sie besonders gut darin, komplexe Umstrukturierungen vorzunehmen, ohne dabei die Funktionalität zu beeinträchtigen. Sie helfen zudem, technische Schulden zu identifizieren und gezielt zu beseitigen. In KI-Projekten kann dies bedeuten, Datenverarbeitungspipelines effizienter zu gestalten, Modellarchitekturen zu überarbeiten oder Evaluierungsprotokolle zu standardisieren.

Ein besonders wirkungsvolles Muster stellt die iterative Verfeinerung dar. Hier arbeiten Mensch und Assistent im Wechsel an einer Lösung, wobei der Mensch die Richtung vorgibt und Feedback liefert, während der Assistent Details ausarbeitet und Alternativen vorschlägt. Dieses Vorgehen eignet sich ideal für Aufgaben wie die Entwicklung komplexer System Prompts, die Optimierung von Hyperparametern oder die gezielte Weiterentwicklung von Evaluierungsmetriken.

Der Schlüssel zu einer erfolgreichen Zusammenarbeit mit KI-Assistenten liegt in klarer Kommunikation, realistischen Erwartungen und einem bewussten Umgang mit den jeweiligen Stärken und Schwächen. Menschen bringen domänenspezifisches Wissen, kritisches Urteilsvermögen und kreative Problemlösungskompetenz ein, während Assistenten durch ihre Fähigkeit zur schnellen Informationsverarbeitung, zur Generierung vielfältiger Alternativen und zur effizienten Bewältigung repetitiver Aufgaben überzeugen. Durch die Kombination dieser komplementären Fähigkeiten entstehen Synergien, die es Teams ermöglichen, deutlich komplexere und anspruchsvollere KI-Projekte umzusetzen, als es für Mensch oder Maschine allein realisierbar wäre.

Zyklus der KI-gestützten Zusammenarbeit

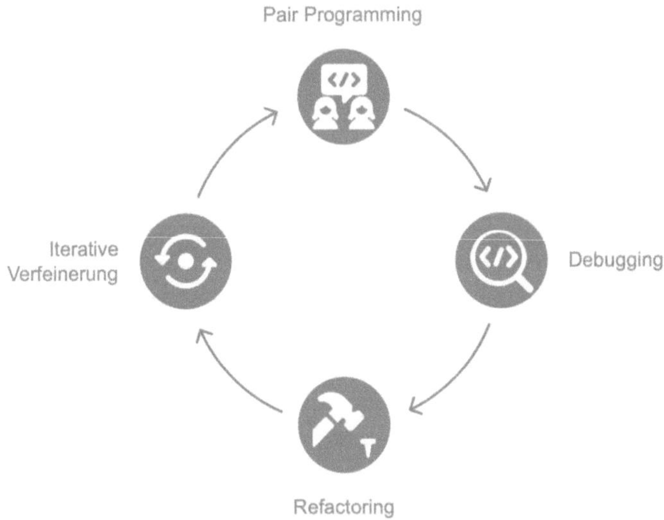

Qualitätssicherung für Assistenten in Produktionsumgebungen

Während es relativ einfach ist, einen Proof-of-Concept-Assistenten zu entwickeln, stellt die Gewährleistung von Qualität und Zuverlässigkeit in produktiven Umgebungen eine deutlich größere Herausforderung dar. OpenAI begegnet diesem Problem in seinem Practical Guide to Building Agents mit dem Konzept von Agent Ops – einem systematischen Ansatz zur Überwachung, Wartung und kontinuierlichen Verbesserung von KI-Assistenten im laufenden Betrieb.

Im Zentrum von Agent Ops steht die kontinuierliche Überwachung, die weit über klassische technische Metriken wie Latenz oder Fehlerraten hinausgeht. Sie umfasst auch qualitative Indikatoren wie die Relevanz und Nützlichkeit der Antworten. Dies gelingt durch den Einsatz automatisierter Klassifikatoren, durch manuelle Evaluation oder durch eine Kombination beider Ansätze. Von besonderer Bedeutung ist dabei die gezielte Beobachtung sogenannter Edge Cases – also seltener oder ungewöhnlicher Situationen, die die Fähigkeiten des Assistenten an ihre Grenzen bringen.

Ein weiteres zentrales Element ist die Einrichtung effektiver Feedback-Schleifen. Dabei werden Nutzungsdaten – sowohl explizites Feedback wie Bewertungen und Kommentare als auch implizites Feedback wie Abbruchraten oder Folgefragen – systematisch ausgewertet und zur Optimierung des Systems herangezogen. Diese Rückmeldungen bilden eine wertvolle Grundlage für gezielte Verbesserungen und die schrittweise Weiterentwicklung der Assistenten.

In produktiven Umgebungen ist darüber hinaus ein robustes Versionierungs- und Rollback-System essenziell. Änderungen an Modellen, Prompts oder Konfigurationen müssen nachvollziehbar und kontrolliert eingeführt werden können. Bei Problemen muss jederzeit ein schnelles Zurücksetzen möglich sein. A/B-Tests dienen dabei als wichtige Methode, um Auswirkungen von Modifikationen vor einer breiten Ausrollung empirisch zu prüfen.

Mit steigender Nutzung rückt auch die Frage nach Skalierbarkeit und Effizienz in den Fokus. Damit Assistenten unter Last stabil und wirtschaftlich arbeiten, bedarf es technischer Optimierungen auf mehreren Ebenen: etwa durch Modellquantisierung, intelligente Caching-Strategien oder dynamische Allokation von Rechenressourcen abhängig vom aktuellen Bedarf.

Ein oft unterschätzter, aber kritischer Aspekt ist das Wissensmanagement. Die sorgfältige Dokumentation von Architekturentscheidungen, bekannten Problemen, Lessons Learned und erprobten Lösungen sorgt für Transparenz im Team und reduziert Einarbeitungszeiten für neue Mitglieder. Zudem trägt sie zur langfristigen Konsistenz und Wartbarkeit des Systems bei.

Google ergänzt diesen ganzheitlichen Agent-Ops-Ansatz in seinem Agent Whitepaper um den Fokus auf automatisierte Tests und Simulationen. Umfangreiche Testsuiten, die reale Nutzungsszenarien und problematische Sonderfälle abdecken, helfen dabei, Fehler frühzeitig zu erkennen und zu korrigieren. Simulationen sind besonders hilfreich, um das Verhalten eines Assistenten in dynamischen, mehrstufigen Interaktionen zu bewerten – dort, wo klassische statische Tests an ihre Grenzen stoßen.

In Summe zeigt sich: Der Schritt vom Prototyp zum produktiven KI-Assistenten ist nicht nur ein technischer, sondern auch ein organisatorischer Reifeprozess, der strukturierte Verfahren, kontinuierliches Monitoring und vorausschauende Wartung erfordert. Agent Ops liefert hierfür ein tragfähiges Rahmenwerk.

Guardrails für hochspezialisierte KI-Lösungen

Die erwähnten Guardrails sind Schutzmechanismen, die sicherstellen, dass KI-Systeme innerhalb ethischer, rechtlicher und sicherheitsrelevanter Grenzen operieren. Sie sind von zentraler Bedeutung, insbesondere für hochspezialisierte KI-Anwendungen, die in sensiblen Bereichen eingesetzt werden oder Zugriff auf kritische Systeme besitzen. Anthropic betont in seinen Best Practices die Notwendigkeit mehrschichtiger Sicherheitsmechanismen, die deutlich über einfache Inhaltsfilter hinausgehen.

Bereits in der Designphase werden architektonische Guardrails verankert, die tief in die Systemarchitektur integriert sind. Dazu zählt etwa die Privilege Separation, also die Trennung von Systemkomponenten mit unterschiedlichen Berechtigungsstufen, sodass nur vertrauenswürdige Module kritische Operationen ausführen dürfen. Sandboxing isoliert potenziell riskante Prozesse in kontrollierten Umgebungen, während Circuit Breakers als automatische Abschaltmechanismen dienen, die bei Erreichen definierter Schwellenwerte eingreifen und eine Ausbreitung von Fehlern oder Missbrauch verhindern.

Inhaltliche Guardrails setzen bei der Kontrolle der generierten Inhalte an. Durch Content Filtering werden schädliche, irreführende oder anderweitig problematische Inhalte erkannt und blockiert. Fact-Checking-Systeme überprüfen Tatsachenbehauptungen gegen verlässliche Quellen, während Bias Detection dafür sorgt, dass Vorurteile und diskriminierende Tendenzen erkannt und korrigiert werden. Diese Mechanismen sind essenziell, um Qualität und gesellschaftliche Akzeptanz von KI-generierten Inhalten sicherzustellen.

Ergänzend dazu steuern prozessuale Guardrails den Ablauf von Interaktionen und Entscheidungsfindungen. In kritischen Fällen wird durch Human-in-the-Loop ein Mensch in den Entscheidungsprozess eingebunden. Explainable AI sorgt dafür, dass Entscheidungen nachvollziehbar und transparent kommuniziert werden, während Audit Trails sämtliche Aktionen und Entscheidungswege lückenlos dokumentieren – eine Voraussetzung für Compliance und Nachvollziehbarkeit in regulierten Umfeldern.

Google hebt in seinem Agent Whitepaper besonders die Rolle adaptiver Guardrails hervor. Diese passen sich dynamisch an den Kontext und das jeweilige Risikoprofil an. In Szenarien mit geringem Risiko können Schutzmechanismen zugunsten höherer Effizienz reduziert werden, während sie in Hochrisikosituationen verschärft zum Einsatz kommen. Voraussetzung dafür ist eine kontinuierliche Risikobewertung sowie die Fähigkeit des Systems, Schutzmaßnahmen kontextsensitiv zu skalieren.

OpenAI erweitert dieses Verständnis um das Konzept der kooperativen Guardrails, bei denen das System und der Nutzer gemeinsam für Sicherheit sorgen. Dies kann beispielsweise durch explizite Rückfragen, transparente Darstellungen der zugrunde liegenden Schlussfolgerungen und klare Hinweise auf die Grenzen des Systems erfolgen. Diese Form der Zusammenarbeit fördert informierte Entscheidungen und hilft Nutzerinnen und Nutzern, potenzielle Risiken bewusst zu erkennen und einzuordnen.

Die Implementierung wirksamer Guardrails ist kein einmaliger Akt, sondern ein fortlaufender Prozess. Er umfasst regelmäßige Überprüfungen, Simulationen und Anpassungen an neue technologische wie gesellschaftliche Entwicklungen. Angesichts der stetig wachsenden Leistungsfähigkeit und Autonomie moderner KI-Systeme steigt die Relevanz robuster Schutzmechanismen kontinuierlich. Nur mit einem solchen dynamischen und mehrdimensionalen Ansatz lassen sich KI-Systeme verantwortungsvoll gestalten – im Einklang mit den Werten, Zielen und Erwartungen der Gesellschaft.

Multimodale Modelle und Assistenten

Die Zukunft der KI-Assistenten liegt in der Multimodalität – der Fähigkeit, verschiedene Arten von Daten wie Text, Bilder, Audio und Video zu verstehen und zu generieren. Multimodale Modelle erweitern die Fähigkeiten traditioneller, textbasierter Modelle erheblich und eröffnen neue Anwendungsmöglichkeiten. Die Entwicklung solcher Modelle bringt jedoch spezifische Herausforderungen mit sich. Eine zentrale Frage ist die Architektur: Wie können verschiedene Modalitäten effektiv in einem einzigen Modell integriert werden? Gängige Ansätze umfassen Early Fusion (Kombination der Rohdaten vor der Verarbeitung), Late Fusion (separate Verarbeitung jeder Modalität und anschließende Kombination der Ergebnisse) und verschiedene Hybrid-Ansätze. Eine weitere Herausforderung ist die Repräsentation: Wie können so unterschiedliche Datentypen in einem gemeinsamen Vektorraum dargestellt werden, der sinnvolle Vergleiche und Operationen ermöglicht? Techniken wie Joint Embeddings und Cross-Modal Attention haben sich hier als vielversprechend erwiesen. Auch das Training multimodaler Modelle stellt besondere Anforderungen. Es erfordert nicht nur große Mengen an multimodalen Daten, sondern auch spezielle Verlustfunktionen und Trainingsstrategien, um die verschiedenen Modalitäten effektiv zu verknüpfen. Für das Fine-Tuning multimodaler Modelle gelten ähnliche Prinzipien wie für rein textbasierte Modelle, aber mit zusätzlichen Komplexitäten. Die Datensammlung und -aufbereitung wird anspruchsvoller, da qualitativ hochwertige, alignierte multimodale Daten oft schwerer zu beschaffen sind. Auch die Evaluierung wird komplexer, da die Leistung über verschiedene Modalitäten und deren Kombinationen bewertet werden muss. Trotz dieser Herausforderungen bieten multimodale Assistenten erhebliche Vorteile: Sie können natürlichere und intuitivere Interaktionen ermöglichen, komplexere Aufgaben bewältigen und in vielfältigeren Kontexten eingesetzt werden.

Googles Agent Companion-Papier bietet eine klare Strukturierung der Agentenarchitektur, die besonders relevant für multimodale Systeme ist. Die Dreiteilung in Modell, Tools und Orchestrierungsschicht ermöglicht eine flexible Integration verschiedener Modalitäten. Das Modell kann multimodal sein oder aus spezialisierten Komponenten für verschiedene Modalitäten bestehen. Die Tools können modalitätsspezifische Funktionen bereitstellen, wie Bildanalyse, Spracherkennung oder Videoverarbeitung. Die Orchestrierungsschicht koordiniert die Interaktionen zwischen diesen Komponenten und sorgt für einen kohärenten Workflow. Diese modulare Architektur erleichtert die Integration neuer Modalitäten und die Anpassung an spezifische Anwendungsfälle.

Anthropic's Orchestrator-Workers-Muster, beschrieben in 'Building Effective Agents', eignet sich besonders gut für multimodale Systeme. Ein zentraler Orchestrator-Agent kann Anfragen analysieren, die geeigneten modalitätsspezifischen Worker-Agenten auswählen und deren Ergebnisse integrieren. Dieses Muster ermöglicht eine effektive Arbeitsteilung und Spezialisierung, während gleichzeitig ein kohärentes Gesamterlebnis gewährleistet wird. Ein multimodaler Assistent könnte beispielsweise spezialisierte Worker für Bildanalyse, Textverständnis und Audioverarbeitung haben, die vom Orchestrator je nach Bedarf aktiviert werden.

Herausforderungen und Lösungen für den produktiven Einsatz

Der Weg von einem erfolgreichen Proof-of-Concept hin zu einer robusten, skalierbaren Produktionslösung ist in der Praxis oft steinig und mit zahlreichen Herausforderungen verbunden. Besonders bei der Skalierung von Fine-Tuning-Pipelines und KI-Assistenten spielen verschiedene technische und organisatorische Faktoren eine entscheidende Rolle. Eine der zentralen Herausforderungen ist die Recheneffizienz: Es gilt, Trainings- und Inferenzkosten zu minimieren, ohne die Qualität der Ergebnisse negativ zu beeinflussen. Techniken wie Quantisierung, Pruning und Distillation bieten hierfür erprobte Ansätze. Bei der Quantisierung wird die Präzision der Modellgewichte reduziert – etwa von 32-Bit-Floating-Point auf 8-Bit-Integer – was den Speicherbedarf und die Rechenzeit signifikant senken kann, häufig mit nur geringfügigen Leistungseinbußen. Pruning entfernt überflüssige Verbindungen oder Neuronen aus dem Netzwerk und trägt so zur Komplexitätsreduktion bei. Distillation wiederum überträgt das Wissen eines großen, leistungsstarken „Lehrer"-Modells auf ein kleineres „Schüler"-Modell, das effizienter arbeitet und sich besser für den produktiven Einsatz eignet.

Ein weiterer kritischer Aspekt ist die Latenz. Um eine zufriedenstellende Nutzererfahrung zu gewährleisten, muss der Assistent in der Lage sein, innerhalb kürzester Zeit zu antworten. Hier kommen Methoden wie das Caching häufig gestellter Anfragen, die asynchrone Verarbeitung von Aufgaben und die Optimierung der Inferenzpipelines zum Einsatz. Parallel dazu muss die Systemarchitektur so beschaffen sein, dass sie mit steigender Nutzerzahl und wachsenden Anforderungen mithalten kann. Dies setzt eine durchdachte Kombination aus horizontaler Skalierung – also dem Hinzufügen weiterer Maschinen – und vertikaler Skalierung – der Nutzung leistungsfähigerer Maschinen – voraus. Ergänzt wird dies durch dynamische Load-Balancing-Strategien, die eine gleichmäßige Verteilung der Last gewährleisten.

Beim Deployment in bestehende Systemlandschaften stellen sich weitere Fragen: Wie lassen sich die Komponenten nahtlos integrieren, wie werden Abhängigkeiten verwaltet und wie stellen wir sicher, dass die Lösung mit unterschiedlichen Plattformen und Endgeräten kompatibel bleibt? Containerisierungstechnologien wie Docker und Orchestrierungsplattformen wie Kubernetes haben sich hier als besonders hilfreich erwiesen, um standardisierte und reproduzierbare Umgebungen zu schaffen. Ein Aspekt, der oft unterschätzt wird, aber für den Dauerbetrieb essenziell ist, betrifft das Monitoring. Es reicht nicht aus, nur technische Metriken wie CPU-Auslastung oder Speicherverbrauch im Blick zu behalten. Auch geschäftsrelevante Kennzahlen wie die Nutzerzufriedenheit, Konversionsraten oder die Akzeptanzrate von Vorschlägen sollten kontinuierlich erfasst und ausgewertet werden.

OpenAI betont in seinem Leitfaden Practical Guide to Building Agents die Bedeutung von sogenannten Agent Ops – einem systematischen Ansatz zur Überwachung, Wartung und Weiterentwicklung von Assistenten in der Produktion. Entscheidend für den langfristigen Erfolg ist die Fähigkeit, das System kontinuierlich anhand von Performance-Metriken und Nutzerfeedback zu verbessern. Feedback-Schleifen, die Interaktionen auswerten und daraus Verbesserungsvorschläge ableiten, stellen hierbei ein zentrales Element dar.

Auch Google hebt in seinem Agent Whitepaper hervor, wie essenziell eine modulare Architektur für skalierbare KI-Lösungen ist. Die Trennung von Komponenten mit unterschiedlichen Skalierungsanforderungen – beispielsweise die horizontale Skalierung rechenintensiver Modellinfrastruktur versus vertikale Skalierung zustandsbehafteter Datenbankkomponenten – ermöglicht eine gezielte Allokation von Ressourcen. Diese Modularität erhöht nicht nur die Effizienz, sondern vereinfacht auch das unabhängige Testen und Aktualisieren einzelner Systembestandteile. So verbessert sich nicht nur die Wartbarkeit, sondern auch die Ausfallsicherheit und Gesamtzuverlässigkeit des Systems.

Strategien für verantwortungsvolle KI-Entwicklung

Die Entwicklung und der Einsatz von KI-Assistenten und feingetunten Modellen bringen nicht nur technische, sondern auch ethische Herausforderungen mit sich. Als Experte in diesem

Bereich ist es wichtig, diese Aspekte zu verstehen und Strategien für eine verantwortungsvolle KI-Entwicklung zu kennen. Ein grundlegendes Prinzip ist Transparenz: Nutzer sollten wissen, dass sie mit einer KI interagieren, welche Fähigkeiten und Grenzen diese hat und wie ihre Daten verwendet werden. Dies schafft Vertrauen und ermöglicht informierte Entscheidungen. Eng damit verbunden ist die Erklärbarkeit: Insbesondere bei kritischen Anwendungen sollten die Entscheidungen und Empfehlungen des Systems nachvollziehbar sein. Dies kann durch Techniken wie explizite Reasoning-Pfade, Quellenangaben oder Konfidenzwerte erreicht werden. Ein weiterer wichtiger Aspekt ist Fairness und Bias-Minimierung: KI-Systeme können bestehende Vorurteile und Diskriminierungen verstärken, wenn sie auf biased Daten trainiert werden oder biased Algorithmen verwenden. Hier sind sorgfältige Datenauswahl, Bias-Audits und gegebenenfalls Gegenmaßnahmen wie Reweighting oder Adversarial Debiasing erforderlich. Auch der Datenschutz spielt eine zentrale Rolle: Wie können wir personenbezogene Daten schützen, während wir gleichzeitig leistungsfähige Modelle trainieren? Techniken wie Differential Privacy, Federated Learning oder synthetische Daten können hier Lösungsansätze bieten. Für die praktische Umsetzung dieser Prinzipien ist ein robuster Governance-Rahmen unerlässlich. Dieser sollte klare Verantwortlichkeiten, Prozesse für ethische Bewertungen, Mechanismen für kontinuierliches Monitoring und Verfahren für den Umgang mit Problemen oder Beschwerden umfassen. Schließlich sollte auch die langfristige Verantwortung bedacht werden: Wie können wir sicherstellen, dass unsere KI-Systeme auch in Zukunft verantwortungsvoll eingesetzt werden, wenn sich Kontexte, Normen oder technische Möglichkeiten ändern? Dies erfordert regelmäßige Überprüfungen, Anpassungen und gegebenenfalls auch die Bereitschaft, Systeme zurückzuziehen, wenn sie nicht mehr den ethischen Standards entsprechen.

Anthropic betont in seinen Best Practices die Bedeutung von Guardrails als zentrales Element verantwortungsvoller KI-Entwicklung. Diese Schutzmechanismen sollten nicht als nachträgliche Ergänzung, sondern als integraler Bestandteil des Entwicklungsprozesses betrachtet werden. Besonders wichtig ist die Implementierung mehrschichtiger Sicherheitsmechanismen, die von präventiven Maßnahmen (wie klaren Definitionen von erlaubtem und verbotenem Verhalten) über detektive Maßnahmen (wie kontinuierliche Überwachung der Ausgaben) bis hin zu reaktiven Maßnahmen (wie automatische Ablehnung problematischer Antworten) reichen.

Googles Agent Whitepaper unterstreicht die Bedeutung von Transparenz und Kontrolle als zusätzliche Dimension ethischer KI-Entwicklung. Nutzer sollten verstehen können, was der Assistent tut und warum, und die Möglichkeit haben, Aktionen zu genehmigen oder abzulehnen. Dies kann durch explizite Bestätigungsanfragen, detaillierte Erklärungen der Reasoning-Prozesse und klare Darstellung der Grenzen der Assistentenfähigkeiten erreicht werden. Diese Transparenz und Kontrolle sind besonders wichtig in Anwendungsbereichen, in denen KI-Assistenten Entscheidungen treffen oder beeinflussen, die erhebliche Auswirkungen auf Menschen haben können.

OpenAI ergänzt diese Perspektiven mit der Betonung kontinuierlicher Evaluation und Anpassung. Da sich sowohl die technischen Möglichkeiten als auch die gesellschaftlichen Normen und Erwartungen weiterentwickeln, müssen auch unsere ethischen Frameworks und Governance-Strukturen regelmäßig überprüft und aktualisiert werden. Dies erfordert einen offe-

nen Dialog mit verschiedenen Stakeholdern, einschließlich
Nutzern, Regulierungsbehörden und der breiteren Gesellschaft, um sicherzustellen, dass KI-Systeme im Einklang mit
gemeinsamen Werten und Zielen entwickelt und eingesetzt
werden.

Zukunftstrends und aufkommende Technologien im Bereich Fine-Tuning und KI-Assistenten

Zum Abschluss unserer Expertenreise werfen wir einen Blick
in die Zukunft und betrachten einige vielversprechende Trends
und aufkommende Technologien im Bereich Fine-Tuning und
KI-Assistenten. Ein besonders spannendes Gebiet ist Continual
Learning, bei dem Modelle kontinuierlich aus neuen Daten lernen, ohne das bereits Gelernte zu vergessen. Dies könnte die
Notwendigkeit regelmäßiger Neutrainings reduzieren und Modelle ermöglichen, die sich dynamisch an verändernde Umgebungen anpassen. Eine verwandte Entwicklung ist Few-Shot
und Zero-Shot Learning, bei dem Modelle neue Aufgaben mit
sehr wenigen oder sogar ohne spezifische Trainingsbeispiele
bewältigen können. Dies könnte die Anpassungsfähigkeit und
Flexibilität von KI-Assistenten erheblich verbessern. Im Bereich der Architektur sehen wir einen Trend zu Modular AI,
bei der komplexe Systeme aus spezialisierten, austauschbaren
Komponenten aufgebaut werden. Dies ermöglicht nicht nur
eine bessere Skalierbarkeit und Wartbarkeit, sondern auch die
Kombination verschiedener Fähigkeiten zu leistungsfähigeren
Gesamtsystemen. Eine weitere vielversprechende Richtung ist
Multimodal AI, die verschiedene Datentypen wie Text, Bilder,
Audio und Video integriert. Dies könnte zu Assistenten führen,
die unsere Welt ähnlich wahrnehmen wie wir und natürlichere,

intuitivere Interaktionen ermöglichen. Auch im Bereich der Mensch-KI-Kollaboration gibt es spannende Entwicklungen, wie Interactive Learning from Human Feedback, bei dem Modelle aktiv Feedback suchen und daraus lernen, oder Explainable AI, die ihre Entscheidungen und Empfehlungen transparent und nachvollziehbar macht. Schließlich sehen wir auch Fortschritte in der Effizienz und Zugänglichkeit, mit Techniken wie Quantisierung, Pruning und Distillation, die leistungsfähige Modelle auf ressourcenbeschränkten Geräten ermöglichen, sowie verbesserten Tools und Plattformen, die Fine-Tuning und Assistentenentwicklung für eine breitere Nutzergruppe zugänglich machen. Diese Trends deuten auf eine Zukunft hin, in der KI-Assistenten noch leistungsfähiger, anpassungsfähiger und zugänglicher werden, mit tiefgreifenden Auswirkungen auf die Art und Weise, wie wir arbeiten, lernen und kommunizieren.

Googles Agent Whitepaper betont die zunehmende Bedeutung von Multi-Agenten-Systemen als einen wichtigen Zukunftstrend. Anstatt zu versuchen, alle Fähigkeiten in einem einzigen Agenten zu vereinen, werden spezialisierte Agenten für verschiedene Aufgaben entwickelt und in übergeordneten Frameworks orchestriert. Diese Modularität ermöglicht nicht nur eine bessere Leistung durch Spezialisierung, sondern auch eine einfachere Wartung und Aktualisierung einzelner Komponenten. Die Fallstudie zur Automobilindustrie zeigt, wie verschiedene Koordinationsmuster – hierarchisch, kollaborativ und Peer-to-Peer – in einem Multi-Agenten-System zusammenkommen können, um komplexe Aufgaben zu bewältigen.

Anthropic hebt in seinen 'Building Effective Agents' Best Practices die Bedeutung einfacher, komponierbarer Muster hervor, die flexibel kombiniert werden können. Diese Beobachtung deutet auf einen Trend weg von monolithischen, komplexen Frameworks hin zu modularen, anpassbaren Bausteinen, die je nach Anwendungsfall zusammengesetzt werden können. Diese Flexibilität wird besonders wichtig in einer Zukunft, in der KI-Assistenten in immer vielfältigeren Kontexten eingesetzt werden und sich an unterschiedlichste Anforderungen anpassen müssen.

OpenAI's 'Practical Guide to Building Agents' unterstreicht die wachsende Bedeutung von Guardrails und ethischen Überlegungen in der KI-Entwicklung. Mit zunehmender Leistungsfähigkeit und Autonomie von KI-Systemen wird die Implementierung robuster Schutzmechanismen immer wichtiger, um sicherzustellen, dass diese Systeme verantwortungsvoll und im Einklang mit menschlichen Werten und Zielen handeln. Diese ethische Dimension wird in Zukunft wahrscheinlich noch stärker in den Vordergrund rücken, mit neuen Technologien und Frameworks, die speziell für die Gewährleistung von Sicherheit, Fairness und Transparenz entwickelt werden.

Teste dein Wissen

Nach dieser tiefgehenden Erkundung der fortgeschrittenen Konzepte und Techniken im Bereich Fine-Tuning und KI-Assistenten ist es Zeit, dein Expertenwissen zu testen. Überlege, wie du ein multimodales Fine-Tuning-Projekt angehen würdest, das Text, Bilder und Audio integriert. Welche Architekturentscheidungen würdest du treffen, und wie würdest du die verschiedenen Modalitäten alignieren? Denke auch über die Skalierungsherausforderungen nach: Wie würdest du ein System entwerfen, das von einigen hundert auf Millionen von

Nutzern skalieren kann, ohne dass die Leistung oder Zuverlässigkeit leidet? Reflektiere über die ethischen Implikationen hochspezialisierter KI-Assistenten: Welche Governance-Strukturen und Überwachungsmechanismen würdest du implementieren, um verantwortungsvolle Nutzung sicherzustellen? Überlege, wie du Continual Learning in einen Produktions-Assistenten integrieren würdest, sodass er kontinuierlich aus neuen Daten und Interaktionen lernen kann, ohne dass regelmäßige manuelle Updates erforderlich sind. Schließlich, denke über die Zukunft der Mensch-KI-Kollaboration nach: Wie könnten fortschrittliche Assistenten die Art und Weise verändern, wie wir arbeiten, lernen und kreativ tätig sind, und welche neuen Möglichkeiten und Herausforderungen könnten sich daraus ergeben? Diese Reflexionen helfen dir, dein Verständnis der komplexen Zusammenhänge und Abwägungen zu vertiefen, die bei der Entwicklung wirklich fortschrittlicher KI-Lösungen eine Rolle spielen.

7.0 Deine digitalen Doppelgänger und Sprecher

In diesem spannenden siebten Kapitel unserer gemeinsamen Reise durch die Welt der Künstlichen Intelligenz haben wir uns intensiv mit den faszinierenden Möglichkeiten von Voice AI und Avataren beschäftigt. Du hast gelernt, wie diese Technologien nicht nur die Art und Weise, wie wir mit digitalen Inhalten interagieren, revolutionieren, sondern auch völlig neue Wege für Kreativität, Kommunikation und personalisierte Erlebnisse eröffnen. Wir haben gemeinsam entdeckt, dass hinter lebensechten KI-Stimmen und digitalen Doppelgängern weit mehr steckt als nur technologische Spielerei – es sind Werkzeuge, die dir erlauben, deine Botschaften auf innovative Weise zu vermitteln und deine digitale Präsenz auf ein neues Level zu heben.

7.1. Die Bausteine lebensechter KI-Stimmen und Avatare

Willkommen zum Grundlagen-Abschnitt unseres siebten Kapitels, in dem wir uns der faszinierenden Welt von Voice AI und KI-Avataren widmen. Stell dir vor, du könntest nicht nur Texte von einer KI generieren lassen, sondern auch lebensechte Stimmen, die diese Texte sprechen, und digitale Charaktere – Avatare – die diese Stimmen mit passenden Gesichtsausdrücken und Bewegungen begleiten. Genau das ist das Reich, das wir nun gemeinsam erkunden werden. Du wirst verstehen lernen, wie aus reinem Text natürlich klingende Sprache entsteht und wie digitale Persönlichkeiten erschaffen werden, die in Videos, Online-Kursen oder sogar als virtuelle Influencer auftreten können. Wir legen hier das Fundament, um die Kernkonzepte hinter Werkzeugen wie HeyGen, ElevenLabs, Vapi und Synthesia zu begreifen und zu verstehen, wie diese Technologien die Art und Weise, wie wir digitale Inhalte erstellen und erleben, revolutionieren. Mach dich bereit, die Bausteine zu entdecken, die es ermöglichen, dass KI nicht nur schreibt, sondern auch spricht und ein Gesicht bekommt.

Was ist Voice AI?

Beginnen wir mit dem ersten großen Baustein: Voice AI. Was genau verbirgt sich dahinter? Im Kern geht es bei Voice AI um Technologien, die es Computern ermöglichen, menschliche Sprache zu verstehen, zu verarbeiten und, was für uns hier be-

sonders spannend ist, selbst zu erzeugen. Der Schlüsselbegriff
in diesem Kontext ist Text-to-Speech (TTS). Wie der Name
schon sagt, ist das die Technologie, die geschriebenen Text in
gesprochene Sprache umwandelt. Aber wie funktioniert das eigentlich? Früher, in den Anfängen der Sprachsynthese, gab es
Ansätze wie die konkatenative Synthese, bei der aufgezeichne-
te Sprachbausteine (Phoneme, Silben oder ganze Wörter) an-
einandergereiht wurden. Das klang oft etwas abgehackt und
unnatürlich. Dann kam die parametrische Synthese, die ver-
suchte, Sprache basierend auf einem statistischen Modell der
menschlichen Stimme zu erzeugen. Das war schon besser, aber
immer noch nicht perfekt.

Der große Durchbruch kam mit neuronalen TTS-Systemen.
Diese nutzen tiefe neuronale Netze, oft basierend auf Architek-
turen wie Tacotron oder Transformer-Modellen, um aus Text
direkt Audiosignale zu generieren. Sie lernen aus riesigen
Mengen an Sprachdaten und können dadurch eine erstaunlich
natürliche und menschenähnliche Sprachausgabe erzeugen.
Google zieht in seinem Agent Whitepaper eine aufschlussreiche
Parallele: So wie Menschen oft auf Hilfsmittel wie Bücher,
Suchmaschinen oder Taschenrechner zurückgreifen, um ihr
Vorwissen zu ergänzen, bevor sie zu einem Schluss kommen,
können auch moderne Voice AI-Systeme trainiert werden, externe Werkzeuge zu nutzen, um ihre Sprachfähigkeiten zu verbessern. Diese Analogie verdeutlicht, dass Voice AI-Systeme
nicht allwissend sein müssen, sondern – ähnlich wie Menschen
– ihre Fähigkeiten durch den gezielten Einsatz externer Ressourcen erweitern können.

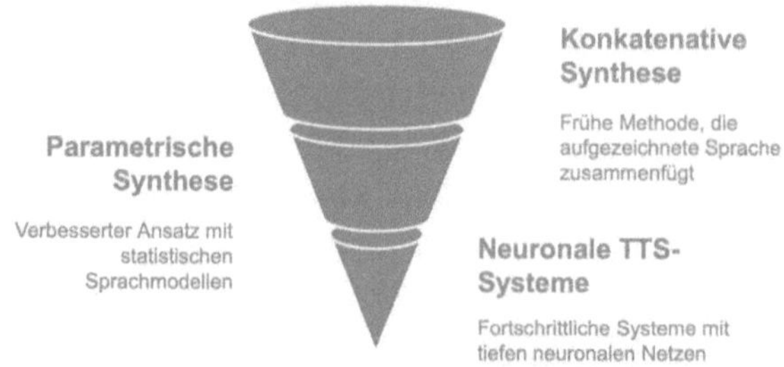

Wichtig für die Natürlichkeit sind dabei nicht nur die richtigen Worte, sondern auch Aspekte wie Intonation (die Melodie der Sprache), Prosodie (der Rhythmus, die Betonung und die Pausen) und sogar die Fähigkeit, Emotionen in der Stimme auszudrücken. Moderne Voice AI strebt danach, all diese Nuancen menschlicher Sprache zu erfassen und zu reproduzieren, um eine wirklich immersive und glaubwürdige Hörerfahrung zu schaffen.

Was sind KI-Avatare? Definition und Typen

Nachdem wir die Stimme haben, wenden wir uns dem Gesicht und dem Körper zu: den KI-Avataren. Ein KI-Avatar ist im Grunde eine digitale Repräsentation einer Person oder eines Charakters, die durch künstliche Intelligenz zum Leben erweckt wird. Die Entwicklung reicht hier von einfachen 2D-Bildern, die vielleicht nur rudimentär animiert werden, bis hin zu komplexen, vollständig gerenderten 3D-Modellen, die sich bewegen, gestikulieren und Emotionen zeigen können. Man unterscheidet oft zwischen fotorealistischen Avataren, die versuchen, echten Menschen so ähnlich wie möglich zu sehen, und stilisierten Avataren, die eher einen comichaften oder künstlerischen Look haben können, wie du sie vielleicht aus Spielen oder animierten Filmen kennst.

Anthropic betont in seinen Best Practices für Agenten, dass erfolgreiche KI-Avatar-Implementierungen oft auf einfachen, komponierbaren Mustern basieren, anstatt auf komplexen Frameworks oder spezialisierten Bibliotheken. Diese Beobachtung aus der Zusammenarbeit mit Dutzenden von Teams zeigt, dass bei der Entwicklung von KI-Avataren die einfachste mögliche Lösung oft die beste ist und die Komplexität nur bei Bedarf erhöht werden sollte. Dies kann bedeuten, dass für manche Anwendungen ein einfacher 2D-Avatar mit grundlegender Animation völlig ausreichend sein kann, während komplexere 3D-Modelle für spezifischere Anforderungen reserviert bleiben.

Die Rolle der KI bei der Erstellung und Animation von Avataren ist vielfältig. KI kann beispielsweise dabei helfen, aus einem einzigen Foto ein 3D-Modell zu generieren. Besonders wichtig ist KI aber für die Animation, insbesondere für die Lippensynchronisation, also dafür zu sorgen, dass die Mundbewegungen des Avatars exakt zum gesprochenen Text passen. Auch die Generierung von natürlichen Gesichtsausdrücken, die die Emotionen in der Stimme widerspiegeln, oder sogar von subtilen nonverbalen Signalen wie Blinzeln oder Kopfbewegungen wird oft durch KI-Algorithmen gesteuert. Ziel ist es, Avatare zu schaffen, die nicht nur gut aussehen, sondern auch lebendig und glaubwürdig wirken.

Die Synergie: Wie Voice AI und Avatare zusammenwirken

Die wahre Magie entsteht oft erst, wenn Voice AI und KI-Avatare Hand in Hand arbeiten. Die Synergie zwischen einer überzeugenden Stimme und einem passenden visuellen Gegenstück ist entscheidend für die Gesamtwirkung. Stell dir vor, du siehst einen Avatar, der eine hoch emotionale Rede hält, aber seine Stimme klingt monoton und roboterhaft – das würde die Illusion sofort zerstören. Umgekehrt kann eine brillante, emotionale Stimme durch einen schlecht animierten oder unpassenden Avatar an Wirkung verlieren. Daher ist die stimmliche und visuelle Kohärenz von größter Bedeutung.

Googles Agent Companion-Papier bietet hier eine hilfreiche Strukturierung dieser Synergie in drei Kernelemente: Das Modell fungiert als zentrale Entscheidungseinheit und koordiniert sowohl die Sprachgenerierung als auch die visuelle Animation. Die Tools überbrücken die Kluft zwischen den internen Fähigkeiten des Systems und der externen Welt, indem sie beispielsweise Text-to-Speech-Engines oder Animationsbibliotheken einbinden. Die Orchestrierungsschicht ist ein zyklischer Prozess, der bestimmt, wie das System Informationen aufnimmt, intern verarbeitet und diese Verarbeitung für die synchronisierte Ausgabe von Sprache und Animation nutzt. Diese Dreiteilung bietet ein klareres Verständnis, wie Voice AI und Avatare effektiv zusammenwirken können.

Die Stimme muss zum Aussehen und zur Persönlichkeit des Avatars passen, und die Animationen, insbesondere die Lippensynchronisation und die Gesichtsausdrücke, müssen perfekt auf die gesprochenen Worte und die darin enthaltenen Emotionen abgestimmt sein. Wenn diese Harmonie gelingt, können beeindruckende Ergebnisse erzielt werden. Denk an virtuelle Sprecher in Erklärvideos, die komplexe Sachverhalte verständlich präsentieren, oder an Kundenservice-Avatare, die freundlich und kompetent auf Anfragen reagieren. Auch im Bereich der virtuellen Influencer oder in interaktiven Lernumgebungen spielt das Zusammenspiel von Stimme und visueller Darstellung eine zentrale Rolle, um eine engagierende und glaubwürdige digitale Präsenz zu schaffen.

Werkzeuge und Plattformen

Wenn du nun neugierig geworden bist und selbst erste Schritte in die Welt der KI-Stimmen und Avatare wagen möchtest, gibt es eine Reihe von Werkzeugen und Plattformen, die dir den Einstieg erleichtern. Für den Anfang gibt es oft kostenlose Online-TTS-Dienste, bei denen du einfach Text eingeben und dir die generierte Stimme anhören oder herunterladen kannst. Auch für die Erstellung einfacher Avatare gibt es simple Online-Generatoren, mit denen du vielleicht aus einem Foto einen animierten Charakter erstellen kannst.

OpenAI empfiehlt in seinem 'Practical Guide to Building Agents' den Einsatz von Voice AI und Avatar-Technologien insbesondere in folgenden Szenarien:

1. Komplexe Kommunikationssituationen, die nuanciertes Ausdrucksvermögen, emotionale Intelligenz oder kontextsensitive Interaktionen verlangen, wie beispielsweise bei virtuellen Assistenten oder personalisierten Lernumgebungen.

2. Unstrukturierte Kommunikation, bei der klassische, regelbasierte Systeme oft scheitern, beispielsweise bei der natürlichen Konversation, der Vermittlung komplexer Informationen oder der Anpassung an unterschiedliche Zielgruppen.

3. Hohe Engagement-Anforderungen, wo eine signifikante emotionale Verbindung zum Nutzer aufgebaut werden soll.

Diese Kriterien bieten eine praktische Entscheidungshilfe, um zu beurteilen, ob der Einsatz von Voice AI und Avataren für einen bestimmten Anwendungsfall sinnvoll ist.

Für professionellere Ergebnisse und mehr Anpassungsmöglichkeiten kommen dann spezialisierte Plattformen ins Spiel, wie die, die wir in diesem Kapitel genauer betrachten wollen. HeyGen ist beispielsweise ein Tool, das sich darauf spezialisiert hat, Videos mit KI-Sprechern zu erstellen. Du kannst einen Avatar auswählen, deinen Text eingeben und HeyGen generiert ein Video, in dem der Avatar diesen Text spricht. Die Grundfunktionen erlauben oft schon beeindruckende Ergebnisse. ElevenLabs ist bekannt für seine hochwertigen Text-to-Speech-Dienste und insbesondere für seine Fähigkeit, Stimmen zu klonen (Voice Cloning). Mit den Grundfunktionen kannst du oft schon sehr natürlich klingende Stimmen generieren oder sogar kurze Samples deiner eigenen Stimme hochladen, um eine KI-Version davon zu erstellen.

Vapi ist eine Plattform, die sich eher an Entwickler richtet und es ermöglicht, sprachgesteuerte KI-Anwendungen und Agenten zu bauen. Hier geht es weniger um die reine Stimmgenerierung für Videos, sondern mehr um die Integration von Voice AI in interaktive Systeme. Anthropic hebt in seinen Best Practices hervor, dass für die effektive Kontextsteuerung solcher Systeme spezielle Kontextdateien verwendet werden können. Diese Dateien enthalten wichtige Informationen, Richtlinien oder Konventionen, die der Agent automatisch in seinen Kontext einbezieht, anstatt sie bei jeder Interaktion neu zu kommunizieren. Diese Technik lässt sich hervorragend auf Voice AI-Anwendungen übertragen, um konsistente und kontextsensitive Sprachinteraktionen zu gewährleisten.

Synthesia ist ein weiteres mächtiges Werkzeug zur Erstellung von Videos mit KI-Avataren, ähnlich wie HeyGen, und wird oft für professionelle Trainingsvideos oder Unternehmenspräsentationen genutzt. Die Grundfunktionen dieser Tools bieten dir bereits einen guten Einblick in das, was möglich ist, und erlauben dir, erste eigene Projekte umzusetzen, ohne tief in die Programmierung einsteigen zu müssen. Es geht darum, ein Gefühl dafür zu bekommen, wie diese Werkzeuge funktionieren und welche kreativen Möglichkeiten sie eröffnen.

Teste dein Wissen

Nachdem du nun die ersten Bausteine von Voice AI und KI-Avataren kennengelernt hast, ist es an der Zeit, dein Verständnis ein wenig zu vertiefen. Kannst du dir vorstellen, mit deinen eigenen Worten zu erklären, was der Hauptunterschied zwischen einer traditionellen, vielleicht etwas roboterhaft klingenden Computerstimme und einer modernen, neuronalen Text-to-Speech-Stimme ist, wie sie beispielsweise von ElevenLabs erzeugt werden könnte?

Und wenn du an die verschiedenen Werkzeuge denkst, die wir gerade kurz vorgestellt haben: Für welche Art von Projekt würdest du eher zu einem Tool wie HeyGen oder Synthesia greifen, und in welchem Szenario könnte Vapi interessanter sein, auch wenn es vielleicht einen etwas technischeren Ansatz erfordert? Wie würdest du Googles Dreiteilung der Agentenarchitektur (Modell, Tools, Orchestrierungsschicht) auf ein Voice AI-System mit Avatar anwenden? Indem du über diese Fragen nachdenkst, beginnst du, die spezifischen Stärken und Anwendungsfelder der verschiedenen Technologien und Plattformen besser einzuordnen.

7.2. Professionelle KI-Stimmen und Avatare erstellen und anpassen

Willkommen im fortgeschrittenen Abschnitt unseres Kapitels über Voice AI und KI-Avatare! Nachdem du die Grundlagen kennengelernt hast, tauchen wir nun tiefer ein und erkunden, wie du professionelle KI-Stimmen und Avatare erstellen und anpassen kannst. Anthropic betont in seinen Best Practices für Agenten, dass der pragmatische Ansatz oft der erfolgreichste ist: Beginne mit der einfachsten möglichen Lösung und erhöhe die Komplexität nur bei Bedarf. Diese Philosophie werden wir auch hier verfolgen, indem wir dir zeigen, wie du mit den richtigen Werkzeugen und Techniken beeindruckende Ergebnisse erzielen kannst, ohne dich in unnötiger Komplexität zu verlieren.

In diesem Abschnitt lernst du, wie du die Qualität deiner KI-Stimmen auf ein professionelles Niveau hebst, wie du Avatare erstellst, die wirklich überzeugen, und wie du beides nahtlos miteinander verbindest. Du wirst verstehen, wie du die Werkzeuge, die wir im Grundlagenabschnitt vorgestellt haben, voll ausschöpfen kannst und welche fortgeschrittenen Techniken dir zur Verfügung stehen. Lass uns eintauchen in die Welt der professionellen digitalen Doppelgänger und Sprecher!

Fortgeschrittene Text-to-Speech-Techniken

Wenn du über die grundlegenden Text-to-Speech-Funktionen hinausgehen möchtest, eröffnet sich eine Welt voller faszinierender Möglichkeiten. Eine der spannendsten Entwicklungen in diesem Bereich ist das sogenannte Voice Cloning – die Stimmklonierung. Dabei geht es darum, eine künstliche Version einer realen Stimme zu erzeugen, sei es deine eigene oder die einer anderen Person – selbstverständlich nur mit ausdrücklicher Zustimmung. Plattformen wie ElevenLabs haben diese Technologie für eine breite Öffentlichkeit zugänglich gemacht: Bereits wenige Minuten Audiomaterial reichen aus, um eine verblüffend präzise digitale Nachbildung einer Stimme zu erzeugen.

Google's dreischichtige Agentenarchitektur bietet dabei einen hilfreichen Rahmen für das Verständnis des technologischen Aufbaus solcher Systeme. Das zugrunde liegende Modell ist ein neuronales Netzwerk, das die akustischen Merkmale der Stimme erlernt und neue Inhalte in dieser charakteristischen Sprechweise generieren kann. Die Tool-Schicht umfasst alle Aufnahme- und Verarbeitungswerkzeuge, die das Audiomaterial aufbereiten und für das Modell nutzbar machen. Die Orchestrierung koordiniert den Gesamtprozess: vom Einlesen und Analysieren der Originalstimme bis hin zur Generierung neuer sprachlicher Ausgaben.

Für professionelle Ergebnisse reicht es jedoch nicht, lediglich eine Stimme zu kopieren – entscheidend ist die Kontrolle über emotionale Nuancen und sprachliche Betonungen. Moderne TTS-Systeme stellen hierfür mehrere Steuerungsmöglichkeiten zur Verfügung. Eine davon ist SSML (Speech Synthesis Markup Language), eine Art HTML für gesprochene Sprache. Mit SSML kannst du präzise festlegen, wie bestimmte Wörter oder Sätze gesprochen werden sollen. Du kannst Pausen einfügen, die Sprechgeschwindigkeit anpassen, die Tonhöhe verändern oder bestimmte Emotionen wie Freude, Trauer oder Überraschung gezielt hervorrufen. Eine alternative Möglichkeit bietet die prompt-basierte Steuerung. Hierbei gibst du einfach eine Beschreibung mit: „Sprich diesen Satz, als wärst du begeistert" oder „Lies diesen Abschnitt ruhig und nachdenklich." Einige Systeme gehen noch weiter und erlauben die parametrische Steuerung über Schieberegler oder exakte numerische Werte – etwa für Tonhöhe, Tempo, Lautstärke oder emotionalen Ausdruck. Damit lassen sich auch feinste Abstimmungen gezielt vornehmen.

Anthropic's Agent-Workflow-Muster lassen sich hervorragend auf die Erzeugung hochwertiger synthetischer Stimmen übertragen. Insbesondere das sogenannte Prompt Chaining – also die schrittweise Verfeinerung durch aufeinander aufbauende Eingaben – hat sich bewährt. Du startest mit einer neutralen Basisstimme, ergänzt dann gezielt emotionale Qualitäten, verbesserst im nächsten Schritt die Aussprache bestimmter Wörter und gibst der Stimme anschließend durch subtile Anpassungen eine individuelle Note. Dieser iterative Prozess führt zu deutlich natürlicheren und kontextsensibleren Ergebnissen.

Ein nicht zu unterschätzender Aspekt ist die Anpassungsfähigkeit der Stimme an unterschiedliche Kontexte und Zielgruppen. Eine Stimme für Nachrichtensprecher hat völlig andere Anforderungen als eine für einen Videospielcharakter oder einen digitalen Assistenten im Kundenservice. Hochwertige TTS-Systeme bieten daher die Möglichkeit, Stimmen gezielt für bestimmte Anwendungsbereiche zu optimieren – sei es durch stimmliche „Persönlichkeiten", variable Sprechstile oder den gezielten Einsatz nonverbaler Elemente wie Lachen, Seufzen oder räuspern. Damit wird nicht nur die Qualität der Sprachausgabe verbessert, sondern auch ihre emotionale Wirksamkeit und Authentizität erheblich gesteigert.

Fortgeschrittene Avatar-Erstellung und -Animation

Bei der Erstellung professioneller KI-Avatare geht es nicht nur darum, ein realistisches Gesicht zu generieren, sondern auch darum, diesem Gesicht Leben einzuhauchen. Hier kommen fortgeschrittene Animations- und Rendering-Techniken ins Spiel.

Die 3D-Modellierung ist ein zentraler Aspekt der professionellen Avatar-Erstellung. Während einfache Avatare oft auf 2D-Bildern basieren, die mit grundlegenden Animationstechniken zum Leben erweckt werden, bieten vollständige 3D-Modelle eine viel größere Flexibilität und Realismus. Sie ermöglichen es, den Avatar aus verschiedenen Blickwinkeln zu zeigen und komplexere Bewegungen und Ausdrücke darzustellen.

Googles Dreiteilung der Agentenarchitektur lässt sich auch hier anwenden: Das Modell umfasst die 3D-Geometrie und Texturen des Avatars sowie die KI-Algorithmen, die seine Bewegungen und Ausdrücke steuern. Die Tools beinhalten die Software zur 3D-Modellierung, Texturierung und Animation sowie spezielle Funktionen wie Gesichtserkennung und Motion Capture. Die Orchestrierungsschicht koordiniert all diese Elemente, um einen kohärenten, lebensechten Avatar zu erzeugen.

Anthropic's Workflow-Muster bieten auch hier wertvolle Ansätze. Das Routing-Muster ist besonders nützlich für die Animation verschiedener Körperteile: Ein spezialisiertes Modell kümmert sich um die Lippensynchronisation, ein anderes um die Augenbewegungen, ein drittes um die Gesichtsausdrücke und ein viertes um die Körperhaltung. Die Parallelisierung ermöglicht es, verschiedene Aspekte der Animation gleichzeitig zu bearbeiten und die Ergebnisse dann zu einem kohärenten Ganzen zusammenzuführen.

Für wirklich überzeugende Avatare ist die Lippensynchronisation von entscheidender Bedeutung. Fortgeschrittene Systeme analysieren den Audioinhalt und erzeugen präzise Mundbewegungen, die genau zum gesprochenen Text passen. Dies geht weit über einfache Öffnen-Schließen-Animationen hinaus und berücksichtigt die spezifischen Mundformen (Viseme), die für verschiedene Laute erforderlich sind.

Ebenso wichtig sind natürliche Gesichtsausdrücke und Mikroexpressionen. Professionelle Avatar-Systeme können subtile Bewegungen wie das Heben einer Augenbraue, das leichte Zusammenziehen der Lippen oder das Blinzeln der Augen erzeugen, die einen Avatar menschlicher und lebendiger wirken lassen. Diese Mikroexpressionen werden oft basierend auf dem emotionalen Kontext des gesprochenen Textes generiert.

Ein weiterer Aspekt ist die Anpassung des Avatars an die Marke oder Persönlichkeit, die er repräsentieren soll. Dies umfasst nicht nur das Aussehen, sondern auch den Bewegungsstil, die Körpersprache und die Art und Weise, wie der Avatar mit dem Publikum interagiert. Ein Avatar für ein seriöses Finanzunternehmen wird sich anders bewegen und ausdrücken als einer für eine jugendliche Modemarke oder ein Videospiel.

Entscheidungshilfen für Voice AI und Avatare

Bei der Entwicklung fortgeschrittener Voice AI- und Avatar-Systeme stehst du oft vor der Entscheidung, ob du einen vordefinierten Workflow oder einen flexibleren, agentenbasierten Ansatz wählen solltest. Anthropic bietet hier eine wichtige Unterscheidung:

- Workflows sind Systeme, bei denen KI-Modelle und Tools durch vordefinierte Codepfade orchestriert werden. Sie bieten Vorhersehbarkeit und Konsistenz für klar definierte Aufgaben.

- Agenten sind Systeme, bei denen KI-Modelle ihre eigenen Prozesse und Werkzeugnutzung dynamisch steuern. Sie bieten mehr Flexibilität und modellgesteuerte Entscheidungsfindung.

Für viele Voice AI- und Avatar-Anwendungen ist ein Workflow-Ansatz völlig ausreichend und oft sogar vorzuziehen. Wenn du beispielsweise eine Reihe von Trainingsvideos mit einem konsistenten Avatar und einer gleichbleibenden Stimme erstellen möchtest, bietet ein gut definierter Workflow die nötige Stabilität und Effizienz.

Agenten kommen ins Spiel, wenn mehr Flexibilität und Anpassungsfähigkeit gefordert sind. Ein Voice AI-Agent könnte beispielsweise dynamisch entscheiden, welchen Tonfall er für verschiedene Teile eines Textes verwendet, basierend auf seinem Verständnis des Inhalts und des Kontexts. Ein Avatar-Agent könnte seine Gesichtsausdrücke und Gesten an die Reaktionen des Publikums anpassen, wenn er in einer interaktiven Umgebung eingesetzt wird.

Anthropic empfiehlt, bei der Entwicklung von KI-Anwendungen stets die einfachste mögliche Lösung zu wählen und die Komplexität nur bei Bedarf zu erhöhen. Dies kann bedeuten, überhaupt keine agentischen Systeme zu entwickeln, wenn ein einfacher Workflow ausreicht. Agentische Systeme tauschen oft Latenz und Kosten gegen bessere Aufgabenleistung ein, und dieser Kompromiss sollte sorgfältig abgewogen werden.

Multimodale Integration: Stimme, Bild und Bewegung

Die wahre Kunst bei der Erstellung professioneller digitaler Doppelgänger liegt in der nahtlosen Integration von Stimme, Bild und Bewegung. Diese multimodale Integration erfordert ein tiefes Verständnis dafür, wie verschiedene Modalitäten zusammenwirken, um einen kohärenten und überzeugenden Gesamteindruck zu erzeugen.

Googles Dreiteilung der Agentenarchitektur bietet auch hier einen wertvollen Rahmen: Das Modell umfasst die KI-Algorithmen, die Sprache, Gesichtsausdrücke und Körperbewegungen generieren und koordinieren. Die Tools beinhalten die verschiedenen Komponenten für Sprachsynthese, Bildgenerierung und Animation. Die Orchestrierungsschicht sorgt für die zeitliche und inhaltliche Synchronisation aller Modalitäten.

Anthropic's Orchestrator-Worker-Modell eignet sich hervorragend für die multimodale Integration: Ein zentraler Orchestrator-Agent zerlegt die Aufgabe in Teilaufgaben für spezialisierte Worker-Agenten, die sich jeweils um eine bestimmte Modalität kümmern – einer für die Stimme, einer für die Gesichtsanimation, einer für die Körperbewegungen. Der Orchestrator koordiniert dann die Ergebnisse und stellt sicher, dass alles harmonisch zusammenpasst.

Ein wichtiger Aspekt der multimodalen Integration ist die emotionale Kohärenz zwischen Stimme und visueller Darstellung. Wenn die Stimme Freude ausdrückt, sollte das Gesicht des Avatars dies widerspiegeln, mit einem Lächeln, leuchtenden Augen und entsprechenden Mikroexpressionen. Diese Kohärenz erstreckt sich auch auf subtilere Aspekte wie den Rhythmus der Sprache und die Bewegungen des Avatars.

Fortgeschrittene Systeme nutzen Cross-Modal Learning, bei dem Modelle lernen, Muster und Zusammenhänge zwischen verschiedenen Modalitäten zu erkennen und zu nutzen. Ein Modell könnte beispielsweise lernen, wie bestimmte Sprachmuster mit bestimmten Gesichtsausdrücken korrelieren, und diese Erkenntnisse nutzen, um natürlichere und kohärentere multimodale Ausgaben zu erzeugen.

Effektive Kontextsteuerung in Voice AI und Avatar-Systemen

Anthropic hebt in seinen Best Practices die Bedeutung der effektiven Kontextsteuerung hervor. Für Voice AI- und Avatar-Systeme ist dies besonders wichtig, da sie oft in verschiedenen Szenarien und für verschiedene Zwecke eingesetzt werden.

Eine bewährte Technik ist die Verwendung von Kontextdateien, die wichtige Informationen, Richtlinien oder Konventionen enthalten, die das System automatisch in seinen Kontext einbezieht. Bei Voice AI-Systemen könnten diese Dateien Informationen über den Sprechstil, die Aussprache bestimmter Begriffe oder emotionale Richtlinien enthalten. Bei Avatar-Systemen könnten sie Vorgaben für Gesichtsausdrücke, Gesten oder Körperhaltung umfassen.

Ein weiterer Aspekt der Kontextsteuerung ist die Anpassung an verschiedene Domänen und Fachgebiete. Ein Voice AI-System, das medizinische Texte vorlesen soll, benötigt andere Kontextinformationen als eines, das Kinderbücher vorliest oder Nachrichten präsentiert. Durch die richtige Kontextsteuerung kann das System die Aussprache von Fachbegriffen, den Tonfall und sogar die Sprechgeschwindigkeit an die jeweilige Domäne anpassen.

Anthropic's Routing-Muster ist hier besonders nützlich: Ein Klassifikationsmodell analysiert den Eingabetext und leitet ihn an spezialisierte Modelle weiter, die für bestimmte Domänen oder Stile optimiert sind. Dies ermöglicht eine präzisere und kontextsensitivere Verarbeitung als ein Einheitsmodell, das alle Arten von Texten gleich behandeln würde.

Fortgeschrittene Werkzeuge und Plattformen

Nachdem wir die konzeptionellen Grundlagen fortgeschrittener Voice AI- und Avatar-Techniken erkundet haben, werfen wir nun einen genaueren Blick auf die Werkzeuge und Plattformen, die dir zur Verfügung stehen, um diese Techniken in die Praxis umzusetzen.

ElevenLabs: Professionelle Stimmgenerierung und -anpassung

ElevenLabs hat sich als führende Plattform für hochwertige Text-to-Speech-Generierung etabliert. Die fortgeschrittenen Funktionen umfassen:

- Voice Cloning: Mit nur wenigen Minuten Audiomaterial kannst du eine digitale Version einer Stimme erstellen.

- Voice Design: Ein interaktives Interface, mit dem du neue, einzigartige Stimmen erstellen kannst, indem du verschiedene Parameter wie Tonhöhe, Klangfarbe und Sprechstil anpasst.

- Emotionale Steuerung: Präzise Kontrolle über den emotionalen Ausdruck der Stimme, von subtilen Nuancen bis hin zu starken Gefühlsausbrüchen.

- Mehrsprachigkeit: Unterstützung für zahlreiche Sprachen mit natürlicher Aussprache und Intonation.

- API-Zugang: Für Entwickler, die Text-to-Speech-Funktionen in ihre eigenen Anwendungen integrieren möchten.

HeyGen und Synthesia bieten fortgeschrittene Funktionen für die Erstellung professioneller Videos mit KI-Avataren:

– Benutzerdefinierte Avatare: Erstelle Avatare basierend auf eigenen Bildern oder wähle aus einer Bibliothek vorgefertigter, professioneller Avatare.

– Erweiterte Lippensynchronisation: Präzise Abstimmung der Mundbewegungen auf den gesprochenen Text in verschiedenen Sprachen.

– Szenenhintergründe: Wähle aus verschiedenen virtuellen Umgebungen oder lade eigene Hintergründe hoch.

– Mehrere Sprecher: Erstelle Videos mit mehreren Avataren, die miteinander interagieren.

– Skriptoptimierung: KI-gestützte Vorschläge zur Verbesserung deines Skripts für eine natürlichere Präsentation.

– Kollaborative Funktionen: Teile Projekte mit Teammitgliedern und arbeite gemeinsam an Videos.

Vapi: Entwicklung sprachgesteuerter KI-Anwendungen

Vapi richtet sich an Entwickler, die fortgeschrittene sprachgesteuerte KI-Anwendungen und Agenten erstellen möchten:

– Voice-to-Intent: Umwandlung von gesprochener Sprache in strukturierte Absichten und Entitäten.

– Kontextuelles Gedächtnis: Speicherung und Nutzung von Konversationskontext für natürlichere Interaktionen.

– Multimodale Eingabe: Verarbeitung von Sprache in Kombination mit anderen Eingabeformen wie Text oder Bildern.

– Anpassbare Workflows: Erstellung komplexer Konversationsabläufe mit bedingten Verzweigungen und Zustandsmanagement.

– Integration mit anderen KI-Diensten: Nahtlose Verbindung mit LLMs, Wissensdatenbanken und externen APIs.

Anthropic's Beobachtung, dass erfolgreiche Implementierungen oft auf einfachen, komponierbaren Mustern basieren, trifft auch hier zu. Die mächtigsten Anwendungen entstehen oft nicht durch die Nutzung aller verfügbaren Funktionen, sondern durch die geschickte Kombination einiger weniger, gut ausgewählter Funktionen, die perfekt auf den spezifischen Anwendungsfall zugeschnitten sind.

Praktische Anwendungsfälle und Beispiele

Um die fortgeschrittenen Konzepte und Techniken greifbarer zu machen, betrachten wir nun einige praktische Anwendungsfälle, in denen Voice AI und KI-Avatare ihr volles Potenzial entfalten können.

Stell dir eine Bildungsplattform vor, die personalisierte Lernvideos für jeden Schüler erstellt. Basierend auf dem Lernfortschritt und den Präferenzen des Schülers wählt das System den passenden Avatar und Sprechstil aus. Für jüngere Schüler könnte ein freundlicher, animierter Charakter mit einer lebhaften, enthusiastischen Stimme verwendet werden, während ältere Schüler vielleicht einen realistischeren Avatar mit einem sachlicheren Ton bevorzugen.

OpenAI hebt in seinem Practical Guide to Building Agents hervor, dass Agenten besonders wertvoll sind für komplexe Entscheidungsprozesse, die nuancierte Beurteilungen oder kontextsensitive Entscheidungen erfordern. In diesem Beispiel könnte ein Agent dynamisch entscheiden, welche Inhalte präsentiert werden, wie sie erklärt werden und welcher Avatar und Sprechstil am besten geeignet sind, basierend auf dem individuellen Lernprofil des Schülers.

Mehrsprachige Unternehmenspräsentationen

Ein globales Unternehmen könnte einen einzigen Avatar verwenden, um Präsentationen in verschiedenen Sprachen zu halten. Der Avatar würde nicht nur die Worte übersetzen, sondern auch kulturell angemessene Gesten und Ausdrücke verwenden. Die Stimme würde an die jeweilige Sprache angepasst, mit natürlicher Intonation und Aussprache.

Anthropic's Routing-Muster wäre hier besonders nützlich: Ein zentrales Modell würde den Inhalt analysieren und an spezialisierte Modelle für verschiedene Sprachen und kulturelle Kontexte weiterleiten. Diese würden dann die entsprechenden Übersetzungen, Stimmprofile und Animationen generieren.

Interaktive Kundenservice-Avatare

Stell dir einen Kundenservice-Avatar vor, der nicht nur Fragen beantworten, sondern auch auf die emotionalen Bedürfnisse der Kunden eingehen kann. Der Avatar würde die Stimmung des Kunden aus dessen Nachrichten oder Sprache erkennen und entsprechend reagieren – mit Empathie bei Frustration, Freude bei positiven Nachrichten oder sachlicher Klarheit bei komplexen Anfragen.

Googles Dreiteilung der Agentenarchitektur bietet hier einen wertvollen Rahmen: Das Modell analysiert die Eingaben des Kunden und generiert angemessene Antworten. Die Tools umfassen Stimmungsanalyse, Wissensdatenbanken und Sprachgenerierung. Die Orchestrierungsschicht koordiniert den gesamten Prozess und stellt sicher, dass der Avatar konsistent und angemessen reagiert.

Virtuelle Influencer und Markenbotschafter

KI-generierte virtuelle Influencer gewinnen zunehmend an Popularität. Diese digitalen Persönlichkeiten können regelmäßig neue Inhalte in sozialen Medien posten, mit Followern interagieren und Produkte präsentieren. Sie vereinen fortgeschrittene Avatar-Technologie mit überzeugender Stimmgenerierung und können sogar eine eigene "Persönlichkeit" und einen eigenen Stil entwickeln.

Anthropic's Orchestrator-Worker-Modell eignet sich hervorragend für diesen Anwendungsfall: Ein zentraler Orchestrator-Agent plant die Inhalte und die Gesamtstrategie, während spezialisierte Worker-Agenten sich um spezifische Aspekte wie Textgenerierung, Bildbearbeitung, Videoerstellung und Community-Management kümmern.

Teste dein Wissen

Nachdem du nun einen tieferen Einblick in die fortgeschrittenen Aspekte von Voice AI und KI-Avataren gewonnen hast, ist es an der Zeit, dein Verständnis anhand konkreter Anwendungsszenarien zu überprüfen. Stell dir vor, du entwickelst einen Avatar, der technische Inhalte unterhaltsam und zugänglich vermitteln soll. In diesem Fall spielt die Abstimmung zwischen Stimme und visueller Darstellung eine zentrale Rolle. Die Stimme sollte eine klare, freundliche und dynamische Intonation aufweisen – idealerweise mit der Fähigkeit, Emotionen wie Neugier oder Begeisterung auszudrücken. Visuell sollte der Avatar körpersprachlich mitgestalten: durch Mimik, Gestik und Blickführung. Ein leichtes Lächeln bei pointierten Aussagen oder das Heben einer Augenbraue bei rhetorischen Fragen kann die Wirkung der gesprochenen Inhalte deutlich verstärken. Stimme und Animation müssen synchronisiert sein, damit Tonfall und visuelle Ausdrucksweise eine glaubwürdige, kohärente Einheit bilden.

Für ein mehrsprachiges Projekt hingegen benötigst du zusätzliche Strategien. Die Herausforderung besteht nicht nur darin, dass der Avatar verschiedene Sprachen sprechen kann, sondern dass er dies jeweils idiomatisch, stimmlich angepasst und kulturell sensibel tut. Hierbei bieten sich KI-Modelle an, die nicht nur maschinelle Übersetzung, sondern auch native Text-to-Speech-Ausgabe mit länderspezifischer Prosodie und Akzentuierung unterstützen. Plattformen wie ElevenLabs oder Resemble AI ermöglichen beispielsweise die Anpassung von Betonung und Sprachmelodie pro Zielregion. Visuell kann der Avatar subtil angepasst werden – etwa durch Kleidung, Gestik oder kulturell stimmige Animationen –, um in unterschiedlichen Märkten authentisch zu wirken.

Google's Dreiteilung der Agentenarchitektur lässt sich ideal auf ein System zur Erstellung personalisierter Lernvideos mit KI-Avataren übertragen. Das Modell wäre in diesem Kontext das Sprach- und Stimmmodell, das sowohl den Textinhalt verarbeitet als auch die Stimme generiert. Die Tools umfassen die Video-Engine, Skripting-Werkzeuge, das Animationsmodul sowie die Benutzeroberfläche zur Eingabe und Personalisierung der Lerninhalte. Die Orchestrierungsschicht steuert den Gesamtprozess: Sie koordiniert das Timing zwischen Audio und Animation, verwaltet die Abfolge der Lernmodule, passt Inhalte an das Lernverhalten der Nutzer an und integriert gegebenenfalls Feedback-Schleifen zur Qualitätsverbesserung.

Bei der Entwicklung eines interaktiven Kundenservice-Avatars wiederum lohnt sich ein Blick auf die Workflow-Muster von Anthropic. Hier ist das Prompt-Chaining besonders geeignet, um dynamische Dialoge iterativ zu gestalten – z. B. vom ersten Kundenkontakt über das Erkennen des Anliegens bis zur konkreten Problemlösung. Parallelisierung kann eingesetzt werden, um mehrere Antwortoptionen oder Lösungen gleichzeitig vorzubereiten und die passendste in Echtzeit auszuwählen. Das Routing-Muster eignet sich, um komplexere Anfragen an spezialisierte Agenten oder Backend-Systeme weiterzuleiten.

Ein zentraler Orchestrator koordiniert alle Prozesse, sorgt für konsistente Reaktionen und überwacht die Einhaltung der definierten Interaktionsstandards. Auf diese Weise entsteht ein reaktives, skalierbares System, das sich sowohl im Tonfall als auch in der Handlungskompetenz wie ein echter, gut geschulter Kundendienstmitarbeiter verhält.

7.3. Die Zukunft von Voice AI und Avataren

Willkommen im Experten-Ring! Du hast die Grundlagen gemeistert und die fortgeschrittenen Techniken zur Erstellung von KI-Stimmen und Avataren verinnerlicht. Jetzt ist es an der Zeit, den Blick über den Tellerrand zu wagen und dich mit den Aspekten zu beschäftigen, die wahre Meisterschaft in diesem faszinierenden Feld ausmachen. In diesem Experten-Abschnitt werden wir die aktuellen Forschungsgrenzen von Voice AI und Avataren ausloten und uns anschauen, welche bahnbrechenden Trends die Zukunft dieser Technologien prägen werden. Du wirst verstehen, wie hyperrealistische Avatare und Stimmen entstehen und welche Herausforderungen es dabei noch zu überwinden gilt. Ein ganz wesentlicher Teil wird die Auseinandersetzung mit den tiefgreifenden ethischen Überlegungen und dem verantwortungsvollen Umgang mit diesen mächtigen Werkzeugen sein – von der Gefahr durch Deepfakes bis hin zu Fragen des Datenschutzes und der Repräsentation von Diversität. Wir werden auch darüber sprechen, wie du möglicherweise eigene, hochspezialisierte Voice AI und Avatar-Lösungen entwickeln kannst, falls die Standard-Tools an ihre Grenzen stoßen. Und natürlich werfen wir einen visionären Blick auf die Rolle, die diese Technologien in der zukünftigen Mensch-Maschine-Interaktion spielen könnten, und wie sie Branchen von der Unterhaltung bis zum Gesundheitswesen transformieren werden. Schließlich rüsten wir dich mit dem Wissen über Experten-Tools und fortgeschrittene Best Practices aus, einschließlich des wichtigen Hinweises zur Audioübersetzung mit videofokussierten Tools wie HeyGen, damit du nicht nur ein Anwender, sondern ein echter Gestalter und Innovator in der Welt der digitalen Stimmen und Gesichter wirst.

Aktuelle Forschungsgrenzen und zukünftige Trends

Die Entwicklung von Voice AI und Avataren schreitet rasant voran, doch es gibt immer noch spannende Forschungsgrenzen und vielversprechende zukünftige Trends. Ein großes Ziel ist die Erschaffung von hyperrealistischen Avataren und Stimmen, die von echten Menschen kaum noch zu unterscheiden sind. Das betrifft nicht nur das Aussehen und den Klang, sondern auch subtile nonverbale Signale, Mikromimik und die Fähigkeit, Emotionen authentisch und dynamisch auszudrücken. Forscher arbeiten daran, die feinsten Nuancen menschlicher Interaktion in KI-Modelle zu übertragen. Ein weiterer wichtiger Trend ist die Echtzeit-Interaktion mit dynamischen Avataren. Stell dir vor, du könntest dich in einer virtuellen Umgebung oder einem Spiel flüssig und natürlich mit einem KI-Avatar unterhalten, der spontan auf deine Worte und Aktionen reagiert, seine Mimik und Gestik in Echtzeit anpasst und vielleicht sogar lernt und sich im Laufe der Interaktion weiterentwickelt. Dies erfordert enorme Rechenleistung und hochentwickelte generative Modelle. Eng damit verbunden ist die Forschung an generativen Modellen für spontane und kontextsensitive Avatar-Reaktionen. Es geht darum, dass Avatare nicht nur vordefinierte Skripte abspulen, sondern eigenständig plausible und passende Antworten, Gesichtsausdrücke und Bewegungen generieren, die auf dem aktuellen Gesprächsverlauf und der Umgebung basieren. Die Integration von Voice AI und Avataren mit anderen KI-Technologien, insbesondere mit großen Sprachmodellen wie GPT oder Gemini, ist ebenfalls ein Schlüsselbereich. LLMs können die Dialogsteuerung übernehmen, den Avataren Wissen und Argumentationsfähigkeiten verleihen und so wesentlich intelligentere und vielseitigere digitale Gesprächspartner ermöglichen. Zukünftige Systeme könnten auch lernen, aus einer Vielzahl von Sensordaten (z. B. Blickrichtung des Nutzers, Umgebungsgeräusche) noch kontextbezogener zu agieren.

Ethische Überlegungen und verantwortungsvoller Umgang

Mit den wachsenden Fähigkeiten von Voice AI und Avataren nehmen auch die ethischen Herausforderungen und die Notwendigkeit eines verantwortungsvollen Umgangs exponentiell zu. Eine der größten Gefahren sind Deepfakes, also KI-generierte Videos oder Audiodateien, bei denen Stimmen und Gesichter von realen Personen täuschend echt imitiert werden, um Falschinformationen zu verbreiten, Menschen zu diskreditieren oder Betrug zu begehen. Die Entwicklung robuster Erkennungsmethoden für Deepfakes und die Aufklärung der Öffentlichkeit über diese Risiken sind von größter Bedeutung. Ein weiteres kritisches Thema ist der Bias in Stimm- und Avatarmodellen. Wenn die Trainingsdaten überwiegend eine bestimmte demografische Gruppe repräsentieren, können die resultierenden KI-Stimmen und Avatare möglicherweise andere Gruppen weniger gut oder stereotypisch darstellen. Es ist entscheidend, auf eine faire und diverse Repräsentation in den Trainingsdaten und den generierten Ergebnissen zu achten. Der Datenschutz und die explizite Zustimmung (Consent) sind insbesondere beim Voice Cloning von fundamentaler Wichtigkeit. Niemand möchte, dass seine Stimme ohne Erlaubnis geklont und für beliebige Zwecke missbraucht wird. Klare rechtliche Rahmenbedingungen und technische Schutzmechanismen sind hier unerlässlich. Um Missbrauch vorzubeugen und Transparenz zu schaffen, wird auch intensiv über eine Kennzeichnungspflicht für KI-generierte Inhalte diskutiert. Nutzer sollten klar erkennen können, ob sie mit einem echten Menschen oder einem KI-Avatar interagieren und ob eine Stimme synthetisch erzeugt wurde. Schließlich gehören zu einem verantwortungsvollen Umgang auch Best Practices für den ethischen Einsatz in Unternehmen und Organisationen, die sicherstellen, dass diese Technologien nicht zur Täuschung, Manipulation oder Diskriminierung eingesetzt werden.

Entwicklung eigener Voice AI und Avatar-Lösungen

Manchmal reichen die Standardfunktionen der kommerziellen Plattformen nicht aus, oder du hast sehr spezifische Anforderungen, die eine Eigenentwicklung von Voice AI und Avatar-Lösungen notwendig machen. Dies ist ein anspruchsvoller Weg, der tiefgreifendes technisches Wissen erfordert, aber auch maximale Kontrolle und Anpassungsmöglichkeiten bietet. Es gibt eine wachsende Zahl von Open-Source-Modellen und Frameworks, beispielsweise im Bereich Text-to-Speech (z. B.

Coqui TTS, ESPnet) oder für die 3D-Modellierung und -Animation (z. B. Blender in Kombination mit Python-Skripten für KI-gesteuerte Animationen). Der Schlüssel für erfolgreiche Eigenentwicklungen liegt oft in der Qualität und Quantität der Trainingsdatensätze. Wenn du beispielsweise eine einzigartige Stimme für ein bestimmtes Projekt entwickeln möchtest, benötigst du viele Stunden hochwertiger Sprachaufnahmen dieser Stimme unter kontrollierten Bedingungen. Für die Erstellung spezifischer Avatare sind umfangreiche 3D-Modelle oder große Mengen an Bilddaten für das Training generativer Modelle erforderlich. Die Herausforderungen bei der Eigenentwicklung sind vielfältig: von den hohen Rechenkosten für das Training über die Komplexität der Modellarchitekturen bis hin zur Notwendigkeit, die Modelle kontinuierlich zu evaluieren und zu verbessern. Best Practices umfassen hier eine sorgfältige Datenaufbereitung, die Auswahl geeigneter Modellarchitekturen, iteratives Training und Testing sowie die Berücksichtigung ethischer Aspekte von Anfang an.

Die Rolle von Voice AI und Avataren in der zukünftigen Mensch-Maschine-Interaktion

Die Kombination aus immer natürlicheren KI-Stimmen und immer lebensechteren Avataren hat das Potenzial, die Mensch-Maschine-Interaktion (MMI) grundlegend zu verändern und zu bereichern. Wir bewegen uns weg von rein textbasierten oder knopfgesteuerten Schnittstellen hin zu einer Kommunikation, die unserer natürlichen Interaktion mit anderen Menschen immer ähnlicher wird. Visionen für immersive Erlebnisse beinhalten beispielsweise virtuelle Welten (Metaverse), in denen wir von KI-Avataren begleitet werden, die als persönliche

Assistenten, Lehrer, Reiseführer oder einfach als Gesprächspartner fungieren. Stell dir personalisierte digitale Begleiter
vor, die deine Vorlieben kennen, sich an deinen Kommunikationsstil anpassen und dich proaktiv in deinem Alltag unterstützen können. Die Auswirkungen auf verschiedene Branchen
sind enorm. In der Unterhaltung könnten interaktive Filme
oder Spiele mit dynamischen KI-Charakteren entstehen. Im
Bildungsbereich könnten Avatare als geduldige und anpassungsfähige Tutoren dienen, die Lerninhalte individuell vermitteln. Im Gesundheitswesen könnten sie als empathische Begleiter für Patienten oder als Trainingspartner für medizinisches
Personal eingesetzt werden. Im Kundenservice könnten sie
komplexe Anfragen bearbeiten und eine persönlichere Betreu-
ung bieten als herkömmliche Chatbots. Die Fähigkeit, Emotionen auszudrücken und nonverbale Signale zu interpretieren
und zu senden, wird dabei eine Schlüsselrolle spielen, um eine
tiefere und vertrauensvollere Verbindung zwischen Mensch
und Maschine zu ermöglichen.

Werkzeuge und Plattformen

Als Experte, der die Grenzen des Möglichen ausloten oder
hochgradig angepasste Lösungen entwickeln möchte, wirst du
auf noch spezialisiertere Werkzeuge und Plattformen zurückgreifen. Neben den bereits genannten APIs der großen Anbieter, die oft auch fortgeschrittene Konfigurationsmöglichkeiten
für Experten bieten, sind Forschungs-Frameworks wie die von
Universitäten oder großen KI-Laboren veröffentlichten Codebasen (z. B. auf GitHub) eine wichtige Quelle. Diese erlauben
oft einen tieferen Einblick in die Modellarchitekturen und ermöglichen es dir, eigene Modifikationen und Experimente

durchzuführen. Für die Entwicklung eigener Modelle sind, wie bereits erwähnt, Deep-Learning-Bibliotheken wie PyTorch und TensorFlow unerlässlich, oft in Kombination mit spezialisierten Bibliotheken für Audioverarbeitung (z. B. `librosa`, `torchaudio`) oder 3D-Grafik und -Animation (z. B. `Open3D`, `PyVista`). Wenn es um das Deployment und die Skalierung deiner eigenen Modelle geht, kommen Plattformen für Machine Learning Operations (MLOps) ins Spiel, die dir helfen, den gesamten Lebenszyklus deiner Modelle zu managen – vom Training über das Deployment bis hin zur Überwachung im Produktivbetrieb. Ein wichtiger Praxistipp, den du als Experte kennen solltest, betrifft die Nutzung von Tools, die primär für Videoerstellung konzipiert sind, für reine Audioaufgaben. Dein Hinweis zu HeyGen ist hier Gold wert: Wenn du beispielsweise eine reine Audio-Datei mit HeyGen übersetzen möchtest, das Tool aber einen Video-Upload erwartet, besteht der Workaround darin, ein einfaches Video mit einem Standbild (z. B. einem Logo oder einer neutralen Grafik) und deiner Original-Audiospur zu erstellen. Dieses Video kannst du dann in HeyGen hochladen und die Übersetzungsfunktion nutzen. Nachdem HeyGen das Video mit der übersetzten Audiospur generiert hat, musst du anschließend die Audiospur aus diesem neuen Video extrahieren (z. B. mit kostenloser Software wie Audacity oder FFmpeg). Dieser Umweg ist zwar nicht ideal, aber oft eine praktikable Lösung, um die starken Übersetzungs- und Stimmklonierungsfähigkeiten solcher Plattformen auch für reine Audioprojekte zu nutzen, wenn keine direkte Audio-Upload-Funktion für diese spezifische Aufgabe angeboten wird. Die Auswahl der richtigen Werkzeuge und das Wissen um solche Kniffe sind entscheidend, um auch komplexe und unkonventionelle Anforderungen effizient umzusetzen.

Teste dein Wissen

Du hast nun die Gipfelregion der Voice AI und Avatar-Technologie erreicht. Lass uns dein Expertenwissen mit einigen anspruchsvollen Überlegungen herausfordern. Die Entwicklung von hyperrealistischen KI-Stimmen und Avataren wirft, wie wir gesehen haben, erhebliche ethische Fragen auf, insbesondere im Hinblick auf Deepfakes und den möglichen Missbrauch zur Täuschung. Welche konkreten technischen oder regulatorischen Maßnahmen hältst du für am wirksamsten, um den Gefahren von Deepfakes zu begegnen, ohne dabei die legitime Forschung und kreative Nutzung dieser Technologien übermäßig einzuschränken? Und nun ein Blick in die Kristallkugel: Wenn du die aktuellen Forschungstrends und die rasanten Fortschritte betrachtest, welche völlig neue, heute vielleicht noch undenkbare Anwendungsmöglichkeit für die Kombination aus Voice AI und Avataren siehst du in den nächsten zehn bis fünfzehn Jahren entstehen, die das Potenzial hat, eine ganze Branche oder einen wichtigen Aspekt unseres Lebens nachhaltig zu verändern? Begründe deine Vision. Das Nachdenken über solche Fragen hilft dir, nicht nur das aktuelle Wissen zu beherrschen, sondern auch die zukünftige Entwicklung aktiv mitzudenken und verantwortungsvoll zu gestalten.

8.0 Werkzeugen für deinen digitalen Workspace

Willkommen zu Kapitel 8 unserer Reise durch die AI-Welt! In den vorherigen Kapiteln hast du eine Vielzahl mächtiger KI-Werkzeuge und -Technologien kennengelernt. Doch was passiert, wenn die wahre Magie nicht in der Nutzung eines einzelnen Tools liegt, sondern in der cleveren Kombination mehrerer? Genau darum geht es beim AI Tool Stacking: der Kunst, verschiedene KI-Anwendungen und Plattformen wie ClickUp, Notion, Zapier, Asana, Mem und Monday.com so miteinander zu verknüpfen, dass sie sich gegenseitig verstärken und deinen digitalen Arbeitsbereich auf ein neues Produktivitätslevel heben. In diesem Kapitel wirst du entdecken, wie du durch das intelligente Stapeln von Werkzeugen komplexe Arbeitsabläufe automatisieren, Informationssilos aufbrechen und eine nahtlose, KI-gestützte Umgebung für dich und dein Team schaffen kannst. Wir werden untersuchen, wie du die Stärken einzelner Tools gezielt nutzt und sie zu einem harmonischen Ganzen verbindest, das weit mehr ist als nur die Summe seiner Teile. Bereite dich darauf vor, deinen digitalen Werkzeugkasten neu zu denken und die transformative Kraft des AI Tool Stackings für dein Workspace Management zu entfesseln.

8.1. Das Fundament des AI Tool Stackings

Willkommen zum Grundlagen-Abschnitt unseres achten Kapitels, in dem wir das Fundament für dein Verständnis und deine Fähigkeiten im AI Tool Stacking legen. Bevor du beginnst, komplexe Symphonien aus verschiedenen KI-Werkzeugen zu dirigieren, ist es unerlässlich, die grundlegenden Prinzipien, die wichtigsten Instrumente und die ersten Schritte auf diesem spannenden Weg zu verstehen. Stell dir vor, du betrittst eine Werkstatt voller hochmoderner Maschinen. Jede für sich ist beeindruckend, aber erst wenn du lernst, wie sie zusammenarbeiten, wie du Material von einer zur nächsten transportierst und wie du ihre kombinierten Kräfte für ein gemeinsames Ziel nutzt, wirst du zum wahren Meister. Genau das wollen wir hier erreichen: Wir werden die Kernkonzepte des Tool Stackings definieren, die unschlagbaren Vorteile beleuchten, die wichtigsten Werkzeuge in deinem zukünftigen Stack vorstellen und dir zeigen, wie du mit einer klaren Bedarfsanalyse und Zieldefinition den ersten, entscheidenden Schritt machst. Außerdem werfen wir einen Blick auf das Rückgrat jedes erfolgreichen

Stacks: die Datenkonsistenz und -sicherheit. Mach dich bereit, die Bausteine für deinen intelligenten, KI-gestützten Workspace zu legen!

Was ist AI Tool Stacking?

Beginnen wir mit der grundlegendsten Frage: Was genau verbirgt sich hinter dem Begriff AI Tool Stacking? Im Kern geht es darum, mehrere verschiedene Software-Anwendungen, insbesondere solche mit KI-Funktionen oder solche, die durch KI erweitert werden können, strategisch miteinander zu verbinden und zu integrieren, um einen oder mehrere Arbeitsabläufe (Workflows) zu optimieren oder gänzlich neue, effizientere Prozesse zu schaffen. Es ist also weit mehr als nur die parallele Nutzung verschiedener Programme. Der Schlüssel liegt in der Synergie: Die kombinierten Werkzeuge sollen zusammen mehr leisten, als es die Summe ihrer Einzelleistungen vermuten ließe. Ein zentrales Kernkonzept ist die Workflow-Optimierung. Du analysierst bestehende Abläufe, identifizierst Engpässe oder repetitive Aufgaben und überlegst dann, wie eine Kette von Tools diese Aufgaben intelligenter, schneller oder automatisierter erledigen kann. Ein weiteres wichtiges Konzept ist der Datenfluss. Wie gelangen Informationen von einem Werkzeug zum nächsten? Ist der Datenfluss manuell, teilautomatisiert oder vollautomatisiert? Ein gut durchdachter Tool Stack sorgt für einen reibungslosen und möglichst automatisierten Datenfluss, um manuelle Übertragungsfehler zu vermeiden und Zeit zu sparen. Es geht also darum, ein Ökosystem von Werkzeugen zu schaffen, die wie Zahnräder ineinandergreifen und Informationen intelligent austauschen, um ein übergeordnetes Ziel zu erreichen.

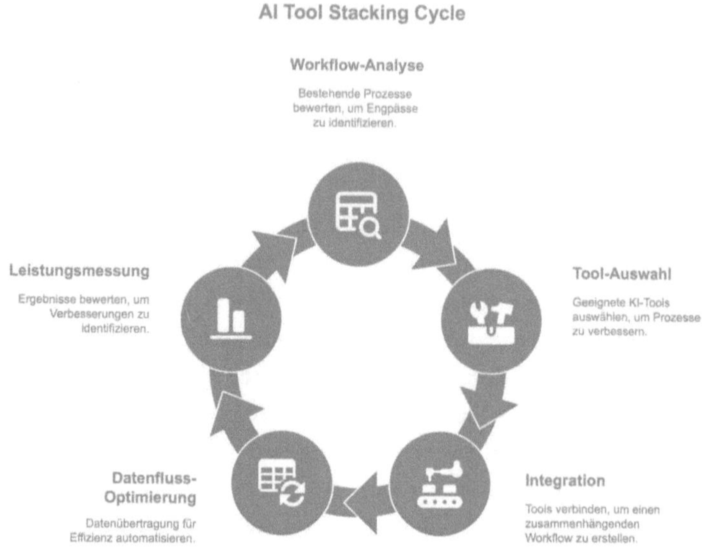

Warum AI Tool Stacking?

Du fragst dich vielleicht, warum du dir die Mühe machen solltest, verschiedene Werkzeuge miteinander zu verbinden, anstatt einfach bei den Funktionen zu bleiben, die ein einzelnes Tool bietet. Die Vorteile des AI Tool Stackings sind vielfältig und oft transformativ für die tägliche Arbeit. An erster Stelle steht die gesteigerte Effizienz. Indem du die Stärken verschiedener Tools kombinierst und manuelle Schritte eliminierst, kannst du Aufgaben in deutlich kürzerer Zeit erledigen. Eng damit verbunden ist die Automatisierung. Viele Tool Stacks, insbesondere unter Einbeziehung von Plattformen wie Zapier, ermöglichen es dir, komplexe, mehrstufige Prozesse zu automatisieren, die sonst viel manuelle Arbeit erfordern würden – von der Dateneingabe über Benachrichtigungen bis hin zur Berichterstellung. Ein weiterer wichtiger Vorteil ist die Möglichkeit, bessere Entscheidungen zu treffen. Wenn Daten aus verschiedenen Quellen in einem zentralen Hub zusammenfließen und vielleicht sogar durch KI analysiert und aufbereitet werden, erhältst du tiefere Einblicke und eine solidere Grundlage für strategische Entscheidungen. Schließlich ermöglicht AI Tool Stacking die Schaffung personalisierter Workflows. Nicht jedes Standardtool passt perfekt zu deinen individuellen Bedürfnissen oder denen deines Teams. Durch das Stacking kannst du dir eine Arbeitsumgebung schaffen, die exakt auf deine spezifischen Anforderungen, Prozesse und Vorlieben zugeschnitten ist. Du baust dir sozusagen deinen eigenen, maßgeschneiderten digitalen Co-Piloten.

Die wichtigsten Werkzeuge

Um einen effektiven AI Tool Stack aufzubauen, brauchst du die richtigen Bausteine, die nahtlos ineinandergreifen und deinen digitalen Arbeitsfluss unterstützen. Ein Blick auf die zentralen Werkzeugkategorien – wie sie auch im bereitgestellten Bild skizziert wurden – zeigt, welche Rollen diese Tools typischerweise übernehmen und welche Optionen sich in der Praxis bewährt haben.

Im Zentrum vieler Arbeitsabläufe stehen Projektmanagement-Hubs wie ClickUp, Asana oder Monday.com. Sie bilden oft das Rückgrat teambasierter Prozesse, da sie Aufgaben strukturieren, Projekte planen und den Fortschritt transparent machen. Ihre Stärke liegt in der Visualisierung von Workflows – etwa durch Kanban-Boards oder Gantt-Diagramme – sowie in der Koordination von Teammitgliedern. Immer häufiger integrieren diese Plattformen KI-Funktionalitäten, die etwa Aufgaben automatisch generieren, priorisieren oder Status-Updates verfassen. Im AI Tool Stack dienen sie als zentrale Steuerungsstelle, in der Aufgaben aus anderen Systemen zusammengeführt werden oder von der aus automatisierte Aktionen in externen Tools angestoßen werden.

Eine weitere tragende Säule ist das Wissensmanagement – hier dominieren Tools wie Notion und Mem. Notion überzeugt durch seine modulare Struktur und die Möglichkeit, komplexe, vernetzte Datenbanken und Wikis zu erstellen. Mit der integrierten Notion AI lassen sich Inhalte automatisch zusammenfassen, übersetzen oder strukturieren, was sowohl im Alltag als auch in der strategischen Dokumentation enorme Zeitersparnisse bringt. Mem verfolgt einen noch stärker KI-orientierten Ansatz: Die Plattform vernetzt Inhalte automatisch, erkennt Zusammenhänge und schlägt Informationen proaktiv vor – wie ein digitaler Assistent mit Gedächtnis. Im Tool Stack sind solche Lösungen zentral, um Informationen zu sammeln, Ideen festzuhalten und strukturierte Wissensräume als Grundlage für Content-Erstellung, Recherche oder Training zu schaffen.

Den verbindenden Kitt stellt schließlich der Automatisierungs-Motor dar – mit Zapier als prominentem Beispiel. Als sogenannte iPaaS-Plattform (Integration Platform as a Service) erlaubt Zapier es, verschiedenste Webtools miteinander zu verknüpfen. Ein typischer Workflow beginnt mit einem definierten Auslöser (Trigger) in einem Tool, etwa dem Eingang einer E-Mail, gefolgt von einer oder mehreren Aktionen (Actions) in anderen Systemen, etwa der Erstellung eines Trello-Karte oder dem Versenden einer Slack-Nachricht. Auf diese Weise fließen Daten automatisiert und reibungslos zwischen den Komponenten. Gerade im Zusammenspiel mit KI-Diensten – etwa zum automatischen Zusammenfassen von Meetings, Erstellen von Inhalten oder Bewerten von Leads – ist Zapier oft die unverzichtbare Schnittstelle, die aus einem Flickenteppich einzelner Tools ein kohärentes, produktives System macht.

Natürlich gibt es viele Alternativen und ergänzende Werkzeuge – entscheidend ist jedoch, die Kernfunktionen und die Rolle jeder Kategorie im Gesamtgefüge zu verstehen. Nur so entsteht ein durchdachter, skalierbarer AI Tool Stack, der sich an deine Bedürfnisse anpassen lässt und den maximalen Nutzen aus KI-gestützten Arbeitsweisen herausholt.

Bedarfsanalyse und Zieldefinition

Bevor du beginnst, wahllos Tools miteinander zu verbinden, ist eine sorgfältige Bedarfsanalyse und Zieldefinition unerlässlich. Dies ist der vielleicht wichtigste erste Schritt. Frage dich: Was genau möchte ich erreichen? Geht es darum, Zeit bei einer bestimmten repetitiven Aufgabe zu sparen? Möchte ich die Zusammenarbeit im Team verbessern? Sollen Informationen schneller und zuverlässiger fließen? Oder will ich einen komplett neuen, KI-gestützten Service anbieten? Je klarer dein Ziel, desto gezielter kannst du deinen Tool Stack planen. Analysiere deine aktuellen Prozesse: Wo gibt es Reibungspunkte, Engpässe oder manuelle Schritte, die fehleranfällig sind oder viel Zeit kosten? Welche dieser Schritte könnten durch die Kombination von Tools oder den Einsatz von KI optimiert oder automatisiert werden? Dokumentiere diese Prozesse und identifiziere die konkreten Schmerzpunkte. Erst wenn du ein klares

Verständnis deiner Bedürfnisse und Ziele hast, kannst du sinnvoll entscheiden, welche Werkzeuge du benötigst und wie sie miteinander interagieren sollen. Ohne diese Vorarbeit läufst du Gefahr, einen komplexen, aber ineffektiven Tool Stack zu bauen, der mehr Probleme schafft als löst.

Die Bedeutung von Datenkonsistenz und -sicherheit

Ein oft unterschätzter, aber absolut kritischer Aspekt beim AI Tool Stacking ist die Rolle der Daten. Daten sind das Lebenselixier jedes intelligenten Systems und das Rückgrat deines Tool Stacks. Wenn Informationen zwischen verschiedenen Werkzeugen fließen, ist die Datenkonsistenz von größter Bedeutung. Das bedeutet, die Daten müssen in allen verbundenen Systemen korrekt, aktuell und widerspruchsfrei sein. Inkonsistente Daten können zu falschen Entscheidungen, fehlerhaften Automatisierungen und letztlich zu einem Vertrauensverlust in deinen Tool Stack führen. Du musst also sicherstellen, dass Datenformate kompatibel sind, dass es klare Regeln für die Datenpflege gibt und dass Synchronisationsprozesse zuverlässig funktionieren. Eng damit verbunden ist die Datensicherheit und der Datenschutz. Wenn du verschiedene Cloud-Dienste miteinander verbindest und potenziell sensible Informationen zwischen ihnen austauschst, musst du die Sicherheitsstandards jedes einzelnen Tools prüfen und sicherstellen, dass deine Daten während der Übertragung und Speicherung angemessen geschützt sind. Beachte die Datenschutzbestimmungen (wie die DSGVO in Europa) und überlege genau, welche Daten du mit welchen Tools teilst und wer darauf Zugriff hat. Ein sicherer und konsistenter Datenhaushalt ist die Basis für einen vertrauenswürdigen und leistungsfähigen AI Tool Stack.

Werkzeuge und Plattformen

Um dir einen ersten praktischen Eindruck zu vermitteln, werfen wir einen kurzen Blick auf die Benutzeroberflächen und einige Kernfunktionen der bereits genannten Werkzeuge, die oft die Basis eines AI Tool Stacks bilden. Bei ClickUp, Asana und Monday.com findest du typischerweise intuitive Oberflächen mit verschiedenen Ansichten für deine Projekte und Aufgaben, wie Listen, Boards (Kanban), Kalender oder Zeitleisten (Gantt). Viele bieten bereits native KI-Funktionen, wie z. B. ClickUp AI, das beim Erstellen von Aufgabenbeschreibungen, Zusammenfassungen oder dem Brainstorming helfen kann. Notion besticht durch seine minimalistische, blockbasierte Oberfläche, die es dir erlaubt, Seiten flexibel mit Text, Bildern, Tabellen, Datenbanken und Einbettungen anderer Dienste zu gestalten. Notion AI ist direkt in den Editor integriert und unterstützt dich beim Schreiben, Editieren und Organisieren. Mem präsentiert sich oft als eine Art intelligenter Notiz-Feed, der deine Gedanken schnell erfasst und durch KI-gestützte Querverbindungen automatisch Kontext herstellt. Zapier wiederum hat eine sehr prozessorientierte Oberfläche: Du wählst eine Trigger-App und ein Trigger-Ereignis aus und verbindest dies dann mit einer oder mehreren Action-Apps und deren Aktionen. Die Einrichtung erfolgt meist über Dropdown-Menüs und einfache Konfigurationsfelder. Ein einfaches Beispiel für eine direkte Integration wäre das Erstellen einer neuen Aufgabe in Asana, wenn eine E-Mail in Gmail ein bestimmtes Label erhält, wobei der Betreff und der Inhalt der E-Mail automatisch in die Aufgabe übernommen werden – dies lässt sich oft schon mit Bordmitteln der Projektmanagement-Tools oder über Zapier realisieren. Ein anderes Beispiel wäre die automatische Erstellung eines neuen Notion-Dokuments für jedes neue Projekt, das in ClickUp angelegt wird, um dort alle relevanten Projektinformationen zentral zu sammeln.

Teste dein Wissen

Nachdem du nun die ersten grundlegenden Konzepte des AI Tool Stackings kennengelernt hast, ist es an der Zeit, dein Verständnis ein wenig zu vertiefen. Stell dir vor, du möchtest den Hauptvorteil dieser Methode, also des intelligenten Kombinierens verschiedener Werkzeuge, in deinen eigenen Worten beschreiben. Was wäre für dich das überzeugendste Argument, um jemanden vom AI Tool Stacking zu begeistern? Und nun ein kleiner Praxistest für deine Vorstellungskraft: Kannst du dir ein ganz einfaches Beispiel aus deinem eigenen Alltag oder deiner Arbeit vorstellen, bei dem die Kombination von nur zwei der genannten Werkzeuge – nehmen wir beispielsweise Notion für die Wissensorganisation und Zapier für die Automatisierung – einen konkreten Arbeitsablauf spürbar verbessern oder vereinfachen könnte? Skizziere kurz, wie dieser kleine, aber feine Tool Stack aussehen und funktionieren würde. Indem du über solche konkreten Anwendungsmöglichkeiten nachdenkst, beginnst du, das abstrakte Konzept des Tool Stackings mit Leben zu füllen und sein praktisches Potenzial zu erkennen.

8.2. Intelligente Workflows bauen

Nachdem du im Grundlagen-Abschnitt das Fundament des AI Tool Stackings gelegt und die wichtigsten Werkzeuge sowie erste Planungsansätze kennengelernt hast, ist es nun an der Zeit, einen Gang höher zu schalten. Willkommen im fortgeschrittenen Bereich, deiner Werkstatt für intelligente Workflows! Hier geht es darum, die einzelnen Werkzeuge nicht nur zu verstehen, sondern sie meisterhaft zu kombinieren und komplexe, KI-gestützte Automatisierungsketten zu schmieden, die deine Produktivität auf ein neues Level heben. Wir werden uns anschauen, wie du strategisch einen effektiven Tool Stack aufbaust, wie du mit Zapier und KI echte Automatisierungsmagie entfesselst und wie du Plattformen wie Notion, ClickUp, Asana oder Monday.com zu zentralen, intelligenten Knotenpunkten in deinem digitalen Ökosystem machst. Du wirst lernen, nicht nur was möglich ist, sondern auch wie du es praktisch umsetzt, um maßgeschneiderte Lösungen für anspruchsvolle Herausforderungen zu entwickeln. Bereite dich darauf vor, die einzelnen Instrumente deines KI-Orchesters zu virtuosen Solisten zu machen, die im Zusammenspiel eine beeindruckende Symphonie der Effizienz erzeugen.

Strategien für den Aufbau eines effektiven AI Tool Stacks

Beim Aufbau eines wirklich effektiven AI Tool Stacks reicht es nicht, einfach nur möglichst viele Tools miteinander zu verbinden. Es bedarf einer klugen Strategie. Ein bewährter Ansatz ist der modulare Aufbau. Betrachte deinen Tool Stack nicht als ein starres Monstrum, sondern als ein System aus austauschbaren und erweiterbaren Modulen. Jedes Modul (oder eine kleine Gruppe von Tools) erfüllt eine spezifische Funktion in deinem Workflow. Dieser Ansatz bietet enorme Flexibilität: Wenn ein Werkzeug nicht mehr deinen Anforderungen entspricht oder eine bessere Alternative auf den Markt kommt, kannst du dieses Modul austauschen, ohne den gesamten Stack neu aufbauen zu müssen. Denke auch von Anfang an an die Skalierbarkeit. Dein Tool Stack sollte mit deinen Anforderungen wachsen können. Das bedeutet, die gewählten Werkzeuge sollten in der Lage sein, größere Datenmengen zu verarbeiten, mehr Nutzer zu unterstützen oder komplexere Aufgaben zu bewältigen, wenn dies in Zukunft nötig wird. Cloud-basierte Dienste bieten hier oft gute Skalierungsmöglichkeiten. Achte darauf, dass die Verbindungen zwischen den Tools robust sind und dass du nicht von einem einzigen, schwer ersetzbaren Werkzeug völlig abhängig wirst. Eine gute Strategie beinhaltet auch regelmäßige Überprüfungen und Anpassungen deines Stacks, um sicherzustellen, dass er weiterhin optimal auf deine Ziele ausgerichtet ist.

Workflow-Automatisierung

Zapier – oder vergleichbare Integrationsplattformen wie Make (ehemals Integromat) – bildet häufig das pulsierende Herzstück moderner Tool Stacks, insbesondere wenn es darum geht, Arbeitsabläufe über mehrere Anwendungen hinweg zu automatisieren. Die eigentliche Stärke dieser Plattformen entfaltet sich jedoch erst in Kombination mit künstlicher Intelligenz. Wenn Automatisierung auf KI trifft, entstehen hochdynamische Workflows, die nicht nur Prozesse beschleunigen, sondern auch Entscheidungen vorbereiten und Inhalte intelligent verarbeiten können. Zwei exemplarische Anwendungsfälle verdeutlichen das Potenzial solcher hybriden Systeme.

Im ersten Beispiel geht es um die automatisierte Erstellung und Priorisierung von Aufgaben. Stell dir vor, Kundenanfragen oder wichtige Nachrichten treffen in deinem E-Mail-Posteingang ein – etwa über Gmail oder Outlook. Ein Zap könnte so aufgebaut sein, dass er bei jeder eingehenden E-Mail mit einem bestimmten Label oder Stichwort ausgelöst wird. Die erste Aktion übergibt den Inhalt der E-Mail an eine KI, zum Beispiel über den Zapier OpenAI Connector. Die KI analysiert die Nachricht, identifiziert die Stimmung (etwa positiv, negativ oder neutral), extrahiert die zentralen Anliegen und schlägt eine Prioritätsstufe vor. Anschließend wird auf Basis dieser Analyse automatisch eine neue Aufgabe in einem Projektmanagement-Tool wie Asana oder ClickUp erstellt. Der Betreff der E-Mail wird zum Aufgabentitel, der Text zum Beschreibungsteil. Die extrahierten Informationen – inklusive der vorgeschlagenen Priorität – werden als Tags oder benutzerdefinierte Felder übernommen. Dieser Workflow spart nicht nur Zeit, sondern sorgt auch dafür, dass relevante Anfragen systematisch erfasst, klassifiziert und priorisiert behandelt werden.

Das zweite Beispiel zeigt, wie Content-Aufbereitung und -Verteilung mithilfe von KI automatisiert werden können. Angenommen, du führst regelmäßig Interviews, zeichnest Meetings auf oder erstellst Sprachmemos, deren Inhalte später weiterverwendet werden sollen. Sobald ein neues Transkript in einer Notion-Datenbank gespeichert oder eine neue Audiodatei in einem Google-Drive-Ordner abgelegt wird, startet der automatisierte Prozess. Die KI erhält das Transkript oder die von ihr selbst erzeugte Transkription der Audiodatei, erstellt eine prägnante Zusammenfassung und extrahiert relevante Schlagworte. Anschließend wird diese Zusammenfassung automatisch in Mem als neue Notiz abgelegt, sodass sie kontextuell vernetzt und später leicht wiederauffindbar ist. Gleichzeitig kann ein Projekt-Update mit denselben Inhalten automatisiert in einem passenden Channel in Slack oder Monday.com gepostet werden, um das Team auf dem Laufenden zu halten. Optional kann die KI auf Basis der erstellten Zusammenfassung sogar einen Entwurf für einen Social-Media-Post generieren, der in einem Trello-Board oder einer Notion-Tabelle zur redaktionellen Überprüfung hinterlegt wird.

Solche Workflows machen deutlich, wie leistungsfähig die Kombination aus Automatisierungsplattformen und KI-Diensten sein kann. Sie entlasten Teams von repetitiven Aufgaben, beschleunigen die Informationsverarbeitung und ermöglichen es, sich auf höherwertige, kreative oder strategische Tätigkeiten zu konzentrieren. In einem durchdachten AI Tool Stack übernehmen diese Prozesse nicht nur Routinearbeit, sondern tragen aktiv zur Qualität und Geschwindigkeit der Zusammenarbeit bei.

Zentraler Wissenshub mit KI-Superkräften

Notion hat sich für viele zu einem unverzichtbaren Werkzeug für Wissensmanagement, Dokumentation und sogar leichtes Projektmanagement entwickelt. Seine wahre Stärke im AI Tool Stacking entfaltet es als zentraler Wissenshub, der durch KI-Funktionen und clevere Integrationen mit anderen Tools zu einer Art Superhirn für deine Projekte und dein Unternehmen werden kann. Stell dir vor, du baust in Notion eine intelligente Wissensdatenbank auf. Diese könnte nicht nur manuell gepflegte Dokumente, SOPs (Standard Operating Procedures) und Projektpläne enthalten, sondern auch automatisch durch KI angereicherte Inhalte. Notion AI kann dir helfen, Meeting-Protokolle direkt während der Eingabe zu erstellen, lange Texte zusammenzufassen, Ideen zu brainstormen oder sogar Code-Snippets zu generieren. Durch die Integration mit anderen Tools via Zapier oder direkten Einbettungen kannst du Notion noch mächtiger machen: Zeige aktuelle Aufgaben aus Asana direkt in deinen Notion-Projektseiten an, synchronisiere wichtige Termine aus deinem Google Kalender in eine Notion-Kalenderansicht oder lasse automatisch neue Einträge in einer Notion-Datenbank erstellen, wenn bestimmte Ereignisse in anderen Apps stattfinden (z. B. ein neuer Kunde im CRM-System). Notion wird so nicht nur zu einem Ort der Ablage, sondern zu einer dynamischen Plattform, auf der Informationen aus verschiedenen Quellen zusammenfließen, durch KI veredelt und im richtigen Kontext präsentiert werden.

Projektmanagement 2.0

Die Projektmanagement-Giganten ClickUp, Asana und Monday.com sind bereits für sich genommen mächtige Werkzeuge. Im fortgeschrittenen Tool Stacking können sie jedoch noch deutlich mehr leisten, insbesondere wenn ihre eigenen KI-Funktionen und die Möglichkeiten der externen Integration voll ausgeschöpft werden. Viele dieser Plattformen bieten mittlerweile native KI-Funktionen, die beispielsweise bei der automatischen Erstellung von Teilaufgaben, der Generierung von Projekt-Statusberichten, der Analyse von Team-Workloads oder sogar bei der Vorhersage potenzieller Projektrisiken helfen können. Nutze diese internen KI-Helfer, um Routineaufgaben im Projektmanagement zu reduzieren. Das wahre Tool Stacking für komplexes Projektmanagement zeigt sich jedoch, wenn du die Stärken verschiedener Systeme kombinierst. Du könntest beispielsweise ClickUp für die sehr detaillierte Aufgabenplanung und Zeitverfolgung innerhalb eines Entwicklungsteams nutzen, während Asana für die übergeordnete Koordination zwischen verschiedenen Abteilungen (z. B. Marketing, Vertrieb, Entwicklung) und die Kommunikation mit externen Stakeholdern dient. Zapier könnte dann als Brücke fungieren, um wichtige Meilensteine oder Status-Updates zwischen ClickUp und Asana zu synchronisieren oder automatische Benachrichtigungen an relevante Personen zu senden, wenn kritische Aufgaben abgeschlossen oder blockiert sind. Monday.com wiederum könnte als übergeordnetes Dashboard dienen, das Daten aus verschiedenen Projektmanagement-Tools und anderen Quellen (z. B. Vertriebszahlen, Kundensupport-Tickets) zusammenführt und visualisiert, um dem Management einen umfassenden Überblick über die Unternehmensleistung zu geben. Der Schlüssel liegt darin, nicht ein Tool für alles zu erzwingen, sondern die jeweils besten Funktionen für spezifische Aspekte des Projektmanagements zu nutzen und intelligent zu vernetzen.

Schnelle Notiz- und Ideen-Drehscheibe

Mem verfolgt einen etwas anderen Ansatz als traditionelle Notiz-Apps und positioniert sich als eine Art schnelle Ideen-Drehscheibe mit intelligenter Vernetzung. Die Stärke von Mem liegt in seiner Fähigkeit, Notizen, Gedankenblitze und Informationen schnell zu erfassen und durch KI-gestützte Funktionen automatisch Querverbindungen zwischen verwandten Inhalten herzustellen ("Mem X"). Dies kann helfen, verborgene Zusammenhänge aufzudecken und Wissen auf eine organischere Weise zu explorieren. Im Kontext eines AI Tool Stacks kann Mem als eine Art persönlicher Wissens-Booster dienen. Du könntest beispielsweise über Zapier automatisch Highlights aus gelesenen Artikeln (z. B. aus Readwise) oder wichtige Erkenntnisse aus Meeting-Transkripten (die vielleicht zuvor durch eine KI aufbereitet wurden) direkt in Mem importieren lassen. Mem hilft dir dann, diese Informationsschnipsel im Kontext deines bestehenden Wissens zu sehen. Die Weiterverarbeitung könnte dann wieder automatisiert erfolgen: Besonders relevante oder aktionswürdige Mems könnten einen Trigger in Zapier auslösen, um daraus eine Aufgabe in ClickUp zu erstellen oder einen Entwurf für einen Blogbeitrag in Notion zu starten. Mem wird so zu einem dynamischen Eingangstor für Ideen und Informationen, die dann intelligent weiterverarbeitet und in konkrete Aktionen oder strukturierteres Wissen überführt werden.

Tool-Kompatibilität, Daten-Mapping, Fehlerbehandlung

So verlockend die Möglichkeiten des AI Tool Stackings auch sind, der Aufbau und Betrieb solcher Systeme birgt auch Herausforderungen. Ein häufiges Problem ist die Tool-Kompatibilität. Nicht alle Werkzeuge lassen sich problemlos miteinander verbinden, APIs können sich ändern oder bestimmte Funktionen sind nicht über Integrationsplattformen zugänglich. Hier ist eine sorgfältige Recherche vor der Auswahl der Tools und eine flexible, modulare Architektur deines Stacks wichtig. Das

Daten-Mapping ist eine weitere Hürde: Du musst genau definieren, welche Datenfelder aus einem Tool welchen Feldern in einem anderen Tool entsprechen. Inkonsistenzen hier können zu fehlerhaften Datenübertragungen führen. Eine klare Dokumentation deiner Datenflüsse und Mappings ist unerlässlich. Besonders kritisch ist die Fehlerbehandlung in automatisierten Workflows. Was passiert, wenn eine API nicht erreichbar ist, ein Datensatz fehlerhaft ist oder eine KI-Analyse unerwartete Ergebnisse liefert? Dein automatisierter Workflow sollte Mechanismen zur Fehlererkennung, Benachrichtigung und idealerweise zur automatischen oder manuellen Fehlerbehebung beinhalten. Zapier und ähnliche Plattformen bieten hierfür oft eingebaute Funktionen (z. B. Fehlerprotokolle, automatische Wiederholungsversuche, bedingte Logik zur Fehlerumgehung). Es ist ratsam, deine Workflows regelmäßig zu testen und zu überwachen, um sicherzustellen, dass sie auch bei unerwarteten Ereignissen robust bleiben.

Werkzeuge und Plattformen

Für den Bau fortgeschrittener AI Tool Stacks benötigst du ein tieferes Verständnis der beteiligten Werkzeuge und Plattformen. Ein wichtiger Aspekt sind die API-Schnittstellen (Application Programming Interfaces) der von dir genutzten Tools wie Notion, ClickUp, Asana, Monday.com oder auch KI-Dienste wie OpenAI. APIs sind die Tore, über die verschiedene Softwareanwendungen miteinander kommunizieren und Daten austauschen können. Ein Grundverständnis, wie APIs funktionieren (z. B. REST-APIs, Authentifizierungsmethoden wie API-Keys oder OAuth), ist sehr hilfreich, auch wenn du primär mit Plattformen wie Zapier arbeitest. Apropos Zapier:

Für fortgeschrittene Workflows solltest du dich mit dessen erweiterten Funktionen vertraut machen. Dazu gehören Filter (um Aktionen nur unter bestimmten Bedingungen auszuführen), Delays (um Aktionen zeitverzögert auszuführen), Formatter (um Daten zu transformieren, z. B. Text zu bereinigen oder Datumsformate zu ändern) und die Möglichkeit, Custom Code (z. B. Python oder JavaScript) in deine Zaps einzubinden, falls die Standardfunktionen nicht ausreichen. Es lohnt sich auch, einen Blick auf alternative Integrationsplattformen zu werfen. Make (ehemals Integromat) ist bekannt für seine visuell sehr ansprechende Oberfläche und seine mächtigen Funktionen zur Datenmanipulation und komplexen Szenarienerstellung. Pabbly Connect ist eine weitere oft genannte Alternative, die sich durch ein anderes Preismodell und eine breite Palette an Integrationen auszeichnet. Die Wahl der richtigen Integrationsplattform hängt von deinen spezifischen Anforderungen, deinem Budget und deinen technischen Präferenzen ab.

Teste dein Wissen

Du hast nun einen tiefen Einblick in die Werkstatt des KI-Maßschneiders erhalten und gesehen, wie man Werkzeuge intelligent zu komplexen Workflows kombiniert. Lass uns dein Verständnis mit einer kleinen praktischen Überlegung auf die Probe stellen. Stell dir vor, du möchtest den Prozess zur Bearbeitung von Kundenfeedback in deinem Unternehmen optimieren. Das Feedback kommt typischerweise per E-Mail an. Deine Vision ist es, dass dieses Feedback automatisch durch eine KI analysiert wird (hinsichtlich Stimmung und der wichtigsten genannten Themen). Anschließend soll basierend auf dieser

Analyse eine Aufgabe in ClickUp angelegt werden, die bereits die wichtigsten Informationen und eine vorgeschlagene Priorität enthält. Parallel dazu soll die Kernaussage des Feedbacks zusammen mit der Stimmungsanalyse in einer speziellen Notion-Datenbank dokumentiert werden, um langfristige Trends auswerten zu können. Welche Werkzeuge aus unserem bisherigen Repertoire würdest du für diesen Workflow einsetzen, und welche grundlegenden Schritte müsste beispielsweise ein Zap in Zapier durchlaufen, um diesen Prozess abzubilden? Denke dabei an die Trigger, die einzelnen Aktionen und den Datenfluss zwischen den Systemen. Indem du solche konkreten Szenarien durchdenkst, schärfst du dein Gespür für die praktische Anwendung des AI Tool Stackings.

8.3. Der vollautomatisierte, KI-gesteuerte Workspace

Herzlichen Glückwunsch, du hast die Meisterklasse des AI Tool Stackings erreicht! Nachdem du die Grundlagen vững chắc gemeistert und die fortgeschrittenen Techniken zur Erstellung intelligenter Workflows verinnerlicht hast, ist es nun an der Zeit, deinen Blick auf die höchsten Sphären der digitalen Arbeitsplatzgestaltung zu richten. In diesem Experten-Abschnitt tauchen wir tief ein in die Welt der vollautomatisierten, KI-gesteuerten Workspaces – eine Vision, die dank cleverem Tool Stacking immer mehr zur greifbaren Realität wird. Wir werden uns mit der Entwicklung unternehmensweiter Frameworks für das Tool Stacking beschäftigen, inspirierende Real-World Use Cases aus verschiedenen Branchen analysieren und die Rolle von No-Code/Low-Code-Plattformen als Beschleuniger für individuelle KI-Lösungen beleuchten. Doch mit großer Macht kommt auch große Verantwortung: Daher werden wir uns intensiv mit den ethischen Überlegungen und dem Datenschutz im Kontext hochgradig automatisierter Systeme auseinandersetzen. Schließlich wagen wir einen Blick in die spannende Zukunft des AI Tool Stackings, in der selbstoptimierende Systeme und proaktive, agentenhafte KI-Assistenten die Grenzen des Möglichen neu definieren könnten. Bereite dich darauf vor, nicht nur Anwender, sondern Architekt und Visionär deines eigenen, hocheffizienten und intelligenten digitalen Ökosystems zu werden.

Entwicklung eines unternehmensweiten AI Tool Stacking Frameworks

Wenn AI Tool Stacking über einzelne Anwendungsfälle oder kleine Teams hinaus skaliert und zu einer unternehmensweiten Strategie werden soll, bedarf es eines soliden Frameworks. Dieses Framework legt die Spielregeln fest und sorgt für einen konsistenten, sicheren und effizienten Einsatz von kombinierten KI-Werkzeugen im gesamten Unternehmen. Ein wichtiger Pfeiler dieses Frameworks ist die Governance. Wer ist verantwortlich für die Auswahl, Implementierung und Wartung von Tool Stacks? Welche Genehmigungsprozesse gibt es für neue Integrationen? Welche Sicherheitsrichtlinien müssen eingehalten werden? Klare Verantwortlichkeiten und Prozesse sind unerlässlich, um Wildwuchs zu vermeiden und die Kontrolle zu behalten. Die Standardisierung ist ein weiterer wichtiger Aspekt. Das bedeutet nicht, dass jeder den exakt gleichen Tool Stack nutzen muss, aber es sollten bevorzugte Werkzeuge für bestimmte Aufgabenkategorien definiert, Best Practices für Integrationen etabliert und Vorlagen für häufig genutzte Workflows bereitgestellt werden. Dies erleichtert die Zusammenarbeit, reduziert den Supportaufwand und stellt sicher, dass neue Lösungen auf bewährten Mustern aufbauen. Schließlich ist die Schulung und Befähigung der Mitarbeiter entscheidend. Nicht jeder muss zum Tool-Stacking-Experten werden, aber ein Grundverständnis für die Möglichkeiten und die etablierten Prozesse im Unternehmen ist wichtig. Biete Schulungen, Dokumentationen und Support an, um die Akzeptanz und die effektive Nutzung der Tool Stacks im gesamten Unternehmen zu fördern. Ein gut durchdachtes Framework verwandelt individuelle Tool-Stacking-Initiativen in eine strategische Stärke des gesamten Unternehmens.

Real-World Use Cases für maximale Produktivität

Die wahre Kraft des AI Tool Stackings zeigt sich erst dann vollständig, wenn es in konkreten Anwendungsfällen zum Einsatz kommt, die reale Probleme lösen und die Produktivität signifikant steigern. Dabei wird deutlich: Es geht nicht nur um das Zusammenspiel einzelner Tools, sondern um die gezielte Orchestrierung intelligenter Prozesse. Drei inspirierende Beispiele aus unterschiedlichen Bereichen machen das Potenzial deutlich.

Im Marketing-Team etwa beginnt der Prozess mit der Ideenfindung und Recherche. Ein Teammitglied hält eine spontane Kampagnenidee in Mem fest. Mem X erkennt automatisch Zusammenhänge und verknüpft die Notiz mit vorhandenen internen Inhalten und externen Quellen. Daraus entsteht in Notion ein detailliertes Kampagnenkonzept, inklusive Zielgruppendefinition, Kernbotschaften und Content-Plan. Notion AI unterstützt bei Struktur und Textentwürfen. Anschließend übernimmt Zapier die Weiterleitung an Asana: Aufgaben für Text, Design und Planung werden automatisch erstellt und den zuständigen Teammitgliedern zugewiesen. Die Content-Erstellung erfolgt durch KI-Generatoren wie Jasper oder Writesonic für Texte und Midjourney oder DALL·E für passendes Bildmaterial. Ist der Content finalisiert, erfolgt die Veröffentlichung automatisiert über Social-Media-Tools, während Analyseplattformen die Performance auswerten. Diese Ergebnisse werden in ein Monday.com-Dashboard integriert und stehen dort in Echtzeit zur Erfolgsmessung bereit. Das Team kann sich dadurch ganz auf kreative und strategische Arbeit konzentrieren – der Rest läuft im Hintergrund.

Ein weiteres Beispiel liefert das Sales-Team, das durch einen durchdachten Stack Lead-Bearbeitung und Angebotserstellung automatisiert. Neue Leads, die über ein Webformular eingehen, landen direkt in einem CRM-System wie HubSpot oder Salesforce und gleichzeitig in einer ClickUp-Liste. Eine angebundene KI analysiert diese Leads auf Basis von Unternehmensdaten, Branche oder Produktinteresse, reichert sie mit externen Informationen an und erstellt einen Lead-Score. So werden hochrelevante Leads priorisiert und gezielt weiterverarbeitet. Für qualifizierte Leads generiert das System automatisch ein erstes Angebot – basierend auf CRM-Daten und hinterlegten Vorlagen in Notion. Der zuständige Vertriebsmitarbeiter erhält eine Benachrichtigung zur finalen Personalisierung. Follow-up-Mails und weitere Kommunikation erfolgen ebenfalls automatisiert, während die Vertriebsaktivitäten in einem Dashboard überwacht und ausgewertet werden. Das Resultat: eine schnellere, präzisere und personalisiertere Ansprache bei gleichzeitiger Entlastung des Teams.

Auch für Freelancer oder Solopreneure lässt sich ein effektiver AI-gestützter Workflow aufbauen – schlank, aber leistungsfähig. Sobald ein Kunde ein Paket über eine Plattform wie Calendly bucht, werden über Zapier automatisch mehrere Aktionen ausgelöst: Der Kunde wird in einer Notion-Datenbank erfasst, ein Projektordner in Google Drive angelegt und eine Willkommens-E-Mail versendet. Die Projektarbeit wird in ClickUp organisiert, Kommunikation läuft teilautomatisiert über vorbereitete E-Mail-Vorlagen – unterstützt durch KI für Tonalität und Klarheit. Alle wichtigen Informationen, Vorlagen und Lessons Learned werden in Notion oder Mem gesammelt und sind jederzeit abrufbar. Am Monatsende erstellt ein verbundenes Abrechnungstool automatisch Rechnungen auf Basis der Projektzeit oder erreichten Meilensteine. Finanzübersichten lassen sich parallel in Google Sheets oder Notion visualisieren, um Einnahmen und Ausgaben im Blick zu behalten. Dieser strukturierte, automatisierte Stack ermöglicht es Einzelpersonen, professionell zu agieren, Zeit zu sparen und sich auf ihre Kernkompetenzen zu konzentrieren.

Diese Beispiele zeigen: AI Tool Stacking ist weit mehr als technische Spielerei. Es ist ein strategischer Hebel zur Effizienzsteigerung, Prozessautomatisierung und kreativen Entfaltung – ganz gleich, ob im Team oder als Einzelperson. Die gezeigten Use Cases sind nur der Anfang. Die eigentlichen Möglichkeiten ergeben sich durch deine spezifischen Anforderungen und die Bereitschaft, Prozesse neu zu denken.

No-Code/Low-Code Plattformen als Beschleuniger

Die Entwicklung und Integration von Tool Stacks, insbesondere wenn es um die Anbindung von KI-Diensten oder die Erstellung benutzerdefinierter Logik geht, musste früher oft von Programmierern erledigt werden. Doch die Landschaft hat sich dramatisch verändert, vor allem durch den Aufstieg von No-Code- und Low-Code-Plattformen. Diese Plattformen ermöglichen es auch Nutzern ohne tiefgreifende Programmierkenntnisse, anspruchsvolle Anwendungen und Automatisierungen zu erstellen, oft über visuelle Drag-and-Drop-Oberflächen und vorkonfigurierte Bausteine. Zapier und Make/Integromat sind klassische Beispiele für No-Code-Integrationsplattformen. Darüber hinaus gibt es Plattformen wie Bubble, Adalo oder Glide, mit denen du eigene Web- und Mobilanwendungen erstellen kannst, die dann wiederum als Teil deines Tool Stacks fungieren oder Daten aus anderen Quellen integrieren. Airtable kombiniert die Flexibilität einer Datenbank mit der Benutzerfreundlichkeit einer Tabellenkalkulation und bietet eigene Automatisierungsfunktionen sowie Schnittstellen zu anderen Diensten. Im Kontext von KI ermöglichen viele dieser Plattformen die einfache Anbindung von KI-APIs (z. B. OpenAI, Cohere) oder bieten sogar eigene KI-gestützte Module an. Dies beschleunigt die Entwicklung individueller KI-Tool-Stacks erheblich und demokratisiert den Zugang zu leistungsstarken Automatisierungslösungen. Du kannst schneller Prototypen erstellen, Ideen testen und maßgeschneiderte Lösungen entwickeln, die genau auf deine Bedürfnisse zugeschnitten sind, ohne auf externe Entwicklerressourcen angewiesen zu sein.

Ethische Überlegungen und Datenschutz im vollautomatisierten Workspace

Je leistungsfähiger und autonomer unsere AI Tool Stacks werden, desto wichtiger werden die ethischen Überlegungen und der Datenschutz. Im vollautomatisierten Workspace, in dem KI-Systeme möglicherweise Entscheidungen treffen oder stark beeinflussen, müssen wir uns kritischen Fragen stellen. Die Datenhoheit ist ein zentrales Thema: Wem gehören die Daten, die durch den Tool Stack fließen und von den KI-Systemen verarbeitet werden? Wie stellen wir sicher, dass sensible Informationen geschützt sind und nur für die vorgesehenen Zwecke verwendet werden? Die Einhaltung von Datenschutzgesetzen wie der DSGVO ist nicht nur eine rechtliche Verpflichtung, sondern auch eine Frage des Vertrauens. Die Transparenz der Algorithmen ist eine weitere Herausforderung. Können wir nachvollziehen, warum eine KI eine bestimmte Entscheidung getroffen oder eine bestimmte Empfehlung gegeben hat? Bei komplexen KI-Modellen, insbesondere im Bereich Deep Learning, ist dies oft nicht trivial (Stichwort "Black Box"). Dennoch müssen wir nach Wegen suchen, um die Nachvollziehbarkeit zu erhöhen, beispielsweise durch erklärbare KI (Explainable AI, XAI)-Methoden oder klare Dokumentationen der Entscheidungspfade. Die Verantwortung bei Fehlentscheidungen durch KI ist ein weiterer kritischer Punkt. Wer haftet, wenn ein automatisierter Prozess aufgrund einer fehlerhaften KI-Analyse zu einem Schaden führt? Es ist wichtig, klare Verantwortlichkeiten zu definieren und Mechanismen zur Überprüfung und Korrektur von KI-Entscheidungen zu implementieren, insbesondere wenn diese weitreichende Konsequenzen haben können. Menschliche Aufsicht und die Möglichkeit zum Eingreifen bleiben in vielen Bereichen unerlässlich.

Selbstoptimierende Systeme und proaktive, agentenhafte KI-Assistenten

Werfen wir zum Abschluss des Experten-Abschnitts einen kühnen Blick in die Zukunft des AI Tool Stackings. Die Entwicklung schreitet rasant voran, und wir können davon ausgehen, dass unsere digitalen Arbeitsumgebungen in den kommenden Jahren noch intelligenter und autonomer werden. Eine spannende Vision sind selbstoptimierende Systeme. Stell dir vor, dein Tool Stack analysiert kontinuierlich seine eigene Performance, identifiziert Engpässe oder ineffiziente Verknüpfungen und schlägt proaktiv Verbesserungen vor oder nimmt diese sogar selbstständig vor. KI-Systeme könnten lernen, welche Werkzeugkombinationen für bestimmte Aufgaben am besten funktionieren und sich dynamisch an veränderte Anforderungen anpassen. Ein weiterer faszinierender Trend ist die Entwicklung hin zu proaktiven, agentenhaften KI-Assistenten. Diese KI-Agenten könnten nicht nur auf deine Befehle reagieren, sondern deine Bedürfnisse antizipieren, selbstständig Aufgaben innerhalb deines Tool Stacks initiieren und koordinieren und dir wie ein persönlicher digitaler Butler zur Seite stehen. Sie könnten beispielsweise erkennen, dass ein wichtiges Meeting bevorsteht, automatisch relevante Dokumente aus Notion und Mem zusammenstellen, eine Zusammenfassung erstellen und dir diese rechtzeitig in ClickUp als Aufgabe präsentieren. Die Grenzen zwischen einzelnen Anwendungen könnten weiter verschwimmen, und wir interagieren möglicherweise mehr mit übergeordneten KI-Agenten, die im Hintergrund auf unseren gesamten Tool Stack zugreifen und diesen orchestrieren. Diese Zukunftsvisionen sind nicht mehr reine Science-Fiction, sondern basieren auf aktuellen Forschungsrichtungen und technologischen Entwicklungen. Sie versprechen eine noch tiefgreifendere Transformation unserer Arbeitsweise, erfordern aber auch eine kontinuierliche Auseinandersetzung mit den damit verbundenen Chancen und Herausforderungen.

Werkzeuge und Plattformen

Im Expertenbereich des AI Tool Stackings, wo es um die Skalierung, die Entwicklung unternehmensweiter Frameworks und die Implementierung hochgradig individualisierter und oft auch datenintensiver Lösungen geht, erweitert sich das Spektrum der relevanten Werkzeuge und Plattformen erheblich. Hier spielen nicht nur die bereits bekannten Integrations- und Produktivitäts-Tools eine Rolle, sondern auch spezialisierte Systeme für Datenmanagement, MLOps (Machine Learning Operations) und die Entwicklung eigener KI-Komponenten. Für die Konsolidierung und das Management von Daten, die aus verschiedensten Quellen deines Tool Stacks zusammenfließen, gewinnen Datenbank-Tools wie Airtable an Bedeutung. Airtable kombiniert die Flexibilität einer Datenbank mit der einfachen Bedienbarkeit einer Tabellenkalkulation und ermöglicht es, komplexe Datenmodelle aufzubauen, die als zentrale Wahrheit für deine automatisierten Prozesse dienen können. Für noch größere Datenmengen und anspruchsvollere Analysen kommen Cloud-basierte Data-Warehouse-Lösungen wie Google BigQuery ins Spiel, die oft über Konnektoren von Plattformen wie Zapier oder Make befüllt und abgefragt werden können, um tiefgreifende Einblicke aus den Aktivitäten deines Tool Stacks zu gewinnen.

Wenn es um die Überwachung und Analyse deiner automatisierten Workflows geht, reichen die Bordmittel der Integrationsplattformen manchmal nicht mehr aus. Hier können spezialisierte Monitoring-Tools oder Log-Management-Systeme helfen, die Performance deiner Zaps oder Szenarien im Detail zu verfolgen, Engpässe zu identifizieren und Fehler proaktiv zu managen. Für den Fall, dass Standardintegrationen an ihre Grenzen stoßen oder du sehr spezifische KI-gestützte Funktionalitäten benötigst, die von der Stange nicht verfügbar sind, wird die Fähigkeit zur Entwicklung eigener kleiner KI-gestützter Tools oder Skripte immer wichtiger. Kenntnisse in Programmiersprachen wie Python, kombiniert mit dem Zugriff auf mächtige APIs wie die OpenAI API, ermöglichen es dir, maßgeschneiderte KI-Logik zu implementieren – sei es für spezifische Textanalysen, Datenanreicherungen oder die Steuerung komplexer Entscheidungsprozesse innerhalb deines Stacks. Diese Custom Scripts können oft direkt in Plattformen wie Zapier (über Code-Schritte) oder als eigenständige Microservices eingebunden werden.

Sobald das Fine-Tuning von Modellen oder der Betrieb komplexerer KI-Systeme Teil deines Stacks wird, betreten wir das Feld der MLOps-Plattformen. Werkzeuge wie Kubeflow, ein Open-Source-Toolkit für Machine Learning auf Kubernetes, oder MLflow, eine Open-Source-Plattform zur Verwaltung des gesamten ML-Lebenszyklus, helfen bei der Automatisierung von Trainingspipelines, der Versionierung von Modellen und Daten sowie dem Deployment und Monitoring von ML-Anwendungen. Cloud-Anbieter stellen hierfür ebenfalls umfassende Lösungen bereit, darunter AWS SageMaker, Google Vertex AI und Azure Machine Learning. Diese Plattformen bieten integrierte Umgebungen, um Machine-Learning-Modelle effizient zu entwickeln, zu trainieren und in den produktiven Betrieb zu überführen, was für skalierbare und robuste KI-Tool-Stacks unerlässlich ist. Für die Optimierung der Inferenzgeschwindigkeit und -effizienz von großen Sprachmodellen, die möglicherweise in deinem Stack zum Einsatz kommen, sind spezialisierte Frameworks wie NVIDIA TensorRT-LLM, vLLM oder der NVIDIA Triton Inference Server relevant. Diese Werkzeuge helfen dabei, die Modelle so zu kompilieren und auszuliefern, dass sie möglichst schnell und ressourcenschonend auf der Zielhardware laufen, was besonders bei Echtzeitanwendungen oder hohem Anfragevolumen kritisch ist. Die Beherrschung dieser Expertenwerkzeuge ermöglicht es dir, nicht nur bestehende Tools zu kombinieren, sondern die KI-Fähigkeiten deines Workspaces aktiv zu gestalten und auf ein Höchstmaß an Individualisierung und Effizienz zu trimmen.

Teste dein Wissen

Du hast nun die Gipfel der KI-Anpassung im Bereich des Tool Stackings erklommen und dich mit Strategien für unternehmensweite Frameworks, komplexen Real-World Use Cases und den tiefgreifenden ethischen Dimensionen auseinandergesetzt. Lass uns dein erworbenes Expertenwissen nun mit einigen anregenden Überlegungen auf die Probe stellen, die dich dazu bringen sollen, das Gelernte zu reflektieren und auf anspruchsvolle Szenarien anzuwenden. Stell dir beispielsweise vor, du bist als Chief Digital Officer dafür verantwortlich, in einem mittelständischen Produktionsunternehmen ein umfassendes AI Tool Stacking Framework einzuführen, das von der Optimierung der Lieferkette über die intelligente Wartung von Maschinen bis hin zur Verbesserung der internen Kommunikation reicht. Welche Governance-Strukturen müsstest du etablieren, um sicherzustellen, dass dieses Framework nicht nur effizient, sondern auch sicher und von den Mitarbeitern akzeptiert wird? Welche Standardisierungsansätze würdest du wählen, um einerseits Wildwuchs zu vermeiden, andererseits aber auch Raum für abteilungsspezifische Innovationen zu lassen? Und wie würdest du die Schulungsmaßnahmen gestalten, um sowohl technische Experten als auch weniger technikaffine Mitarbeiter an Bord zu holen?

Ein weiteres Szenario zur Reflexion: Du hast einen sehr komplexen, vollautomatisierten Workflow für die Bearbeitung von Kundenbeschwerden entwickelt, der mehrere KI-Dienste zur Analyse, Kategorisierung und sogar zur Formulierung von Antwortentwürfen nutzt. Welche ethischen Fallstricke siehst du bei einem solchen System, insbesondere wenn es um die Fairness gegenüber Kunden und die Verantwortung bei Fehlentscheidungen der KI geht? Welche konkreten Maßnahmen würdest du ergreifen, um Transparenz zu gewährleisten, Bias in den KI-Modellen zu minimieren und sicherzustellen, dass immer ein Mensch die letzte Kontrollinstanz bei kritischen Entscheidungen bleibt? Entwirf schließlich eine kühne, aber fundierte Vision, wie sich das AI Tool Stacking deiner Meinung nach in den nächsten fünf bis zehn Jahren durch die rasanten Fortschritte im Bereich der Agentic AI und selbstlernender Systeme verändern könnte. Welche neuen Möglichkeiten könnten sich eröffnen, aber auch welche neuen Herausforderungen könnten auf uns zukommen, wenn unsere digitalen Workspaces beginnen, proaktiv und quasi-autonom zu agieren? Das Nachdenken über diese anspruchsvollen Fragestellungen wird nicht nur dein Verständnis für die Komplexität und die weitreichenden Implikationen des Experten-Level AI Tool Stackings schärfen, sondern dich auch dazu inspirieren,

die Zukunft der Arbeit aktiv und verantwortungsvoll mitzugestalten.

9.0 AI Video Content Generation

Willkommen zu einer der aufregendsten Entwicklungen in der Welt des digitalen Contents: der KI-gestützten Videogenerierung! In einer Zeit, in der Bewegtbild wie nie zuvor die Online-Kommunikation, das Marketing, die Bildung und schlichtweg unsere Unterhaltung dominiert, steht uns eine technologische Revolution ins Haus, die das Zeug hat, alles zu verändern. Stell dir vor, du könntest komplexe Ideen, fesselnde Geschichten oder informative Blogartikel nicht nur in Textform, sondern als dynamische, ansprechende Videos präsentieren – und das ohne monatelange Einarbeitung in komplizierte Software oder das Budget eines Hollywood-Studios. Genau hier setzt die künstliche Intelligenz an und wird zu deinem persönlichen Co-Regisseur, der dir hilft, deine Visionen in beeindruckende Videoinhalte zu verwandeln.

Die Magie bewegter Bilder ist unbestritten. Ein gut gemachtes Video kann Emotionen wecken, komplexe Sachverhalte verständlich machen und Botschaften nachhaltig im Gedächtnis verankern. Doch der Weg dorthin war traditionell oft steinig, zeitaufwendig und kostenintensiv. Von der Ideenfindung über das Drehbuchschreiben, die Organisation von Drehorten und Equipment, den eigentlichen Dreh bis hin zur langwierigen Postproduktion mit Schnitt, Farbkorrektur und Vertonung – all das erforderte spezifisches Know-how und erhebliche Ressourcen. Doch der KI-Katalysator ist dabei, diese Hürden einzureißen. Künstliche Intelligenz demokratisiert die Videoproduktion, indem sie leistungsstarke Werkzeuge bereitstellt, die es auch Einzelpersonen, kleinen Unternehmen oder Content-Erstellern ohne filmtechnischen Hintergrund ermöglichen, professionell wirkende Videos zu erstellen. Sie beschleunigt Prozesse, die früher Tage oder Wochen dauerten, auf Stunden oder gar Minuten und eröffnet dabei völlig neue kreative Horizonte.

In diesem neunten Kapitel unseres Reise durch die AI-Weltes nehmen wir dich mit auf eine Entdeckungsreise in die Welt der KI-Videogenerierung. Wir starten bei den Grundlagen und klären, was genau hinter Begriffen wie Text-zu-Video oder Script-zu-Video steckt. Du wirst die Kernkonzepte verstehen und die unschlagbaren Vorteile kennenlernen, die KI in der Videoproduktion bietet. Anschließend tauchen wir tiefer ein in fortgeschrittene Techniken: Wie meisterst du den KI-Videoschnitt? Wie veredelst du deine Inhalte mit KI-gestützten Voiceovers und beeindruckenden visuellen Effekten? Und schließlich werfen wir einen Blick auf Expertenstrategien, die dir zeigen, wie du KI-Videoproduktion im großen Stil strategisch einsetzen und sogar automatisieren kannst. Dabei werden wir uns immer wieder auf praktische Anwendungen und die Nutzung konkreter Tools wie Runway, VEED und Opus konzentrieren, die dir als mächtige Assistenten zur Seite stehen.

Das Ziel dieses Kapitels ist es, dich zu befähigen, die enorme Power von KI-Videogeneratoren nicht nur zu verstehen, sondern sie aktiv und kreativ für deine eigenen Projekte zu nutzen. Am Ende wirst du in der Lage sein, Drehbücher, Blogartikel oder einfach nur eine zündende Idee in fesselnde Videos zu verwandeln, komplett mit KI-generierten Sprecherstimmen, intelligenten Schnittfunktionen und einer visuellen Qualität, die dein Publikum begeistern wird. Mach dich bereit, die Art und Weise, wie du über Videoproduktion denkst, neu zu definieren und KI als deinen unermüdlichen, kreativen Partner im Schneideraum willkommen zu heißen!

9.1. Dein Einstieg in die KI-Videoproduktion

Nachdem wir in der Einleitung die revolutionäre Kraft der KI für die Videoproduktion beleuchtet haben, wollen wir nun tiefer in die Materie eintauchen und das Fundament für dein Verständnis und deine praktischen Fähigkeiten legen. Keine Sorge, wir starten ganz von vorne und erklären dir die Kernkonzepte so einfach und verständlich wie möglich. Du wirst sehen, der Einstieg in die Welt der KI-gestützten Videoerstellung ist weniger ein Sprung ins kalte Wasser, sondern vielmehr ein spannender erster Schritt auf einem neuen, kreativen Pfad.

Was ist KI-Videogenerierung?

Stell dir vor, du hast eine brillante Idee für ein Video, aber dir fehlen die Mittel, die Zeit oder das technische Know-how, um sie traditionell umzusetzen. Hier kommt die KI-Videogenerierung ins Spiel. Im Kern geht es darum, dass künstliche Intelligenz, also lernfähige Algorithmen, dich dabei unterstützt, Videoinhalte zu erstellen, zu bearbeiten oder zu transformieren. Diese Algorithmen sind darauf trainiert, Muster in riesigen Datenmengen von Bildern und Videos zu erkennen, Zusammenhänge zu verstehen und auf Basis deiner Anweisungen neue, einzigartige Inhalte zu generieren. Es gibt verschiedene Ansätze, wie KI dies bewerkstelligt. Eine der faszinierendsten Spielarten ist sicherlich Text-zu-Video. Hierbei gibst du der KI eine textliche Beschreibung – einen sogenannten Prompt – von dem, was du sehen möchtest, und die KI versucht, daraus eine passende Videosequenz zu generieren. Das kann eine einfache Szene sein wie "Ein goldener Retriever spielt am Strand bei Sonnenuntergang" oder komplexere Handlungsabläufe umfassen. Die KI analysiert deinen Text, interpretiert die Objekte, Aktionen sowie den gewünschten Stil und setzt dies in bewegte Bilder um. Eine weitere Methode ist Bild-zu-Video. Hast du ein beeindruckendes Foto oder eine digitale Illustration, die du gerne animieren möchtest? Mit Bild-zu-Video-Funktionen kannst du statischen Bildern Leben einhauchen. Die KI kann subtile Bewegungen hinzufügen, wie das Wehen von Blättern im Wind oder das Flackern einer Kerze, oder sogar komplexere Animationen erstellen, die dein Bild in eine kurze Videosequenz verwandeln. Darüber hinaus existiert die Video-zu-Video-Technik. Diese erlaubt es dir, bestehendes Videomaterial zu nehmen und es mithilfe von KI zu transformieren. Das kann bedeuten, den Stil eines Videos komplett zu ändern, beispielsweise einen Realfilm in einen Animationsstil umzuwandeln, Objekte im Video zu verändern, Hintergründe auszutauschen oder sogar Personen altern zu lassen oder zu verjüngen. Die KI analysiert hierfür das Eingangsvideo und wendet die gewünschten Änderungen intelligent an. Schließlich gibt es den Ansatz Script-zu-Video, der noch einen Schritt weiter geht als Text-zu-Video. Hier fütterst du die KI mit einem detaillierteren Skript oder Drehbuch, das möglicherweise Dialoge, Szenenbeschreibungen und Regieanweisungen enthält. Die KI versucht dann, dieses Skript automatisiert in eine Abfolge von Szenen und Einstellungen umzusetzen, oft schon mit Platzhaltern für Sprecher oder Avatare.

Die Rolle von KI-Algorithmen ist dabei zentral. Es handelt sich meist um komplexe neuronale Netze, insbesondere sogenannte Generative Adversarial Networks (GANs) oder Diffusionsmodelle, die darauf trainiert wurden, visuelle Inhalte zu verstehen und zu erzeugen. Sie lernen aus Millionen von Beispielen und können so nicht nur Bestehendes reproduzieren, sondern auch völlig neue, noch nie dagewesene Bilder und Sequenzen erschaffen. Ihre Fähigkeit zur Mustererkennung hilft ihnen, Objekte, Bewegungen und Stile zu identifizieren, während ihre generativen Fähigkeiten es ihnen erlauben, diese Elemente auf neue Weise zu kombinieren und zu optimieren, oft basierend auf deinen spezifischen Vorgaben.

Warum KI für Video?

Die Frage ist berechtigt: Warum solltest du auf KI setzen, wenn es doch etablierte Methoden der Videoproduktion gibt? Die Antwort liegt in einer Reihe von unschlagbaren Vorteilen, die KI-Videogeneratoren sowohl für Profis als auch für Einsteiger attraktiv machen. Ein oft ausschlaggebender Punkt ist die enorme Zeitersparnis. Was früher Tage, Wochen oder gar Monate an Planung, Dreh und Postproduktion erforderte, kann mit KI-Tools oft in Minuten oder Stunden erledigt werden. Die Erstellung eines ersten Entwurfs, das Generieren von B-Roll-Material oder das schnelle Umsetzen einer Idee für Social Media – all das geht mit KI dramatisch schneller. Eng damit verbunden ist die Kosteneffizienz. Videoproduktion kann teuer sein, da Kosten für professionelles Equipment, die Anmietung von Drehorten, Gagen für Schauspieler und Crew oder Lizenzen für Stock-Footage sich schnell summieren. KI-Tools können viele dieser Kostenpunkte reduzieren oder ganz eliminieren, da du viele Elemente virtuell erstellen oder simulieren kannst. KI ist jedoch nicht nur ein Effizienzwerkzeug, sondern auch ein Quell der Inspiration und somit ein echter Kreativitäts-Boost. Sie ermöglicht es dir, mit visuellen Stilen zu experimentieren, surreale Welten zu erschaffen oder komplexe Effekte zu erzielen, die manuell nur mit sehr hohem Aufwand oder Spezialwissen realisierbar wären. Die KI kann dir helfen, über den Tellerrand hinauszuschauen und neue kreative Wege zu beschreiten. Ein weiterer wichtiger Vorteil ist die Skalierbarkeit. Stell dir vor, du musst ein Produktvideo in zehn verschiedenen Sprachen oder für fünf unterschiedliche Zielgruppen erstellen. Mit traditionellen Methoden wäre das ein enormer Aufwand. KI-Tools ermöglichen es, relativ einfach Variationen eines Videos zu erstellen, sei es durch unterschiedliche Voiceover, angepasste Texteinblendungen oder sogar leicht veränderte visuelle Elemente, und das in großem Umfang. Schließlich führt KI zu einer deutlich verbesserten Barrierefreiheit. Nicht jeder ist ein geborener Filmemacher oder hat eine Ausbildung als Cutter genossen. KI-Videogeneratoren senken die Einstiegshürden erheblich. Mit intuitiven Benutzeroberflächen und oft textbasierten Anweisungen kannst auch du ohne tiefgreifende Vorkenntnisse ansprechende Videos erstellen. Die Demokratisierung der Videoproduktion ist einer der größten Verdienste der KI.

Die wichtigsten Werkzeugkategorien im Überblick.

Der Markt für KI-Videotools wächst rasant, und es gibt eine Vielzahl von Anwendungen für unterschiedliche Bedürfnisse. Um den Überblick zu behalten, lassen sich die Werkzeuge grob in einige Hauptkategorien einteilen. Zunächst gibt es Plattformen für Text/Script-zu-Video. Diese Tools sind darauf spezialisiert, aus reinen Textvorgaben oder detaillierteren Drehbüchern komplette Videosequenzen oder zumindest erste Entwürfe zu generieren. Sie sind ideal, um schnell Ideen zu visualisieren oder Content aus Blogartikeln oder Skripten in ein Videoformat zu überführen. Ein Beispiel, das wir uns genauer ansehen werden, ist Opus Clip, das besonders stark darin ist, lange Videos in kurze, Social-Media-taugliche Clips zu verwandeln, aber auch Funktionen zur Erstellung aus Text bietet. Eine weitere Kategorie sind Tools für KI-gestützte Bearbeitung und Effekte. Diese umfassen Werkzeuge, die bestehendes Videomaterial analysieren und intelligente Bearbeitungsfunktionen anbieten oder beeindruckende visuelle Effekte ermöglichen. Das kann von automatischen Schnitten über Objektentfernung bis hin zur kompletten Stiltransformation reichen. Runway und VEED.io sind hier prominente Vertreter, die wir uns im Detail anschauen werden. Schließlich existieren Spezialwerkzeuge für Voiceover, Avatare und Untertitel. Neben der reinen Bildgenerierung gibt es auch spezialisierte KI-Tools, die sich um den Ton und die Präsentation kümmern. Dazu gehören KI-Stimmgeneratoren für professionelle Voiceover in verschiedenen Sprachen, Plattformen zur Erstellung von Videos mit realistisch wirkenden KI-Avataren (wie Synthesia oder HeyGen, die wir in Kapitel 7 behandelt haben) und Tools zur automatischen Erstellung und Übersetzung von Untertiteln, eine Funktion, die beispielsweise auch VEED.io anbietet. Viele moderne Plattformen kombinieren auch Funktionen aus mehreren dieser Kategorien, um einen möglichst umfassenden Workflow zu ermöglichen.

Von der Idee zum KI-generierten Entwurf.

Der Gedanke, mit KI Videos zu erstellen, mag anfangs vielleicht etwas einschüchternd wirken, aber die ersten Schritte sind oft überraschend einfach. Ein kleiner Leitfaden kann dir helfen, von deiner Idee zu einem ersten KI-generierten Entwurf zu gelangen. Wenn du mit Text-zu-Video-Tools arbeitest, ist die Macht des Prompts – also deine textliche Anweisung an die KI – das A und O. Je präziser und detaillierter du beschreibst, was du sehen möchtest (Objekte, Personen, Handlungen, Umgebung, Stil, Stimmung, Kamerawinkel), desto besser wird das Ergebnis. Experimentiere mit verschiedenen Formulierungen. Manchmal helfen auch Beispiele oder die Nennung von Künstlern oder Filmstilen, um der KI die gewünschte Richtung zu weisen. Wichtig ist auch die Auswahl des richtigen Tools, denn nicht jedes Werkzeug ist für jede Aufgabe gleich gut geeignet. Möchtest du schnell einen Blogartikel in ein Video umwandeln? Dann könnte ein Script-zu-Video-Tool passen. Willst du ein bestehendes Video mit coolen Effekten aufpeppen? Dann ist ein KI-Videoeditor die richtige Wahl. Informiere dich über die Kernfunktionen der verschiedenen

Plattformen, bevor du dich entscheidest. Nimm dir zudem kurz Zeit für das Verständnis der Benutzeroberflächen und Kernfunktionen. Die meisten modernen KI-Videotools sind auf Benutzerfreundlichkeit ausgelegt. Wo lädst du Material hoch? Wo gibst du Prompts ein? Welche Einstellungsmöglichkeiten gibt es? Viele Anbieter stellen Tutorials oder Beispielprojekte zur Verfügung, die den Einstieg erleichtern. Schließlich ist die grundlegende Bearbeitung und Anpassung des KI-Outputs entscheidend, denn selten wird der erste von der KI generierte Entwurf perfekt sein. Fast alle Tools bieten Möglichkeiten zur Nachbearbeitung. Du kannst vielleicht Szenen umsortieren, die Länge anpassen, Texteinblendungen hinzufügen oder Farben korrigieren. Sieh den KI-Output als einen ersten, intelligenten Entwurf, den du dann nach deinen Vorstellungen verfeinerst. Der Schlüssel liegt im Ausprobieren und Experimentieren. Hab keine Angst, verschiedene Einstellungen zu testen und auch mal unkonventionelle Prompts einzugeben. Oft entstehen gerade so die interessantesten Ergebnisse.

Qualität, Urheberrecht und ethische Aspekte

Bei aller Begeisterung für die neuen Möglichkeiten dürfen wir einige wichtige Aspekte nicht außer Acht lassen, die bei der Arbeit mit KI-generierten Videos eine Rolle spielen. Ein zentraler Punkt ist das Erwartungsmanagement bei der Videoqualität, also die Abwägung zwischen Realismus und stilisierter Optik. Die Qualität von KI-generierten Videos hat in den letzten Jahren enorme Fortschritte gemacht. Dennoch ist es wichtig, realistische Erwartungen zu haben. Fotorealistische Videos, die von echten Aufnahmen nicht zu unterscheiden sind, sind immer noch die Ausnahme und oft mit sehr rechenintensiven Modellen verbunden. Viele Tools erzeugen eher stilisierte oder leicht surreale Ergebnisse. Kläre für dich, welchen Qualitätsanspruch dein Projekt hat und ob die aktuellen KI-Tools diesen erfüllen können. Oft ist ein kreativer, einzigartiger Stil wertvoller als der Versuch, puren Realismus zu erzielen. Ein weiterer komplexer Bereich betrifft die Rechte an KI-generierten Inhalten und verwendeten Assets. Das Thema Urheberrecht ist im Kontext von KI-Kunst und -Videos noch nicht in allen Details geklärt. Wer ist der Urheber eines KI-generierten Videos – du als Prompt-Geber, der Entwickler der KI oder die KI selbst? Die meisten Plattformen haben Nutzungsbedingungen, die regeln, wie du die erstellten Inhalte verwenden darfst. Achte besonders darauf, wenn du planst, die Videos kommerziell zu nutzen. Wenn du eigenes Material (Bilder, Videoschnipsel) in die KI einspeist, musst du natürlich die Rechte an diesem Material besitzen. Nicht zuletzt ist die Vermeidung von Deepfakes und irreführenden Inhalten von größter Bedeutung. Die Technologie, die es uns erlaubt, beeindruckende Videos zu erstellen, kann leider auch missbraucht werden, beispielsweise zur Erstellung von Deepfakes (manipulierte Videos, in denen Personen Dinge tun oder sagen, die sie nie getan oder gesagt haben) oder zur Verbreitung von Falschinformationen. Es liegt in unserer Verantwortung als Nutzer, diese Technologien ethisch und verantwortungsbewusst einzusetzen und uns der potenziellen Gefahren bewusst zu sein. Transparenz darüber, dass Inhalte KI-generiert sind, kann hier ein wichtiger Schritt sein. Diese Überlegungen sollten dich nicht entmutigen, sondern vielmehr sensibilisieren, die Werkzeuge mit Bedacht und im Bewusstsein ihrer Implikationen zu nutzen.

Werkzeuge und Plattformen

Jetzt wird es konkret! Werfen wir einen ersten Blick auf einige der Werkzeuge, die im Bereich der KI-Videogenerierung für Einsteiger besonders relevant sind. Wir werden diese Tools in den fortgeschrittenen und Experten-Abschnitten noch detaillierter betrachten, aber hier geht es erstmal um einen ersten Eindruck und die Basisfunktionen. Runway, mit seinen Modellen Gen-1 und Gen-2, ist eine sehr vielseitige Plattform, die eine breite Palette an KI-gestützten Kreativwerkzeugen anbietet, darunter auch leistungsstarke Videofunktionen. Du kannst Videos aus Textbeschreibungen oder Bildern generieren (Text-zu-Video, Bild-zu-Video). Eine besonders spannende Funktion ist die Video-zu-Video-Transformation, bei der du den Stil eines bestehenden Videos ändern oder bestimmte Elemente durch Prompts manipulieren kannst. Für den Anfang konzentrieren wir uns auf die einfache Erstellung kurzer Clips aus Text oder Bildern und die Anwendung von Stilübertragungen auf vorhandenes Material. VEED.io ist primär ein Online-Videoeditor, der aber eine Fülle von KI-Funktionen integriert hat, die den Bearbeitungsprozess enorm vereinfachen. Für den Grundlagenbereich sind besonders die automatische Untertitelerstellung (Auto-Untertitel) und deren Übersetzung relevant. Auch einfache KI-gestützte Schnitte, die automatische Hintergrundentfernung bei Videos (ohne Greenscreen) und die Text-to-Speech-Funktion für schnelle Voiceover sind Gold wert, um Videos schnell und unkompliziert aufzuwerten. Opus Clip wiederum hat sich darauf spezialisiert, lange Video- oder Audioinhalte (z. B. Podcasts, Webinare, Reden) mithilfe von KI in viele kurze, ansprechende und potenziell virale Clips für Social Media Plattformen wie TikTok, Instagram Reels oder YouTube Shorts zu zerlegen. Die KI identifiziert dabei automatisch die interessantesten und relevantesten Segmente, schneidet sie passend zu, fügt Untertitel hinzu und formatiert sie für die jeweiligen Plattformen. Für den Einstieg ist es faszinierend zu sehen, wie aus einem langen Vortrag mit wenigen Klicks eine ganze Reihe teilbarer Häppchen entsteht. Neben diesen drei Hauptakteuren gibt es noch weitere einsteigerfreundliche Tools. Pictory.ai beispielsweise ist bekannt dafür, Blogartikel oder Skripte sehr schnell in Videos mit Stock-Footage und KI-Voiceover umzuwandeln. InVideo bietet ebenfalls eine breite Palette an Templates und KI-Funktionen, die sich an Nutzer ohne viel Bearbeitungserfahrung richten. Eine kurze Nennung dieser Alternativen soll dir zeigen, dass es für fast jeden Bedarf und jedes Kenntnislevel passende Werkzeuge gibt. Für den Anfang empfehlen wir, dich mit den kostenlosen Versionen oder Testzeiträumen dieser Tools vertraut zu machen, um ein Gefühl für ihre Funktionsweise und Möglichkeiten zu bekommen.

Teste dein Wissen

Nachdem du nun einen ersten Einblick in die Grundlagen der KI-Videogenerierung erhalten hast, lass uns dein Verständnis kurz überprüfen. Beschreibe doch einmal in deinen eigenen Worten, wie ein Text-zu-Video KI-Generator prinzipiell funktioniert und welche Informationen er von dir benötigt, um ein gutes Ergebnis zu liefern. Überlege dir dann ein konkretes Beispiel für einen kurzen Videoclip (z. B. für Social Media) und formuliere einen detaillierten Prompt, den du einer Text-zu-Video KI geben würdest, um diesen Clip zu erstellen. Achte dabei darauf, sowohl den Inhalt als auch den gewünschten visuellen Stil zu beschreiben. Welche Vorteile siehst du persönlich im Einsatz von KI für die Videoproduktion, und welche ethischen

Bedenken solltest du dabei im Hinterkopf behalten? Nimm dir einen Moment Zeit, um diese Fragen für dich zu beantworten und deine Gedanken zu strukturieren. Diese Reflexion hilft dir, das Gelernte zu festigen und dich auf die kommenden, fortgeschritteneren Themen vorzubereiten.

9.2. Meistere den KI-Videoschnitt und die Content-Veredelung

Herzlichen Glückwunsch, du hast die Grundlagen der KI-Videogenerierung erfolgreich gemeistert! Du verstehst nun die Kernkonzepte, kennst die Vorteile und hast einen ersten Überblick über wichtige Werkzeuge wie Runway, VEED und Opus Clip gewonnen. Jetzt ist es an der Zeit, einen Gang höher zu schalten und dich mit fortgeschrittenen Techniken vertraut zu machen, die deine KI-Videoprojekte auf ein neues Level heben. In diesem Abschnitt tauchen wir tiefer in die Kunst des präzisen Promptings ein, erkunden die Möglichkeiten der Workflow-Automatisierung, nehmen den KI-gestützten Videoschnitt genauer unter die Lupe und entdecken, wie du mit KI-Voiceover und beeindruckenden visuellen Effekten deine Zuschauer wirklich fesseln kannst. Schnall dich an, denn jetzt wird es richtig spannend!

Prompting-Techniken für präzise Videoergebnisse.

Du erinnerst dich: Der Prompt ist deine direkte Anweisung an die KI. In den Grundlagen haben wir gelernt, dass klare und detaillierte Prompts bessere Ergebnisse liefern. Im fortgeschrittenen Bereich geht es darum, diese Kunst zu perfektionieren und die KI noch gezielter zu steuern. Dies beinhaltet die Steuerung von Kamerawinkeln, Bewegungen und Beleuchtung per Text. Viele moderne KI-Videogeneratoren erlauben es dir, nicht nur den Inhalt, sondern auch die filmische Gestaltung per Text zu beeinflussen. Experimentiere mit Begriffen wie "establishing shot", "close-up on face", "dynamic tracking shot from left to right", "dramatic low-angle shot", "soft morning light", "neon-lit alley at night" oder "cinematic lighting". Je spezifischer du wirst, desto eher wird die KI deine Vision umsetzen. Du kannst auch versuchen, Kamerabewegungen wie "pan left", "zoom in slowly" oder "dolly forward" zu beschreiben. Ein weiterer wichtiger Aspekt ist die Definition von Charakterkonsistenz und Szenenübergängen. Eine große Herausforderung bei KI-generierten Videos ist oft die Konsistenz von Charakteren über mehrere Szenen hinweg. Einige Tools bieten hierfür spezielle Funktionen oder Parameter. Du kannst versuchen, Charaktere sehr detailliert zu beschreiben (Aussehen, Kleidung, markante Merkmale) und diese Beschreibung in jedem Prompt für die jeweilige Szene beizubehalten. Für Szenenübergänge kannst du Begriffe wie "smooth cut to next scene", "fade to black, then fade in to a new location" oder "energetic wipe transition" verwenden, auch wenn die direkte Steuerung hier oft noch limitiert ist und eher über die Postproduktion erfolgt. Ebenso bedeutsam ist die Nutzung von Negativ-Prompts zur Vermeidung unerwünschter Elemente. Manchmal ist es genauso wichtig zu sagen, was du nicht sehen möchtest. Viele KI-

Tools unterstützen Negativ-Prompts (oft mit Parametern wie
--no oder in einem separaten Eingabefeld). Wenn deine KI
beispielsweise immer wieder unerwünschte Objekte oder Stil-
elemente generiert, kannst du versuchen, diese explizit auszu-
schließen (z. B. "--no text overlays", "--no blurry background").
Schließlich ist das iterative Prompting und die Verfeinerung
der Ergebnisse ein kontinuierlicher Prozess. Selten ist der erste
Schuss ein Volltreffer. Sieh das Prompting als einen iterativen
Prozess. Generiere eine erste Version, analysiere das Ergebnis
kritisch und passe deinen Prompt dann an, um die Schwachstellen zu korrigieren oder die gewünschten Aspekte zu verstärken. Manchmal helfen kleine Änderungen in der Wortwahl
oder das Hinzufügen von Details enorm. Speichere dir erfolgreiche Prompt-Kombinationen ab! Das Meistern des Promptings ist eine kontinuierliche Lernkurve. Sei geduldig, experi-
mentierfreudig und lerne aus jedem Versuch.

Von Blogartikel zu Video-Serie.

Stell dir vor, du hast einen umfangreichen Blogartikel oder eine
Reihe von Texten, die du gerne als Videoserie aufbereiten
möchtest. Das manuell zu machen, wäre extrem zeitaufwendig.
Hier kommt die Workflow-Automatisierung mit KI ins Spiel.
Ein erster Schritt kann die automatisierte Skripterstellung aus
Texten sein. Bevor du ein Video generieren kannst, brauchst
du oft ein Skript. Große Sprachmodelle wie ChatGPT, Claude
oder Gemini können dir dabei helfen, längere Texte automatisch in prägnante Video-Skripte umzuwandeln. Du kannst die
KI bitten, die Kernaussagen zu extrahieren, den Text in einzelne Szenen oder Abschnitte zu gliedern und sogar Sprechertex-
te oder Anweisungen für visuelle Elemente vorzuschlagen. Des

Weiteren ermöglichen einige KI-Videotools die Batch-Verarbeitung und Template-Nutzung. Damit kannst du mehrere Videos gleichzeitig oder nacheinander basierend auf einer Reihe von Prompts oder Skripten erstellen lassen. Wenn du eine Videoserie mit einem konsistenten Stil planst, können Templates (Vorlagen) sehr hilfreich sein. Du definierst einmal einen Stil (Farben, Schriftarten, Übergänge, Musik) und wendest dieses Template dann auf alle Videos der Serie an. Die wahre Magie entsteht oft durch die Integration mit anderen KI-Tools. Du könntest beispielsweise KI-Bildgeneratoren (wie Midjourney oder DALL-E) nutzen, um spezifische Szenenbilder oder Illustrationen für dein Video zu erstellen, die du dann in einem KI-Videoeditor animierst. Oder du nutzt KI-Musikgeneratoren (wie AIVA oder Soundraw), um lizenzfreie Hintergrundmusik zu komponieren, die perfekt zur Stimmung deines Videos passt. Plattformen wie Zapier oder Make können dir helfen, solche Workflows zwischen verschiedenen Anwendungen zu automatisieren. Durch die geschickte Kombination und Automatisierung dieser Schritte kannst du den Prozess von der Textidee bis zur fertigen Videoserie erheblich beschleunigen und skalieren.

KI-gestützte Videobearbeitung im Detail

Die KI kann nicht nur komplett neue Videos generieren, sondern auch bei der Bearbeitung von bestehendem Material wahre Wunder wirken. Viele moderne Videoeditoren integrieren immer mehr intelligente Funktionen. Eine davon ist der intelligente Schnitt. Eines der zeitaufwendigsten Elemente der Videobearbeitung ist der Schnitt. KI-Tools können hier enorm helfen. VEED.io beispielsweise bietet Funktionen, die automatisch Füllwörter (wie "ähms" und "ähs"), lange Pausen oder sogar ganze unerwünschte Szenen erkennen und entfernen können. Das Ergebnis ist ein deutlich dynamischeres und professioneller wirkendes Video, ohne dass du jede Sekunde manuell durchgehen musst. Ebenso nützlich ist die Objekterkennung und -verfolgung für Effekte oder Zensur. Plattformen wie Runway sind sehr stark in der Objekterkennung. Die KI kann bestimmte Objekte oder Personen im Video identifizieren und deren Bewegung über mehrere Frames hinweg verfolgen (Motion Tracking). Das eröffnet viele Möglichkeiten: Du kannst Effekte an sich bewegende Objekte heften, Gesichter automatisch verpixeln oder zensieren, oder sogar Objekte nahtlos aus einer Szene entfernen (Inpainting). Auch die Farbkorrektur und -grading mit KI-Unterstützung ist ein mächtiges Werkzeug. Die richtige Farbgebung ist entscheidend für die Stimmung und Professionalität eines Videos. KI-gestützte Farbkorrektur-Tools können automatisch die Belichtung anpassen, Farbstiche korrigieren oder sogar den Look deines Videos an den eines Referenzbildes oder -films angleichen (Color Grading). Das spart Zeit und erfordert weniger manuelles Feintuning. Schließlich kann die KI bei der automatisierten Erstellung von B-Roll-Material oder Stock-Footage-Integration helfen. Um ein Video interessanter zu gestalten, wird oft B-Roll-Material (ergänzende Aufnahmen, die das Gesagte illustrieren) benötigt. Einige KI-Tools können basierend auf dem Inhalt deines Hauptvideos oder deines Skripts automatisch passendes B-Roll-Material aus Stock-Footage-Bibliotheken vorschlagen oder sogar generieren. Das erspart dir die mühsame Suche nach geeigneten Clips. Diese KI-Funktionen machen den Bearbeitungsprozess nicht nur schneller, sondern oft auch kreativer, da sie dir neue Möglichkeiten eröffnen, mit deinem Material zu arbeiten.

Die Kunst des KI-Voiceovers und der Audiobearbeitung

Ein gutes Video lebt nicht nur vom Bild, sondern auch vom Ton. KI hat auch hier beeindruckende Fortschritte gemacht. Ein wichtiger Aspekt ist die Auswahl und Anpassung von KI-Stimmen. Moderne Text-to-Speech (TTS) Engines bieten eine erstaunliche Vielfalt an natürlich klingenden KI-Stimmen in verschiedenen Sprachen, Akzenten und Stilen. Du kannst oft Parameter wie Emotion (z. B. fröhlich, ernst, aufgeregt), Tonlage und Sprechgeschwindigkeit anpassen, um die Stimme perfekt auf deinen Inhalt abzustimmen. Tools wie VEED.io haben solche Funktionen integriert, aber es gibt auch spezialisierte Plattformen wie Murf.ai oder Play.ht. Für internationale Projekte sind mehrsprachige Voiceover und automatische Synchronisation von großer Bedeutung. Planst du, deine Videos international zu veröffentlichen? KI kann dir helfen, Voiceover in verschiedenen Sprachen zu erstellen, ohne dass du teure Synchronsprecher engagieren musst. Einige fortschrittliche Tools arbeiten sogar an der automatischen Lippensynchronisation von KI-Avataren oder realen Sprechern, wenn der Ton in eine andere Sprache übersetzt wird. Um die Audioqualität zu optimieren, ist die KI-gestützte Rauschunterdrückung und Audio-Optimierung unerlässlich. Nichts stört mehr als schlechte Audioqualität. KI-Algorithmen können Hintergrundgeräusche, Hall oder andere Störfaktoren in deinen Aufnahmen intelligent reduzieren oder entfernen. Sie können auch die Lautstärke normalisieren und die Klarheit der Sprache verbessern, sodass dein Video professionell und angenehm anzuhören ist. Schließlich rundet die Integration von Soundeffekten und Hintergrundmusik das Klangerlebnis ab. Um die Wirkung deines Videos zu verstärken, sind passende Soundeffekte und Hintergrundmusik unerlässlich. Einige KI-Videoeditoren bieten integrierte Bibliotheken oder helfen dir, passende Sounds basierend auf dem Videoinhalt zu finden. Wie bereits erwähnt, können KI-Musikgeneratoren auch individuelle Soundtracks für dich komponieren. Die Kombination aus hochwertigem Bild und professionellem KI-generiertem oder -optimiertem Ton macht den Unterschied zwischen einem Amateurvideo und einem wirklich überzeugenden Content-Stück aus.

Erstellung beeindruckender visueller Effekte mit KI

Wenn du deinen Videos das gewisse Etwas verleihen möchtest, bieten KI-Tools eine Spielwiese für beeindruckende visuelle Effekte. Eine beliebte Technik ist der Stiltransfer. Verwandle deine realen Videoaufnahmen in Kunstwerke! Mit Stiltransfer-Funktionen, wie sie beispielsweise Runway anbietet, kannst du den visuellen Stil berühmter Gemälde (z. B. Van Gogh, Monet), Filmgenres (z. B. Film Noir, Anime) oder anderer künstlerischer Vorlagen auf deine Videos übertragen. Das Ergebnis sind oft einzigartige und sehr auffällige Clips. Für die Bearbeitung von Bildinhalten sind Inpainting und Outpainting für Video sehr nützlich. Stell dir vor, du möchtest ein störendes Objekt aus einer Videosequenz entfernen oder den Bildausschnitt erweitern, ohne dass es auffällt. KI-gestütztes Inpainting füllt die entfernten Bereiche intelligent auf, basierend auf der Umgebung. Outpainting (oder "Uncrop") kann den bestehenden Bildrand erweitern und die Szene plausibel fortsetzen. Runway ist auch hier ein Vorreiter. Ähnlich funktionieren generative Füllungen und Übergänge. Wie beim Inpainting können generative Füllungen dazu dienen, fehlende Teile in Videos zu ergänzen oder nahtlose Übergänge zwischen Szenen zu schaffen, die mehr sind als nur ein einfacher Schnitt oder eine Blende. Die KI analysiert die angrenzenden Frames und generiert passende Zwischenbilder. Schließlich hält KI auch Einzug in die Erstellung von Animationen und Motion Graphics mit KI-Hilfe. Das kann von der automatischen Animation von Texten und Grafiken bis hin zur Generierung komplexer 2D- oder sogar 3D-Animationen basierend auf Prompts reichen. Während dies oft noch spezialisierte Tools erfordert, integrieren auch breiter aufgestellte Plattformen zunehmend solche Fähigkeiten. Diese fortgeschrittenen Effekte waren früher oft nur Profis mit teurer Software und viel Erfahrung vorbehalten. KI macht sie nun einem breiteren Publikum zugänglich und lädt zum Experimentieren ein.

Werkzeuge und Plattformen

Lass uns nun die Werkzeuge, die wir in den Grundlagen kennengelernt haben, unter dem Aspekt fortgeschrittener Funktionen erneut betrachten und einige Ergänzungen machen. Bei Runway gehen die fortgeschrittenen Funktionen über die bereits erwähnten Video-zu-Video-Transformationen hinaus. So bietet Runway beispielsweise den "Motion Brush", mit dem du bestimmte Bereiche in einem Bild markieren kannst, die dann in der generierten Videosequenz animiert werden. Der "Director Mode" gibt dir mehr Kontrolle über Kamerafahrten und -einstellungen bei der Text-zu-Video-Generierung. Funktionen wie Inpainting/Outpainting für Video sind hier besonders mächtig. Für sehr ambitionierte Nutzer gibt es sogar die Möglichkeit (mit entsprechendem Know-how und oft in höheren Preisplänen), eigene Generatoren mit spezifischem Material zu trainieren – ein kurzer Ausblick auf Experten-Territorium.

Auch VEED.io bietet mehr als einfache Schnitte. Es verfügt über erweiterte Bearbeitungsfunktionen wie Keyframe-Animationen (wenn auch vielleicht nicht so tiefgehend wie dedizierte Animationssoftware), die Integration von umfangreichen Stock-Audio- und -Video-Bibliotheken und die Nutzung eines "Brand Kits", um sicherzustellen, dass alle deine Videos dem Corporate Design entsprechen (Logos, Farben, Schriftarten). Kollaborationstools ermöglichen die Zusammenarbeit im Team an Videoprojekten. Die Untertitelungsfunktionen sind ebenfalls sehr ausgereift, inklusive präziser Anpassungsmöglichkeiten und automatischer Übersetzung in viele Sprachen. Für fortgeschrittene Nutzer von Opus Clip geht es darum, die automatische Clip-Auswahl noch feiner zu justieren. Du kannst vielleicht Keywords definieren, die bei der Segmentierung des langen Videos besonders berücksichtigt werden sollen, oder die KI-Vorschläge manuell überarbeiten und optimieren. Einige Versionen oder ähnliche Tools bieten eventuell auch Auto-Post-Scheduling-Funktionen für die erstellten Clips auf verschiedenen Social-Media-Plattformen oder rudimentäre Analysefunktionen zur Performance der generierten Kurzvideos. Als Ergänzung für Avatare sind Synthesia / HeyGen zu nennen. Obwohl wir diese Tools bereits in Kapitel 7 ("Voice AI und Avatare") ausführlich behandelt haben, ist ihre Erwähnung hier im Kontext fortgeschrittener Videoproduktion sinnvoll. Wenn du Videos mit KI-Avataren erstellen möchtest, die deine Skripte präsentieren, sind Plattformen wie Synthesia oder HeyGen die erste Wahl. Sie bieten eine breite Auswahl an Avataren, Stimmen und Sprachen und ermöglichen die Erstellung professioneller Präsentations-, Schulungs- oder Marketingvideos, bei denen der Fokus auf dem sprechenden Avatar liegt. Dies grenzt sich von der reinen generativen Videoerstellung ab, kann aber ein wichtiger Baustein in einer umfassenden Video-

Content-Strategie sein. Für professionelle Videoeditoren, die bereits mit etablierter Software wie Adobe Premiere Pro / Final Cut Pro arbeiten, ist es wichtig zu wissen, dass auch hier immer mehr KI-Funktionen Einzug halten, oft in Form von KI-Plugins von Drittanbietern oder nativen Integrationen. Das können Funktionen zur Rauschunterdrückung, zum intelligenten Reframing für verschiedene Seitenverhältnisse oder zur automatischen Transkription und Untertitelung sein. Dies zeigt, dass KI nicht unbedingt als Ersatz, sondern oft als mächtige Ergänzung zu bestehenden Profi-Workflows dient. Die Landschaft der Tools entwickelt sich rasant. Es lohnt sich, regelmäßig nach neuen Funktionen und Plattformen Ausschau zu halten.

Teste dein Wissen

Du hast nun einen tiefen Einblick in die fortgeschrittenen Techniken der KI-Videogenerierung und -bearbeitung erhalten. Zeit, dein neu gewonnenes Wissen anzuwenden! Stell dir vor, du hast einen längeren Fachartikel über die neuesten Entwicklungen im Bereich erneuerbare Energien verfasst und möchtest diesen nun in eine kurze, informative Videoserie für Social Media umwandeln. Beschreibe deinen Workflow: Wie würdest du vorgehen, um aus dem Artikel mehrere ansprechende Videoclips zu erstellen? Welche KI-Tools (z. B. für Skripterstellung, Videogenerierung, Schnitt, Voiceover, Effekte) würdest du in welcher Reihenfolge einsetzen? Formuliere beispielhafte Prompts für die Generierung einer Schlüsselszene und für ein KI-Voiceover. Welche fortgeschrittenen Techniken (z. B. zur Steuerung der Kamera, zur Charakterkonsistenz oder zur Audiooptimierung) wären in diesem Kontext besonders nützlich? Denke auch darüber nach, wie du sicherstellen könntest, dass die Videoserie einen konsistenten Stil hat und die Kernaussagen deines Artikels korrekt und ansprechend vermittelt werden. Diese Übung hilft dir, das Zusammenspiel der verschiedenen Techniken und Werkzeuge zu verinnerlichen.

9.3. Videoproduktion und Automatisierung im großen Stil

Willkommen in der Meisterklasse der KI-Videogenerierung! Du hast die Grundlagen verstanden, fortgeschrittene Techniken erlernt und bist nun bereit, dein Wissen auf ein strategisches Expertenlevel zu heben. In diesem Abschnitt verlassen wir die Ebene einzelner Projekte und betrachten, wie KI-Videoproduktion im großen Stil, in Unternehmen oder für anspruchsvolle, automatisierte Anwendungen eingesetzt werden kann. Wir sprechen über die Entwicklung unternehmensweiter Strategien, die faszinierenden Möglichkeiten der Hyper-Personalisierung von Videoinhalten, werfen einen (vorsichtigen) Blick auf den Aufbau eigener KI-Modelle und diskutieren die Zukunft der KI-Videogenerierung sowie die damit verbundenen ethischen Herausforderungen auf höchstem Niveau. Hier geht es darum, nicht nur Werkzeuge zu bedienen, sondern die Technologie visionär zu gestalten und verantwortungsvoll zu führen.

Entwicklung unternehmensweiter Strategien für KI-Video-Content.

Der Einsatz von KI-Videotools im Unternehmenskontext erfordert mehr als nur das Beherrschen der Software; er verlangt eine durchdachte Strategie. Es geht darum, KI als integralen Bestandteil der Content- und Kommunikationsstrategie zu etablieren. Dies beginnt mit der Definition von Zielen, Zielgruppen und KPIs für Video-Marketing und -Kommunikation. Bevor du KI-Videotools im großen Stil einführst, musst du klare Ziele definieren: Was soll mit den Videos erreicht werden, beispielsweise Lead-Generierung, Steigerung der Markenbekanntheit, Verbesserung der internen Kommunikation oder Effizienzsteigerung im Onboarding? Wer sind die genauen Zielgruppen für die verschiedenen Videoformate? Und wie misst du den Erfolg, also welche Key Performance Indicators wie View-Zahlen, Engagement-Raten, Conversion-Rates oder Mitarbeiterfeedback sind relevant? Darauf aufbauend ist der Aufbau einer Content-Pipeline von der Idee bis zur Distribution mit KI-Unterstützung entscheidend. Eine effiziente Videoproduktion im Unternehmen benötigt eine klar definierte Pipeline.

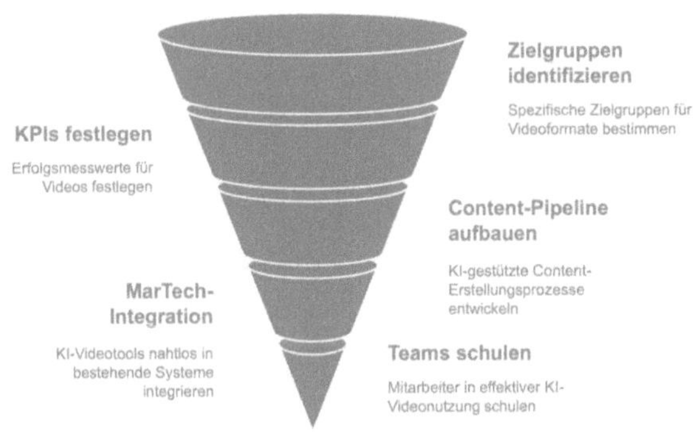

Überlege, wie KI in jeden Schritt integriert werden kann: Ideenfindung, beispielsweise durch Trendanalysen mit KI; Skripterstellung mittels LLMs; Asset-Erstellung durch KI-Bild- und Musikgeneratoren; Videogenerierung und -bearbeitung mit Tools wie Runway oder VEED; Voiceover durch KI-Stimmen; Qualitätskontrolle und schließlich die Distribution auf den relevanten Kanälen, eventuell sogar mit KI-gestützter Analyse der Performance. Ein weiterer wichtiger Punkt ist die Integration von KI-Videotools in bestehende MarTech-Stacks. Unternehmen nutzen oft eine Vielzahl von Marketing-Technologie-Tools. Erfolgreiche KI-Video-Strategien berücksichtigen, wie sich die neuen Videotools nahtlos in bestehende Systeme wie CRM, CMS, DAM oder Analyseplattformen integrieren lassen, wobei APIs eine entscheidende Rolle spielen. Nicht zuletzt sind die Schulung von Teams und die Etablierung von Best Practices unerlässlich. Die beste Technologie nützt wenig, wenn die Mitarbeiter nicht wissen, wie sie sie effektiv einsetzen können. Plane Schulungen für die relevanten Teams in Marketing, Vertrieb, HR oder Produktentwicklung. Entwickle unternehmensinterne Best Practices und Styleguides für die KI-Videoproduktion, um Konsistenz und Qualität sicherzustellen. Eine strategische Herangehensweise verwandelt KI-Videogenerierung von einem experimentellen Werkzeug zu einem echten Wettbewerbsvorteil.

Hyper-Personalisierung von Videoinhalten mit KI.

Stell dir vor, du könntest jedem einzelnen Kunden oder Mitarbeiter ein Video schicken, das speziell auf seine Bedürfnisse, Interessen oder seine bisherige Interaktion mit deinem Unternehmen zugeschnitten ist. Das ist die Macht der Hyper-Personalisierung mit KI. Ein Kernaspekt ist die dynamische Anpassung von Videoelementen. KI ermöglicht es, Videoelemente wie Texteinblendungen, beispielsweise den Namen des Empfängers oder spezifische Produktempfehlungen, gezeigte Bilder oder sogar Teile des Voiceovers dynamisch und automatisiert anzupassen, basierend auf den verfügbaren Nutzerdaten. Ein Kunde, der sich für Produkt A interessiert hat, sieht ein Video mit Fokus auf Produkt A, während ein anderer Kunde im selben Video-Template Informationen zu Produkt B erhält. Dies führt zur Möglichkeit der Erstellung individualisierter Videobotschaften für Vertrieb und Kundenservice. Im Vertrieb können personalisierte Video-Pitches, die auf das jeweilige Unternehmen oder den Ansprechpartner zugeschnitten sind, die Erfolgschancen deutlich erhöhen. Im Kundenservice können individualisierte Erklärvideos, die genau das Problem des Kunden adressieren, die Zufriedenheit steigern und Support-Anfragen effizienter lösen. Denkbar sind auch personalisierte Onboarding-Videos für neue Mitarbeiter, die auf ihre spezifische Rolle und Abteilung eingehen. Bei all diesen Möglichkeiten dürfen jedoch die ethischen Aspekte und der Datenschutz bei personalisierten Videos nicht vernachlässigt werden. So mächtig Hyper-Personalisierung auch ist, so sensibel ist der Umgang mit Nutzerdaten. Es ist unerlässlich, die geltenden Datenschutzbestimmungen, wie die DSGVO, strikt einzuhalten. Transparenz gegenüber den Nutzern, wofür ihre Daten verwendet werden, und die Möglichkeit, der personalisierten Ansprache zu widersprechen, sind entscheidend. Die Grenze zwischen hilfreicher Personalisierung und als aufdringlich empfundener Überwachung muss sorgfältig austariert werden. Hyper-personalisierte Videos können die Kommunikation revolutionieren, erfordern aber ein hohes Maß an Verantwortung und technischem Verständnis für die Datenverarbeitung.

Aufbau eigener KI-Modelle für spezifische Videoanforderungen

Für die meisten Anwender reichen die von Plattformen wie Runway, VEED oder Opus Clip angebotenen Modelle und Funktionen völlig aus. Unternehmen mit sehr spezifischen Anforderungen oder dem Wunsch nach maximaler Kontrolle und Einzigartigkeit könnten jedoch darüber nachdenken, eigene KI-Modelle zu trainieren oder bestehende Modelle zu verfeinern, was als Fine-Tuning bezeichnet wird. Das Fine-Tuning existierender Modelle mit eigenem Material ist eine Möglichkeit. Viele KI-Modelle, insbesondere im Bereich der Bild- und Videogenerierung, können mit eigenem Datensatz nachtrainiert werden, um sie an einen spezifischen visuellen Stil, beispielsweise die exakte Bildsprache einer Marke, bestimmte

Objekte oder wiederkehrende Charaktere anzupassen. Das erfordert zwar einen signifikanten Datensatz an hochwertigem Trainingsmaterial und technisches Know-how, kann aber zu Ergebnissen führen, die mit Standardmodellen nicht erreichbar sind. Ein entscheidender Faktor hierbei ist die Datensammlung und -aufbereitung für das Training. Die Qualität eines KI-Modells steht und fällt mit der Qualität der Trainingsdaten. Wenn du eigene Modelle trainieren oder fine-tunen möchtest, musst du sicherstellen, dass deine Daten repräsentativ, vielfältig, korrekt gelabelt und frei von unerwünschten Bias sind. Die Aufbereitung dieser Daten ist oft der zeitaufwendigste Teil des Prozesses. Es stellt sich auch die Frage nach den Grenzen und Möglichkeiten für Nicht-Entwickler, insbesondere im Hinblick auf Low-Code/No-Code Ansätze. Während das Training komplexer KI-Modelle von Grund auf meist spezialisierten Entwicklern vorbehalten ist, entstehen immer mehr Low-Code- oder No-Code-Plattformen, die auch Nutzern ohne tiefgreifende Programmierkenntnisse ermöglichen, KI-Modelle für spezifische Aufgaben anzupassen oder zu trainieren. Runway beispielsweise experimentiert mit Funktionen, die es Nutzern erlauben, eigene Generatoren mit überschaubarem Aufwand zu erstellen. Dennoch bleibt dies ein Expertenfeld, das ein tiefes Verständnis der Materie erfordert. Der Aufbau eigener KI-Modelle ist ein sehr fortgeschrittenes Thema, zeigt aber, wohin die Reise für Unternehmen gehen kann, die KI-Video als strategischen Kernbereich definieren.

Interaktive Videos, virtuelle Welten und mehr

Die Entwicklung im Bereich der KI-Videogenerierung ist atemberaubend schnell. Was heute noch wie Science-Fiction klingt, könnte morgen schon Realität sein. Einige spannende Zukunftsperspektiven zeichnen sich ab. Dazu gehören KI-generierte interaktive Videoerlebnisse. Stell dir Videos vor, bei denen der Zuschauer aktiv in die Handlung eingreifen und den Verlauf beeinflussen kann. KI könnte in Echtzeit alternative Szenen oder Handlungsstränge generieren, basierend auf den Entscheidungen des Nutzers. Das eröffnet völlig neue Möglichkeiten für interaktives Storytelling, personalisiertes Lernen oder immersive Spiele. Ein weiterer Bereich ist die automatisierte Erstellung von Videos für Metaverse-Anwendungen. Mit dem Aufkommen des Metaverse steigt auch der Bedarf an 3D-Content und virtuellen Erlebnissen. KI könnte eine Schlüsselrolle bei der automatisierten Erstellung von Umgebungen, Charakteren und narrativen Inhalten für diese virtuellen Welten spielen, inklusive der Generierung dynamischer Video-Feeds innerhalb dieser Umgebungen. Denkbar sind auch proaktive KI-Systeme, die eigenständig Video-Content-Vorschläge generieren. Zukünftige KI-Systeme könnten nicht nur auf unsere Anweisungen reagieren, sondern proaktiv Video-Content-Ideen vorschlagen, basierend auf aktuellen Trends, Nutzerdaten oder Unternehmenszielen. Die KI als kreativer Impulsgeber, der uns auf neue Möglichkeiten aufmerksam macht. Die Vision geht sogar hin zu vollständig autonomen KI-Regisseuren und -Cuttern. Solche Systeme könnten den gesamten Videoproduktionsprozess – von der Ideenfindung über das Drehbuch, die Generierung der Szenen, die Auswahl der Musik bis hin zum finalen Schnitt – weitgehend autonom übernehmen, immer unter der Maßgabe menschlicher Supervision und kreativer Leitung, aber mit einem deutlich höheren Automatisierungsgrad. Diese Zukunftsvisionen sind aufregend, werfen aber auch wichtige Fragen nach der Rolle des Menschen im kreativen Prozess auf.

Ethische Meisterschaft und Verantwortung in der KI-Videoproduktion

Mit großer Macht kommt große Verantwortung. Als Experten im Bereich der KI-Videogenerierung tragen wir eine besondere Verantwortung für den ethischen Einsatz dieser Technologien. Ein zentraler Punkt ist der proaktive Umgang mit dem Potenzial für Desinformation und Manipulation. KI-generierte Videos können täuschend echt wirken und somit leicht für die Erstellung von Deepfakes, Propaganda oder anderen Formen der Desinformation missbraucht werden. Experten müssen sich dieser Gefahr bewusst sein und aktiv an Lösungen mitarbeiten, wie z. B. Wasserzeichen für KI-generierte Inhalte, Detektionsalgorithmen oder Aufklärungskampagnen. Damit verbunden ist die Notwendigkeit von Transparenzrichtlinien für KI-generierte Inhalte. Es sollte klar erkennbar sein, wenn Inhalte maßgeblich durch KI erstellt oder verändert wurden. Die Entwicklung und Einhaltung von Transparenzrichtlinien ist entscheidend, um das Vertrauen der Öffentlichkeit in Medieninhalte nicht zu untergraben. Ebenso wichtig ist die Sicherstellung von Diversität und Vermeidung von Bias in KI-Modellen und generierten Videos. KI-Modelle lernen aus den Daten, mit denen sie trainiert werden. Wenn diese Daten Vorurteile (Bias) enthalten, beispielsweise bezüglich Geschlecht, Hautfarbe oder Herkunft, wird die KI diese Vorurteile reproduzieren und möglicherweise sogar verstärken. Experten müssen darauf achten, dass Trainingsdaten möglichst divers und repräsentativ sind und dass die generierten Videos keine Stereotypen festigen oder diskriminierende Inhalte produzieren. Schließlich müssen wir die langfristigen gesellschaftlichen Auswirkungen der KI-Videorevolution bedenken. Die Demokratisierung der Videoproduktion hat viele positive Seiten, kann aber auch Auswirkungen auf Berufsbilder in der Kreativwirtschaft haben. Eine offene Diskussion über diese Veränderungen und die Entwicklung von Anpassungsstrategien ist notwendig. Es geht darum, KI als Werkzeug zu begreifen, das menschliche Kreativität erweitert, nicht ersetzt. Ethische Meisterschaft bedeutet, nicht nur die technischen Möglichkeiten zu beherrschen, sondern auch die gesellschaftlichen Implikationen vorauszudenken und verantwortungsvoll zu handeln.

Werkzeuge und Plattformen

Für Experten, die an die Grenzen des Möglichen gehen wollen, bieten einige Tools und Ansätze noch tiefere Eingriffsmöglichkeiten. Bei Runway werden für Experten neben den bereits im Fortgeschrittenen-Teil genannten Funktionen wie Multi-Motion Brush und dem Director Mode besonders der API-Zugriff interessant. Über die API lässt sich Runway in eigene Workflows und Anwendungen integrieren, um Videogenerierungs- und Bearbeitungsprozesse zu automatisieren. Das Potenzial für Custom Training eigener Modelle, auch wenn es technisch anspruchsvoll ist, bietet maximale Flexibilität für spezifische Unternehmensanforderungen oder künstlerische Visionen. Auch VEED.io bietet eine API, die es Entwicklern ermöglicht, die leistungsstarken Bearbeitungs- und KI-Funktionen von VEED in eigene Plattformen oder Produkte einzubetten. Für Experten im Bereich Workflow-Automatisierung sind zudem die fortgeschrittenen Integrationsmöglichkeiten, beispielsweise über Plattformen wie Zapier oder direkte API-Anbindungen, entscheidend, um komplexe, automatisierte Videoproduktionsketten aufzubauen. Für Unternehmen oder Content-Creator mit sehr großen Mengen an Videomaterial, das regelmäßig in

Kurzclips umgewandelt werden soll, werden Enterprise-Lösungen oder der API-Zugriff von Opus Clip relevant. Damit lässt sich die Produktion von Social-Media-Snippets in großem Stil skalieren und in bestehende Content-Management-Systeme oder Distributionskanäle integrieren. Darüber hinaus gibt es spezialisierte Enterprise-Lösungen. Für sehr spezifische Anwendungsfälle, wie beispielsweise die vollautomatisierte Erstellung tausender personalisierter Videobotschaften für Marketingkampagnen, existieren spezialisierte Enterprise-Plattformen, die oft auf bestimmte Branchen oder Anwendungsfälle zugeschnitten sind. Diese bieten meist umfangreiche API-Schnittstellen und Integrationsoptionen in komplexe Unternehmenssysteme. Für technisch extrem versierte Nutzer oder Entwicklerteams, die eigene KI-Videolösungen von Grund auf bauen oder tiefgreifend anpassen möchten, kommen schließlich Entwickler-Tools und Frameworks wie OpenCV (mit seinen KI-Modulen für Computer Vision), PyTorch oder TensorFlow ins Spiel. Diese erfordern tiefgreifende Programmierkenntnisse und ein Verständnis der zugrundeliegenden KI-Architekturen, bieten aber maximale Freiheit und Kontrolle. Im Expertenbereich verschwimmen die Grenzen zwischen Anwender und Entwickler zusehends, und die Fähigkeit, verschiedene Technologien kreativ und strategisch zu kombinieren, wird zum entscheidenden Faktor.

Teste dein Wissen

Du stehst nun an der Spitze des Wissens über KI-Videogenerierung. Lass uns dein Expertenverständnis mit einer anspruchsvollen Fallstudie herausfordern. Ein global agierendes E-Commerce-Unternehmen möchte seine Produktvideos für zahlreiche internationale Märkte nicht nur einfach übersetzen lassen. Das Ziel ist eine tiefgreifende kulturelle Anpassung: Die Videos sollen mit regional passenden Sprechern (KI-Stimmen), kulturell relevanten visuellen Elementen und sogar angepassten Beispielen oder Szenarien versehen werden – und das Ganze möglichst hochautomatisiert und skalierbar für hunderte von Produkten und dutzende Märkte. Entwirf eine umfassende Expertenstrategie, die aufzeigt, wie KI-Videogenerierungs-, Bearbeitungs- und Voiceover-Tools hierfür eingesetzt werden könnten. Welche Rolle spielen dabei APIs, die Integration verschiedener Systeme (z. B. PIM-Systeme für Produktdaten, Übersetzungsmanagement-Systeme) und eventuell sogar das Fine-Tuning von KI-Modellen für spezifische kulturelle Ästhetiken? Welche ethischen Fallstricke und Herausforderungen im Bereich Datenschutz, kulturelle Sensibilität und mögliche unbeabsichtigte Stereotypisierung siehst du bei einem solch ambitionierten Projekt? Wie würdest du diesen proaktiv begegnen, um eine verantwortungsvolle und gleichzeitig effektive Umsetzung sicherzustellen? Skizziere die wichtigsten technologischen und strategischen Bausteine deines Lösungsansatzes.

10.0 Tools mit No-Code und APIs starten

Stell dir eine Welt vor, in der deine brillanteste Softwareidee nicht an den Hürden traditioneller Programmierung scheitert. Eine Welt, in der du die Vision eines funktionierenden SaaS-Tools (Software as a Service) Realität werden lassen kannst, ohne dich in den Tiefen komplexen Codes verlieren zu müssen. Genau diese faszinierende Perspektive eröffnet dir das Reich des No-Code und Low-Code Developments, ein Universum, das wir in diesem Kapitel gemeinsam erkunden werden. Wir tauchen ein in die Demokratisierung der Softwareentwicklung, die es kreativen Köpfen und angehenden Unternehmern wie dir ermöglicht, innovative digitale Produkte zu schmieden und am Markt zu etablieren. Doch was verbirgt sich eigentlich genau hinter dem Begriff SaaS? Software as a Service bedeutet im Kern, dass Software nicht mehr als einmalig erworbenes Produkt auf dem eigenen Rechner installiert wird, sondern als

Dienstleistung über das Internet abonniert und genutzt wird –
flexibel, skalierbar und oft kosteneffizienter. Die No-Code- und
Low-Code-Revolution hat die Spielregeln für Gründer und
Entwickler gleichermaßen dramatisch verändert, indem sie
mächtige Werkzeuge bereitstellt, mit denen sich anspruchsvolle
Anwendungen auch ohne oder mit nur geringen Programmierkenntnissen erstellen lassen.

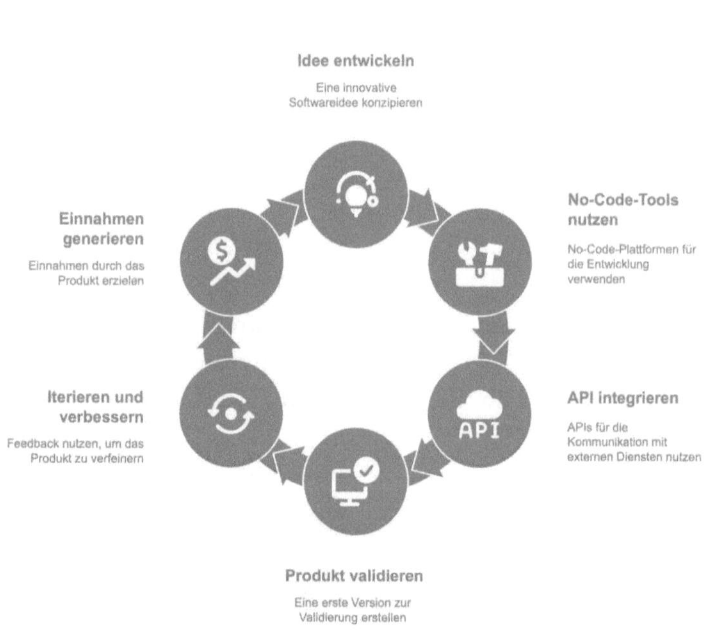

Eine besondere Superkraft in diesem Kontext ist die API-Inte-
gration. Programmierschnittstellen, kurz APIs, erlauben es dei-

nen No-Code-Anwendungen, nahtlos mit externen Diensten zu kommunizieren, Daten auszutauschen und so einen erheblichen Mehrwert für deine Nutzer zu schaffen. Dieser agile Weg – schnell eine erste Version deines Produkts zu validieren, auf Basis von Nutzerfeedback zügig zu iterieren und idealerweise frühzeitig erste Einnahmen zu generieren – ist der Schlüssel zum Erfolg im dynamischen SaaS-Markt. In diesem Kapitel werden wir uns daher nicht nur mit den theoretischen Konzepten beschäftigen, sondern auch einen praktischen Blick auf eine Reihe spannender Werkzeuge werfen, darunter Plattformen wie Bubble für komplexe Anwendungen, Softr für datengetriebene Web-Apps, Airtable als flexible Datenbasis sowie KI-gestützte Tools wie Lovable, Cursor und Windsurf, die den Entwicklungsprozess zusätzlich beschleunigen und vereinfachen können. Mach dich bereit, die Bausteine für dein eigenes SaaS-Imperium zu legen!

10.1. Das Fundament für dein No-Code SaaS-Projekt

Herzlich willkommen im Grundlagenteil unseres Kapitels über die Entwicklung von Software as a Service, kurz SaaS, mit No-Code-Werkzeugen und der cleveren Einbindung von Programmierschnittstellen, den sogenannten APIs. Hier legen wir gemeinsam das Fundament, damit du verstehst, wie du deine eigenen digitalen Produktideen ohne tiefgreifende Programmierkenntnisse in die Realität umsetzen kannst. Stell dir vor, du könntest eine Softwarelösung, die ein spezifisches Problem löst, einfach zusammenklicken und konfigurieren, anstatt Zeile für Zeile Code schreiben zu müssen. Genau das ist die faszinierende Welt, in die wir jetzt eintauchen.

Zunächst wollen wir die Kernkonzepte der No-Code SaaS-Entwicklung fest im Blick behalten. Ein zentraler Aspekt ist das visuelle Development. Anstatt dich mit komplexen Programmiersprachen auseinanderzusetzen, arbeitest du mit grafischen Benutzeroberflächen, in denen du Bausteine per Drag & Drop anordnest und deren Eigenschaften einstellst. Das ist so, als würdest du mit digitalen Legosteinen deine Anwendung bauen. Ein weiterer wichtiger Pfeiler ist das Datenmanagement. Jede nützliche Anwendung verarbeitet Daten, und im No-Code-Kontext gibt es dafür spezialisierte Werkzeuge. Ein prominentes Beispiel, auf das wir immer wieder zu sprechen kommen werden, ist Airtable. Es dient oft als flexible Datenquelle, die sich leicht mit anderen No-Code-Tools verbinden lässt. Aber nicht nur das Speichern von Daten ist entscheidend, sondern auch die Automatisierung von Arbeitsabläufen. Stell dir vor, ein neuer Nutzer registriert sich für dein SaaS-Tool und automatisch wird eine Willkommens-E-Mail versendet oder ein Eintrag in deiner Kundendatenbank aktualisiert – all das lässt sich mit No-Code-Plattformen ohne eine einzige Zeile Programmcode realisieren. Schließlich spielt die Gestaltung der Benutzeroberfläche (User Interface, UI) und die damit verbundene Nutzererfahrung (User Experience, UX) eine immense Rolle für den Erfolg deines SaaS. Auch hier bieten dir No-Code-Builder mächtige Werkzeuge, um ansprechende und intuitive Oberflächen zu gestalten, die deine Nutzer lieben werden.

Um dir einen besseren Überblick zu verschaffen, schauen wir uns die wichtigsten Werkzeugkategorien und ihre typischen

Einsatzgebiete an. Da gibt es zum einen die All-in-One Plattformen, wie beispielsweise Bubble. Diese sind wahre Kraftpakete und eignen sich hervorragend, wenn du komplexe Webanwendungen mit ausgefeilter Logik und eigenen Datenbankstrukturen entwickeln möchtest. Dann haben wir Frontend-Builder mit Datenanbindung, zu denen Softr zählt. Diese Tools sind ideal, um schnell ansprechende Portale oder datengetriebene Apps zu erstellen, die auf externen Datenquellen wie Airtable oder Google Sheets basieren. Ein besonders spannender Bereich ist die KI-gestützte No-Code Entwicklung. Werkzeuge wie Lovable, Cursor oder Windsurf versprechen, den Entwicklungsprozess noch weiter zu beschleunigen, indem sie künstliche Intelligenz nutzen, um von deiner Idee direkt zu einer funktionierenden App oder zumindest einem Prototyp zu gelangen. Cursor beispielsweise ist ein KI-gestützter Code-Editor, der aber auch im No-Code-Umfeld wertvolle Dienste leisten kann, etwa beim Erstellen kleinerer Code-Schnipsel für API-Anbindungen. Windsurf agiert ähnlich als KI-Code-Assistent für komplexere Anpassungen. Nicht zu vergessen sind datenbank-zentrierte App-Builder. Airtable selbst bietet mit seinen "Interfaces" die Möglichkeit, direkt aus deiner Datenquelle heraus interne Tools oder einfache Kundenanwendungen zu erstellen. Du siehst, die Landschaft ist vielfältig und bietet für fast jeden Anwendungsfall das passende Werkzeug.

Bevor du jedoch voller Tatendrang in die Tool-Auswahl stürzt, sind einige erste Schritte bei der Konzeption deines SaaS-MVPs, also deines Minimum Viable Products, unerlässlich. Das MVP ist die erste, minimal funktionsfähige Version deines Produkts, mit der du am Markt testen kannst, ob deine Idee Anklang findet. Zuerst musst du den sogenannten Problem-Solution-Fit finden: Welches konkrete Problem deiner Zielgruppe löst dein SaaS-Tool? Ohne ein klares Problem gibt es auch keine Nachfrage nach deiner Lösung. Eng damit verbunden ist die Zielgruppendefinition: Für wen genau entwickelst du dein Produkt? Je genauer du deine Zielgruppe kennst, desto besser kannst du dein Angebot auf deren Bedürfnisse zuschneiden. Daraus leiten sich die Kernfunktionen deines MVPs ab: Was muss dein Tool mindestens können, um den Nutzern einen echten Mehrwert zu bieten? Konzentriere dich hier auf das Wesentliche und vermeide es, dich in Details zu verlieren. Erst wenn diese Punkte geklärt sind, solltest du dich mit der Auswahl des richtigen No-Code-Stacks beschäftigen. Welche Tools passen am besten zu den Anforderungen deines Projekts, deinem Budget und deinen Fähigkeiten?

Um das Ganze etwas greifbarer zu machen, skizzieren wir eine praktische Einführung in dein erstes kleines SaaS-Projekt. Stell dir vor, du möchtest eine einfache Aufgabenverwaltung oder ein Mini-CRM (Customer Relationship Management) für kleine Teams entwickeln. Als Erstes könntest du das zugrundeliegende Datenmodell in Airtable anlegen. Welche Informationen müssen gespeichert werden? Bei einer Aufgabenverwaltung wären das beispielsweise Aufgabenbeschreibungen, Fälligkeitsdaten, Verantwortlichkeiten und Statusinformationen. Im nächsten Schritt könntest du mit einem Tool wie Softr oder Bubble einen ersten Entwurf des Frontends, also der Benutzeroberfläche, erstellen. Wie sollen die Aufgaben angezeigt werden? Wie können neue Aufgaben erstellt oder bestehende bearbeitet werden? Hier geht es zunächst um die Grundzüge, um ein Gefühl für die Umsetzung zu bekommen.

Werfen wir nun einen genaueren Blick auf einige der bereits erwähnten Werkzeuge und Plattformen, die im Grundlagenbereich besonders relevant sind. Bubble ist eine extrem mächtige Plattform, die dir erlaubt, komplexe Webanwendungen mit eigener Logik und Datenbank zu bauen. Die Lernkurve ist zwar etwas steiler, aber die Möglichkeiten sind dafür auch enorm. Softr hingegen glänzt durch seine Einfachheit und Geschwindigkeit, insbesondere wenn du Web-Apps auf Basis von Airtable oder Google Sheets erstellen möchtest. Innerhalb kürzester Zeit kannst du damit ansprechende Frontends für deine Daten zaubern. Airtable selbst ist weit mehr als nur eine Tabellenkalkulation; es ist eine flexible relationale Datenbank, die als Backend für unzählige No-Code-Anwendungen dient und durch seine API-Schnittstelle und Automatisierungsmöglichkeiten besticht. Lovable positioniert sich im Bereich der KI-gestützten App-Generierung und verspricht, dich von der Idee schnell zu einem ersten Prototyp zu führen. Cursor, als KI-gestützter Code-Editor, kann auch im No-Code-Kontext nützlich sein, beispielsweise um kleine JavaScript-Snippets für spezielle Anforderungen zu generieren oder API-Calls vorzubereiten. Windsurf ist ebenfalls ein KI-Code-Assistent, der bei komplexeren Anpassungen oder der Integration von externen Diensten unterstützen kann, indem er Code-Vorschläge generiert oder bei der Fehlersuche hilft. Diese Werkzeuge bilden oft nur den Anfang, aber sie zeigen eindrücklich, was heute schon möglich ist.

Nachdem wir nun eine solide Basis geschaffen haben, ist es an der Zeit, dein Wissen zu testen und die Kernkonzepte zu verinnerlichen. Was verstehst du unter den Kernvorteilen der No-Code SaaS-Entwicklung, insbesondere wenn du als Gründer vielleicht nicht über unbegrenzte technische Ressourcen oder ein großes Entwicklerteam verfügst? Überlege dir ein konkretes Szenario, in dem die Kombination von Airtable als Backend, also als Datenspeicher und Logikzentrum, und Softr als Frontend, also als Benutzeroberfläche, eine wirklich sinnvolle und effiziente Lösung für ein einfaches SaaS-Tool darstellen könnte. Welche Art von Anwendung könnte das sein und warum passen diese beiden Werkzeuge hier gut zusammen? Und schließlich, welche Rolle spielt deiner Meinung nach die Integration von APIs bereits in dieser Grundlagenphase der SaaS-Entwicklung? Warum ist es wichtig, von Anfang an darüber nachzudenken, wie dein Tool mit anderen Diensten kommunizieren kann, auch wenn du vielleicht noch ganz am Anfang stehst?

10.2. Dein SaaS-Tool zum Leben erwecken und validieren

Nachdem du nun die Grundlagen der No-Code SaaS-Entwicklung verinnerlicht hast, ist es an der Zeit, einen Gang höher zu schalten. Im fortgeschrittenen Teil dieses Kapitels tauchen wir tiefer in die Materie ein und beschäftigen uns damit, wie du dein SaaS-Tool tatsächlich zum Leben erweckst, es mit der Außenwelt verbindest und seine Marktfähigkeit validierst. Hier geht es darum, die PS deiner No-Code-Plattformen wirklich auf die Straße zu bringen und aus einer Idee ein funktionierendes und testbares Produkt zu formen.

Ein entscheidender Schritt, um dein SaaS-Tool leistungsfähiger und vielseitiger zu machen, ist die Meisterung von API-Integrationen. APIs, also Programmierschnittstellen, sind die Brücken, die dein SaaS mit unzähligen anderen Diensten und Datenquellen verbinden. Stell dir vor, du möchtest aktuelle Wetterdaten in deiner Anwendung anzeigen, Zahlungen über Stripe abwickeln oder Daten mit einem externen CRM-System synchronisieren – all das wird über APIs realisiert. Aus einer No-Code-Perspektive bedeutet das, dass du lernst, wie du diese Schnittstellen in deinem No-Code-Builder konfigurierst. Dazu gehört das Verständnis verschiedener Authentifizierungsmethoden, wie API-Keys oder OAuth, die sicherstellen, dass nur berechtigte Anwendungen auf die Daten zugreifen können. Du wirst entdecken, wie du externe Datenquellen anzapfst, um dein SaaS mit wertvollen Informationen anzureichern. Aber es geht nicht nur darum, Daten von anderen zu empfangen; viele No-Code-Tools, wie beispielsweise Bubble mit seinen Backend-Workflows oder spezialisierte Plattformen wie Xano, ermöglichen es dir sogar, eigene API-Endpunkte zu erstellen. Damit kann dein SaaS selbst zur Datenquelle für andere Anwendungen werden. Sollten direkte API-Integrationen einmal zu komplex werden oder du viele verschiedene Dienste miteinander verknüpfen wollen, kommen Integrations-Hubs wie Zapier oder Make (ehemals Integromat) ins Spiel. Diese Dienste agieren als Vermittler und erlauben es dir, komplexe Workflows zwischen unterschiedlichen Anwendungen zu automatisieren, ohne selbst Code schreiben zu müssen.

Mit wachsender Komplexität deines SaaS-Tools steigen auch die Anforderungen an deine Datenbankkonzepte und Datenstrukturen. Im Grundlagen-Teil haben wir Airtable als eine flexible Datenquelle kennengelernt. Nun geht es darum, fortgeschrittenere Konzepte zu verstehen. Dazu zählt das Arbeiten mit relationalen Daten, also Daten, die in Beziehung zueinander stehen. In Airtable realisierst du das beispielsweise über

"Linked Records", während Bubble eigene "Data Types" dafür anbietet. Es ist entscheidend, dass deine Daten nicht nur korrekt gespeichert, sondern auch validiert werden, um ihre Integrität sicherzustellen. Was passiert, wenn ein Nutzer ein ungültiges Datum eingibt oder ein Pflichtfeld leer lässt? Solche Fälle musst du abfangen. Und wenn dein SaaS erfolgreich ist und die Datenmengen wachsen, wird auch die Performance-Optimierung zu einem wichtigen Thema. Du musst sicherstellen, dass deine Anwendung auch bei vielen Nutzern und großen Datenmengen schnell und zuverlässig funktioniert.

Ein weiteres zentrales Thema im fortgeschrittenen Bereich ist die Implementierung einer robusten Benutzerverwaltung und Authentifizierung. Dein SaaS-Tool wird schließlich von Nutzern verwendet, und du musst regeln können, wer Zugriff hat und was diese Nutzer tun dürfen. Die meisten No-Code-Plattformen wie Bubble oder Softr bieten native Funktionen für das User-Management an. Damit kannst du Registrierungs- und Anmeldeprozesse einrichten. Um es deinen Nutzern noch einfacher zu machen, kannst du auch Social Logins integrieren, sodass sie sich beispielsweise mit ihrem Google- oder Facebook-Konto anmelden können. Sobald Nutzer in deinem System sind, benötigst du oft ein Rollen- und Rechtemanagement. Nicht jeder Nutzer soll alles sehen oder tun dürfen. Administratoren haben andere Rechte als normale Benutzer, und vielleicht gibt es unterschiedliche Kundengruppen mit Zugriff auf verschiedene Funktionen. All das lässt sich mit den Bordmitteln der fortgeschrittenen No-Code-Plattformen umsetzen.

Der Prozess der MVP-Entwicklung (Minimum Viable Product), den wir in den Grundlagen skizziert haben, wird nun im Detail betrachtet. Rapid Prototyping ist hier das Stichwort. Es geht darum, schnell erste Versionen deiner Kernfunktionen zu entwickeln, diese potenziellen Nutzern zu zeigen, wertvolles Feedback einzuholen und deine Anwendung dann zügig anzupassen. Dieser iterative Entwicklungszyklus ist entscheidend, um sicherzustellen, dass du etwas baust, das deine Zielgruppe wirklich braucht und will. Mit No-Code-Tools kannst du sogar A/B-Tests von verschiedenen Features oder UI-Elementen durchführen, um herauszufinden, welche Varianten besser ankommen. Bevor du dein MVP offiziell startest, solltest du auch über Landing Pages und Pre-Launch-Marketing nachdenken. Eine ansprechende Landing Page kann Interesse wecken und erste E-Mail-Adressen von potenziellen Nutzern sammeln, noch bevor dein Produkt vollständig fertig ist.

Schauen wir uns nun die Werkzeuge und Plattformen an, die im fortgeschrittenen Bereich besonders relevant werden, und vertiefen unser Wissen. Bubble zeigt hier seine ganze Stärke mit seinen Backend-Workflows, dem mächtigen API-Connector und einem umfangreichen Plugin-Ökosystem, das die Funktionalität deiner Anwendung erheblich erweitern kann. Softr ermöglicht dir, Benutzergruppen mit unterschiedlichen Berechtigungen zu definieren, externe Drittanbieter-Tools nahtlos einzubetten und fortgeschrittene Block-Konfigurationen vorzunehmen, um das Erscheinungsbild und Verhalten deiner App präzise zu steuern. Airtable entwickelt sich mit seinen Automations und seiner API zu einem dynamischen Backend, das auch komplexere Anwendungen mit Daten und Logik versorgen kann. Das Zusammenspiel von KI-Tools wie Lovable, Cursor und Windsurf wird jetzt noch interessanter: Sie können dir dabei helfen, die Logik für API-Integrationen zu entwerfen, UI-Komponenten schneller zu generieren oder sogar Code-Snippets für spezielle Anforderungen zu erstellen.

Dienste wie *Zapier* oder *Make* (ehemals *Integromat*) werden zu unverzichtbaren Helfern, wenn es darum geht, dein SaaS-Tool mit anderen Diensten zu verknüpfen und Datenflüsse zu automatisieren. Konzeptionell werfen wir auch einen Blick auf die Stripe API, um die Grundlagen der Integration eines Zahlungsanbieters zu verstehen, denn früher oder später möchtest du mit deinem SaaS ja auch Geld verdienen.

Um dein Verständnis zu festigen, wollen wir nun dein Wissen im fortgeschrittenen Bereich testen. Erläutere einmal die typischen Herausforderungen, aber auch die Lösungsansätze, die sich bei der Integration einer externen API in eine SaaS-Anwendung ergeben, die du beispielsweise mit Bubble erstellt hast. Wie würdest du den Prozess der schnellen Validierung einer neuen SaaS-Idee gestalten, die auf der Kombination von Softr und Airtable basiert, bevor du signifikante Entwicklungszeit und möglicherweise auch Geld investierst? Welche konkreten Schritte würdest du unternehmen, um Feedback zu sammeln und deine Annahmen zu überprüfen? Und nicht zuletzt, welche spezifischen Sicherheitsaspekte sind deiner Meinung nach besonders wichtig und müssen beachtet werden, wenn du Benutzerauthentifizierung und -verwaltung in einem No-Code SaaS implementierst, um die Daten deiner Nutzer zu schützen?

10.3. Dein No-Code SaaS skalieren, monetarisieren und optimieren

Willkommen im Expertenbereich unseres Kapitels über No-Code SaaS Development! Nachdem du die Grundlagen gemeistert und dein Werkzeug im fortgeschrittenen Stadium zum Leben erweckt und validiert hast, geht es nun ans Eingemachte. Hier beschäftigen wir uns mit den Königsdisziplinen: Wie skalierst du deine No-Code SaaS-Anwendung, damit sie auch mit wachsendem Erfolg zuverlässig läuft? Wie implementierst du verschiedene Monetarisierungsmodelle, um mit deiner Idee auch Geld zu verdienen? Und wie optimierst du dein Produkt kontinuierlich, um langfristig am Markt zu bestehen? Das sind die Fragen, die erfolgreiche SaaS-Unternehmer von denen unterscheiden, die auf halber Strecke stecken bleiben.

Ein zentrales Thema für jedes wachsende SaaS-Produkt sind Skalierbarkeitsstrategien. Anfangs mag deine No-Code-Anwendung mit einer Handvoll Nutzer reibungslos funktionieren, aber was passiert, wenn die Nutzerzahlen explodieren oder das Datenvolumen rasant ansteigt? Du musst lernen, Performance-Engpässe zu identifizieren und zu beheben. Das kann die Optimierung deiner Datenbankabfragen, die Effizienzsteigerung deiner Workflows oder die geschickte Nutzung von Caching-Mechanismen beinhalten. Es ist auch wichtig, die Grenzen der von dir gewählten No-Code-Plattformen realistisch einzuschätzen. Jede Plattform hat ihre Stärken und Schwächen, und es wird einen Punkt geben, an dem reine No-Code-Ansätze an ihre Grenzen stoßen und du über Low-Code-Erweiterungen oder sogar den Einsatz von traditionellem Code nachdenken musst. Ein Verständnis der zugrundeliegenden Infrastruktur und der Hosting-Optionen deiner Plattform hilft dir dabei, fundierte Entscheidungen zu treffen, wenn es darum geht, mit steigenden Nutzerzahlen und Datenvolumen umzugehen.

Eng verbunden mit dem Wachstum ist die Monetarisierung deines SaaS-Tools. Es gibt eine Vielzahl von Modellen, und die Wahl des richtigen hängt stark von deinem Produkt und deiner Zielgruppe ab. Abo-Modelle (Subscription Tiers) sind sehr verbreitet. Hier bietest du verschiedene Pakete mit unterschiedlichem Funktionsumfang oder Nutzungslimits zu gestaffelten Preisen an. Die technische Implementierung, beispielsweise durch die Integration von Zahlungsanbietern wie Stripe in Plattformen wie Bubble oder Softr, ist ein wichtiger Aspekt. Freemium-Strategien, bei denen du eine kostenlose Basisversion anbietest und für Premium-Funktionen Geld verlangst, können ein guter Weg sein, um Nutzer zu gewinnen und Upselling-Pfade zu gestalten. Usage-based Pricing, also eine Abrechnung basierend auf der tatsächlichen Nutzung (z. B. Anzahl der API-Aufrufe oder verarbeiteten Daten), ist ein weiteres Modell, das an Popularität gewinnt. Für bestimmte Anwendungsfälle, wie z. B. Plattformen, die Anbieter und Nachfrager zusammenbringen, können auch Marktplatz-Modelle mit Provisionsabrechnungen sinnvoll sein. Die Kunst besteht darin, das passende Modell zu finden und es technisch sauber in deiner No-Code-Anwendung umzusetzen.

Mit zunehmender Expertise wirst du auch die API-Nutzung auf ein neues Level heben und möglicherweise sogar über Eigenentwicklungen nachdenken. Komplexe API-Workflows, bei denen Daten zwischen mehreren Systemen synchronisiert und transformiert werden müssen, erfordern ein tiefes Verständnis. Vielleicht stößt du an einen Punkt, an dem die No-Code-Frontend-Tools zwar super für die Benutzeroberfläche sind, du aber für die Backend-Logik mehr Flexibilität und Leistung benötigst. Hier kommen Low-Code-Backend-Tools wie Xano oder Backendless ins Spiel. Sie können als leistungsstarke Ergänzung dienen und dir erlauben, eigene, skalierbare Backend-Logiken zu entwickeln, die du dann über APIs mit deinem No-Code-Frontend verbindest. Ein weiteres wichtiges Konzept in diesem Zusammenhang sind Webhooks. Sie ermöglichen Echtzeit-Benachrichtigungen zwischen verschiedenen Systemen. Wenn beispielsweise eine Zahlung über Stripe erfolgreich war, kann Stripe einen Webhook an dein System senden, der dann automatisch den Nutzerzugang freischaltet.

Ein oft unterschätzter, aber extrem wichtiger Aspekt für den langfristigen Erfolg deines SaaS-Produkts sind Sicherheit, Wartung und Support. Du verarbeitest möglicherweise sensible Kundendaten, daher sind Best Practices für Datensicherheit und Datenschutz, wie die Einhaltung der DSGVO, unerlässlich. Du musst dir Gedanken über Backup-Strategien und Disaster Recovery machen: Was passiert, wenn deine Plattform ausfällt oder Daten verloren gehen? Ein solides Support-System, bestehend aus einer gut gepflegten FAQ-Sektion, vielleicht einem Live-Chat oder einem Ticketsystem, ist entscheidend für die Kundenzufriedenheit. Und schließlich ist ein SaaS-Produkt niemals wirklich "fertig". Kontinuierliche Weiterentwicklung, basierend auf Nutzerfeedback und deiner eigenen Feature-Roadmap, ist notwendig, um relevant zu bleiben und dein Produkt stetig zu verbessern.

Irgendwann könntest du an den Punkt gelangen, an dem du über den Übergang von einer reinen No-Code-Lösung zu Low-Code oder sogar Full-Code nachdenken musst. Es ist wichtig, technische Schulden in No-Code-Projekten frühzeitig zu erkennen. Das sind Kompromisse, die du vielleicht eingegangen bist, um schnell voranzukommen, die aber langfristig die Weiterentwicklung oder Skalierung behindern könnten. Es gibt verschiedene Strategien für die Migration oder die schrittweise Erweiterung deiner No-Code-Anwendung mit Code. KI-Code-Assistenten wie Cursor oder Windsurf können auch hier eine wertvolle Rolle spielen, indem sie dir helfen, bestehenden No-Code-Logiken zu verstehen, sie in Code zu übersetzen oder neue Code-Module zu entwickeln, die sich nahtlos in dein bestehendes System integrieren lassen.

Werfen wir einen genaueren Blick auf die Werkzeuge und Plattformen aus der Expertenperspektive. Bei Bubble geht es jetzt um das Ausreizen der Skalierungsgrenzen, um Performance-Tuning, die Nutzung fortgeschrittener Plugins und die Möglichkeiten, Custom Code einzubinden, um spezifische Anforderungen zu erfüllen. Die Kombination von Softr und Airtable kann durch die Anbindung an externe Backends oder APIs erweitert werden, um deren inhärente Grenzen zu überwinden. Lovable, Cursor und Windsurf zeigen ihr volles Potenzial, wenn es darum geht, komplexe Logiken zu entwerfen oder Code-Ergänzungen für die Skalierungsphase zu generieren. Plattformen wie Xano oder Backendless etablieren sich als ernstzunehmende Low-Code-Backend-Alternativen, die dir deutlich mehr Flexibilität und Skalierbarkeit bieten als die reinen No-Code-Datenbanken. Die Integration von Zahlungsanbietern wie Stripe oder PayPal wird nun fortgeschrittener, inklusive der Verwaltung von Abonnements und der Nutzung von Webhooks für Zahlungsstatus-Updates. Schließlich sind Tools für Monitoring und Analytics unerlässlich, um die Performance und die Nutzung deines SaaS-Produkts kontinuierlich im Blick zu behalten und datengetriebene Entscheidungen treffen zu können.

Nun ist es an der Zeit, dein Expertenwissen auf die Probe zu stellen. Diskutiere einmal die Vor- und Nachteile verschiedener Monetarisierungsmodelle für ein SaaS-Produkt, das mit No-Code-Tools erstellt wurde. Wie würdest du die technische Implementierung eines gestaffelten Abo-Modells, beispielsweise mit drei unterschiedlichen Leistungspaketen, konkret angehen? Welche Faktoren würden dich dazu bewegen, von einer reinen No-Code-Lösung zu einer Low-Code- oder sogar Full-Code-Architektur für dein SaaS zu wechseln? Welche Anzeichen würden darauf hindeuten, dass dieser Schritt notwendig wird, und wie könnten Werkzeuge wie Cursor oder Windsurf diesen Übergang erleichtern? Und zu guter Letzt, beschreibe eine umfassende Sicherheitsstrategie für ein SaaS-Produkt, das sensible Kundendaten verarbeitet und beispielsweise auf einer Plattform wie Bubble oder Softr in Kombination mit Airtable basiert. Welche konkreten Maßnahmen würdest du ergreifen, um die Daten deiner Kunden bestmöglich zu schützen?

11.0 Performance, Kosten und Qualität im Griff

Willkommen zu einem Kapitel, das sich einem der aktuell spannendsten und zugleich herausforderndsten Aspekte der künstlichen Intelligenz widmet: dem Management von großen Sprachmodellen, den sogenannten LLMs. Du hast vielleicht schon mit der beeindruckenden Leistungsfähigkeit dieser Modelle experimentiert oder sie sogar in erste Anwendungen integriert. Doch schnell wirst du feststellen, dass die wahre Meisterschaft nicht nur im Erstellen von Prompts oder dem Aufsetzen einer einfachen API-Anbindung liegt, sondern vielmehr in der kontinuierlichen Überwachung, Bewertung und Optimierung dieser komplexen Systeme. Genau hier setzt das LLM Management an, eine Disziplin, die entscheidend darüber mitbestimmt, ob deine KI-Anwendungen langfristig erfolgreich, zuverlässig und wirtschaftlich arbeiten. Ohne ein solides Management können sich die anfänglichen Erfolge schnell in ein undurchschaubares Dickicht aus unerwartetem Verhalten und unkontrollierten Kosten verwandeln.

Die Herausforderungen im Umgang mit LLMs sind vielfältig und oft subtil. Eines der Hauptprobleme ist ihr sogenanntes Blackbox-Verhalten. Obwohl wir die Eingaben (Prompts) und Ausgaben (Antworten) sehen, bleibt der genaue Entscheidungsprozess im Inneren des Modells oft verborgen. Dies kann zu unerwünschten Ergebnissen führen, wie den berüchtigten Halluzinationen, bei denen das LLM überzeugend klingende, aber faktisch falsche oder frei erfundene Informationen generiert. Hinzu kommen potenzielle Kostenexplosionen, denn die Nutzung leistungsstarker LLMs über APIs ist oft mit variablen, Token-basierten Gebühren verbunden, die bei unkontrollierter Nutzung schnell das Budget sprengen können. Auch die Geschwindigkeit, also die Latenz der Antworten, und die generelle Genauigkeit der Ausgaben sind kritische Faktoren, die ständig im Auge behalten werden müssen, um die Nutzererfahrung nicht zu gefährden.

Das Ziel dieses Kapitels ist es daher, dir die notwendigen Werkzeuge und Strategien an die Hand zu geben, um diese Herausforderungen zu meistern. Wir wollen gemeinsam erkunden, wie du die Leistung deiner LLMs systematisch evaluieren und gezielt optimieren kannst. Es geht darum, Licht ins Dunkel der Blackbox zu bringen, die Zuverlässigkeit deiner Anwendungen zu erhöhen und die Kosten im Griff zu behalten. Du wirst lernen, wie du aussagekräftige Metriken erhebst, interpretierst und für datengestützte Entscheidungen nutzt. Wir werden uns nicht nur theoretische Konzepte ansehen, sondern auch praxisnahe Ansätze und konkrete Werkzeuge beleuchten, die dich in deinem Alltag als KI-Entwickler oder Produktmanager unterstützen.

Ein zentraler Fokus wird dabei auf den Kernmetriken liegen, die für das LLM Management unerlässlich sind. Dazu zählen insbesondere die Genauigkeit der generierten Inhalte, die Rate der Halluzinationen, die Latenz der Antworten und natürlich die anfallenden Kosten. Wir werden untersuchen, wie diese Metriken definiert, gemessen und im Kontext verschiedener Anwendungsfälle bewertet werden können. Denn nur wer misst, kann auch managen und verbessern.

Um diese Messungen und Analysen effektiv durchführen zu können, hat sich eine Reihe von spezialisierten Frameworks und Plattformen etabliert. In diesem Kapitel werden wir uns daher exemplarisch drei dieser zentralen Werkzeuge genauer ansehen: PromptLayer, bekannt für seine Stärken im Management und der Versionierung von Prompts; TruLens, das sich auf die Evaluierung und das Debugging von LLM-Anwendungen, insbesondere im Kontext von Retrieval Augmented Generation (RAG), spezialisiert hat; und Helicone, eine umfassende Observability-Plattform, die tiefgreifende Einblicke in Nutzungsmuster, Kosten und Performance bietet. Anhand dieser Tools werden wir die praktische Umsetzung der besprochenen Management-Strategien illustrieren und dir zeigen, wie du die Kontrolle über deine LLM-gestützten Systeme behältst und deren volles Potenzial ausschöpfst.

11.1. Monitoring und erste Analysen

Nachdem wir in der Einleitung die Notwendigkeit und die Herausforderungen des LLM Managements beleuchtet haben, tauchen wir nun in die Grundlagen ein. Hier legen wir das Fundament, um zu verstehen, wie du deine Sprachmodelle nicht nur betreibst, sondern sie auch wirklich verstehst und kontrollierst. Es geht darum, die ersten, aber entscheidenden Schritte zu gehen, um von einem reaktiven Umgang mit Problemen zu einem proaktiven Management deiner LLM-Anwendungen zu gelangen. Wir werden uns ansehen, welche grundlegenden Konzepte und Metriken du kennen musst und wie dir spezialisierte Werkzeuge dabei helfen können, den Überblick zu behalten.

Ein zentrales Konzept, das uns dabei leiten wird, ist die sogenannte LLM-Observability. Man könnte es als die Fähigkeit beschreiben, tiefgehende Einblicke in das Verhalten und die Leistung deiner LLM-gestützten Systeme zu gewinnen. Stell dir vor, du hast ein komplexes Uhrwerk – Observability gibt dir die Werkzeuge, um nicht nur zu sehen, ob die Uhr läuft, sondern auch, wie die einzelnen Zahnräder ineinandergreifen und wo es möglicherweise hakt. Im Kontext von LLMs stützt sich diese Beobachtbarkeit auf fünf wesentliche Säulen. Die erste Säule sind Traces & Spans. Hierbei geht es darum, den gesamten Lebenszyklus einer Anfrage an dein LLM und dessen Antwort detailliert nachzuverfolgen. Jeder Schritt, von der ursprünglichen Nutzereingabe über interne Verarbeitungsschritte bis hin zur finalen Ausgabe, wird erfasst. Dies ist unerlässlich, um Fehlerquellen zu identifizieren und Engpässe zu verstehen. Die zweite Säule ist die LLM Evaluation. Es reicht nicht, nur zu sehen, dass das Modell antwortet, sondern wir müssen auch bewerten, wie gut es antwortet. Hier kommen grundlegende Methoden zur Qualitätsbewertung der Modell-Outputs ins Spiel, auf die wir gleich noch genauer eingehen werden. Eng damit verbunden ist die dritte Säule: Prompt Engineering & Management. Die Qualität deiner Prompts hat einen immensen Einfluss auf die Qualität der LLM-Antworten. Daher ist es wichtig, nicht nur gute Prompts zu erstellen, sondern diese auch systematisch zu verwalten, zu versionieren und ihre Performance zu testen. Die vierte Säule betrifft Search & Retrieval, insbesondere im Kontext von Retrieval Augmented Generation (RAG) Systemen. Wenn dein LLM auf externes Wissen zugreift, um seine Antworten zu generieren, musst du sicherstellen, dass die Qualität dieser externen Wissensbasis hoch ist und der Abrufprozess zuverlässig funktioniert. Schließlich bildet die fünfte Säule die LLM Security. Schon in den Grundlagen müssen wir uns mit den Basis-Sicherheitsaspekten beim Einsatz von LLMs auseinandersetzen, um Missbrauch und unerwünschte Nebeneffekte zu vermeiden.

Um die Leistung und das Verhalten unserer LLMs greifbar zu machen, benötigen wir konkrete Messgrößen – die Kernmetriken. Eine der wichtigsten ist die Genauigkeit (Accuracy). Sie gibt an, wie korrekt die vom LLM generierten Antworten im Hinblick auf die gestellte Aufgabe oder Frage sind. Eine eng verwandte, aber oft separat betrachtete Metrik ist die Halluzinationsrate. Sie misst, wie oft das LLM Informationen erfindet oder Fakten falsch darstellt, obwohl es überzeugend klingt. Für viele Anwendungen, insbesondere solche mit direktem Nutzerkontakt, ist die Latenz (Latency) ein kritischer Faktor.

Wie schnell liefert das LLM eine Antwort? Hierbei spielt oft auch die "Time To First Token" (TTFT) eine Rolle – also die Zeit, bis das erste Wort der Antwort generiert wird, was für die wahrgenommene Geschwindigkeit entscheidend sein kann. Nicht zuletzt müssen wir die Kosten (Cost) im Blick behalten. Die Nutzung von LLMs, insbesondere über kommerzielle APIs, ist oft mit einer Token-basierten Abrechnung verbunden. Ein Verständnis dafür, wie viele Tokens für welche Anfragen verbraucht werden und welche Kosten daraus resultieren, ist für den wirtschaftlichen Betrieb unerlässlich.

Glücklicherweise müssen wir diese Messungen und Analysen nicht komplett von Hand durchführen. Es gibt eine wachsende Zahl spezialisierter Werkzeuge, die uns dabei unterstützen. Werfen wir einen ersten Blick auf drei prominente Vertreter, die im weiteren Verlauf des Kapitels immer wieder auftauchen werden. PromptLayer hat seinen Fokus, wie der Name schon andeutet, stark auf dem Management von Prompts. Es bietet Funktionen zur Versionierung, zum Testen und zur Kollaboration bei der Prompterstellung und hilft dabei, den Überblick über die eingesetzten Prompts und deren Performance zu behalten. TruLens hingegen legt einen besonderen Schwerpunkt auf die Evaluierung von LLM-Anwendungen. Es bietet Werkzeuge, um die Qualität von LLM-Outputs zu bewerten und insbesondere die Funktionsweise und Schwachstellen von komplexeren Systemen wie RAG-Pipelines zu analysieren. Helicone schließlich versteht sich als eine umfassende Observability-Plattform. Es ermöglicht ein detailliertes Monitoring von Anfragen, Kosten und Latenzen, bietet Funktionen zur Nachverfolgung von Nutzerinteraktionen und unterstützt bei der Optimierung der LLM-Nutzung.

Wie sehen nun die ersten praktischen Schritte im LLM Management aus? Zunächst geht es darum, eines oder mehrere dieser Monitoring-Tools in deine bestehenden oder neu entwickelten LLM-Anwendungen zu integrieren. Die meisten dieser Werkzeuge bieten dafür relativ einfache SDKs (Software Development Kits) oder API-Anbindungen. Sobald die Daten fließen, kannst du erste Dashboards einrichten, um die Kernmetriken wie Latenz, Kosten und vielleicht auch erste Indikatoren für Genauigkeit oder Fehlerraten zu überwachen. Parallel dazu ist es in der Anfangsphase oft sinnvoll, eine manuelle Überprüfung der Ergebnisse durchzuführen. Schau dir die Anfragen und Antworten stichprobenartig an, um ein Gefühl für die Performance deines Systems zu bekommen und erste Auffälligkeiten oder wiederkehrende Probleme zu identifizieren. Dieser explorative Ansatz hilft dir, die Stärken und Schwächen deines LLM-Setups besser zu verstehen.

11.2. Evaluierungsmethoden, Optimierungsstrategien und tiefere Einblicke

Nachdem du die grundlegenden Konzepte und Werkzeuge des LLM Managements kennengelernt hast, ist es an der Zeit, tiefer in die Materie einzudringen. Im fortgeschrittenen Abschnitt dieses Kapitels nehmen wir die Lupe zur Hand und beleuchten anspruchsvollere Methoden zur Evaluierung deiner Sprachmodelle, entwickeln gezielte Strategien zur Optimierung ihrer Leistung und gewinnen tiefere Einblicke in ihr Verhalten. Es geht nun darum, von der reinen Beobachtung zu einer aktiven und datengestützten Steuerung deiner LLM-Anwendungen überzugehen, um ihre Qualität, Effizienz und Zuverlässigkeit auf ein neues Niveau zu heben.

Ein Kernbereich fortgeschrittenen LLM Managements sind ausgefeiltere Evaluierungstechniken. Es reicht oft nicht aus, nur die offensichtlichen Fehler zu zählen. Wir müssen verstehen, wie und warum ein Modell bestimmte Ausgaben generiert. Hierbei unterscheiden wir beispielsweise zwischen Online- und Offline-Evaluierung. Bei der Online-Evaluierung bewertest du die Modellantworten direkt im laufenden Betrieb, oft durch das Sammeln von Nutzerfeedback oder durch A/B-Tests verschiedener Modellversionen oder Prompts. Die Offline-Evaluierung hingegen findet auf Basis von vordefinierten Testdatensets statt, was eine systematischere und reproduzierbarere Bewertung ermöglicht, bevor Änderungen in die Produktionsumgebung gelangen. Eine weitere wichtige Unterscheidung betrifft die Art der Bewertung: Menschliche Evaluierung ist oft der Goldstandard, wenn es um Nuancen und kontextuelles Verständnis geht, ist aber zeitaufwendig und teuer. Daher gewinnen automatisierte Evaluierungsmethoden an Bedeutung. Ein interessanter Ansatz hierbei ist das Konzept des "LLM-as-a-Judge", bei dem ein anderes, oft leistungsstärkeres LLM dazu verwendet wird, die Ausgaben des zu testenden Modells anhand bestimmter Kriterien zu bewerten. Um aussagekräftige Evaluierungen durchführen zu können, ist der Aufbau von qualitativ hochwertigen Testdatensets und Benchmarks unerlässlich, die speziell auf deinen Anwendungsfall zugeschnitten sind. Eine besondere Herausforderung stellt die Evaluierung von Retrieval Augmented Generation (RAG) Systemen dar. Hier müssen wir nicht nur die Qualität der generierten Antwort bewerten, sondern auch die Relevanz und Korrektheit der abgerufenen Informationen (Context Relevance) und wie gut die Antwort auf diesen Informationen basiert (Groundedness).

Mit präziseren Evaluierungsmethoden können wir nun gezielte Strategien zur Reduktion von Halluzinationen und zur Verbesserung der Genauigkeit entwickeln. Ein mächtiger Hebel ist die weitere Optimierung von Prompts. Techniken wie Few-Shot Prompting, bei dem dem Modell einige Beispiele für gewünschte Antworten gegeben werden, oder Chain-of-Thought Prompting, das das Modell anleitet, seine Denkprozesse Schritt für Schritt zu erklären, können die Qualität der Ausgaben erheblich verbessern. Wie bereits erwähnt, ist der Einsatz von RAG eine effektive Methode, um Halluzinationen zu reduzieren, indem dem Modell verlässliches Faktenwissen zur Verfügung gestellt wird. In bestimmten Fällen kann auch das Fine-Tuning eines bestehenden Modells auf deinen spezifischen Daten sinnvoll sein, um seine Leistung für eine bestimmte Aufgabe zu spezialisieren, obwohl dies mit zusätzlichem Aufwand und Kosten verbunden ist. Darüber hinaus können die Implementierung von Guardrails, also Regeln und Mechanismen, die unerwünschte Ausgaben verhindern oder filtern, sowie der Einsatz von Output-Parsern, die die strukturierte Ausgabe des LLMs sicherstellen, zur Verbesserung der Zuverlässigkeit beitragen.

Neben der Qualität der Antworten sind auch Kosten- und Latenzoptimierung zentrale Aspekte im fortgeschrittenen LLM Management. Die Auswahl des richtigen Modells für die jeweilige Aufgabe ist hier oft der erste und wichtigste Schritt. Nicht immer ist das größte und teuerste Modell auch das beste. Kleinere, spezialisierte Modelle können für bestimmte Aufgaben oft eine bessere Balance zwischen Leistung und Kosten bieten. Auch die Prompt-Optimierung spielt hier eine Rolle, denn kürzere und präzisere Prompts führen in der Regel zu einer geringeren Token-Anzahl und damit zu niedrigeren Kosten und oft auch zu schnelleren Antworten. Für häufig wiederkehrende Anfragen können Caching-Strategien implementiert werden, um die Antworten direkt aus einem Zwischenspeicher zu liefern, anstatt das LLM jedes Mal neu zu bemühen. Eine detaillierte Analyse von Kostentreibern und des Nutzungsverhaltens – beispielsweise aufgeschlüsselt pro Nutzer, pro Feature oder pro Tageszeit – hilft dir, Ineffizienzen aufzudecken und gezielte Maßnahmen zur Kostenreduktion zu ergreifen.

Die bereits vorgestellten Frameworks entfalten im fortgeschrittenen Bereich ihr volles Potenzial. PromptLayer ermöglicht dir beispielsweise das systematische A/B-Testing verschiedener Prompt-Versionen direkt in der Produktionsumgebung und das detaillierte Tracking der Performance einzelner Prompts über die Zeit. So kannst du datengestützt entscheiden, welche Prompts am besten funktionieren. TruLens bietet dir Werkzeuge für eine detaillierte Analyse deiner RAG-Pipelines. Du kannst damit genau untersuchen, welche Informationen abgerufen wurden, wie relevant diese waren und wie sie zur finalen Antwort beigetragen haben, um so Schwachstellen in der Retrieval-Kette oder im Generierungsprozess zu identifizieren. Helicone wiederum erlaubt dir, Nutzerfeedback direkt mit den Performance-Metriken deiner LLM-Anfragen zu korrelieren. Du kannst damit beispielsweise herausfinden, ob bestimmte Latenzspitzen oder eine erhöhte Halluzinationsrate zu negativen Nutzerbewertungen führen. Zudem unterstützt Helicone bei der Anomalie-Erkennung im Nutzungsverhalten, um frühzeitig auf unerwartete Probleme oder Missbrauchsmuster aufmerksam zu werden.

11.3. Skalierbares LLM Management, MLOps-Integration und zukunftssichere Strategien

Du hast nun die Grundlagen und fortgeschrittenen Techniken des LLM Managements gemeistert. Jetzt ist es an der Zeit, den Gipfel zu erklimmen und dich mit den Expertenstrategien vertraut zu machen, die den Unterschied zwischen einer gut funktionierenden LLM-Anwendung und einem robusten, skalierbaren und zukunftssicheren KI-System ausmachen. In diesem Abschnitt geht es darum, LLM Management nicht nur als eine Reihe von Werkzeugen und Techniken zu betrachten, sondern als eine integrierte strategische Kompetenz, die tief in deinen Entwicklungsprozessen und deiner Unternehmenskultur verankert ist.

Ein entscheidender Aspekt auf Expertenniveau ist der Aufbau einer skalierbaren LLM-Monitoring-Infrastruktur. Wenn deine LLM-Anwendungen wachsen und von immer mehr Nutzern oder Systemen verwendet werden, müssen auch deine Monitoring- und Managementfähigkeiten mithalten. Dies beinhaltet oft die Integration von LLM Observability in bestehende MLOps-Pipelines (Machine Learning Operations). LLM Management sollte kein isolierter Prozess sein, sondern nahtlos mit deinen allgemeinen Praktiken für das Deployment, Monitoring und die Wartung von Machine-Learning-Modellen verbunden werden. Dazu gehört auch die Einrichtung automatisierter Alert-Systeme für kritische Metriken. Du möchtest sofort benachrichtigt werden, wenn beispielsweise die Halluzinationsrate plötzlich ansteigt, die Latenz einen bestimmten Schwellenwert überschreitet oder die Kosten unerwartet in die Höhe schnellen. Ein weiterer wichtiger Punkt ist die konsequente Versionierung von Modellen, Prompts und Evaluierungsdatensets. Nur so kannst du Änderungen nachvollziehen, bei Problemen zu früheren Versionen zurückkehren und die Reproduzierbarkeit deiner Ergebnisse sicherstellen. Nicht zuletzt spielen Datenschutz und Compliance im LLM Management eine immer größere Rolle. Du musst sicherstellen, dass deine Logging-Richtlinien den Datenschutzbestimmungen entsprechen und Mechanismen zur PII-Redaktion (Personally Identifiable Information) implementiert sind, um sensible Nutzerdaten zu schützen.

Auf Expertenniveau geht es nicht nur darum, Probleme zu erkennen, sondern auch darum, kontinuierliche Verbesserung und Feedback-Schleifen systematisch zu etablieren. Das systematische Sammeln und Auswerten von Nutzerfeedback, sowohl explizit (z. B. über Bewertungsbuttons) als auch implizit (z. B. durch Analyse von Nutzerabbrüchen oder Folgeaktionen), liefert unschätzbare Hinweise auf Verbesserungspotenziale. Dieses Feedback sollte in einen etablierten Prozess für das Retraining oder Fine-Tuning von Modellen einfließen. Wenn deine Monitoring-Ergebnisse oder das Nutzerfeedback zeigen, dass ein Modell in bestimmten Bereichen Schwächen aufweist, musst du in der Lage sein, es gezielt zu verbessern. Human-in-the-Loop-Ansätze können hierbei eine wichtige Rolle spielen, sei es zur Qualitätssicherung kritischer Antworten, zur Korrektur von Fehlern oder zur Generierung hochwertiger Trainingsdaten für das Fine-Tuning.

Mit zunehmender Erfahrung und einer wachsenden Anzahl von LLM-Anwendungen wird auch die vergleichende Analyse und Auswahl von LLM-Modellen und Frameworks immer wichtiger. Es ist ratsam, eine eigene Bewertungsmatrix für verschiedene LLMs zu entwickeln, die nicht nur die reine Performance, sondern auch Kosten, spezifische Features, Integrationsaufwand und Anbieter-Support berücksichtigt. Du solltest auch Strategien zur Migration zwischen verschiedenen LLM-Anbietern oder Modellen parat haben, um flexibel auf Marktveränderungen oder neue Anforderungen reagieren zu können. Die Entscheidung zwischen Open-Source- und kommerziellen LLM-Management-Tools ist ebenfalls eine strategische Überlegung, bei der du die Vor- und Nachteile hinsichtlich Kosten, Flexibilität, Community-Support und Enterprise-Features sorgfältig abwägen musst.

Schließlich ist es für Experten unerlässlich, die zukünftigen Trends im LLM Management im Auge zu behalten, um langfristig erfolgreich zu sein. Die zunehmende Bedeutung von Responsible AI Metriken wie Bias-Erkennung, Fairness-Bewertung und Transparenz wird die Anforderungen an das LLM Management weiter erhöhen. Der Trend zu Edge-LLMs, also Sprachmodellen, die direkt auf Endgeräten laufen, bringt neue spezifische Management-Herausforderungen mit sich, beispielsweise hinsichtlich Ressourcenbeschränkungen und dezentralem Monitoring. Auch die Entwicklung hin zu multimodalen LLMs, die nicht nur Text, sondern auch Bilder, Audio oder Video verarbeiten können, wird die Observability-Anforderungen erweitern und neue Metriken und Evaluierungsmethoden erfordern.

11.4. Werkzeuge und Plattformen im Detail

Nachdem wir uns durch die theoretischen Grundlagen, fortgeschrittenen Techniken und Expertenstrategien des LLM Managements gearbeitet haben, ist es nun an der Zeit, die Werkzeuge, die uns auf dieser Reise begleiten, genauer unter die Lupe zu nehmen. Ein tiefes Verständnis der Funktionalitäten und Einsatzmöglichkeiten der verschiedenen Plattformen ist entscheidend, um die Konzepte erfolgreich in die Praxis umzusetzen. Wir konzentrieren uns hier auf die bereits mehrfach erwähnten Hauptakteure – PromptLayer, TruLens und Helicone – und werfen anschließend einen kurzen Blick auf weitere relevante Tools im LLM-Observability-Ökosystem.

PromptLayer: Dein Kommandozentrum für Prompts

Stell dir PromptLayer als das spezialisierte Nervenzentrum für alles vor, was mit deinen Prompts zu tun hat. In der Welt der LLMs ist der Prompt oft der entscheidende Hebel für die Qualität der Ausgabe, und PromptLayer hat es sich zur Aufgabe gemacht, dir die volle Kontrolle über diesen Hebel zu geben. Zu den Kernfunktionen gehört eine robuste Prompt-Versionierung. Ähnlich wie bei Code kannst du verschiedene Versionen deiner Prompts speichern, Änderungen nachverfolgen und bei

Bedarf zu früheren Ständen zurückkehren. Dies ist unerlässlich, um Experimente sauber zu dokumentieren und Regressionen zu vermeiden. Ein weiteres mächtiges Feature ist das integrierte A/B-Testing. Du kannst verschiedene Prompt-Varianten gegeneinander antreten lassen und datengestützt entscheiden, welche Version die besten Ergebnisse liefert. PromptLayer fördert zudem die Kollaboration im Team, indem es ermöglicht, Prompts gemeinsam zu entwickeln, zu kommentieren und zu verwalten. Abgerundet wird das GanSet durch detailliertes Request-Logging, das dir zeigt, welche Prompts wie oft verwendet wurden und welche Antworten sie generiert haben.

Typische Anwendungsbeispiele für PromptLayer sind vielfältig. Du könntest es nutzen, um die Prompts für einen Kunden-Chatbot kontinuierlich zu optimieren, indem du verschiedene Formulierungen testest und deren Einfluss auf die Nutzerzufriedenheit oder die Lösungsrate misst. Ein anderes Szenario wäre das Nachverfolgen der Performance spezifischer Prompts über einen längeren Zeitraum, um schleichende Qualitätsverluste oder Veränderungen im Antwortverhalten des LLMs frühzeitig zu erkennen. Auch das Management einer zentralen Prompt-Bibliothek für ein größeres Entwicklungsteam, um Konsistenz und Wiederverwendbarkeit sicherzustellen, ist ein klassischer Anwendungsfall.

Die Integration und das Setup von PromptLayer sind in der Regel unkompliziert. Die Plattform bietet SDKs für gängige Programmiersprachen wie Python, die es dir erlauben, deine LLM-API-Aufrufe über PromptLayer zu leiten. Dadurch werden alle relevanten Daten automatisch erfasst und in deinem PromptLayer-Dashboard visualisiert. Du kannst dann direkt in der Weboberfläche deine Prompts verwalten, Tests konfigurieren und die Ergebnisse analysieren.

TruLens: Der Evaluierungs-Spezialist, besonders für RAG

TruLens hat sich als ein führendes Werkzeug für die tiefgehende Evaluierung von LLM-Anwendungen etabliert, mit einem besonderen Fokus auf die Herausforderungen, die Retrieval Augmented Generation (RAG) Systeme mit sich bringen. Wenn dein LLM also auf externes Wissen zugreift, um seine Antworten zu generieren, ist TruLens ein wertvoller Begleiter. Die Kernfunktionen umfassen ausgefeilte Methoden zur Evaluierung von LLM-Apps. Dabei geht es nicht nur um die Endantwort, sondern auch um die Bewertung der einzelnen Komponenten einer RAG-Pipeline, wie die Qualität des abgerufenen Kontexts (Groundedness, Context Relevance) und die Zuverlässigkeit der Antwort basierend auf diesem Kontext. TruLens bietet auch Feedback-Funktionen, die es ermöglichen, menschliches Feedback direkt in den Evaluierungsprozess einzubinden und für die kontinuierliche Verbesserung zu nutzen. Einzigartig ist die Fähigkeit zum Tracking von internen LLM-Zuständen und der Logik von Agenten, was ein tiefes Debugging und Verständnis komplexer Interaktionen ermöglicht.

Als Anwendungsbeispiele für TruLens könnte man die systematische Bewertung der Groundedness eines RAG-Systems nennen, das Produktinformationen aus einer Datenbank zieht, um Kundenanfragen zu beantworten. TruLens hilft dir dabei festzustellen, ob die Antworten des LLMs tatsächlich auf den abgerufenen Informationen basieren oder ob es zu Halluzinationen kommt. Ein weiteres Beispiel ist die Identifikation von

Fehlern in der Retrieval-Komponente einer RAG-Pipeline. Wenn das System irrelevante oder veraltete Dokumente abruft, kann TruLens dir helfen, diese Schwachstelle aufzudecken. Auch die Überwachung der Fairness und die Aufdeckung von Bias in den Antworten deines LLMs sind wichtige Einsatzgebiete.

Die Integration und das Setup von TruLens erfordern in der Regel die Instrumentierung deines Python-Codes. Du fügst spezifische TruLens-Wrapper um deine LLM-Aufrufe und RAG-Komponenten hinzu. Die gesammelten Daten und Evaluierungsergebnisse können dann in einem Dashboard visualisiert oder programmatisch weiterverarbeitet werden. TruLens ist als Open-Source-Bibliothek verfügbar, was eine hohe Flexibilität und Anpassbarkeit ermöglicht.

Helicone: Die umfassende Observability-Plattform

Helicone positioniert sich als eine All-in-One-Plattform für LLM Observability und bietet ein breites Spektrum an Funktionen, um die Nutzung, Kosten und Performance deiner LLM-Anwendungen transparent zu machen. Zu den Kernfunktionen gehört ein umfassendes Monitoring von Metriken wie Latenz (inklusive Time-To-First-Token), Kosten pro Anfrage oder Nutzer und der detaillierten Token-Nutzung. Helicone ermöglicht ein genaues User-Tracking, sodass du nachvollziehen kannst, welche Nutzer welche Anfragen stellen und wie sie mit deinem LLM interagieren. Intelligente Caching-Mechanismen helfen dabei, Kosten zu sparen und die Antwortzeiten für häufige Anfragen zu reduzieren. Ein mächtiges Feature sind auch die Custom Properties, mit denen du anwendungsspezifische Metadaten zu jeder Anfrage hinzufügen kannst, um noch granularere Analysen zu ermöglichen (z. B. A/B-Test-Variante, Feature-Name, Nutzersegment).

Anwendungsbeispiele für Helicone umfassen die kontinuierliche Überwachung der API-Kosten eines LLM-basierten Features, um Budgetüberschreitungen frühzeitig zu erkennen und Gegenmaßnahmen einzuleiten. Du könntest Helicone auch nutzen, um das Nutzerverhalten detailliert zu analysieren und dadurch Bottlenecks in der User Journey oder schlecht performende Prompts zu identifizieren. Die Plattform kann dir auch helfen, die Auswirkungen von Änderungen an deinen Prompts oder Modellen auf die Gesamtkosten und die Nutzeraktivität zu bewerten.

Das Setup und die Integration von Helicone sind darauf ausgelegt, möglichst einfach zu sein. Oft genügt es, den Base-URL deiner LLM-API-Aufrufe auf einen Helicone-Endpunkt umzuleiten und deinen API-Key hinzuzufügen. Die Plattform kümmert sich dann im Hintergrund um das Logging und die Aggregation der Daten, die dir in einem übersichtlichen Dashboard präsentiert werden.

Weitere relevante Tools und Bibliotheken im LLM-Universum

Neben diesen drei Hauptakteuren gibt es eine wachsende Zahl weiterer spannender Werkzeuge und Bibliotheken, die das LLM Management und die Observability unterstützen. Langfuse, beispielsweise, ist eine Open-Source-Observability-Plattform, die sich gut mit LangChain integriert und detaillierte Traces sowie Debugging-Möglichkeiten bietet. Arize AI und WhyLabs sind etablierte Player im Bereich ML Monitoring und haben ihre Plattformen erweitert, um auch die spezifischen Herausforderungen von LLMs abzudecken, insbesondere im Hinblick auf Datenqualität, Drift-Erkennung und Performance-Überwachung. Auch spezialisierte Bibliotheken für bestimmte Aufgaben, wie die Evaluierung von Fairness oder die Erkennung von Bias, gewinnen an Bedeutung. Es lohnt sich, dieses dynamische Feld im Auge zu behalten, da ständig neue und innovative Lösungen entstehen, die dir helfen können, deine LLM-Anwendungen noch besser zu verstehen und zu optimieren.

Teste dein Wissen

Nachdem wir uns nun intensiv mit den verschiedenen Facetten des LLM Managements auseinandergesetzt haben, von den grundlegenden Konzepten über fortgeschrittene Optimierungsstrategien bis hin zu Expertenansätzen und den spezifischen Werkzeugen, ist es an der Zeit, dein erworbenes Wissen zu reflektieren und auf die Probe zu stellen. Die folgenden Fragen sind so gestaltet, dass sie dich dazu anregen, die Kernideen dieses Kapitels noch einmal zu durchdenken und ihre praktische Relevanz zu erfassen. Nimm dir einen Moment Zeit, um über jede Frage nachzudenken und deine Antworten im Geiste oder gerne auch schriftlich zu formulieren.

Beginnen wir mit den Grundlagen: Warum ist es eigentlich nicht ausreichend, sich bei der Überwachung von LLM-Anwendungen ausschließlich auf traditionelle Software-Monitoring-Tools zu verlassen, die beispielsweise Serverauslastung oder Datenbankantwortzeiten messen? Welche spezifischen Aspekte von LLMs erfordern hier einen spezialisierten Ansatz? Kannst du ein konkretes Szenario beschreiben, in dem eine hohe Latenz bei einem LLM-basierten Kundenservice-Bot zu einem signifikanten Problem für das Unternehmen und die Kundenzufriedenheit werden könnte? Welche der vier genannten Kernmetriken – Genauigkeit, Halluzinationsrate, Latenz oder Kosten – würdest du als die absolut kritischste bei einer LLM-Anwendung betrachten, die juristische Dokumente für Anwälte zusammenfasst, und begründe deine Einschätzung ausführlich. Welche Rolle spielen die sogenannten "Traces & Spans" bei der Fehlersuche in einer komplexen LLM-Anwendung, die möglicherweise mehrere interne Schritte durchläuft, bevor sie eine Antwort generiert?

Wenn wir nun zu den fortgeschrittenen Techniken übergehen: Erläutere den fundamentalen Unterschied zwischen einer Online-Evaluierung und einer Offline-Evaluierung im Kontext von LLM-Anwendungen und gib für jede Methode ein praxisnahes Anwendungsbeispiel, das die jeweiligen Stärken verdeutlicht. Wie genau funktioniert das Prinzip des "LLM-as-a-Judge" zur automatisierten Bewertung von Modell-Outputs, und welche potenziellen Herausforderungen oder Fallstricke siehst du bei diesem Ansatz, insbesondere im Hinblick auf Bias oder die Zuverlässigkeit des bewertenden LLMs selbst? Beschreibe drei konkrete und unterschiedliche Techniken, die du anwenden könntest, um die Betriebskosten bei der Nutzung eines kommerziellen Large Language Model APIs zu senken, ohne dabei die Qualität der generierten Antworten für den Endnutzer signifikant zu verschlechtern. Inwiefern kann das A/B-Testing von Prompts, wie es beispielsweise PromptLayer ermöglicht, dazu beitragen, die Performance einer LLM-Anwendung systematisch zu verbessern?

Schließlich wollen wir uns den Expertenstrategien zuwenden: Welche entscheidende Rolle spielt die Versionierung im umfassenden Kontext des LLM Managements, und welche spezifischen Artefakte oder Komponenten – über Prompts hinaus – sollten deiner Meinung nach typischerweise und unbedingt versioniert werden, um Reproduzierbarkeit, Nachvollziehbarkeit und ein effektives Rollback im Fehlerfall zu gewährleisten? Entwirf einen detaillierten, schrittweisen Prozess, wie explizites und implizites Nutzerfeedback systematisch gesammelt, analysiert und anschließend genutzt werden kann, um die Qualität und Nutzerakzeptanz einer bestehenden LLM-Anwendung kontinuierlich und messbar zu verbessern. Diskutiere ausführlich die potenziellen Herausforderungen und die sich gleichzeitig eröffnenden Chancen, die sich aus dem sich abzeichnenden Trend zu multimodalen Large Language Models – also Modellen, die Text, Bild, Audio etc. verarbeiten können – für die etablierten Praktiken und Werkzeuge des LLM Managements ergeben. Wie könnte die Integration von LLM Observability in bestehende MLOps-Pipelines aussehen und welche Vorteile verspricht ein solcher integrierter Ansatz für größere Organisationen?

Diese Fragen sollen dir nicht nur helfen, dein Verständnis zu überprüfen, sondern auch dazu anregen, über die vielfältigen Aspekte des LLM Managements nachzudenken und wie du dieses Wissen in deinen eigenen Projekten anwenden kannst. Es gibt oft nicht nur eine richtige Antwort, sondern viele valide Perspektiven, abhängig vom spezifischen Kontext und den Zielen deiner Anwendung.

12.0 Der Exkurs

Hier sind ein paar zusätzliche Themen, die ich in den folgenden Unterkapiteln behandelt habe. Sie sind nicht Teil des KI-Kompasses, sondern sollen dir einen tieferen Einblick in die Technologie und ihre Möglichkeiten geben. Denk daran, dass die Informationen zum Zeitpunkt der Erstellung aktuell waren.

Exkurs 1: Die neue Ära der Code-Erstellung meistern

Stell dir vor, du stehst an der Schwelle zu einer neuen Zeitrechnung in der Welt der Softwareentwicklung. Eine Ära, in der intelligente, autonome Assistenten – sogenannte KI-Agenten – nicht nur einfache Aufgaben übernehmen, sondern den gesamten Software Development Life Cycle (SDLC) von Grund auf neu gestalten. Es ist ein Bild, das an den provokanten Titel eines vielbeachteten Artikels von Vish Nandlall erinnert: "AI Agenten Ate My SDLC". Doch bevor du jetzt in Panik verfällst und um deinen Job als Entwickler fürchtest, lass uns gemeinsam einen genaueren Blick darauf werfen. Denn diese Transformation, so tiefgreifend sie auch sein mag, birgt nicht nur Herausforderungen, sondern vor allem immense Chancen für all jene, die bereit sind, sich auf die neuen Spielregeln einzulassen und die Kunst der Zusammenarbeit zwischen Mensch und Maschine zu meistern. Dieses Kapitel ist dein Kompass, um in dieser aufregenden neuen Ära nicht nur zu überleben, sondern aktiv zu gedeihen und die Zukunft der Code-Erstellung mitzugestalten.

Der unaufhaltsame Vormarsch von KI-Agenten in der Softwareentwicklung ist keine ferne Zukunftsmusik mehr, sondern bereits heute spürbare Realität. Wir erleben einen Paradigmenwechsel, der in seiner Tragweite durchaus mit früheren technologischen Revolutionen vergleichbar ist. Erinnerst du dich an die Zeiten, als der Umstieg von der mühsamen Assemblerprogrammierung auf höhere Sprachen wie C als Quantensprung galt? Oder als die Einführung des Cloud Computings die Art und Weise, wie wir Systeme bauen und betreiben, fundamental veränderte, indem sie Mean Time To Recovery (MTTR) drastisch senkte und stateless Architekturen zum Standard machte? Ähnlich wie damals, als agile Methoden und DevOps die Wasserfallmodelle ablösten, stehen wir heute erneut vor einem Wendepunkt. KI-Agenten, oft in intelligenten Clustern oder "Fleets" agierend, sind dabei, die etablierten Prozesse der Softwareerstellung nicht nur zu optimieren, sondern sie grundlegend neu zu definieren. Sie versprechen, repetitive Aufgaben zu automatisieren, komplexe Probleme schneller zu lösen und uns Entwicklern Freiräume für kreativere und strategischere Tätigkeiten zu schaffen.

Die Kernbotschaft, die uns dabei leiten sollte und die auch Nandlall in seinem Artikel betont, ist jedoch nicht die des vollständigen Ersatzes menschlicher Entwickler durch künstliche Intelligenz. Vielmehr geht es um das Prinzip der "Strategic Developer Augmentation" – der strategischen Erweiterung und Verstärkung menschlicher Fähigkeiten durch KI. KI-Agenten sollen als mächtige Werkzeuge dienen, die uns dabei unterstützen, unsere Produktivität zu steigern, die Qualität unserer Arbeit zu verbessern und uns auf jene Aspekte der Softwareentwicklung zu konzentrieren, bei denen menschliche Intuition, kritisches Denken und architektonische Vision unersetzlich sind. Es geht um eine Symbiose, eine Partnerschaft, in der Mensch und Maschine ihre jeweiligen Stärken optimal einbringen.

Das Ziel dieses zwölften Kapitels ist es daher, dir einen umfassenden und praxisnahen Leitfaden an die Hand zu geben, um diese tiefgreifende Transformation des SDLC durch KI-Agenten erfolgreich zu navigieren. Wir wollen gemeinsam erkunden, wie du als Entwickler, als Manager oder als verantwortlicher Unternehmenslenker die Weichen richtig stellst, um von dieser Entwicklung zu profitieren. Wir werden uns ansehen, wie die Vision einer KI-gestützten Softwareentwicklung schrittweise in die Praxis umgesetzt werden kann, welche konkreten Werkzeuge und Plattformen dir dabei helfen und welche neuen Fähigkeiten und Denkweisen erforderlich sind, um in dieser neuen Ära erfolgreich zu sein. Es geht darum, Ängste abzubauen, Chancen zu erkennen und eine proaktive Rolle in dieser spannenden Evolution einzunehmen.

Um dieses Ziel zu erreichen, werden wir uns in diesem Kapitel systematisch mit den verschiedenen Facetten des Themas auseinandersetzen. Wir beginnen mit den Grundlagen und untersuchen, was KI-Agenten im Kontext des SDLC eigentlich sind und welche Rollen sie in den einzelnen Phasen – von der Planung über das Design und die Implementierung bis hin zu Test, Deployment und Wartung – übernehmen können. Anschließend beleuchten wir die verschiedenen Phasen der Integration von KI-Agenten in den Entwicklungsprozess, von der ersten erweiterten Assistenz bis hin zur Vision autonomer Agenten-Teams. Dabei werden wir die damit verbundenen Herausforderungen nicht aussparen, aber vor allem die enormen Chancen und Potenziale herausarbeiten. Ein besonderer Fokus liegt auf den Werkzeugen und Plattformen, die bereits heute verfügbar sind oder sich abzeichnen, sowie auf den Best Practices für eine erfolgreiche Implementierung. Schließlich werfen wir einen Blick in die Zukunft und diskutieren, wie die Kollaboration zwischen Mensch und KI die Softwareentwicklung von morgen prägen wird. Mach dich bereit für eine Entdeckungsreise in die neue Ära des Codes – eine Ära, in der KI-Agenten deine mächtigsten Verbündeten werden können.

1. KI-Agenten und ihre Rolle im modernen SDLC verstehen

Nachdem wir in der Einleitung die transformative Kraft von KI-Agenten für den Softwareentwicklungszyklus skizziert haben, wollen wir nun tiefer in die Grundlagen dieses neuen Ökosystems eintauchen. Es ist entscheidend zu verstehen, was genau diese intelligenten Helfer ausmacht, wie sie sich von bisherigen Werkzeugen unterscheiden und an welchen Stellen im traditionellen SDLC sie ihre Stärken ausspielen können. Dieser Abschnitt legt das Fundament, um die ersten Schritte in der

Zusammenarbeit mit KI-Agenten bewusst und erfolgreich zu gestalten und die Weichen für die tiefgreifenden Veränderungen zu stellen, die uns bevorstehen.

Was also sind KI-Agenten im Kontext der Softwareentwicklung genau? Vergiss für einen Moment die einfachen Code-Vervollständigungs-Tools oder simplen Skripte. KI-Agenten gehen weit darüber hinaus. Sie sind Softwaresysteme, die mit einem gewissen Grad an Autonomie und Entscheidungsfindung ausgestattet sind. Basierend auf Large Language Models und anderen KI-Technologien können sie nicht nur vordefinierte Aufgaben ausführen, sondern auch Ziele verfolgen, Informationen analysieren, Pläne erstellen und Aktionen in ihrer Umgebung durchführen, um diese Ziele zu erreichen. Im Idealfall lernen sie aus ihren Interaktionen und verbessern ihre Leistung kontinuierlich. Oftmals treten sie nicht als Einzelkämpfer auf, sondern agieren in Agenten-Clustern oder "Fleets", wobei verschiedene spezialisierte Agenten zusammenarbeiten, um komplexe Probleme zu lösen. Ihre Fähigkeit zur Lernfähigkeit und Anpassung ist ein weiteres Schlüsselmerkmal, das sie von statischen Automatisierungstools unterscheidet. Sie sind darauf ausgelegt, aus Daten und Feedback zu lernen und ihre Strategien und Aktionen im Laufe der Zeit zu optimieren, was sie zu dynamischen und immer wertvolleren Partnern im Entwicklungsprozess macht.

Um das Potenzial von KI-Agenten voll ausschöpfen zu können, ist es hilfreich, den traditionellen Software Development Life Cycle (SDLC) und seine typische Aufwandsverteilung genauer zu betrachten. Vish Nandlall skizziert in seinem Artikel eine Verteilung, die vielen erfahrenen Entwicklern bekannt vorkommen dürfte und die wir durch weitere Recherchen ergänzen können, um die Ansatzpunkte für KI-Agenten klar zu identifizieren. In der Planungs- & Anforderungsphase, die oft rund 15 % des initialen Aufwands ausmacht, können KI-Agenten bereits wertvolle Unterstützung leisten. Sie können beispielsweise große Mengen an Nutzerfeedback oder Marktdaten analysieren, um Trends zu erkennen, bei der Formulierung präziser User Stories helfen oder sogar erste Gap-Analysen durchführen, um fehlende Anforderungen aufzudecken. Auch die Design- & Architekturphase (ebenfalls ca. 15 %) profitiert von KI-Unterstützung, indem Agenten beispielsweise verschiedene Design-Alternativen vorschlagen, deren Vor- und Nachteile bewerten oder beim schnellen Prototyping von Benutzeroberflächen assistieren. Der Löwenanteil der Arbeit, die Implementierung & das Coding (ca. 30 %), ist ein offensichtliches Einsatzfeld. Hier reichen die Möglichkeiten von der Generierung von Boilerplate-Code über die Erstellung ganzer Code-Module aus detaillierten Spezifikationen bis hin zur Unterstützung beim Debugging und einfachen Bugfixing. Die Phase des Testens & der Qualitätssicherung (ca. 25 %) bietet ebenfalls enorme Potenziale. KI-Agenten können Unit-Tests generieren, Test-Stubs erstellen, Basis-Sicherheits-Scans durchführen und sogar bei der Evolution von Testfällen helfen, indem sie diese an Code-Änderungen anpassen. Selbst im Bereich Deployment & Release (ca. 5 %) können Agenten unterstützen, indem sie beispielsweise Deployment-Konfigurationen für verschiedene Umgebungen generieren oder Schritte im CI/CD-Prozess automatisieren. Und schließlich die oft unterschätzte, aber langfristig kostenintensive Wartung & der Betrieb (initial ca. 10 %, aber über den gesamten Lebenszyklus eines Systems oft 40-60 % der Gesamtkosten): Hier können KI-Agenten bei der Diagnose einfacher Probleme, beim Code-Refactoring zur Verbesserung der Wartbarkeit oder bei der Überwachung von Systemen auf Anomalien helfen.

Die erste Phase dieser umfassenden Transformation, die Nandlall als "Enhanced Assistance" bezeichnet und die er von heute bis etwa Ende 2025 verortet, ist bereits in vollem Gange. Der Fokus liegt hier klar auf der breiten Adoption von KI-Tools, die direkt in die Entwicklungsumgebungen (IDEs) integriert sind. Werkzeuge wie GitHub Copilot, Amazon CodeWhisperer, Cursor oder Tabnine sind hier die prominentesten Beispiele. Ihre praktischen Auswirkungen sind für viele Entwickler bereits spürbar: Die schnellere Generierung von Boilerplate-Code spart Zeit bei Routineaufgaben, effizientere Code-Lookups und das Verständnis bestehender Codebasen werden erleichtert, und das Onboarding neuer Teammitglieder kann beschleunigt werden, da die KI-Assistenten helfen, sich schneller in unbekanntem Code zurechtzufinden. Die ersten Schritte zur Implementierung dieser Phase in Unternehmen umfassen oft den Aufbau interner Prompt-Bibliotheken mit bewährten Anweisungen für die KI-Tools sowie das aktive Teilen von Best Practices und Erfahrungen im Umgang mit diesen neuen Assistenten. Es geht darum, eine Kultur des Experimentierens und Lernens zu etablieren.

Für einen erfolgreichen Einstieg in diese neue Ära der Zusammenarbeit mit KI-Agenten sind einige Kernprinzipien entscheidend. An erster Stelle steht der Aufbau von Vertrauen. Entwickler müssen die Erfahrung machen, dass die KI-Tools zuverlässige und hilfreiche Unterstützung bieten. Eng damit verbunden ist das Management von Erwartungen. KI-Agenten sind keine magischen Alleskönner, sondern Werkzeuge, deren Stärken und Schwächen man verstehen muss. Es ist wichtig, realistische Ziele zu setzen und nicht zu erwarten, dass die KI von Anfang an perfekte Ergebnisse liefert. Schließlich ist das Erzielen erster Erfolge von großer Bedeutung. Kleine, gut definierte Anwendungsfälle, in denen KI-Agenten einen klaren Mehrwert bieten, können helfen, die Akzeptanz im Team zu fördern und die Motivation für weitere Schritte zu steigern.

2. Von der Assistenz zur teilautonomen Unterstützung

Nachdem du im Grundlagen-Abschnitt die ersten Berührungspunkte mit KI-Agenten als erweiterte Assistenten geknüpft und ein Verständnis für ihr Potenzial im SDLC entwickelt hast, ist es nun an der Zeit, den nächsten Schritt auf der Evolutionsleiter zu erklimmen. Wir bewegen uns von der reinen Assistenz hin zu einer echten teilautonomen Unterstützung, bei der KI-Agenten nicht mehr nur Vorschläge machen oder Boilerplate-Code generieren, sondern aktiv und eigenständig klar definierte Aufgaben übernehmen. Dies ist die Phase des "Task-Level Supports", wie sie Vish Nandlall in seiner Roadmap skizziert und für den Zeitraum von Ende 2025 bis Mitte 2026 prognostiziert. Hier werden KI-Agenten zu greifbaren, produktiven Mitgliedern des Entwicklungsteams, die spezifische Verantwortlichkeiten tragen und messbare Beiträge zur Effizienz und Qualität leisten.

Der Fokus in dieser fortgeschrittenen Phase liegt auf der gezielten Delegation diskreter, gut abgrenzbarer Aufgaben an (teil-)autonome KI-Agenten. Es geht nicht darum, den Agenten die gesamte Projektverantwortung zu übertragen, sondern ihnen spezifische Arbeitspakete zu übergeben, die sie aufgrund ihrer Spezialisierung oft schneller und manchmal sogar zuver-

474

lässiger erledigen können als ein menschlicher Entwickler, der sich parallel um viele andere Dinge kümmern muss. Stell dir vor, dein Team hat einen einfachen Bug, der klar in einem Jira-Ticket beschrieben ist – ein KI-Agent könnte diesen Bug analysieren, den betroffenen Code-Abschnitt identifizieren, einen Lösungsvorschlag entwickeln, diesen implementieren und erste Tests durchführen. Ein weiteres klassisches Beispiel ist die Generierung von Unit-Tests direkt aus den Signaturen von Funktionen oder Methoden. Anstatt dass Entwickler mühsam jeden Testfall manuell schreiben, könnte ein Agent diese Aufgabe übernehmen und so die Testabdeckung signifikant erhöhen. Auch bei der Ausformulierung von User Stories oder der Diagnose einfacher Systemprobleme können spezialisierte Agenten wertvolle Unterstützung leisten, indem sie beispielsweise Inkonsistenzen in Anforderungen aufdecken oder Logfiles analysieren, um Fehlerquellen einzugrenzen.

Damit diese Delegation von Aufgaben an KI-Agenten jedoch reibungslos funktioniert und tatsächlich zu den gewünschten Produktivitätssteigerungen führt, sind einige entscheidende Voraussetzungen zu erfüllen. An erster Stelle stehen klare Kriterien und Spezifikationen für die Aufgaben, die an Agenten übergeben werden. Je präziser die Aufgabe definiert ist, desto besser kann der Agent sie erfüllen. Vage oder mehrdeutige Anweisungen führen oft zu suboptimalen Ergebnissen. Ebenso wichtig sind robuste Review-Workflows für von Agenten generierten Code oder andere Artefakte wie Testfälle oder Dokumentationen. Auch wenn die Agenten immer besser werden, ist eine menschliche Überprüfung, zumindest stichprobenartig oder bei kritischen Komponenten, unerlässlich, um Qualität und Sicherheit zu gewährleisten. Schließlich benötigen die Agenten oft Schnittstellen zu bestehenden Projektmanagement-Tools wie Jira oder Confluence, um Aufgaben entgegenzunehmen, ihren Fortschritt zu dokumentieren und Ergebnisse zurückzumelden.

Für diese Art der Task-Level-Automatisierung zeichnet sich bereits eine Reihe von Werkzeugen und Plattformen ab, die über die reinen IDE-Assistenten hinausgehen. Im Bereich der Code-Reviews gibt es beispielsweise spezialisierte Agenten, die nicht nur auf Stilrichtlinien achten, sondern auch potenzielle Sicherheitslücken oder Performance-Engpässe erkennen können – hier könnten Erweiterungen von Tools wie dem GitHub Copilot Code Review Assistant oder KI-Integrationen in SonarQube eine Rolle spielen. Für die Testautomatisierung entstehen Agenten, die nicht nur Unit-Tests generieren, sondern auch komplexere Integrations- oder UI-Tests erstellen und ausführen können; Test Copilot oder kommerzielle Testautomatisierungs-Suiten mit erweiterten KI-Funktionen sind hier denkbar. Für die Orchestrierung einfacherer Agenten-Workflows, bei denen vielleicht ein Agent eine Aufgabe an einen anderen übergibt, könnten sowohl interne Entwicklungen in Unternehmen als auch spezialisierte Low-Code-Plattformen zum Einsatz kommen, die es ermöglichen, solche Agenten-Interaktionen zu modellieren und zu steuern.

Die Implementierung solcher fortgeschrittenen KI-Unterstützung ist jedoch nicht ohne Herausforderungen. Ein zentrales Anliegen ist die Sicherstellung der Code-Qualität und -Sicherheit, insbesondere wenn Agenten eigenständig Code generieren. Es bedarf klarer Richtlinien, automatisierter Prüfmechanismen und menschlicher Expertise, um sicherzustellen, dass der von KI erstellte Code den hohen Standards entspricht. Der Umgang mit Halluzinationen und Fehlern der KI-Agenten bleibt ein wichtiges Thema. Auch wenn die Modelle immer besser werden, können sie Fehler machen oder unsinnige Ergebnisse produzieren. Daher sind effektive Validierungsstrategien und die Möglichkeit menschlicher Korrektureingriffe unerlässlich. Die nahtlose Integration in bestehende Entwicklungsumgebungen und CI/CD-Pipelines ist eine weitere technische Hürde, die genommen werden muss, um einen reibungslosen Workflow zu gewährleisten. Nicht zu unterschätzen ist auch die Akzeptanz im Team. Manche Entwickler könnten Ängste vor einem Jobverlust haben oder skeptisch gegenüber der Qualität von KI-generiertem Code sein. Hier ist es wichtig, proaktiv Ängste abzubauen, die Vorteile der neuen Technologie klar zu kommunizieren und umfassende Schulungen anzubieten, um die Entwickler im Umgang mit den neuen Werkzeugen zu befähigen.

Um den Erfolg der Einführung von KI-Agenten auf Task-Ebene zu messen, ist die Definition geeigneter Key Performance Indicators (KPIs) entscheidend. Dies könnten beispielsweise die durchschnittliche Reduktion der Zeit für das Beheben einfacher Bugs, die prozentuale Erhöhung der Code-Testabdeckung durch automatisch generierte Tests oder die messbare Produktivitätssteigerung bei spezifischen, an Agenten delegierten Aufgaben sein. Auch die Zufriedenheit der Entwickler, die durch die Entlastung von repetitiven Aufgaben mehr Zeit für anspruchsvollere Tätigkeiten gewinnen, kann ein wichtiger Indikator sein.

3. Orchestrierung und strategische Neuausrichtung des SDLC

Du hast die ersten Stufen der KI-Integration im Software Development Life Cycle erklommen, von der erweiterten Assistenz bis hin zur teilautonomen Unterstützung durch einzelne KI-Agenten. Jetzt betreten wir das Expertenlevel, eine Sphäre, in der es nicht mehr nur um einzelne Instrumente geht, sondern um das Dirigieren eines ganzen Orchesters intelligenter Agenten. Dies ist die Phase der "Team-Level Integration", die Vish Nandlall in seiner Vision für Mitte 2026 bis Ende 2027 ansiedelt. Hier entfaltet sich das volle transformative Potenzial von KI im SDLC, indem multiple, spezialisierte Agenten in komplexen Workflows zusammenarbeiten, um anspruchsvolle Entwicklungsaufgaben zu meistern. Dies erfordert nicht nur technologische Brillanz, sondern eine tiefgreifende strategische Neuausrichtung von Prozessen, Teamstrukturen und der gesamten Unternehmenskultur.

Der Fokus in dieser Expertenphase liegt auf der Entwicklung von ausgeklügelten Strategien und robusten Plattformen zur Orchestrierung einer Vielzahl spezialisierter KI-Agenten, die nahtlos in die Team-Workflows integriert sind. Die Vision ist ambitioniert: Stell dir vor, wie Agenten komplette Software-komponenten direkt aus detaillierten Spezifikationen generieren, wie andere Agenten automatisch die notwendigen Test-Stubs und initialen Testfälle erstellen, während wieder andere KI-Systeme fundierte Design-Vorschläge für neue Features unterbreiten oder komplexe Deployment-Konfigurationen für verteilte Cloud-Umgebungen autonom erstellen. Ein faszinierender Aspekt dieser Phase ist die mögliche Entstehung von echter Agent-zu-Agent (A2A) Kommunikation. Hierbei inter-

agieren KI-Agenten entweder direkt miteinander oder über
eine vermittelnde Plattform, um mehrstufige Probleme zu lösen, Informationen auszutauschen und ihre Aktionen aufeinander abzustimmen, ähnlich einem menschlichen Expertenteam,
das ein komplexes Projekt bearbeitet.

Um solch eine Symphonie der Agenten zu ermöglichen, bedarf
es fortschrittlicher Architekturen für Multi-Agenten-Systeme
im SDLC. Viele Unternehmen werden beginnen, interne Plattformen für Agenten-Pipelines zu entwickeln. Diese Plattformen ermöglichen die Verkettung verschiedener spezialisierter
Agenten, um sequentielle Entwicklungsaufgaben abzuarbeiten.
Ein Beispiel könnte eine Pipeline sein, in der ein UI-Design-
Agent Entwürfe erstellt, die dann an einen Frontend-Code-
Agenten übergeben werden, dessen Output wiederum von einem API-Stub-Agenten für das Backend und schließlich von
einem Test-Generierungs-Agenten verarbeitet wird. Für eine
reibungslose Interaktion zwischen diesen Agenten sind standardisierte Datenformate und robuste Kommunikationsprotokolle unerlässlich. In diesem komplexen Zusammenspiel verändert sich auch die Rolle des Menschen: Er wird immer mehr
zum "Dirigenten" und strategischen Überwacher dieser Agen-
ten-Flotte, der die übergeordneten Ziele vorgibt, die Leistung
der Agenten überwacht und bei Bedarf korrigierend eingreift
oder neue Agenten ins Spiel bringt.

Diese tiefgreifenden technologischen Veränderungen haben
unweigerlich massive Auswirkungen auf die Teamstrukturen
und die Rollen im SDLC. Die traditionelle Rolle des Entwick-
lers, der primär Code schreibt, wird sich weiterentwickeln. Zukünftige Entwickler werden verstärkt als System-Designer,
KI-Trainer, Problem-Analysten und Validierer von KI-gene-

rierten Lösungen agieren. Es werden sich neue Spezialisierungen herausbilden, wie beispielsweise KI-Agenten-Orchestratoren, die für das Design und Management der Agenten-Pipelines verantwortlich sind, oder Prompt-Ingenieure, die hochkomplexe Anweisungen für ganze Agenten-Systeme formulieren. Auch die Rolle von Ethik-Beauftragten für KI-gestützte Entwicklung wird an Bedeutung gewinnen, um sicherzustellen, dass die eingesetzten KI-Systeme fair, transparent und verantwortungsvoll handeln. Für jeden Einzelnen im Entwicklungsteam bedeutet dies die Notwendigkeit für kontinuierliches Lernen und eine stetige Anpassung der eigenen Skillsets, um mit der rasanten technologischen Entwicklung Schritt halten zu können.

Für Unternehmen ergeben sich aus dieser Entwicklung weitreichende strategische Überlegungen. Der erfolgreiche Einsatz von Agenten-Orchestrierung erfordert signifikante Investitionen in die notwendige KI-Infrastruktur, in die Entwicklung oder Lizenzierung von Agenten-Plattformen und vor allem in die Talententwicklung der eigenen Mitarbeiter. Ein proaktives Risikomanagement wird unerlässlich, um mit den neuen Abhängigkeiten von komplexen KI-Systemen umzugehen und Mechanismen zur Sicherstellung von Transparenz, Erklärbarkeit und Nachvollziehbarkeit der Agenten-Entscheidungen zu implementieren. Entscheidend wird auch die Schaffung einer Innovationskultur sein, die das Experimentieren mit KI-Agenten fördert, Fehler als Lernchancen begreift und den Mut hat, etablierte Prozesse radikal neu zu denken.

4. Werkzeuge, Plattformen und Best Practices

Nachdem wir uns durch die verschiedenen Evolutionsstufen der KI-Integration im Software Development Life Cycle bewegt haben – von der ersten Assistenz über die teilautonome Aufgabenübernahme bis hin zur Vision orchestrierter Agenten-Teams – ist es nun an der Zeit, einen genaueren Blick auf das Handwerkszeug und die Erfolgsrezepte zu werfen, die diese Transformation ermöglichen. Welche konkreten Werkzeuge und Plattformen stehen uns heute schon zur Verfügung oder zeichnen sich am Horizont ab? Und welche bewährten Praktiken helfen uns dabei, KI-Agenten erfolgreich und nachhaltig in unsere Entwicklungsprozesse zu integrieren, um das volle Potenzial dieser neuen Ära auszuschöpfen, ohne dabei die Kontrolle zu verlieren oder wichtige Qualitätsaspekte zu vernachlässigen? Dieser Abschnitt gibt dir einen praxisorientierten Überblick und konkrete Anhaltspunkte für deine eigene Reise in den KI-gestützten SDLC.

Ein Blick auf die aktuelle Landschaft der KI-Agenten und -Plattformen für die Softwareentwicklung zeigt ein dynamisches und sich rasant entwickelndes Ökosystem. Für die Code-Generierung und -Assistenz sind Werkzeuge wie GitHub Copilot, Amazon CodeWhisperer, Cursor, Tabnine und der Replit Ghostwriter bereits vielen Entwicklern ein Begriff. Sie integrieren sich oft direkt in die IDE und bieten kontextsensitive Vorschläge, helfen bei der Erstellung von Boilerplate-Code oder erklären komplexe Code-Abschnitte. Im Bereich der Testautomatisierung sehen wir ebenfalls spannende Entwicklungen. Plattformen wie Applitools oder Testim setzen verstärkt auf KI-Features, um beispielsweise visuelle Regressionstests zu verbessern oder Testskripte widerstandsfähiger gegenüber UI-

Änderungen zu machen. Spezialisierte Agenten zur Generierung von Unit-Tests, die aus Code-Signaturen oder sogar aus User Stories Testfälle ableiten, sind ebenfalls auf dem Vormarsch. Auch für die frühe Phase der Anforderungsanalyse und User Story Generierung entstehen erste KI-gestützte Lösungen, oft als interne Entwicklungen in Unternehmen oder als intelligente Plugins für Projektmanagement-Tools wie Jira, die helfen, Anforderungen zu strukturieren und Inkonsistenzen aufzudecken. Für spezifischere Aufgaben wie Bugfixing und Code-Refactoring gibt es vielversprechende Ansätze, wie die von IBM vorgestellte SWE-Agent Suite, die darauf abzielt, GitHub Issues automatisch zu bearbeiten, oder die ambitionierte Vision von Tools wie Devin, die als autonome Softwareentwickler agieren sollen. Nicht zu vergessen sind die Observability- und Management-Plattformen, die ursprünglich vielleicht für das Monitoring von LLM-Anwendungen gedacht waren (siehe Kapitel 11, z. B. Helicone, PromptLayer), aber auch für das Management und die Optimierung der Prompts und Interaktionen mit KI-Agenten im SDLC immer wichtiger werden, um deren Verhalten nachzuvollziehen und ihre Leistung zu verbessern.

Die reine Verfügbarkeit von Werkzeugen ist jedoch nur die halbe Miete. Entscheidend für den Erfolg ist die Art und Weise, wie sie eingeführt und genutzt werden. Hier kommen die Best Practices für die erfolgreiche Integration von KI-Agenten ins Spiel. Ein fundamentaler Grundsatz lautet: Starte klein und iteriere. Anstatt zu versuchen, den gesamten SDLC auf einen Schlag umzukrempeln, ist es ratsam, mit klar abgegrenzten Pilotprojekten zu beginnen und die Einführung schrittweise voranzutreiben. Eng damit verbunden ist die Notwendigkeit, klare Anwendungsfälle und messbare Erfolgskriterien zu definieren.

Nur so lässt sich der tatsächliche Mehrwert der KI-Agenten bewerten und die Strategie bei Bedarf anpassen. Eine weitere Schlüsselkomponente ist die Investition in Schulung und Befähigung der Entwicklungsteams. Die Mitarbeiter müssen lernen, wie sie die neuen Werkzeuge effektiv nutzen und wie sie am besten mit den KI-Agenten zusammenarbeiten können. Ebenso unerlässlich ist die Etablierung robuster Review- und Validierungsprozesse für alle von KI-generierten Artefakte, sei es Code, Testfälle oder Dokumentation. Menschliche Aufsicht und Qualitätskontrolle bleiben auch im Zeitalter der KI unverzichtbar. Ganz wichtig ist auch die Förderung einer Kultur der Kollaboration zwischen Mensch und KI, in der die Agenten als unterstützende Partner und nicht als Bedrohung wahrgenommmen werden. Und schließlich dürfen Datenschutz, Sicherheit und ethische Aspekte niemals außer Acht gelassen werden, insbesondere wenn KI-Agenten mit sensiblen Daten arbeiten oder Entscheidungen treffen, die weitreichende Konsequenzen haben können.

Eine spannende Rolle im Bereich der KI-Agenten spielt auch die Open-Source-Bewegung und Community-getriebene Entwicklungen. Viele der zugrundeliegenden LLMs und Frameworks sind Open Source, was Innovationen beschleunigt und einer breiten Entwicklergemeinschaft den Zugang zu diesen Technologien ermöglicht. Es entstehen offene Plattformen und Werkzeuge, die von der Community weiterentwickelt und angepasst werden können, was zu einer Vielfalt an Lösungen und einer schnellen Verbreitung von Wissen führt. Dieser offene Ansatz kann dazu beitragen, die Entwicklung von KI-Agenten transparenter und zugänglicher zu gestalten und sicherzustellen, dass die Vorteile dieser Technologie möglichst vielen zugutekommen.

Werfen wir abschließend noch einen kurzen Ausblick auf zukünftige Entwicklungen. Das Potenzial von sogenannten "Agent Swarms", also großen, dezentral organisierten Kollektiven von KI-Agenten, die gemeinsam an komplexen Zielen arbeiten, ist faszinierend. Auch die Vision von selbstlernenden Entwicklungssystemen, die nicht nur Code generieren, sondern auch ihre eigenen Prozesse kontinuierlich optimieren und sich an veränderte Anforderungen anpassen können, rückt näher. Diese Entwicklungen versprechen eine noch tiefgreifendere Transformation der Softwareentwicklung, werfen aber gleichzeitig auch neue Fragen hinsichtlich Kontrollierbarkeit, Verantwortung und der zukünftigen Rolle des Menschen auf.

Die Reise in den KI-gestützten SDLC ist ein Marathon, kein Sprint. Mit den richtigen Werkzeugen, einer klugen Strategie und der Bereitschaft, kontinuierlich zu lernen und sich anzupassen, können Unternehmen und Entwicklungsteams jedoch die enormen Chancen nutzen, die diese neue Ära der Code-Erstellung bietet.

5. Zusammenfassung

Wir sind am Ende unserer gemeinsamen Reise durch das faszinierende und zugleich herausfordernde Terrain der KI-Agenten im Software Development Life Cycle angelangt. Von den ersten zaghaften Schritten der "Enhanced Assistance" bis hin zur visionären Orchestrierung ganzer Agenten-Flotten haben wir die tiefgreifenden Veränderungen beleuchtet, die diese Technologie für die Art und Weise, wie wir Software konzipieren, entwickeln und betreiben, mit sich bringt. Es ist eine Entwicklung, die, wie wir gesehen haben, nicht nur unausweichlich scheint, sondern bereits in vollem Gange ist und die Spielregeln unserer Branche fundamental neu schreibt. Die zentrale Erkenntnis, die du aus diesem Kapitel mitnehmen solltest, ist, dass der SDLC, wie wir ihn kannten, tatsächlich von KI-Agenten transformiert wird – aber nicht im Sinne einer feindlichen Übernahme, sondern vielmehr im Sinne einer evolutionären Partnerschaft.

Die Notwendigkeit der Anpassung ist dabei unübersehbar. Um in dieser neuen Ära nicht nur zu überleben, sondern aktiv zu gedeihen und die sich bietenden Chancen zu nutzen, bedarf es neuer Fähigkeiten, frischer Denkweisen und oft auch veränderter Organisationsstrukturen. Es geht darum, die Rolle des Menschen im Entwicklungsprozess neu zu definieren – weg von repetitiven Routineaufgaben hin zu strategischeren, kreativeren und komplexeren Tätigkeiten, bei denen menschliche Intelligenz und Intuition unersetzlich bleiben. Das Leitprinzip, das uns dabei Orientierung geben sollte, ist die "Strategic Developer Augmentation": Es geht darum, den Menschen zu befähigen, seine Fähigkeiten durch KI zu erweitern und zu verstärken, nicht darum, ihn zu ersetzen. KI-Agenten sind als mächtige Werkzeuge und kollaborative Partner zu verstehen, die uns helfen, unsere Arbeit besser, schneller und effizienter zu erledigen.

Der von uns skizzierte phasenweise Ansatz – von der erweiterten Assistenz über den Task-Level-Support bis hin zur Team-Level-Integration – kann dir dabei als eine Art Roadmap dienen. Er zeigt, dass die Transformation nicht über Nacht geschieht, sondern ein iterativer Prozess ist, der sorgfältige Planung, kontinuierliches Lernen und die Bereitschaft zur Anpassung erfordert. Jede Phase baut auf der vorherigen auf und eröffnet neue Möglichkeiten, birgt aber auch spezifische Herausforderungen, die es zu meistern gilt. Es ist ein Weg, der Mut zum Experimentieren, eine offene Fehlerkultur und ein starkes Commitment von allen Beteiligten erfordert.

Was also ist dein nächster Schritt? Wie kannst du die Erkenntnisse aus diesem Kapitel nutzen, um die Transformation in deinem eigenen Umfeld – sei es in deinem Projektteam, deiner Abteilung oder deinem gesamten Unternehmen – aktiv zu gestalten und die Chancen der KI-Agenten bestmöglich zu nutzen? Die Antwort darauf kann nur individuell sein, aber einige grundlegende Handlungsimpulse lassen sich ableiten. Beginne damit, dich und dein Team kontinuierlich weiterzubilden. Schaffe Räume für Experimente mit den verfügbaren KI-Werkzeugen. Identifiziere konkrete Anwendungsfälle in eurem SDLC, bei denen KI-Agenten schon heute einen echten Mehrwert bieten können. Starte klein, sammle Erfahrungen und skaliere erfolgreiche Ansätze schrittweise. Fördere eine Kultur der Neugier und des Austauschs über die Möglichkeiten und Grenzen von KI. Und vor allem: Bleibe kritisch, aber optimistisch. Die Technologie der KI-Agenten ist mächtig und birgt, wie jede transformative Technologie, sowohl Potenziale als auch Risiken. Es liegt an uns, sie verantwortungsvoll zu gestalten und zum Wohle aller einzusetzen.

Die neue Ära des Codes hat gerade erst begonnen. Es ist eine Ära, die von der intelligenten Kollaboration zwischen Mensch und Maschine geprägt sein wird. Eine Ära, die uns Entwicklern die Möglichkeit bietet, uns von mühsamen Routinen zu befreien und uns auf das zu konzentrieren, was uns wirklich auszeichnet: unsere Kreativität, unsere Problemlösungsfähigkeiten und unsere Fähigkeit, innovative Lösungen für die komplexen Herausforderungen unserer Zeit zu entwickeln. Nutze das Wissen aus diesem Kapitel als deinen Kompass und gestalte diese Zukunft aktiv mit. Die Agenten sind bereit – bist du es auch?

Exkurs 2: Multi-Agentensysteme im Unternehmenseinsatz

In der rasant fortschreitenden KI-Landschaft haben sich Multi-Agentensysteme als bahnbrechende Technologie etabliert. Sie ermöglichen es, komplexe Aufgaben durch das koordinierte Zusammenspiel mehrerer spezialisierter KI-Agenten zu bewältigen – ein Ansatz, der die Grenzen dessen, was mit einzelnen Sprachmodellen möglich ist, deutlich erweitert. Dieser Exkurs beleuchtet den aktuellen Markt, analysiert führende Lösungen und gibt Handlungsempfehlungen für den strategischen Einsatz in Unternehmensumgebungen.

Der Markt für Multi-Agentensysteme wird derzeit von zwei gegenläufigen Trends geprägt: Einerseits beobachten wir eine zunehmende Demokratisierung durch benutzerfreundliche Plattformen wie Botpress und die OpenAI Assistants API, die auch ohne tiefgreifende KI-Expertise nutzbar sind. Andererseits entwickeln sich hochflexible Frameworks wie Langchain/LangGraph für anspruchsvolle Anwendungsfälle, die maximale Anpassungsfähigkeit bieten, jedoch entsprechende Entwicklungsexpertise voraussetzen.

Besonders bemerkenswert ist die wachsende Bedeutung der Integration in bestehende Unternehmensinfrastrukturen. Unternehmen suchen nach Lösungen, die sich nahtlos in ihre etablierten Ökosysteme einfügen – ein Trend, der die Entwicklung spezialisierter Angebote wie den Azure AI Agent Service für Microsoft-Umgebungen vorantreibt.

1. Führende Systeme im Vergleich

Unsere Marktanalyse hat neun führende Agentensysteme identifiziert, die sich in drei Hauptkategorien einteilen lassen: öffentliche Agentensysteme, Systeme für Microsoft Azure-Umgebungen sowie hybride und spezialisierte Lösungen.

Im Bereich der öffentlichen Agentensysteme überzeugt Botpress durch eine intuitive Benutzeroberfläche mit visuellem Editor. Es bietet eine ausgewogene Kombination aus Benutzerfreundlichkeit und Anpassbarkeit. Die Unterstützung verschiedener LLM-Anbieter sorgt für Flexibilität bei der Modellauswahl. OpenAI Assistants API zeichnet sich durch eine einfache Implementierung und leistungsstarke Werkzeuge wie den Code Interpreter aus. Die tiefe Integration mit den OpenAI-Modellen ermöglicht den Zugriff auf fortschrittliche Funktionen, geht jedoch mit Einschränkungen bei der Modellvielfalt einher. Langchain/LangGraph bietet durch seine graphbasierte Architektur maximale Flexibilität und Anpassungsfähigkeit. Die Open-Source-Natur sowie die starke Community-Unterstützung machen es besonders geeignet für komplexe, maßgeschneiderte Anwendungsfälle. AutoGen von Microsoft Research kombiniert hohe Flexibilität mit nahtloser Azure-Integration. Seine dreischichtige Architektur unterstützt unterschiedliche Abstraktionsebenen, während die sprachübergreifende

Unterstützung für Python und .NET eine einfache Einbindung in Microsoft-Umgebungen ermöglicht. CrewAI wiederum punktet mit seinem intuitiven Crew-Paradigma, das die Modellierung rollenbasierter Kollaborationen erleichtert. Eine Entwickler-Community von über 10.000 Mitgliedern belegt die hohe Praxisrelevanz.

Für Microsoft Azure-Umgebungen wurde der Azure AI Agent Service entwickelt. Er bietet eine vollständig verwaltete Infrastruktur, tiefe Integration ins Microsoft-Ökosystem sowie Sicherheitsstandards auf Enterprise-Niveau. Da sich der Dienst aktuell noch in der Vorschauphase befindet, bestehen Einschränkungen bei der Flexibilität der Modellauswahl.

Im Bereich hybrider und spezialisierter Lösungen fokussiert sich TheBlue.ai auf unternehmensspezifische Multi-Agenten-Systeme mit tiefer Prozessintegration. Automation Anywhere verbindet bewährte RPA-Technologie mit fortschrittlicher KI, um umfassende Prozessautomatisierung zu ermöglichen. Mercanis schließlich ist auf Beschaffungsprozesse spezialisiert und kann belegbare Erfolge bei der Effizienzsteigerung vorweisen – etwa Einsparungen von 18 % bei den Ausgaben und 38 % bei der Bearbeitungszeit.

Diese Systemlandschaft verdeutlicht die Vielfalt der verfügbaren Agentenlösungen und bietet Unternehmen je nach Bedarf skalierbare, flexible und spezialisierte Optionen.

2. Zentrale Herausforderungen

Unternehmen sehen sich bei der Implementierung von Multi-Agentensystemen mit fünf zentralen Herausforderungen konfrontiert, die sowohl technische als auch strategische Aspekte betreffen.

Erstens stellt die Komplexität und steile Lernkurve eine erhebliche Einstiegshürde dar. Die Orchestrierung mehrerer Agenten erfordert tiefgehendes Fachwissen und ein durchdachtes Systemdesign. Je nach Lösung variieren die Kompromisse zwischen Flexibilität und Benutzerfreundlichkeit erheblich – eine Spannungsachse, die sich deutlich in den unterschiedlichen Systemarchitekturen und Marktpositionierungen widerspiegelt.

Zweitens spielt die Integration und Interoperabilität eine entscheidende Rolle. Unternehmen müssen Multi-Agentensysteme nahtlos in bestehende IT-Infrastrukturen einbetten können – insbesondere in Umgebungen, die stark von Microsoft-Technologien geprägt sind. In diesem Kontext bieten native Lösungen wie der Azure AI Agent Service klare Vorteile, da sie tief in das Microsoft-Ökosystem eingebunden sind.

Drittens gewinnen Skalierbarkeit und Performance mit zunehmender Verbreitung an Bedeutung. Die Fähigkeit, große Transaktionsvolumina effizient zu verarbeiten und Ressourcen optimal zu nutzen, wird zum kritischen Erfolgsfaktor. Enterprise-fokussierte Systeme adressieren diese Anforderungen gezielt durch leistungsfähige Architekturen und optimierte Betriebsmodelle.

Viertens rücken Sicherheit und Governance verstärkt in den Fokus. Mit dem Einsatz in geschäftskritischen Anwendungen steigen die Anforderungen an Zugriffskontrollen, Überwachungsmechanismen und die Einhaltung regulatorischer Vorgaben. Die Transparenz und Nachvollziehbarkeit von Entscheidungen, die durch Agenten getroffen werden, entwickelt sich zunehmend zu einer verbindlichen Anforderung in Governance- und Compliance-Strukturen.

Fünftens stellt sich die strategische Frage nach Vendor Lock-in und langfristiger Flexibilität. Die Abhängigkeit von einzelnen Technologieanbietern birgt Risiken für die Zukunftsfähigkeit und Anpassungsfähigkeit von Unternehmen. In diesem Zusammenhang gewinnt die Kompatibilität mit offenen Standards wie Open Router AI an Bedeutung, da sie eine größere Freiheit bei der Auswahl von Modellen ermöglicht und die Bindung an einzelne LLM-Anbieter reduziert.

Diese Herausforderungen verdeutlichen, dass der Einsatz von Multi-Agentensystemen mehr erfordert als nur technologische Kompetenz – es braucht eine fundierte Strategie, die Architektur, Integration, Sicherheit und Zukunftsfähigkeit gleichermaßen berücksichtigt.

3. Nutzbarkeit in verschiedenen Umgebungen

Die Analyse der Nutzbarkeit agentischer Systeme in öffentlichen und Microsoft-Azure-Umgebungen zeigt signifikante Unterschiede in Bezug auf Integration, Benutzerfreundlichkeit und Sicherheitsanforderungen. In öffentlichen Umgebungen überzeugen vor allem Systeme, die durch einfache Implementierung, intuitive Bedienbarkeit und flexible Anpassung punkten. Die OpenAI Assistants API eignet sich hier besonders gut aufgrund ihrer leistungsstarken Tools und der unkomplizierten Einbindung. Botpress bietet mit seiner benutzerfreundlichen Oberfläche und der gelungenen Balance zwischen Einfachheit und Anpassbarkeit eine attraktive Lösung für viele Einsatzszenarien. Auch CrewAI sticht positiv hervor, da es eine intuitive Modellierung rollenbasierter Zusammenarbeit ermöglicht und damit komplexe Interaktionen in Teams effektiv abbildet.

In Microsoft-Azure-Umgebungen hingegen verschieben sich die Anforderungen stärker in Richtung nahtloser Integration in bestehende Infrastruktur und erhöhter Sicherheitsstandards. Der Azure AI Agent Service erfüllt diese Anforderungen mit Enterprise-Grade-Sicherheit und tiefgreifender Integration in das Microsoft-Ökosystem besonders gut. AutoGen, ein weiteres Microsoft-nahes System, profitiert von seiner Herkunft und bietet eine hohe Kompatibilität mit Azure OpenAI. Schließlich lässt sich auch die OpenAI Assistants API über den Azure OpenAI Service nutzen, wenn auch mit gewissen Einschränkungen, die insbesondere bei der Konfiguration und beim Deployment zu berücksichtigen sind.

4. Kostenoptimierung durch Open Router AI

Die Kompatibilität mit Open Router AI ermöglicht Kostenoptimierung und Vermeidung von Vendor Lock-in durch flexible Modellauswahl. Open Router AI fungiert als Vermittlungsschicht zwischen Anwendungen und verschiedenen LLM-Anbietern, was mehrere Vorteile bietet:

1. Kostenoptimierung durch Auswahl der jeweils kostengünstigsten Modelle für unterschiedliche Aufgaben

2. Ausfallsicherheit durch nahtloses Umschalten bei Problemen mit einem Anbieter

3. Modellvielfalt mit Zugang zu einer breiten Palette von Modellen mit unterschiedlichen Stärken

4. Vermeidung von Vendor Lock-in durch reduzierte Abhängigkeit von einzelnen KI-Anbietern

Die Analyse zeigt folgendes Ranking nach Kompatibilität mit Open Router AI:

1. Langchain/LangGraph: Hervorragende Kompatibilität durch flexible Architektur und native Unterstützung für Modellwechsel

2. AutoGen: Sehr gute Kompatibilität durch Extensions API und Flexibilität bei der Modellauswahl

3. Botpress: Gute Kompatibilität durch Unterstützung verschiedener LLM-Anbieter und flexible Integrationsoptionen

4. CrewAI: Gute Kompatibilität durch Unterstützung verschiedener LLM-Anbieter, erfordert jedoch moderaten Integrationsaufwand

5. TheBlue.ai: Unklare Kompatibilität, potentiell möglich durch maßgeschneiderte Entwicklung

6. Azure AI Agent Service: Eingeschränkte Kompatibilität durch enge Bindung an Azure-Ökosystem

7. Mercanis: Wahrscheinlich geringe Kompatibilität durch hochspezialisierte Ausrichtung

8. OpenAI Assistants API: Keine direkte Kompatibilität, Nutzung würde erheblichen Funktionsverlust bedeuten

9. Automation Anywhere: Sehr geringe Kompatibilität
   durch proprietäre Architektur

6. Implementierungsansatz

Unabhängig von der gewählten Lösung empfiehlt sich ein strukturierter Implementierungsansatz für den erfolgreichen Einsatz von Multi-Agentensystemen. Zunächst sollte eine Bedarfsanalyse erfolgen, bevor über konkrete Technologien entschieden wird. Dabei gilt es, die zu automatisierenden Geschäftsprozesse klar zu definieren und sowohl aktuelle Anforderungen als auch zukünftige Entwicklungen zu berücksichtigen.

Ein bewährter nächster Schritt ist die Durchführung eines Pilotprojekts. Dieses sollte überschaubar sein, aber ausreichend Relevanz besitzen, um den potenziellen Geschäftswert demonstrieren zu können. Wichtig ist, dass der gewählte Anwendungsfall zwar substanziellen Nutzen stiftet, jedoch keine kritische Abhängigkeit für das Unternehmen darstellt.

Parallel dazu sollte der strategische Kompetenzaufbau vorangetrieben werden. Interdisziplinäre Teams, die Fachwissen aus verschiedenen Bereichen zusammenführen, sind entscheidend für eine nachhaltige Implementierung. Unterstützend wirken hier Ressourcen wie technische Dokumentationen, Community-Foren und strukturierte Schulungsangebote.

Ebenso unverzichtbar ist ein belastbares Governance-Framework. Von Beginn an sollten klare Richtlinien für die Entwicklung, das Deployment, die Überwachung und die Wartung der

Systeme definiert werden – insbesondere unter Berücksichtigung von Datenschutz, Sicherheitsanforderungen und ethischen Standards.

Ein weiterer zentraler Erfolgsfaktor ist die Flexibilität bei der Modellauswahl. Lösungen, die es erlauben, neue oder leistungsfähigere KI-Modelle unkompliziert zu integrieren oder bestehende zu ersetzen, verschaffen Unternehmen einen strategischen Vorteil – insbesondere in einem sich schnell entwickelnden Marktumfeld.

Schließlich empfiehlt sich eine agile, iterative Vorgehensweise. Der Aufbau sollte mit einem minimal funktionsfähigen System beginnen, das kontinuierlich erweitert und verfeinert wird – basierend auf Nutzerfeedback und praktischen Erfahrungswerten. Diese schrittweise Entwicklung ermöglicht es, Risiken zu minimieren und gleichzeitig den Nutzen frühzeitig sichtbar zu machen.

7. Zusammenfassung

Multi-Agentensysteme stehen an der Schwelle zu breiter Adoption in Unternehmen verschiedener Größen und Branchen. Die Technologie bietet erhebliches Potenzial zur Automatisierung komplexer Aufgaben, Steigerung der Effizienz und Erschließung neuer Geschäftsmöglichkeiten.

Die optimale Lösung hängt stark von den spezifischen Anforderungen, der bestehenden IT-Landschaft und den strategischen Zielen des Unternehmens ab. Für die meisten Unternehmen im Microsoft-Ökosystem stellt der Azure AI Agent Service die naheliegendste Option dar, während Langchain/Lang-

Graph und AutoGen für Unternehmen mit Fokus auf Flexibilität und Kosteneffizienz überzeugende Alternativen bieten.

Langfristig erwarten wir eine weitere Konsolidierung des Marktes, mit zunehmender Integration von Multi-Agentensystemen in bestehende Unternehmensplattformen und einer Standardisierung von Schnittstellen und Protokollen. Unternehmen, die jetzt in den Aufbau von Kompetenzen und erste Implementierungen investieren, werden gut positioniert sein, um von dieser Entwicklung zu profitieren und Wettbewerbsvorteile zu erzielen.

Exkurs 3: KI Steckbriefe

Die Landschaft der KI-Tools entwickelt sich rasant und bietet professionellen Anwendern eine Vielzahl von Möglichkeiten, ihre Arbeitsabläufe zu optimieren und neue kreative Wege zu beschreiten. Diese umfassende Analyse konsolidiert die wichtigsten KI-Tools aus verschiedenen Kategorien, bietet detaillierte Steckbriefe und stellt Entscheidungsbäume bereit, um die Auswahl des passenden Tools für spezifische Anforderungen zu erleichtern.

Die vorliegende Dokumentation richtet sich an professionelle Anwender im Arbeitsalltag, die KI-Tools gezielt und effizient einsetzen möchten. Durch die strukturierte Darstellung und die Entscheidungshilfen können Sie schnell das optimale Tool für Ihre spezifischen Anforderungen identifizieren und in Ihren Workflow integrieren.

In den folgenden Abschnitten werden die einzelnen Tools mit detaillierten Steckbriefen vorgestellt und die Entscheidungsbäume für jede Kategorie erläutert.

1. Textverarbeitung & Kommunikation

Die folgenden Entscheidungsbäume helfen Ihnen, das optimale KI-Tool für Ihre spezifischen Anforderungen auszuwählen. Durch die Beantwortung gezielter Fragen werden Sie zu den am besten geeigneten Tools in jeder Kategorie geführt.

Frage 1: Welche Art von Textverarbeitung benötigen Sie hauptsächlich?

- Allgemeine Textgenerierung und Konversation

- Frage 1.1: Benötigen Sie fortschrittliche Reasoning-Fähigkeiten und hohe Genauigkeit?

  - Ja: Claude (https://www.anthropic.com/claude) - Bietet fortschrittliches Denkvermögen, geringe Halluzinationsrate und hohe Genauigkeit

  - Nein: Weiter zu Frage 1.2

- Frage 1.2: Ist die Integration mit Google-Diensten wichtig für Sie?

  - Ja: Gemini (https://gemini.google.com/) - Nahtlose Integration mit Google-Diensten und starke multimodale Fähigkeiten

  - Nein: Weiter zu Frage 1.3

- Frage 1.3: Benötigen Sie ein großes Plugin-Ökosystem und API-Zugang?

  - Ja: ChatGPT (https://chat.openai.com/) - Umfangreiches Plugin-Ökosystem und API-Zugang für Entwickler

  - Nein: Weiter zu Frage 1.4

- Frage 1.4: Benötigen Sie Echtzeit-Websuche und aktuelle Informationen?

  - Ja: ChatSonic (https://writesonic.com/chat) - Bietet Echtzeit-Websuche und aktuelle Informationen

  - Nein: DeepSeek (https://deepseek.com/) - Starke Grundfähigkeiten ohne Echtzeit-Websuche

- Schreibassistenz und Textkorrektur

- Frage 1.5: Benötigen Sie hauptsächlich Grammatik- und Stilkorrektur?

  - Ja: Grammarly (https://www.grammarly.com/) - Spezialisiert auf Grammatik, Rechtschreibung, Stil und Ton

  - Nein: Weiter zu Frage 1.6

- Frage 1.6: Arbeiten Sie mit wissenschaftlichen oder quellenbasierten Texten?

  - Ja: NotebookLM (https://notebooklm.google/) - Ideal für quellenbasierte Texte mit Zitaten und Referenzen

  - Nein: Weiter zu Frage 1.7

- Frage 1.7: Erstellen Sie hauptsächlich Marketing-Content?

  - Ja: Jasper AI (https://www.jasper.ai/) - Spezialisiert auf Marketing-Content mit Branchenvorlagen

  - Nein: Weiter zu Frage 1.8

- Frage 1.8: Benötigen Sie umfangreiche Paraphrasierungsfunktionen?

  - Ja: QuillBot (https://quillbot.com/) - Spezialisiert auf Umformulierung mit verschiedenen Stilen

  - Nein: Writesonic (https://writesonic.com/) - Vielseitige Textgenerierung für verschiedene Formate

- Programmierung und Code-Erstellung

- Frage 1.9: Benötigen Sie spezialisierte Code-Unterstützung in Entwicklungsumgebungen?

  - Ja: GitHub Copilot (https://github.com/features/copilot) - Spezialisiert auf Code-Generierung und -Optimierung

  - Nein: Claude oder ChatGPT - Beide bieten gute allgemeine Code-Unterstützung

- Social Media Management

- Frage 1.10: Benötigen Sie KI-Unterstützung für Social-Media-Content und -Planung?

  - Ja: FeedHive (https://www.feedhive.com/) - Spezialisiert auf Social-Media-Management mit KI

– Nein: Jasper AI oder Writesonic für allgemeinere
  Content-Erstellung

Frage 2: Welche zusätzlichen Faktoren sind für Ihre Entscheidung wichtig?

- Datenschutz und Sicherheit: Claude bietet SOC 2 Typ
  II und HIPAA-Konformität

- Mehrsprachigkeit: DeepL für präzise Übersetzungen,
  alle großen Modelle unterstützen mehrere Sprachen

- Kontextfenster: Claude und Gemini bieten besonders
  große Kontextfenster für lange Dokumente

- Multimodale Fähigkeiten: Gemini, Claude und Chat-
  GPT (GPT-4o) bieten starke multimodale Verarbeitung

- Kosten: Berücksichtigen Sie kostenlose Versionen vs.
  Premium-Abonnements je nach Budget

Claude

- Kategorie: Textverarbeitung & Kommunikation

- Quelle: Anthropic (https://www.anthropic.com/claude)

- Beschreibung: Fortschrittlicher KI-Assistent für komplexe Aufgaben mit umfassenden Fähigkeiten. Claude bietet erweiterte Textgenerierung für verschiedene Formate (Berichte, E-Mails, Zusammenfassungen), präzise Bildanalyse mit detailliertem Verständnis visueller Inhalte, Codeerstellung und -optimierung in verschiedenen Programmiersprachen, mehrsprachige Verarbeitung mit Übersetzungsfunktionen, und fortschrittliches Denkvermögen für komplexe Problemlösungen. Die neuesten Versionen (Claude 3.5 und 3.7) bieten verbesserte Reasoning-Fähigkeiten und können sogar Computer-Anwendungen steuern.

- Vorteile: Fortschrittliches Denkvermögen, geringe Halluzinationsrate, hohe Genauigkeit, Sicherheit (SOC 2 Typ II, HIPAA-konform), Widerstandsfähigkeit gegen Jailbreaks, multimodale Fähigkeiten, lange Kontextfenster für umfangreiche Dokumente.

- Kategorie: Textverarbeitung & Kommunikation

- Quelle: OpenAI (https://chat.openai.com/)

- Beschreibung: Führender KI-Chatbot mit breitem Funktionsspektrum. ChatGPT unterstützt natürliche Konversationen mit Kontextverständnis über mehrere Nachrichten hinweg, erstellt und bearbeitet Texte in verschiedenen Stilen und Formaten, löst komplexe Probleme mit schrittweiser Erklärung, bietet Programmierunterstützung mit Code-Generierung und Debugging, und verfügt über multimodale Fähigkeiten (GPT-4o) für Bild-, Audio- und Textverarbeitung. Die neueste Version bietet verbesserte Suchfunktionen mit Quellenangaben und kann über Plugins mit externen Diensten interagieren.

- Vorteile: Kontinuierliche Updates mit neuen Funktionen, großes Plugin-Ökosystem für erweiterte Funktionalität, API-Zugang für Entwickler, breite Nutzerbasis mit umfangreicher Community-Unterstützung, verschiedene Modelloptionen (GPT-3.5, GPT-4, GPT-4o).

- Kategorie: Textverarbeitung & Kommunikation, Recherche & Wissensmanagement

- Quelle: Google (https://gemini.google.com/)

- Beschreibung: Multimodales KI-Modell von Google mit umfassenden Fähigkeiten. Gemini kann komplexe Texte in verschiedenen Formaten erstellen und bearbeiten, Bilder analysieren und beschreiben, Audio-Inhalte verarbeiten, Code in verschiedenen Programmiersprachen schreiben und debuggen, und ist nahtlos in Google-Dienste wie Gmail, Docs, Sheets und mehr integriert. Die Plattform bietet verschiedene Modellgrößen (Nano, Pro, Ultra) für unterschiedliche Anwendungsfälle und verfügt über einen "Deep Research"-Modus für umfassende Recherchen mit bis zu 1 Million Token Kontextfenster.

- Vorteile: Nahtlose Integration mit Google-Diensten, multimodale Fähigkeiten für Text, Bild und Audio, starke Recherchefähigkeiten mit Internetzugriff, umfassende Programmierunterstützung, verschiedene Modellgrößen für unterschiedliche Anforderungen.

- Kategorie: Textverarbeitung & Kommunikation, Produktivität & Organisation

- Quelle: Google (https://notebooklm.google/)

- Beschreibung: KI-gestütztes Notizbuch-Tool für intelligente Informationsverarbeitung. NotebookLM ermöglicht das Importieren verschiedener Quellen (Google Docs, PDFs, Websites, YouTube-Videos) mit bis zu 50 Dokumenten, erstellt automatisch intelligente Zusammenfassungen, Mindmaps und Erkenntnisse aus importierten Materialien, generiert strukturierte Notizen mit Quellenverweisen, beantwortet Fragen basierend auf den importierten Quellen mit Zitaten, und bietet mit der "Discover Sources"-Funktion aktive Unterstützung bei der Webrecherche zu relevanten Themen.

- Vorteile: Quellenbasierte Antworten mit Zitaten für Vertrauenswürdigkeit, kontextbewusstes Verständnis komplexer Informationen, nahtlose Integration mit Google-Diensten, Unterstützung verschiedener Dateiformate, Premium-Version (NotebookLM Plus) mit erweiterten Funktionen.

- Kategorie: Textverarbeitung & Kommunikation, Marketing & Business

- Quelle: FeedHive (https://www.feedhive.com/)

- Beschreibung: KI-gestützte Plattform für Social-Media-Management und Content-Erstellung. FeedHive bietet intelligente Planungsfunktionen basierend auf der Aktivität der Zielgruppe, KI-gestützte Hashtag-Generierung zur Erhöhung der Sichtbarkeit, Leistungsvorhersagen für Posts vor der Veröffentlichung, Recycling-Funktionen für Content-Wiederverwendung und bedingte Veröffentlichung, sowie Inspirationsvorlagen für schnelle Content-Erstellung. Die Plattform unterstützt verschiedene Social-Media-Kanäle und bietet umfassende Analytics-Funktionen.

- Vorteile: Optimierte Posting-Zeitpläne basierend auf Datenanalyse, Zeitersparnis durch automatisierte Content-Erstellung und -Planung, umfassende Analytics für Performance-Tracking, nahtlose Integration mit mehreren Social-Media-Plattformen, benutzerfreundliche Oberfläche für effizientes Workflow-Management.

– Kategorie: Textverarbeitung & Kommunikation

– Quelle: Jasper (https://www.jasper.ai/)

– Beschreibung: KI-Schreibassistent speziell für Marketing und Unternehmenskommunikation. Jasper AI erstellt verschiedene Arten von Marketing-Content wie Blog-Artikel, Social-Media-Posts, Verkaufs-E-Mails und Website-Texte, bietet über 90 KI-gestützte Apps für spezifische Marketing-Aufgaben, ermöglicht die Anpassung an den Markenton und Unternehmensrichtlinien, verfügt über Paraphrasierungs- und Umformulierungswerkzeuge für Content-Optimierung, und integriert Bildbearbeitungsfunktionen für visuelle Inhalte. Die Plattform ist speziell für Marketingteams und Unternehmen konzipiert.

– Vorteile: Spezialisierung auf Marketing-Content mit branchenspezifischen Vorlagen, Anpassbarkeit an Markenrichtlinien und Tonalität, umfassende Suite von Tools für verschiedene Content-Typen, Integration von Text- und Bilderstellung in einer Plattform, skalierbare Lösung für Unternehmen unterschiedlicher Größe.

– Kategorie: Textverarbeitung & Kommunikation

– Quelle: Writesonic (https://writesonic.com/)

– Beschreibung: KI-Schreibplattform für verschiedene Content-Formate und Marketing-Materialien. Writesonic generiert hochwertige Artikel, Blog-Posts und Landing Pages mit SEO-Optimierung, erstellt Produktbeschreibungen und Werbetexte für E-Commerce und Marketing, bietet einen KI-Artikel-Schreiber mit Recherche-Funktionen und Quellenangaben, unterstützt über 25 Sprachen für internationale Content-Erstellung, und verfügt über einen ChatGPT-ähnlichen Assistenten namens "Chatsonic" für konversationelle Interaktionen. Die Plattform bietet auch Plagiatsprüfung und SEO-Analyse.

– Vorteile: Umfassende Content-Erstellung für verschiedene Marketing-Kanäle, integrierte SEO-Optimierung für bessere Sichtbarkeit, mehrsprachige Unterstützung für globale Märkte, benutzerfreundliche Oberfläche mit Vorlagen für schnelle Ergebnisse, kosteneffiziente Pläne für verschiedene Nutzungsanforderungen.

– Kategorie: Textverarbeitung & Kommunikation

– Quelle: Grammarly, Inc. (https://www.grammarly.com/)

– Beschreibung: KI-gestütztes Schreibassistenz-Tool für professionelle Kommunikation. Grammarly prüft Texte auf Grammatik-, Rechtschreib- und Interpunktionsfehler in Echtzeit, bietet stilistische Verbesserungsvorschläge für klarere und wirkungsvollere Kommunikation, passt den Ton des Textes an verschiedene Kommunikationssituationen an (formell, freundlich, zuversichtlich), funktioniert plattformübergreifend in über 500.000 Apps und Websites ohne Copy & Paste, und enthält KI-gestützte Funktionen wie Umformulierung, Zusammenfassung und Texterweiterung.

– Vorteile: Echtzeit-Feedback während des Schreibens, kontextbezogene Vorschläge mit Erklärungen, breite Verfügbarkeit auf verschiedenen Plattformen und Geräten, anpassbare Ton- und Stileinstellungen, Enterprise-Version mit zusätzlichen Sicherheits- und Verwaltungsfunktionen.

– Kategorie: Textverarbeitung & Kommunikation

– Quelle: Jenni AI (https://jenni.ai/)

– Beschreibung: KI-Schreibassistent speziell für akademisches und professionelles Schreiben. Jenni AI unterstützt bei der Erstellung akademischer Arbeiten mit korrekten Zitationen und Formatierungen, bietet Forschungsunterstützung mit Literaturrecherche und Quellenanalyse, hilft bei der Strukturierung und Gliederung komplexer Dokumente, verfügt über Paraphrasierungs- und Umformulierungswerkzeuge zur Vermeidung von Plagiaten, und integriert Plagiatsprüfung für akademische Integrität. Die Plattform unterstützt verschiedene Zitierstile und akademische Formate.

– Vorteile: Spezialisierung auf akademisches Schreiben mit korrekten Zitationen, Zeitersparnis bei Recherche und Strukturierung, Unterstützung verschiedener akademischer Formate und Zitierstile, Plagiatsvermeidung durch intelligente Umformulierung, benutzerfreundliche Oberfläche für Studierende und Forscher.

- Kategorie: Textverarbeitung & Kommunikation

- Quelle: QuillBot (https://quillbot.com/)

- Beschreibung: KI-gestütztes Umformulierungs- und Schreibverbesserungstool. QuillBot bietet fortschrittliche Paraphrasierungsfunktionen mit verschiedenen Modi für unterschiedliche Stilanforderungen, verfügt über einen Grammatikprüfer für fehlerfreie Texte, enthält einen Zusammenfassungsgenerator für lange Dokumente und Artikel, unterstützt die Zitationserstellung in verschiedenen Formaten, und bietet einen Co-Writer für kollaborative Textbearbeitung. Die Plattform ist besonders nützlich für akademisches Schreiben und Content-Erstellung.

- Vorteile: Vielseitige Paraphrasierungsoptionen für verschiedene Stilanforderungen, Verbesserung der Textqualität und Lesbarkeit, Zeitersparnis bei der Zusammenfassung langer Dokumente, korrekte Zitationserstellung für akademische Arbeiten, benutzerfreundliche Browser-Erweiterung für nahtlose Integration.

ChatSonic

- Kategorie: Textverarbeitung & Kommunikation, Chatbots

- Quelle: Writesonic (https://writesonic.com/chat)

- Beschreibung: Fortschrittlicher KI-Chatbot mit Echtzeit-Informationszugriff und multimodalen Fähigkeiten. ChatSonic bietet Echtzeit-Websuche für aktuelle Informationen und Daten, verarbeitet und generiert Bilder mit integrierten Bildgenerierungsfunktionen, unterstützt Spracheingabe und -ausgabe für natürliche Konversationen, verfügt über verschiedene Persönlichkeiten und Rollen für unterschiedliche Anwendungsfälle, und integriert sich mit Google-Diensten für erweiterte Funktionalität. Der Chatbot kann auch Dokumente analysieren und zusammenfassen.

- Vorteile: Aktuelle Informationen durch Echtzeit-Internetzugang, multimodale Fähigkeiten für Text, Bild und Sprache, personalisierbare Interaktionen durch verschiedene Persönlichkeiten, benutzerfreundliche Oberfläche mit intuitiver Bedienung, kontinuierliche Updates mit neuen Funktionen und Verbesserungen.

– Kategorie: Textverarbeitung & Kommunikation, Chatbots

– Quelle: DeepSeek (https://deepseek.com/)

– Beschreibung: Fortschrittliches KI-Sprachmodell mit Fokus auf tiefem Verständnis und Reasoning. DeepSeek bietet leistungsstarke Textgenerierung und -analyse mit fortschrittlichem Reasoning, unterstützt Code-Generierung und -Optimierung in verschiedenen Programmiersprachen, verarbeitet lange Kontexte für umfangreiche Dokumente und Analysen, bietet multimodale Fähigkeiten für Text- und Bildverarbeitung, und ist in verschiedenen Modellgrößen für unterschiedliche Anwendungsfälle verfügbar. Das Modell zeichnet sich durch besonders tiefes Verständnis komplexer Zusammenhänge aus.

– Vorteile: Fortschrittliche Reasoning-Fähigkeiten für komplexe Aufgaben, starke Code-Generierung und -Verständnis, effiziente Verarbeitung langer Kontexte, Open-Source-Verfügbarkeit bestimmter Modellvarianten, kontinuierliche Verbesserung durch aktive Forschung und Entwicklung.

- Kategorie: Textverarbeitung & Kommunikation, Chatbots

- Quelle: Aidbase (https://aidbase.ai/)

- Beschreibung: Plattform zur Erstellung benutzerdefinierter KI-Assistenten und Chatbots. Aidbase.ai ermöglicht die Erstellung spezialisierter KI-Assistenten basierend auf eigenen Daten und Dokumenten, bietet nahtlose Integration in Websites, Apps und Messaging-Plattformen, unterstützt mehrere Sprachen für internationale Anwendungen, verfügt über Analytics-Funktionen zur Überwachung der Interaktionen und Performance, und ermöglicht die Anpassung des Verhaltens und der Persönlichkeit der Assistenten. Die Plattform nutzt fortschrittliche KI-Modelle für natürliche Konversationen.

- Vorteile: Einfache Erstellung benutzerdefinierter KI-Assistenten ohne Programmierkenntnisse, nahtlose Integration in bestehende digitale Präsenzen, Anpassbarkeit an spezifische Geschäftsanforderungen, detaillierte Analytics für kontinuierliche Verbesserung, skalierbare Lösung für wachsende Anforderungen.

– Kategorie: Textverarbeitung & Kommunikation, Chatbots

– Quelle: SiteGPT (https://sitegpt.ai/)

– Beschreibung: KI-Chatbot-Lösung speziell für Websites und Kundenservice. SiteGPT erstellt automatisch Chatbots basierend auf Website-Inhalten ohne manuelle Dateneingabe, beantwortet Besucherfragen basierend auf Website-Informationen und Dokumenten, lernt kontinuierlich aus Interaktionen für verbesserte Antworten, integriert sich nahtlos in bestehende Websites mit anpassbarem Design, und bietet Analytics-Funktionen zur Identifikation häufiger Fragen und Verbesserungspotenziale. Die Plattform unterstützt mehrere Sprachen und ist für verschiedene Branchen optimiert.

– Vorteile: Automatische Erstellung ohne aufwändiges Training oder Dateneingabe, präzise Antworten basierend auf eigenen Website-Inhalten, Reduzierung des Kundenservice-Aufwands durch Automatisierung, einfache Integration ohne technische Kenntnisse, kontinuierliche Verbesserung durch maschinelles Lernen.

- Kategorie: Textverarbeitung & Kommunikation, Chatbots

- Quelle: Chatbase (https://www.chatbase.co/)

- Beschreibung: Plattform zur Erstellung benutzerdefinierter KI-Chatbots ohne Programmierkenntnisse. Chatbase ermöglicht die Erstellung von KI-Chatbots basierend auf eigenen Dokumenten und Wissensdatenbanken, bietet einfache Integration in Websites, Slack, Discord und andere Plattformen, unterstützt mehrere Sprachen für internationale Anwendungen, verfügt über Analytics-Funktionen zur Überwachung der Chatbot-Performance, und ermöglicht die Anpassung des Chatbot-Verhaltens und der Persönlichkeit. Die Plattform nutzt fortschrittliche KI-Modelle für natürliche Konversationen.

- Vorteile: Schnelle Erstellung benutzerdefinierter Chatbots ohne technische Kenntnisse, nahtlose Integration in bestehende Plattformen und Websites, Anpassbarkeit an spezifische Markenanforderungen und Tonalität, detaillierte Analytics für kontinuierliche Verbesserung, kosteneffiziente Lösung für Kundenservice und Support.

2. Recherche & Wissensmanagement

Die folgenden Entscheidungsbäume helfen Ihnen, das optimale KI-Tool für Ihre spezifischen Anforderungen auszuwählen.

Durch die Beantwortung gezielter Fragen werden Sie zu den am besten geeigneten Tools in jeder Kategorie geführt.

Frage 1: Welche Art von Recherche führen Sie hauptsächlich durch?

- Allgemeine Informationssuche mit aktuellen Daten

- Frage 1.1: Ist Ihnen die Quellenangabe besonders wichtig?

    - Ja: Perplexity (https://www.perplexity.ai/) - Bietet transparente Quellenangaben und Echtzeit-Websuche

    - Nein: Weiter zu Frage 1.2

- Frage 1.2: Benötigen Sie eine konversationelle Suchoberfläche mit App-Integration?

    - Ja: You.com (https://you.com/) - Bietet Chat-Funktionalität und spezialisierte Apps

    - Nein: Weiter zu Frage 1.3

- Frage 1.3: Arbeiten Sie hauptsächlich im Browser und benötigen Echtzeit-Unterstützung?

    - Ja: Monica AI (https://monica.im/) - Browser-Erweiterung für Echtzeit-Recherche

    - Nein: Gemini (https://gemini.google.com/) - Starke allgemeine Recherchefähigkeiten mit Google-Integration

- Wissenschaftliche und akademische Recherche

- Frage 1.4: Benötigen Sie Zugang zu einer umfangreichen wissenschaftlichen Datenbank?

  - Ja: Semantic Scholar (https://www.semanticscho-
  lar.org/) - Über 200 Millionen wissenschaftliche Publikationen

  - Nein: Weiter zu Frage 1.5

- Frage 1.5: Benötigen Sie Unterstützung bei der Analyse
und Zusammenfassung von Forschungsergebnissen?

  - Ja: Elicit (https://elicit.org/) - Spezialisiert auf Lite-
  raturanalyse und Forschungsfragen

  - Nein: Weiter zu Frage 1.6

- Frage 1.6: Benötigen Sie präzise Übersetzungen wissenschaftlicher Texte?

  - Ja: DeepL (https://www.deepl.com/) - Hochwertige
  Übersetzungen mit Fachterminologie

  - Nein: HIX.AI (https://hix.ai/) - Allgemeine Recherche mit Faktenprüfung

- Kreative Recherche und Ideenfindung

- Frage 1.7: Benötigen Sie Unterstützung bei kollaborativer Ideenfindung im Team?

  - Ja: Ideanote (https://ideanote.io/) - Kollaborative
  Plattform für Ideenmanagement

  - Nein: Weiter zu Frage 1.8

- Frage 1.8: Suchen Sie hauptsächlich nach kreativer Inspiration und Referenzen?

- Ja: Behance (https://www.behance.net/) - Kreative
  Plattform für Inspiration

- Nein: Flux (https://flux.ai/) - KI-gestützte Ideenfindung und Konzeptentwicklung

- Marketing- und SEO-Recherche

- Frage 1.9: Benötigen Sie umfassende Wettbewerbsanalyse und SEO-Tools?

  - Ja: SEMRush (https://www.semrush.com/) - Um-
    fassende Marketing-Plattform mit KI-Funktionen

  - Nein: Perplexity oder Gemini für allgemeinere
    Marktrecherche

Frage 2: Welche zusätzlichen Faktoren sind für Ihre Entscheidung wichtig?

- Aktualität der Informationen: Perplexity und Monica AI
  bieten Echtzeit-Websuche für aktuelle Daten

- Datenvisualisierung: SEMRush bietet umfangreiche Visualisierungstools für Marketing-Daten

- Kollaboration: NotebookLM und Ideanote ermöglichen
  Teamarbeit an Rechercheprojekten

- Integration mit anderen Tools: Berücksichtigen Sie
  Kompatibilität mit Ihrem bestehenden Workflow

- Kosten: Von kostenlosen Optionen (Perplexity Basic)
  bis zu Premium-Diensten (SEMRush, Elicit Pro)

– Kategorie: Recherche & Wissensmanagement

– Quelle: Perplexity AI (https://www.perplexity.ai/)

– Beschreibung: KI-gestützte Suchmaschine für präzise, quellenbasierte Antworten. Perplexity führt Echtzeit-Internetsuchen durch und liefert aktuelle Informationen mit Quellenangaben, bietet verschiedene Suchmodi für unterschiedliche Informationsbedürfnisse (Fokussiert, Ausgewogen, Kreativ), erstellt strukturierte Antworten mit Zusammenfassungen und relevanten Details, unterstützt die Erstellung umfassender Forschungsberichte mit "Deep Research"-Funktion, und ermöglicht mit "Perplexity Pages" die Umwandlung von Recherchen in visuell ansprechende Inhalte. Die Pro-Version bietet Zugang zu fortschrittlicheren KI-Modellen wie GPT-4 und Claude 3.

– Vorteile: Aktuelle Informationen durch Echtzeit-Websuche, transparente Quellenangaben für Vertrauenswürdigkeit, verschiedene Suchmodi für unterschiedliche Anforderungen, umfassende Forschungsberichte mit "Deep Research", benutzerfreundliche Oberfläche für effiziente Informationssuche.

– Kategorie: Recherche & Wissensmanagement

– Quelle: You.com (https://you.com/)

– Beschreibung: KI-gestützte Suchmaschine mit konversationeller Schnittstelle und App-Integration. You.com bietet eine Chat-basierte Suchoberfläche für natürliche Interaktion, integriert spezialisierte Apps für verschiedene Aufgaben (Einkaufen, Reisen, Coding), führt Echtzeit-Websuchen für aktuelle Informationen durch, unterstützt multimodale Suche mit Bild- und Texteingabe, und bietet personalisierte Suchergebnisse basierend auf Nutzervorlieben. Die Plattform kombiniert traditionelle Websuche mit KI-gestützter Konversation und App-Integration.

– Vorteile: Konversationelle Suchoberfläche für natürliche Interaktion, Integration spezialisierter Apps für verschiedene Aufgaben, multimodale Suchfunktionen für Bild und Text, personalisierte Ergebnisse basierend auf Nutzervorlieben, Privatsphäre-Fokus mit "Incognito"-Modus.

– Kategorie: Recherche & Wissensmanagement

– Quelle: Monica AI (https://monica.im/)

– Beschreibung: KI-Assistent als Browser-Erweiterung für Echtzeit-Recherche und Unterstützung. Monica AI analysiert Webseiteninhalte in Echtzeit und bietet kontextbezogene Informationen, beantwortet Fragen basierend auf dem aktuellen Browsing-Kontext, unterstützt bei der Recherche mit zusätzlichen Informationen und Erklärungen, bietet Übersetzungsfunktionen für mehrsprachige Inhalte, und ermöglicht das Speichern und Organisieren wichtiger Informationen. Die Erweiterung funktioniert nahtlos mit gängigen Browsern und unterstützt verschiedene Sprachen.

– Vorteile: Kontextbezogene Unterstützung direkt im Browser, Zeitersparnis durch Echtzeit-Informationen ohne Kontextwechsel, Unterstützung bei komplexen Recherchen mit zusätzlichen Informationen, mehrsprachige Funktionalität für globale Nutzer, datenschutzfreundliche Implementierung ohne permanente Datenspeicherung.

- Kategorie: Recherche & Wissensmanagement

- Quelle: HIX.AI (https://hix.ai/)

- Beschreibung: Umfassende KI-Plattform für Recherche, Schreiben und Content-Erstellung. HIX.AI bietet Recherche-Funktionen mit Faktenprüfung und Quellenangaben, unterstützt die Erstellung verschiedener Content-Formate (Artikel, Social Media, E-Mails), verfügt über spezialisierte Tools für SEO-optimierte Inhalte, bietet Übersetzungsfunktionen für mehrsprachige Content-Erstellung, und integriert sich in gängige Plattformen und Anwendungen. Die Plattform kombiniert Recherche, Schreiben und Content-Optimierung in einer Lösung.

- Vorteile: Umfassende All-in-One-Lösung für Recherche und Content-Erstellung, faktengeprüfte Informationen mit Quellenangaben, spezialisierte Tools für verschiedene Content-Formate, mehrsprachige Unterstützung für globale Märkte, nahtlose Integration in bestehende Workflows.

- Kategorie: Recherche & Wissensmanagement

- Quelle: Allen Institute for AI (https://www.semantic-scholar.org/)

- Beschreibung: KI-gestützte Suchmaschine für wissenschaftliche Literatur. Semantic Scholar indexiert über 200 Millionen wissenschaftliche Publikationen aus verschiedenen Disziplinen, verwendet KI zur Identifikation relevanter Forschungsergebnisse und Zusammenhänge, zeigt Zitationsnetzwerke und Einflussbeziehungen zwischen Publikationen, bietet personalisierte Empfehlungen basierend auf Forschungsinteressen, und ermöglicht die Erstellung von Sammlungen und Leselisten. Die Plattform ist speziell für Forscher, Akademiker und Studierende konzipiert.

- Vorteile: Umfassende Datenbank mit über 200 Millionen wissenschaftlichen Publikationen, KI-gestützte Relevanzfilterung für präzisere Suchergebnisse, Visualisierung von Zitationsnetzwerken und Forschungseinflüssen, personalisierte Empfehlungen für relevante Literatur, kostenloser Zugang zu einer Vielzahl von Forschungsergebnissen.

- Kategorie: Recherche & Wissensmanagement

- Quelle: Elicit (https://elicit.org/)

- Beschreibung: KI-Forschungsassistent für wissenschaftliche Literaturrecherche und -analyse. Elicit beantwortet Forschungsfragen basierend auf wissenschaftlicher Literatur mit Quellenangaben, findet relevante Studien und Publikationen zu spezifischen Forschungsthemen, erstellt Zusammenfassungen und Extraktionen wichtiger Informationen aus Publikationen, unterstützt bei der Analyse von Forschungsmethoden und -ergebnissen, und hilft bei der Identifikation von Forschungslücken und neuen Forschungsrichtungen. Die Plattform ist speziell für evidenzbasierte Forschung und systematische Literaturreviews konzipiert.

- Vorteile: Zeitersparnis bei der Literaturrecherche und -analyse, evidenzbasierte Antworten mit wissenschaftlichen Quellen, strukturierte Zusammenfassungen komplexer Forschungsergebnisse, Unterstützung bei systematischen Reviews und Meta-Analysen, benutzerfreundliche Oberfläche für effiziente Forschungsarbeit.

– Kategorie: Recherche & Wissensmanagement, Textverarbeitung & Kommunikation

– Quelle: DeepL (https://www.deepl.com/)

– Beschreibung: KI-gestützte Übersetzungsplattform mit
hoher Präzision und natürlichem Sprachfluss. DeepL
übersetzt Texte, Dokumente und Websites in über 30
Sprachen mit hoher Genauigkeit, bewahrt den Kontext
und die Nuancen des Originaltextes in der Übersetzung,
unterstützt die Übersetzung kompletter Dokumente mit
Beibehaltung der Formatierung, bietet eine API für die
Integration in andere Anwendungen und Workflows,
und verfügt über einen Schreibassistenten für Textver-
besserung und Umformulierung. Die Plattform ist bekannt für ihre besonders natürlichen und präzisen Übersetzungen.

– Vorteile: Höchste Übersetzungsqualität mit natürlichem
Sprachfluss, Bewahrung von Kontext und Nuancen in
der Übersetzung, Unterstützung für Fachterminologie
in verschiedenen Bereichen, nahtlose Integration in bestehende Workflows durch API, benutzerfreundliche
Oberfläche für schnelle Übersetzungen.

- Kategorie: Recherche & Wissensmanagement, Produktivität & Organisation

- Quelle: Ideanote (https://ideanote.io/)

- Beschreibung: Kollaborative Plattform für Ideenmanagement und Innovation. Ideanote ermöglicht die Sammlung und Organisation von Ideen in strukturierten Kampagnen und Workflows, bietet kollaborative Funktionen für Teamarbeit an Innovationsprojekten, unterstützt die Bewertung und Priorisierung von Ideen mit verschiedenen Kriterien, integriert KI-Funktionen für Ideengenerierung und -analyse, und bietet umfassende Analytics zur Messung des Innovationserfolgs. Die Plattform ist für Innovationsteams und Unternehmen konzipiert, die strukturierte Innovationsprozesse etablieren möchten.

- Vorteile: Strukturierte Workflows für effektives Ideenmanagement, kollaborative Funktionen für teamübergreifende Innovation, datengestützte Entscheidungsfindung durch umfassende Analytics, Integration in bestehende Unternehmenstools, anpassbare Prozesse für verschiedene Innovationsanforderungen.

3. Visuelle Inhalte

Die folgenden Entscheidungsbäume helfen Ihnen, das optimale KI-Tool für Ihre spezifischen Anforderungen auszuwählen. Durch die Beantwortung gezielter Fragen werden Sie zu den am besten geeigneten Tools in jeder Kategorie geführt.

Frage 1: Welche Art von visuellen Inhalten möchten Sie erstellen?

- Statische Bilder und Grafiken

- Frage 1.1: Ist kommerzielle Nutzung und rechtliche Sicherheit besonders wichtig?

    - Ja: Firefly (https://www.adobe.com/products/firefly.html) - Für kommerzielle Zwecke lizenziert und rechtlich unbedenklich

    - Nein: Weiter zu Frage 1.2

- Frage 1.2: Bevorzugen Sie künstlerisch ansprechende, stilisierte Ergebnisse?

    - Ja: Midjourney (https://www.midjourney.com/) - Bekannt für ästhetisch ansprechende, künstlerische Ergebnisse

    - Nein: Weiter zu Frage 1.3

- Frage 1.3: Benötigen Sie fotorealistische Bilder mit präziser Textdarstellung?

    - Ja: DALL-E (https://openai.com/index/dall-e-3/) - Hervorragend bei fotorealistischen Details und Textdarstellung

- Nein: Weiter zu Frage 1.4

- Frage 1.4: Benötigen Sie spezialisierte Bilder für Gaming und Charakterdesign?

  - Ja: Leonardo AI (https://leonardo.ai/) - Optimiert für Gaming-Assets und Charaktere

  - Nein: Weiter zu Frage 1.5

- Frage 1.5: Möchten Sie volle Kontrolle über das Modell haben oder es lokal ausführen?

  - Ja: Stable Diffusion (https://stability.ai/) - Open-Source mit Möglichkeit zur lokalen Ausführung

  - Nein: Ideogram (https://ideogram.ai/) - Gute Balance zwischen Textdarstellung und künstlerischer Qualität

- Videos mit virtuellen Präsentatoren

- Frage 1.6: Benötigen Sie mehrsprachige Videos mit vielen Sprachoptionen?

  - Ja: Synthesia (https://www.synthesia.io/) - Unterstützt über 140 Sprachen und Akzente

  - Nein: Weiter zu Frage 1.7

- Frage 1.7: Ist besonders realistische Darstellung mit natürlicher Lippensynchronisation wichtig?

  - Ja: HeyGen (https://www.heygen.com/) - Bekannt für realistische Avatare und natürliche Lippensynchronisation

  - Nein: Weiter zu Frage 1.8

- Frage 1.8: Benötigen Sie fortschrittliche Anpassungsoptionen für virtuelle Präsentatoren?

  - Ja: Kling AI (https://kling.ai/) - Umfangreiche An-
    passungsoptionen für Avatare

  - Nein: Synthesia für einfachere Anwendungsfälle

- Fotorealistische Videogenerierung

- Frage 1.9: Benötigen Sie höchste Qualität und längere
  Videodauer?

  - Ja: Sora (https://openai.com/sora) - Fotorealistische
    Videos bis zu 60 Sekunden

  - Nein: Weiter zu Frage 1.10

- Frage 1.10: Benötigen Sie fortschrittliche Videobearbeitungsfunktionen?

  - Ja: Runway (https://runwayml.com/) - Umfassende
    Video-Generierung und -Bearbeitung

  - Nein: Sora für einfachere Videogenerierung

- Umfassende Design-Aufgaben

- Frage 1.11: Benötigen Sie eine All-in-One-Lösung mit
  Vorlagen und Kollaborationsfunktionen?

  - Ja: Canva (https://www.canva.com/) - Umfassende
    Design-Plattform mit KI-Funktionen

  - Nein: Weiter zu Frage 1.12

- Frage 1.12: Erstellen Sie hauptsächlich Präsentationen?

- Ja: Beautiful.ai (https://www.beautiful.ai/) - Spezialisiert auf KI-gestützte Präsentationen

- Nein: Designs.ai (https://designs.ai/) - Vielseitige Design-Tools für verschiedene Anwendungsfälle

- Audio- und Videobearbeitung

- Frage 1.13: Möchten Sie Videos und Audio textbasiert bearbeiten?

  - Ja: Descript (https://www.descript.com/) - Ermöglicht textbasierte Audio- und Videobearbeitung

  - Nein: Traditionelle Videobearbeitungstools oder Canva für einfachere Bearbeitung

Frage 2: Welche zusätzlichen Faktoren sind für Ihre Entscheidung wichtig?

- Benutzerfreundlichkeit: Canva und Synthesia sind besonders benutzerfreundlich für Anfänger

- Integration mit bestehenden Tools: Firefly integriert sich nahtlos in Adobe Creative Cloud

- Anpassbarkeit: Stable Diffusion bietet die höchste Anpassbarkeit für fortgeschrittene Nutzer

- Skalierbarkeit: Synthesia und HeyGen eignen sich gut für die Massenproduktion von Videos

- Kosten: Von kostenlosen Optionen (Canva Basic) bis zu Premium-Diensten (Midjourney, Synthesia)

DALL-E

– Kategorie: Visuelle Inhalte

– Quelle: OpenAI (https://openai.com/index/dall-e-3/)

– Beschreibung: Fortschrittlicher KI-Bildgenerator für fotorealistische und künstlerische Bilder. DALL-E erstellt hochwertige Bilder basierend auf detaillierten Textbeschreibungen (Prompts), generiert fotorealistische Darstellungen mit präzisen Details und korrekter Textdarstellung, unterstützt verschiedene künstlerische Stile und visuelle Ästhetiken, bietet Bearbeitungsfunktionen wie Inpainting und Outpainting für bestehende Bilder, und verfügt über Sicherheitsfunktionen zur Vermeidung problematischer Inhalte. Die neueste Version (DALL-E 3) zeichnet sich durch verbesserte Textdarstellung und Detailgenauigkeit aus.

– Vorteile: Hervorragende Qualität bei fotorealistischen Bildern, präzise Textdarstellung in generierten Bildern, intuitive Prompt-Interpretation für einfache Bedienung, Integration in ChatGPT für konversationelle Bilderstellung, kommerzielle Nutzungsrechte für generierte Bilder.

– Kategorie: Visuelle Inhalte

– Quelle: Midjourney (https://www.midjourney.com/)

– Beschreibung: KI-Bildgenerator mit Fokus auf künstlerisch ansprechenden Ergebnissen. Midjourney erstellt visuell beeindruckende Bilder mit einzigartigem künstlerischem Stil, bietet umfangreiche Anpassungsoptionen durch spezielle Parameter und Befehle, unterstützt verschiedene Bildformate und Auflösungen bis zu 4K, ermöglicht die Variation und Weiterentwicklung bestehender Bilder, und wird über Discord mit einer aktiven Community genutzt. Die Plattform ist besonders bei Kreativen, Designern und Künstlern beliebt und wird kontinuierlich mit neuen Versionen verbessert.

– Vorteile: Herausragende künstlerische Qualität und Ästhetik, umfangreiche Anpassungsmöglichkeiten durch spezielle Parameter, aktive Community für Inspiration und Unterstützung, kontinuierliche Verbesserung durch regelmäßige Updates, verschiedene Abonnementoptionen für unterschiedliche Nutzungsintensitäten.

- Kategorie: Visuelle Inhalte

- Quelle: Adobe (https://www.adobe.com/products/firefly.html)

- Beschreibung: KI-Bildgenerator von Adobe mit Fokus auf kommerzielle Nutzung und kreative Workflows. Firefly erstellt Bilder, die für kommerzielle Zwecke lizenziert und rechtlich unbedenklich sind, integriert sich nahtlos in Adobe Creative Cloud-Anwendungen wie Photoshop und Illustrator, bietet spezialisierte Generatoren für Text-Effekte, Vektorgrafiken und Texturen, unterstützt die Erstellung von Bildern im Stil bestehender Projekte für Konsistenz, und verfügt über umfangreiche Bearbeitungsfunktionen für generierte Inhalte. Die Plattform ist speziell für professionelle Designer und Kreativteams konzipiert.

- Vorteile: Rechtliche Sicherheit für kommerzielle Nutzung, nahtlose Integration in Adobe Creative Cloud, spezialisierte Generatoren für verschiedene kreative Anforderungen, Konsistenz mit bestehenden Projekten und Markenidentitäten, professionelle Qualität für kommerzielle Anwendungen.

– Kategorie: Visuelle Inhalte

– Quelle: Leonardo AI (https://leonardo.ai/)

– Beschreibung: KI-Plattform für Bildgenerierung mit Fokus auf Gaming und Charakterdesign. Leonardo AI erstellt hochwertige Bilder für Spiele, Charakterdesign und digitale Kunst, bietet spezialisierte Modelle für verschiedene Kunststile und visuelle Ästhetiken, ermöglicht das Training eigener KI-Modelle mit persönlichen Referenzbildern, unterstützt die Erstellung konsistenter Charaktere und Assets für Spiele und Animationen, und verfügt über Batch-Generierungsfunktionen für die effiziente Erstellung mehrerer Varianten. Die Plattform ist besonders bei Spieleentwicklern, Charakterdesignern und digitalen Künstlern beliebt.

– Vorteile: Spezialisierung auf Gaming-Assets und Charakterdesign, Möglichkeit zum Training eigener KI-Modelle, Batch-Generierung für effiziente Workflow-Integration, umfangreiche Community-Bibliothek mit Vorlagen und Ressourcen, API-Zugang für Entwickler und Unternehmen.

– Kategorie: Visuelle Inhalte

– Quelle: Stability AI (https://stability.ai/)

– Beschreibung: Open-Source-KI-Modell für Bildgenerierung mit maximaler Anpassbarkeit. Stable Diffusion kann lokal auf eigener Hardware ausgeführt werden für volle Kontrolle und Privatsphäre, bietet umfangreiche Anpassungsmöglichkeiten durch verschiedene Modelle und Parameter, unterstützt das Training eigener Modelle mit persönlichen Datensätzen, ermöglicht die Integration in eigene Anwendungen und Workflows durch API, und verfügt über eine aktive Community mit zahlreichen Tools und Erweiterungen. Das Modell wird kontinuierlich weiterentwickelt und ist in verschiedenen Versionen verfügbar.

– Vorteile: Open-Source-Verfügbarkeit für maximale Kontrolle und Anpassbarkeit, lokale Ausführung ohne Cloud-Abhängigkeit, umfangreiche Community mit Tools und Erweiterungen, Möglichkeit zum Training spezialisierter Modelle, kosteneffiziente Lösung für intensive Nutzung.

- Kategorie: Visuelle Inhalte

- Quelle: Ideogram (https://ideogram.ai/)

- Beschreibung: KI-Bildgenerator mit Fokus auf präziser Textdarstellung und künstlerischer Qualität. Ideogram erstellt hochwertige Bilder mit präziser Darstellung von Text und Schrift in verschiedenen Sprachen, bietet eine gute Balance zwischen fotorealistischen und künstlerischen Stilen, unterstützt verschiedene Bildformate und Auflösungen, ermöglicht die Erstellung von Bildern mit komplexen Layouts und Designelementen, und verfügt über eine benutzerfreundliche Oberfläche für einfache Bedienung. Die Plattform eignet sich besonders für Design-Anwendungen, die Text und Bild kombinieren.

- Vorteile: Hervorragende Textdarstellung in generierten Bildern, gute Balance zwischen Fotorealismus und künstlerischer Qualität, Unterstützung komplexer Layouts und Designelemente, benutzerfreundliche Oberfläche für schnelle Ergebnisse, kostenfreie Einstiegsoption mit begrenzter Nutzung.

– Kategorie: Visuelle Inhalte

– Quelle: Synthesia (https://www.synthesia.io/)

– Beschreibung: KI-Plattform für die Erstellung von Videos mit virtuellen Präsentatoren. Synthesia erstellt professionelle Videos mit KI-generierten Präsentatoren ohne Kamera oder Studio, unterstützt über 140 Sprachen und Akzente für globale Kommunikation, bietet eine umfangreiche Bibliothek von virtuellen Präsentatoren mit verschiedenen Erscheinungsbildern, ermöglicht die Anpassung von Videos mit eigenen Markenfarben und Logos, und integriert Präsentationsfolien und visuelle Elemente in die Videos. Die Plattform ist besonders für Unternehmenskommunikation, Schulungen und Marketing-Videos geeignet.

– Vorteile: Schnelle und kostengünstige Videoproduktion ohne Kamera oder Studio, umfassende Sprachunterstützung für globale Kommunikation, konsistente Qualität ohne Versprecher oder Neuaufnahmen, einfache Aktualisierung von Videos bei Änderungen, benutzerfreundliche Oberfläche ohne technische Vorkenntnisse.

- Kategorie: Visuelle Inhalte

- Quelle: HeyGen (https://www.heygen.com/)

- Beschreibung: KI-Videoplattform für realistische Avatare und Präsentationen. HeyGen erstellt Videos mit realistischen virtuellen Präsentatoren und natürlicher Lippensynchronisation, bietet die Möglichkeit, eigene Avatare basierend auf realen Personen zu erstellen, unterstützt über 40 Sprachen für internationale Kommunikation, ermöglicht die Erstellung interaktiver Videos mit verschiedenen Szenarien und Verzweigungen, und verfügt über umfangreiche Anpassungsoptionen für Hintergrund, Kleidung und Gestik. Die Plattform eignet sich besonders für personalisierte Kommunikation, Schulungen und Marketing-Videos.

- Vorteile: Besonders realistische Avatare mit natürlicher Lippensynchronisation, Möglichkeit zur Erstellung eigener Avatare basierend auf realen Personen, interaktive Videoerstellung mit verschiedenen Szenarien, umfangreiche Anpassungsoptionen für professionelles Erscheinungsbild, nahtlose Integration in bestehende Marketingstrategien.

- Kategorie: Visuelle Inhalte

- Quelle: Runway (https://runwayml.com/)

- Beschreibung: Umfassende KI-Plattform für Videogenerierung und -bearbeitung. Runway generiert Videos aus Text- oder Bildbeschreibungen mit Gen-2-Technologie, bietet fortschrittliche Videobearbeitungsfunktionen wie Inpainting, Outpainting und Motion Brush, unterstützt die Erweiterung bestehender Videos mit KI-generierten Inhalten, ermöglicht die Umwandlung von Standbildern in bewegte Sequenzen, und verfügt über Werkzeuge zur Verbesserung der Videoqualität und Auflösung. Die Plattform richtet sich an Filmemacher, Content-Ersteller und Kreativprofis.

- Vorteile: Umfassende Lösung für Videogenerierung und -bearbeitung, fortschrittliche Bearbeitungswerkzeuge für kreative Kontrolle, nahtlose Integration von KI-generierten Inhalten in bestehende Videos, hochwertige Ergebnisse für professionelle Anwendungen, kontinuierliche Innovation mit regelmäßigen Updates.

- Kategorie: Visuelle Inhalte

- Quelle: OpenAI (https://openai.com/sora)

- Beschreibung: Fortschrittliches KI-Modell für fotorealistische Videogenerierung. Sora erstellt fotorealistische Videos bis zu 60 Sekunden Länge aus Textbeschreibungen, generiert komplexe Szenen mit mehreren Charakteren, Bewegungen und präzisen Details, unterstützt verschiedene Kamerabewegungen und visuelle Stile, kann bestehende Bilder in Videos umwandeln und animieren, und erzeugt physikalisch plausible Bewegungen und Interaktionen. Das Modell befindet sich noch in der Entwicklungsphase mit begrenztem Zugang, zeigt aber bereits beeindruckende Fähigkeiten in der Videogenerierung.

- Vorteile: Höchste Qualität bei fotorealistischen Videos, längere Videodauer bis zu 60 Sekunden, physikalisch plausible Bewegungen und Interaktionen, präzise Umsetzung komplexer Szenen und Kamerabewegungen, kontinuierliche Verbesserung durch aktive Forschung und Entwicklung.

– Kategorie: Visuelle Inhalte

– Quelle: Canva (https://www.canva.com/)

– Beschreibung: All-in-One-Design-Plattform mit umfassenden KI-Funktionen. Canva bietet tausende Vorlagen für verschiedene Design-Anwendungen (Social Media, Präsentationen, Marketing), integriert KI-Funktionen für Textgenerierung, Bildbearbeitung und Design-Erstellung, ermöglicht kollaboratives Arbeiten in Echtzeit mit Teammitgliedern, verfügt über eine umfangreiche Bibliothek von Stockfotos, Grafiken und Schriftarten, und unterstützt die Erstellung von Designs für verschiedene Formate und Plattformen. Die Plattform kombiniert traditionelle Design-Tools mit KI-Unterstützung für effizientes Arbeiten.

– Vorteile: Umfassende All-in-One-Lösung für verschiedene Design-Anforderungen, benutzerfreundliche Oberfläche ohne Design-Vorkenntnisse, umfangreiche Vorlagenbibliothek für schnelle Ergebnisse, kollaborative Funktionen für Teamarbeit, kostenfreie Einstiegsoption mit grundlegenden Funktionen.

– Kategorie: Visuelle Inhalte

– Quelle: Beautiful.ai (https://www.beautiful.ai/)

– Beschreibung: KI-gestützte Plattform für professionelle Präsentationen. Beautiful.ai erstellt automatisch ansprechende Präsentationsfolien basierend auf Inhalten, bietet intelligente Vorlagen, die sich dynamisch an Inhalte anpassen, unterstützt kollaboratives Arbeiten in Echtzeit mit Teammitgliedern, verfügt über eine umfangreiche Bibliothek von Designelementen und Grafiken, und ermöglicht die Erstellung konsistenter Präsentationen im Unternehmensdesign. Die Plattform nutzt KI, um Design-Entscheidungen zu automatisieren und professionelle Ergebnisse zu gewährleisten.

– Vorteile: Automatisierte Design-Entscheidungen für professionelle Ergebnisse, Zeitersparnis durch intelligente Vorlagen und Anpassungen, konsistentes Design über alle Folien hinweg, kollaborative Funktionen für Teamarbeit, regelmäßige Updates mit neuen Funktionen und Vorlagen.

– Kategorie: Visuelle Inhalte

– Quelle: Designs.ai (https://designs.ai/)

– Beschreibung: KI-Design-Plattform mit verschiedenen Tools für visuelle Inhalte. Designs.ai bietet spezialisierte Tools für Logo-Design, Video-Erstellung, Grafikdesign und Mockups, automatisiert Design-Prozesse mit KI-Unterstützung für schnelle Ergebnisse, erstellt konsistente Markenidentitäten über verschiedene Medien hinweg, verfügt über eine umfangreiche Bibliothek von Vorlagen und Designelementen, und unterstützt die Anpassung von Designs an verschiedene Formate und Plattformen. Die Plattform kombiniert verschiedene Design-Tools in einer integrierten Lösung.

– Vorteile: Umfassende Suite von Design-Tools für verschiedene Anforderungen, automatisierte Design-Prozesse für schnelle Ergebnisse, konsistente Markenidentität über verschiedene Medien hinweg, benutzerfreundliche Oberfläche ohne Design-Vorkenntnisse, kosteneffiziente Alternative zu traditionellen Design-Dienstleistungen.

4. Produktivität & Organisation

Die folgenden Entscheidungsbäume helfen Ihnen, das optimale KI-Tool für Ihre spezifischen Anforderungen auszuwählen.

Durch die Beantwortung gezielter Fragen werden Sie zu den am besten geeigneten Tools in jeder Kategorie geführt.

Frage 1: Welche Art von Produktivitätsunterstützung benötigen Sie hauptsächlich?

- Meeting-Management und Teamkollaboration

- Frage 1.1: Liegt Ihr Fokus auf effizientem Meeting-Management?

  - Ja: FELLOW (https://fellow.app/) - Spezialisiert auf Meeting-Agenden, Protokolle und Nachverfolgung

  - Nein: Weiter zu Frage 1.2

- Frage 1.2: Benötigen Sie Unterstützung bei der Ideenfindung und -verwaltung?

  - Ja: Ideanote (https://ideanote.io/) - Kollaborative Plattform für Ideenmanagement

  - Nein: Weiter zu Frage 1.3

- Frage 1.3: Benötigen Sie eine Plattform für moderne Präsentationen und Dokumente?

  - Ja: Gamma (https://gamma.app/) - KI-gestützte Plattform für interaktive Präsentationen

  - Nein: NotebookLM (https://notebooklm.google/) - Für kollaborative Notizen und Wissensmanagement

- Workflow-Automatisierung

- Frage 1.4: Benötigen Sie eine benutzerfreundliche Automatisierungsplattform ohne Programmierkenntnisse?

- Ja: Zapier (https://zapier.com/) - Verbindet über 5.000 Apps ohne Programmierung

- Nein: Weiter zu Frage 1.5

- Frage 1.5: Ist lokale Ausführung und maximale Datenkontrolle wichtig für Sie?

  - Ja: n8n (https://n8n.io/) - Open-Source mit lokaler Ausführungsmöglichkeit

  - Nein: Weiter zu Frage 1.6

- Frage 1.6: Benötigen Sie Automatisierung für Textorganisation und -analyse?

  - Ja: Sortext (https://www.sortext.com/) - Spezialisiert auf Textorganisation und -kategorisierung

  - Nein: Zapier für allgemeine Automatisierungsanforderungen

- Feedback und Support

- Frage 1.7: Benötigen Sie eine Plattform für Kundenfeedback und Bug-Tracking?

  - Ja: Gleap (https://gleap.io/) - Umfassende Plattform für Feedback, Bug-Tracking und Support

  - Nein: Weiter zu Frage 1.8

- Frage 1.8: Möchten Sie einen Chatbot für Kundenservice erstellen?

  - Ja: Dialogflow (https://cloud.google.com/dialogflow) - Plattform für konversationelle Schnittstellen

– Nein: Gleap für allgemeinere Feedback-Anforde-
rungen

Frage 2: Welche zusätzlichen Faktoren sind für Ihre Entscheidung wichtig?

- Benutzerfreundlichkeit: Zapier und FELLOW sind besonders benutzerfreundlich für Anfänger

- Integration mit bestehenden Tools: Berücksichtigen Sie
Kompatibilität mit Ihrem bestehenden Workflow

- Anpassbarkeit: n8n bietet die höchste Anpassbarkeit für
technisch versierte Nutzer

- Datenschutz: n8n ermöglicht lokale Ausführung für maximale Datenkontrolle

- Kosten: Von kostenlosen Optionen (n8n Open Source)
bis zu Premium-Diensten (Zapier, FELLOW)

FELLOW

- Kategorie: Produktivität & Organisation

- Quelle: Fellow (https://fellow.app/)

- Beschreibung: KI-gestützte Plattform für effizientes Meeting-Management und Teamkollaboration. FELLOW unterstützt die strukturierte Vor- und Nachbereitung von Meetings mit intelligenten Agenden, automatisiert die Erstellung von Meeting-Protokollen und Aufgabenlisten, ermöglicht kollaboratives Notieren während Besprechungen in Echtzeit, integriert Feedback-Mechanismen zur kontinuierlichen Verbesserung von Meetings, und synchronisiert sich mit Kalendern und Projektmanagement-Tools. Die Plattform ist speziell für Teams konzipiert, die ihre Meeting-Kultur verbessern und produktiver gestalten möchten.

- Vorteile: Reduzierung unproduktiver Meetingzeit durch strukturierte Prozesse, Verbesserung der Nachverfolgung von Entscheidungen und Aufgaben, nahtlose Integration in bestehende Kalender- und Projektmanagement-Tools, Förderung einer transparenten Feedback-Kultur, datengestützte Einblicke zur Optimierung der Meeting-Effizienz.

– Kategorie: Produktivität & Organisation

– Quelle: Zapier (https://zapier.com/)

– Quelle: Zapier (https://zapier.com/)

– Beschreibung: Automatisierungsplattform zur Verbindung verschiedener Apps und Dienste ohne Programmierung. Zapier verbindet über 5.000 Apps und Dienste für automatisierte Workflows, ermöglicht die Erstellung von "Zaps" (automatisierten Workflows) mit Trigger-Aktion-Logik, bietet KI-gestützte Vorschläge für effiziente Automatisierungen, unterstützt mehrstufige Automatisierungen mit bedingter Logik und Verzweigungen, und ermöglicht die Überwachung und Analyse der Automatisierungsleistung. Die Plattform ist für Unternehmen jeder Größe geeignet, die manuelle Prozesse automatisieren möchten.

– Vorteile: Zeitersparnis durch Automatisierung wiederkehrender Aufgaben, keine Programmierkenntnisse erforderlich für komplexe Automatisierungen, umfangreiche App-Integration mit über 5.000 unterstützten Diensten, skalierbare Lösung von einfachen bis zu komplexen Workflows, detaillierte Protokollierung und Fehlerbenachrichtigungen.

– Kategorie: Produktivität & Organisation

– Quelle: n8n (https://n8n.io/)

– Beschreibung: Open-Source-Workflow-Automatisierungsplattform mit lokaler Ausführungsmöglichkeit. n8n ermöglicht die Erstellung komplexer Automatisierungsworkflows mit visueller Oberfläche, bietet die Möglichkeit zur lokalen Installation und Ausführung für maximale Datenkontrolle, unterstützt über 200 integrierte Nodes für verschiedene Dienste und Anwendungen, ermöglicht die Erstellung eigener Nodes für spezifische Anforderungen, und bietet umfangreiche Anpassungsmöglichkeiten durch JavaScript-Funktionen. Die Plattform ist besonders für technisch versierte Nutzer und Unternehmen mit Datenschutzanforderungen geeignet.

– Vorteile: Open-Source-Verfügbarkeit mit voller Kontrolle über den Code, lokale Ausführung für maximale Datensicherheit und Privatsphäre, umfangreiche Anpassungsmöglichkeiten durch JavaScript-Integration, aktive Community mit kontinuierlicher Weiterentwicklung, kosteneffiziente Alternative zu proprietären Automatisierungslösungen.

- Kategorie: Produktivität & Organisation

- Quelle: Google Cloud (https://cloud.google.com/dialogflow)

- Beschreibung: Plattform zur Entwicklung konversationeller Schnittstellen und Chatbots. Dialogflow ermöglicht die Erstellung natürlicher Konversationsabläufe mit KI-gestütztem Sprachverständnis, unterstützt über 30 Sprachen für globale Anwendungen, bietet vorgefertigte Agenten für häufige Anwendungsfälle wie Kundenservice, integriert sich in verschiedene Plattformen wie Websites, Apps und Messaging-Dienste, und verfügt über Analysefunktionen zur kontinuierlichen Verbesserung. Die Plattform ist Teil der Google Cloud und bietet umfangreiche Skalierbarkeit für Unternehmen jeder Größe.

- Vorteile: Fortschrittliches natürliches Sprachverständnis durch Google-KI, nahtlose Integration in Google Cloud-Dienste, umfangreiche Sprachunterstützung für globale Anwendungen, skalierbare Infrastruktur für wachsende Anforderungen, detaillierte Analytics für kontinuierliche Optimierung.

– Kategorie: Produktivität & Organisation

– Quelle: Gleap (https://gleap.io/)

– Beschreibung: Umfassende Plattform für Kundenfeedback, Bug-Tracking und Support. Gleap ermöglicht die einfache Erfassung von Kundenfeedback und Fehlermeldungen mit Screenshots und Systeminfos, bietet KI-gestützte Kategorisierung und Priorisierung von Feedback und Bugs, integriert sich in bestehende Entwicklungs- und Support-Workflows, unterstützt Live-Chat und In-App-Support für direkte Kundeninteraktion, und verfügt über umfassende Analytics zur Identifikation von Verbesserungspotenzialen. Die Plattform verbindet Produktentwicklung, Qualitätssicherung und Kundensupport in einer integrierten Lösung.

– Vorteile: Nahtlose Integration in bestehende Anwendungen und Websites, umfassende Kontextinformationen für effiziente Fehlerbehebung, Verbesserung der Kommunikation zwischen Entwicklungs- und Support-Teams, Reduzierung der Zeit bis zur Fehlerbehebung, datengestützte Produktverbesserung durch strukturiertes Feedback.

- Kategorie: Produktivität & Organisation

- Quelle: Sortext (https://www.sortext.com/)

- Beschreibung: KI-gestützte Plattform für Textorganisation, -analyse und -kategorisierung. Sortext automatisiert die Sortierung und Kategorisierung großer Textmengen mit KI-Unterstützung, extrahiert wichtige Informationen und Erkenntnisse aus unstrukturierten Texten, unterstützt die Analyse von Kundenfeedback, Support-Anfragen und Umfrageergebnissen, ermöglicht die Erstellung benutzerdefinierter Kategorisierungsmodelle für spezifische Anforderungen, und integriert sich in bestehende Datenanalyse-Workflows. Die Plattform ist besonders für Unternehmen mit großen Textdatenmengen geeignet.

- Vorteile: Zeitersparnis durch automatisierte Textorganisation und -kategorisierung, Gewinnung wertvoller Erkenntnisse aus unstrukturierten Textdaten, Anpassbarkeit an branchenspezifische Terminologie und Anforderungen, skalierbare Lösung für wachsende Datenmengen, nahtlose Integration in bestehende Datenanalyse-Workflows.

- Kategorie: Produktivität & Organisation

- Quelle: Gamma (https://gamma.app/)

- Beschreibung: KI-gestützte Plattform für moderne Präsentationen und Dokumente. Gamma erstellt interaktive Präsentationen und Dokumente mit KI-Unterstützung, bietet eine flexible Struktur zwischen traditionellen Folien und Dokumenten, generiert Inhalte, Visualisierungen und Designs basierend auf einfachen Eingabeaufforderungen, ermöglicht kollaboratives Arbeiten in Echtzeit, und unterstützt verschiedene Ausgabeformate für unterschiedliche Anwendungsfälle. Die Plattform kombiniert die Vorteile von Präsentationstools und Dokumenteneditoren mit KI-Unterstützung.

- Vorteile: Zeitersparnis durch KI-gestützte Inhaltsgenerierung und Design, flexible Struktur für verschiedene Kommunikationsbedürfnisse, kollaborative Funktionen für effiziente Teamarbeit, moderne und interaktive Präsentationsformate, kontinuierliche Innovation mit regelmäßigen Updates.

5. Bildung & Lernen

Die folgenden Entscheidungsbäume helfen Ihnen, das optimale KI-Tool für Ihre spezifischen Anforderungen auszuwählen. Durch die Beantwortung gezielter Fragen werden Sie zu den am besten geeigneten Tools in jeder Kategorie geführt.

Frage 1: Welche Art von Bildungs- und Lernunterstützung benötigen Sie?

- Programmierung und technische Fähigkeiten

- Frage 1.1: Möchten Sie Programmieren durch interaktive Übungen lernen?

  - Ja: Sololearn (https://www.sololearn.com/) - Interaktive Kurse für Programmiersprachen

  - Nein: Weiter zu Frage 1.2

- Frage 1.2: Benötigen Sie Unterstützung bei der Code-Erstellung während des Lernens?

  - Ja: GitHub Copilot (https://github.com/features/copilot) - KI-gestützter Code-Assistent

  - Nein: Sololearn für strukturiertes Lernen ohne Code-Assistenz

- Akademisches Schreiben und Forschung

- Frage 1.3: Benötigen Sie Unterstützung bei der Plagiatsprüfung und akademischen Integrität?

  - Ja: Turnitin (https://www.turnitin.com/) - Spezialisiert auf Plagiatsprüfung

  - Nein: Weiter zu Frage 1.4

- Frage 1.4: Benötigen Sie Hilfe bei akademischem Schreiben mit korrekten Zitationen?

  - Ja: Jenni AI (https://jenni.ai/) - Spezialisiert auf akademisches Schreiben

- Nein: Weiter zu Frage 1.5

- Frage 1.5: Benötigen Sie Unterstützung bei der wissenschaftlichen Literaturrecherche?

    - Ja: Elicit (https://elicit.org/) - KI-Forschungsassistent für wissenschaftliche Literatur

    - Nein: QuillBot (https://quillbot.com/) - Für allgemeine Schreibunterstützung

- Erstellung von Lernmaterialien

- Frage 1.6: Möchten Sie interaktive Lernmaterialien erstellen?

    - Ja: Mindgrasp (https://mindgrasp.ai/) - Erstellt interaktive Lernmaterialien

    - Nein: Weiter zu Frage 1.7

- Frage 1.7: Benötigen Sie Unterstützung bei der Erstellung von Erklärvideos?

    - Ja: Synthesia (https://www.synthesia.io/) - Erstellt Videos mit virtuellen Präsentatoren

    - Nein: Canva (https://www.canva.com/) - Für statische Lernmaterialien und Präsentationen

Frage 2: Welche zusätzlichen Faktoren sind für Ihre Entscheidung wichtig?

- Interaktivität: Sololearn bietet hochgradig interaktive Lernumgebungen

- Personalisierung: Berücksichtigen Sie, wie gut das Tool auf individuelle Lernbedürfnisse eingeht

- Kollaboration: Einige Tools unterstützen kollaboratives Lernen und Feedback

- Mobilität: Sololearn bietet gute mobile Lernmöglichkeiten mit Offline-Zugriff

- Kosten: Von kostenlosen Optionen (Sololearn Basic) bis zu institutionellen Lösungen (Turnitin)

Sololearn

- Kategorie: Bildung & Lernen

- Quelle: Sololearn (https://www.sololearn.com/)

- Beschreibung: Interaktive Lernplattform für Programmierung und technische Fähigkeiten. Sololearn bietet interaktive Kurse für verschiedene Programmiersprachen und technische Fähigkeiten, unterstützt praktisches Lernen mit integrierten Code-Editoren und Übungen, passt Lernpfade an individuelle Vorkenntnisse und Lernziele an, fördert soziales Lernen durch eine aktive Community und Peer-Feedback, und ermöglicht mobiles Lernen mit Offline-Zugriff auf Kursinhalte. Die Plattform kombiniert strukturierte Kurse mit praktischen Übungen und Community-Unterstützung.

- Vorteile: Praktisches Lernen durch interaktive Übungen und Code-Challenges, personalisierte Lernpfade basierend auf individuellen Zielen, aktive Community für Unterstützung und Motivation, mobiles Lernen mit Offline-Zugriff für Flexibilität, kontinuierliche Aktualisierung der Kursinhalte mit neuen Technologien.

– Kategorie: Bildung & Lernen

– Quelle: Turnitin (https://www.turnitin.com/)

– Beschreibung: KI-gestützte Plattform für akademische Integrität und Schreibverbesserung. Turnitin prüft eingereichte Arbeiten auf Plagiate durch Vergleich mit einer umfangreichen Datenbank, bietet KI-gestützte Feedback-Tools zur Verbesserung von Schreibstil und Struktur, unterstützt Lehrende bei der effizienten Bewertung und Kommentierung von Arbeiten, fördert die Entwicklung von Originalität und kritischem Denken bei Studierenden, und integriert sich in gängige Lernmanagementsysteme. Die Plattform wird weltweit von Bildungseinrichtungen eingesetzt, um akademische Integrität zu fördern.

– Vorteile: Umfassende Plagiatsprüfung mit einer der größten Vergleichsdatenbanken, konstruktives Feedback zur Verbesserung der Schreibfähigkeiten, Zeitersparnis für Lehrende durch effiziente Bewertungswerkzeuge, nahtlose Integration in bestehende Lernmanagementsysteme, Förderung einer Kultur der akademischen Integrität.

6. Entwicklung & Technik

Die folgenden Entscheidungsbäume helfen Ihnen, das optimale KI-Tool für Ihre spezifischen Anforderungen auszuwählen.

Durch die Beantwortung gezielter Fragen werden Sie zu den am besten geeigneten Tools in jeder Kategorie geführt.

Frage 1: Welche Art von Entwicklungs- und Technikunterstützung benötigen Sie?

- Code-Entwicklung und Programmierung

- Frage 1.1: Benötigen Sie einen KI-Assistenten für Echtzeit-Code-Vorschläge?

  - Ja: GitHub Copilot (https://github.com/features/copilot) - Echtzeit-Code-Vorschläge in der IDE

  - Nein: Weiter zu Frage 1.2

- Frage 1.2: Bevorzugen Sie einen speziellen KI-optimierten Code-Editor?

  - Ja: Cursor (https://cursor.sh/) - KI-optimierter Code-Editor basierend auf VS Code

  - Nein: Weiter zu Frage 1.3

- Frage 1.3: Benötigen Sie Unterstützung bei der automatischen Code-Dokumentation?

  - Ja: Mintlify (https://mintlify.com/) - Automatische Code-Dokumentation

  - Nein: GitHub Copilot für allgemeine Coding-Unterstützung

- Website-Entwicklung

- Frage 1.4: Möchten Sie eine komplette Website mit KI-Unterstützung erstellen?

- Ja: Wix AI (https://www.wix.com/ai) - Generiert komplette Websites aus Beschreibungen

- Nein: Weiter zu Frage 1.5

- Frage 1.5: Benötigen Sie eine WordPress-spezifische Lösung?

  - Ja: 10web (https://10web.io/) - Automatisierte WordPress-Plattform

  - Nein: Weiter zu Frage 1.6

- Frage 1.6: Arbeiten Sie mit Webflow und benötigen Komponenten?

  - Ja: Relume (https://www.relume.io/) - Webflow-Komponenten und -Vorlagen

  - Nein: Wix AI für allgemeine Website-Erstellung

- KI-Integration und Entwicklung

- Frage 1.7: Möchten Sie einen benutzerdefinierten KI-Chatbot für Ihre Website erstellen?

  - Ja: SiteGPT (https://sitegpt.ai/) - Erstellt Chatbots basierend auf Website-Inhalten

  - Nein: Weiter zu Frage 1.8

- Frage 1.8: Benötigen Sie eine Plattform für benutzerdefinierte KI-Assistenten?

  - Ja: Chatbase (https://www.chatbase.co/) - Erstellt KI-Chatbots ohne Programmierkenntnisse

- Nein: Aidbase.ai (https://aidbase.ai/) - Für komplexere KI-Assistenten

Frage 2: Welche zusätzlichen Faktoren sind für Ihre Entscheidung wichtig?

- Integrationen: GitHub Copilot integriert sich in gängige Entwicklungsumgebungen

- Skalierbarkeit: Berücksichtigen Sie, wie gut das Tool mit wachsenden Projekten skaliert

- Lernkurve: Cursor bietet eine vertraute VS Code-Oberfläche mit KI-Erweiterungen

- Anpassbarkeit: 10web ermöglicht umfangreiche Anpassungen für WordPress-Websites

- Kosten: Von kostenlosen Optionen (Cursor Basic) bis zu Premium-Diensten (GitHub Copilot)

- Kategorie: Entwicklung & Technik

- Quelle: GitHub (https://github.com/features/copilot)

- Beschreibung: KI-gestützter Code-Assistent für Softwareentwicklung. GitHub Copilot generiert Code-Vorschläge in Echtzeit basierend auf Kommentaren und Kontext, unterstützt über 20 Programmiersprachen mit sprachspezifischen Empfehlungen, integriert sich nahtlos in gängige Entwicklungsumgebungen wie VS Code und JetBrains, lernt kontinuierlich aus dem Kontext des aktuellen Projekts für relevantere Vorschläge, und hilft bei der Dokumentation von Code mit automatischen Kommentaren. Der Assistent wurde von GitHub in Zusammenarbeit mit OpenAI entwickelt und basiert auf fortschrittlichen KI-Modellen.

- Vorteile: Signifikante Produktivitätssteigerung durch Automatisierung repetitiver Coding-Aufgaben, kontextbezogene Vorschläge basierend auf dem aktuellen Projekt, nahtlose Integration in den bestehenden Entwicklungsworkflow, Unterstützung für eine Vielzahl von Programmiersprachen und Frameworks, kontinuierliche Verbesserung durch maschinelles Lernen.

– Kategorie: Entwicklung & Technik

– Quelle: Cursor (https://cursor.sh/)

– Beschreibung: KI-optimierter Code-Editor für effiziente Softwareentwicklung. Cursor bietet KI-gestützte Code-Generierung und -Vervollständigung in Echtzeit, unterstützt intelligente Code-Erklärung und -Dokumentation, ermöglicht die Refaktorierung und Optimierung bestehenden Codes mit KI-Unterstützung, verfügt über fortschrittliche Debugging-Funktionen mit automatischer Fehlererkennung, und basiert auf einer angepassten Version von VS Code für vertraute Bedienung. Der Editor kombiniert die Vorteile traditioneller Entwicklungsumgebungen mit fortschrittlicher KI-Unterstützung.

– Vorteile: Beschleunigung des Entwicklungsprozesses durch kontextbezogene KI-Unterstützung, Verbesserung der Codequalität durch intelligente Refaktorierungsvorschläge, vertraute Benutzeroberfläche basierend auf VS Code, kontinuierliche Verbesserung durch regelmäßige Updates, kostenfreie Einstiegsoption mit grundlegenden Funktionen.

- Kategorie: Entwicklung & Technik

- Quelle: Mintlify (https://mintlify.com/)

- Beschreibung: KI-gestützte Plattform für automatische
  Code-Dokumentation. Mintlify generiert automatisch
  hochwertige Dokumentation aus Codebasis und Kommentaren, erstellt strukturierte API-Referenzen mit Beispielen und Erklärungen, unterstützt verschiedene Do-
  kumentationsformate und Stile, ermöglicht kollaboratives Arbeiten an der Dokumentation, und integriert sich
  in bestehende Entwicklungs- und Deployment-Work-
  flows. Die Plattform hilft Entwicklungsteams, konsistente und aktuelle Dokumentation zu erstellen und zu pfle-
  gen.

- Vorteile: Zeitersparnis durch automatisierte Dokumen-
  tationserstellung, konsistente Dokumentationsqualität
  über das gesamte Projekt, nahtlose Integration in bestehende Entwicklungsworkflows, Verbesserung der Code-
  qualität durch bessere Dokumentation, skalierbare Lösung für wachsende Codebasen.

– Kategorie: Entwicklung & Technik

– Quelle: Wix (https://www.wix.com/ai)

– Beschreibung: KI-gestützte Website-Erstellungsplattform für professionelle Webpräsenzen. Wix AI generiert komplette Websites basierend auf einfachen Textbeschreibungen, erstellt maßgeschneiderte Designs passend zur Branche und Markenidentität, generiert relevante Inhalte und Bilder für verschiedene Seitenbereiche, bietet umfangreiche Anpassungsmöglichkeiten für generierte Websites, und integriert fortschrittliche Funktionen wie E-Commerce, Buchungssysteme und Blogs. Die Plattform kombiniert die Benutzerfreundlichkeit von Wix mit KI-Unterstützung für schnellere Website-Erstellung.

– Vorteile: Drastische Reduzierung der Zeit zur Erstellung professioneller Websites, maßgeschneiderte Designs und Inhalte basierend auf Branchenanforderungen, umfangreiche Anpassungsmöglichkeiten für individuelle Anforderungen, nahtlose Integration fortschrittlicher Funktionen und Apps, kontinuierliche Verbesserung durch regelmäßige Updates.

- Kategorie: Entwicklung & Technik

- Quelle: 10web (https://10web.io/)

- Beschreibung: Automatisierte WordPress-Plattform mit KI-Website-Builder. 10web generiert WordPress-Websites automatisch basierend auf bestehenden Designs oder Beschreibungen, bietet Hosting-Infrastruktur mit automatischer Optimierung und Skalierung, verfügt über einen visuellen Drag-and-Drop-Editor für einfache Anpassungen, automatisiert Website-Optimierung für Geschwindigkeit und SEO, und unterstützt die Migration bestehender WordPress-Websites. Die Plattform kombiniert WordPress-Flexibilität mit Automatisierung und KI-Unterstützung.

- Vorteile: Schnelle Erstellung von WordPress-Websites ohne technische Kenntnisse, optimierte Hosting-Infrastruktur für maximale Performance, automatisierte Optimierung für Geschwindigkeit und SEO, einfache Migration bestehender WordPress-Websites, kosteneffiziente All-in-One-Lösung für WordPress-Projekte.

– Kategorie: Entwicklung & Technik

– Quelle: Relume (https://www.relume.io/)

– Beschreibung: KI-gestützte Webdesign-Plattform mit Fokus auf Webflow-Integration. Relume bietet eine umfangreiche Bibliothek von Webflow-Komponenten und -Vorlagen, generiert maßgeschneiderte Webdesigns basierend auf Markenanforderungen, unterstützt die Erstellung responsiver Designs für verschiedene Geräte, ermöglicht die einfache Anpassung und Wiederverwendung von Komponenten, und integriert sich nahtlos in den Webflow-Workflow. Die Plattform ist speziell für Designer und Agenturen konzipiert, die mit Webflow arbeiten.

– Vorteile: Beschleunigung des Webflow-Designprozesses durch vorgefertigte Komponenten, konsistente Designqualität durch standardisierte Komponenten, einfache Anpassung und Wiederverwendung für verschiedene Projekte, responsives Design für optimale Darstellung auf allen Geräten, kontinuierliche Erweiterung der Komponentenbibliothek.

7. Marketing & Business

Die folgenden Entscheidungsbäume helfen Ihnen, das optimale KI-Tool für Ihre spezifischen Anforderungen auszuwählen.

Durch die Beantwortung gezielter Fragen werden Sie zu den am besten geeigneten Tools in jeder Kategorie geführt.

Frage 1: Welche Art von Marketing- und Business-Unterstützung benötigen Sie?

- SEO und Content-Optimierung

- Frage 1.1: Benötigen Sie eine umfassende Marketing-Plattform mit SEO-Tools?

  - Ja: SEMRush (https://www.semrush.com/) - Umfassende Marketing-Plattform

  - Nein: Weiter zu Frage 1.2

- Frage 1.2: Liegt Ihr Fokus auf Content-Optimierung für bessere Rankings?

  - Ja: Surfer SEO (https://surferseo.com/) - Spezialisiert auf Content-Optimierung

  - Nein: Weiter zu Frage 1.3

- Frage 1.3: Benötigen Sie Unterstützung bei technischer SEO-Optimierung?

  - Ja: SEOJuice (https://seojuice.com/) - Fokus auf technische SEO-Aspekte

  - Nein: SEMRush für allgemeinere SEO-Anforderungen

- Content-Erstellung für Marketing

- Frage 1.4: Erstellen Sie hauptsächlich Long-Form-Content für Blogs und Artikel?

- Ja: Longshot (https://www.longshot.ai/) - Spezialisiert auf Long-Form-Content

- Nein: Weiter zu Frage 1.5

- Frage 1.5: Benötigen Sie Unterstützung bei der Erstellung von Werbetexten?

  - Ja: AdCopy (https://adcopy.ai/) - Spezialisiert auf
    Werbetexte

  - Nein: Weiter zu Frage 1.6

- Frage 1.6: Erstellen Sie hauptsächlich Marketing-Content für verschiedene Formate?

  - Ja: Jasper AI (https://www.jasper.ai/) - Vielseitige
    Marketing-Content-Erstellung

  - Nein: Writesonic (https://writesonic.com/) - Für all-
    gemeinere Content-Anforderungen

- Social Media und Video-Marketing

- Frage 1.7: Benötigen Sie Unterstützung bei Social-Media-Management und Content-Erstellung?

  - Ja: FeedHive (https://www.feedhive.com/) - Social-
    Media-Management mit KI

  - Nein: Weiter zu Frage 1.8

- Frage 1.8: Liegt Ihr Fokus auf YouTube-Optimierung
und Video-Content?

  - Ja: VidIQ (https://vidiq.com/) - Spezialisiert auf
    YouTube-Optimierung

- Nein: Weiter zu Frage 1.9

- Frage 1.9: Benötigen Sie eine Plattform für Social-Media-Content-Erstellung?

  - Ja: Seona AI (https://seona.ai/) - KI-gestützte Social-Media-Content-Erstellung

  - Nein: FeedHive für allgemeineres Social-Media-Management

- Markenentwicklung und Design

- Frage 1.10: Benötigen Sie Unterstützung bei der Logo-Erstellung und Markenidentität?

  - Ja: Looka (https://looka.com/) - Umfassende Markenidentität mit Logo

  - Nein: Weiter zu Frage 1.11

- Frage 1.11: Benötigen Sie speziell ein professionelles Logo-Design?

  - Ja: Brandmark (https://brandmark.io/) - Fokus auf hochwertige, vektorbasierte Logos

  - Nein: Weiter zu Frage 1.12

- Frage 1.12: Benötigen Sie eine einfache Lösung für Logo und Geschäftsausstattung?

  - Ja: Logoai (https://www.logoai.com/) - Einfache Logo-Erstellung und Geschäftsausstattung

  - Nein: Canva (https://www.canva.com/) - Für vielseitigere Design-Anforderungen

Frage 2: Welche zusätzlichen Faktoren sind für Ihre Entscheidung wichtig?

- Datenanalyse: SEMRush bietet umfangreiche Analytics für datengestützte Entscheidungen

- Integration mit Werbekanälen: AdCopy integriert sich mit verschiedenen Werbekanälen

- Automatisierung: FeedHive automatisiert Social-Media-Posting und Content-Erstellung

- Markenkonformität: Looka und Brandmark erstellen konsistente Markenidentitäten

- Kosten: Von kostenlosen Optionen (Canva Basic) bis zu Premium-Diensten (SEMRush, Jasper AI)

– Kategorie: Marketing & Business

– Quelle: SEMRush (https://www.semrush.com/)

– Beschreibung: Umfassende Marketing-Plattform mit KI-gestützten SEO-Tools. SEMRush bietet umfassende Keyword-Recherche und Wettbewerbsanalyse mit KI-Unterstützung, automatisiert SEO-Audits mit priorisierten Verbesserungsvorschlägen, unterstützt Content-Marketing mit KI-gestützten Themen- und Optimierungsvorschlägen, ermöglicht die Überwachung und Analyse von Social-Media-Kampagnen, und verfügt über umfangreiche Reporting-Funktionen für datengestützte Entscheidungen. Die Plattform kombiniert verschiedene Marketing-Tools in einer integrierten Lösung.

– Vorteile: Umfassende All-in-One-Lösung für digitales Marketing, datengestützte Einblicke für strategische Entscheidungen, Zeitersparnis durch automatisierte Audits und Analysen, kontinuierliche Überwachung von Rankings und Wettbewerbern, regelmäßige Updates mit neuen Funktionen und Verbesserungen.

– Kategorie: Marketing & Business

– Quelle: Surfer SEO (https://surferseo.com/)

– Beschreibung: KI-gestützte Content-Optimierungsplattform für bessere Suchmaschinenrankings. Surfer SEO analysiert Top-Rankings für Ziel-Keywords und identifiziert relevante Faktoren, bietet datengestützte Empfehlungen für Content-Optimierung in Echtzeit, unterstützt die Content-Erstellung mit KI-gestützten Outlines und Briefings, integriert sich in gängige Content-Management-Systeme und Editoren, und verfügt über umfangreiche Audit-Funktionen für bestehende Inhalte. Die Plattform kombiniert On-Page-SEO mit Content-Optimierung für ganzheitliche Verbesserungen.

– Vorteile: Datengestützte Content-Optimierung basierend auf Top-Rankings, Echtzeit-Feedback während des Schreibprozesses, Zeitersparnis durch automatisierte Content-Briefings und Outlines, nahtlose Integration in bestehende Content-Workflows, kontinuierliche Aktualisierung der Algorithmen für aktuelle Empfehlungen.

– Kategorie: Marketing & Business

– Quelle: SEOJuice (https://seojuice.com/)

– Beschreibung: KI-gestützte Plattform für technische SEO-Optimierung und Content-Strategie. SEOJuice automatisiert technische SEO-Audits mit priorisierten Handlungsempfehlungen, identifiziert Content-Lücken und Optimierungspotenziale mit KI-Unterstützung, überwacht Backlink-Profile und identifiziert neue Link-Möglichkeiten, bietet Wettbewerbsanalysen mit actionable Insights, und verfügt über umfangreiche Reporting-Funktionen für transparente Erfolgsmessung. Die Plattform fokussiert sich besonders auf technische SEO-Aspekte und Content-Strategie.

– Vorteile: Umfassende technische SEO-Optimierung mit priorisierten Maßnahmen, datengestützte Content-Strategie basierend auf identifizierten Lücken, kontinuierliche Überwachung von Rankings und technischen Faktoren, benutzerfreundliche Oberfläche für effizientes Arbeiten, kosteneffiziente Alternative zu umfassenderen Marketing-Suites.

Longshot

- Kategorie: Marketing & Business

- Quelle: Longshot (https://www.longshot.ai/)

- Beschreibung: KI-gestützte Plattform für die Erstellung von Long-Form-Content. Longshot generiert umfangreiche, SEO-optimierte Artikel und Blog-Posts mit KI-Unterstützung, recherchiert relevante Fakten und Statistiken für fundierte Inhalte, optimiert Content für spezifische Keywords und Suchintentionen, unterstützt verschiedene Content-Formate wie Listicles, How-Tos und Vergleiche, und bietet Paraphrasierungs- und Umformulierungswerkzeuge für einzigartigen Content. Die Plattform ist speziell für Content-Marketing und SEO-Teams konzipiert.

- Vorteile: Zeitersparnis bei der Erstellung umfangreicher Content-Stücke, faktenbasierte Inhalte mit automatischer Recherche, SEO-Optimierung für bessere Rankings und Sichtbarkeit, Vielseitigkeit durch Unterstützung verschiedener Content-Formate, benutzerfreundliche Oberfläche für effizientes Content-Management.

– Kategorie: Marketing & Business

– Quelle: VidIQ (https://vidiq.com/)

– Beschreibung: KI-gestützte Plattform für YouTube-Optimierung und Video-Content-Strategie. VidIQ bietet KI-gestützte Keyword-Recherche und Themenvorschläge für YouTube-Videos, analysiert erfolgreiche Videos und Kanäle für strategische Einblicke, optimiert Video-Titel, Beschreibungen und Tags für bessere Sichtbarkeit, unterstützt die Planung und Verwaltung von Video-Content-Kalendern, und verfügt über umfangreiche Analytics-Funktionen zur Performance-Überwachung. Die Plattform ist speziell für YouTube-Creator und Video-Marketing-Teams konzipiert.

– Vorteile: Datengestützte Video-Content-Strategie basierend auf Erfolgsanalysen, Zeitersparnis durch automatisierte Keyword-Recherche und Optimierung, umfassende Wettbewerbsanalyse für strategische Einblicke, kontinuierliche Überwachung der Kanal- und Video-Performance, benutzerfreundliche Browser-Erweiterung für nahtlose Integration.

- Kategorie: Marketing & Business

- Quelle: AdCopy (https://adcopy.ai/)

- Beschreibung: KI-gestützte Plattform für die Erstellung von Werbetexten und Marketing-Copy. AdCopy generiert konversionsorientierte Werbetexte für verschiedene Plattformen und Formate, erstellt A/B-Test-Varianten zur Optimierung der Performance, passt Tonalität und Stil an Zielgruppe und Markenidentität an, unterstützt verschiedene Werbeformate wie Google Ads, Facebook Ads und Display-Anzeigen, und bietet Vorlagen für verschiedene Marketing-Szenarien. Die Plattform ist speziell für PPC-Manager und Digital-Marketing-Teams konzipiert.

- Vorteile: Zeitersparnis bei der Erstellung konversionsorientierter Werbetexte, Verbesserung der Anzeigenperformance durch optimierte Copy, einfache Erstellung von A/B-Test-Varianten, Anpassbarkeit an verschiedene Werbeformate und Plattformen, benutzerfreundliche Oberfläche für effizientes Arbeiten.

- Kategorie: Marketing & Business

- Quelle: Seona AI (https://seona.ai/)

- Beschreibung: KI-gestützte Plattform für Social-Media-Management und Content-Erstellung. Seona AI generiert maßgeschneiderte Social-Media-Inhalte basierend auf Markenidentität und Zielgruppe, erstellt visuelle Inhalte wie Bilder und Grafiken passend zum Text, plant und automatisiert Posts für verschiedene Social-Media-Plattformen, analysiert Performance-Daten für kontinuierliche Optimierung, und bietet Vorlagen für verschiedene Content-Typen und Kampagnen. Die Plattform kombiniert Content-Erstellung, Planung und Analytics in einer integrierten Lösung.

- Vorteile: Zeitersparnis durch automatisierte Content-Erstellung und -Planung, konsistente Markenidentität über verschiedene Plattformen hinweg, datengestützte Optimierung basierend auf Performance-Analysen, Integration von Text- und Bilderstellung in einem Workflow, benutzerfreundliche Oberfläche für effizientes Social-Media-Management.

- Kategorie: Marketing & Business, Textverarbeitung & Kommunikation

- Quelle: QuillBot (https://quillbot.com/)

- Beschreibung: KI-gestütztes Umformulierungs- und Schreibverbesserungstool für Marketing-Content. Quill-Bot bietet fortschrittliche Paraphrasierungsfunktionen mit verschiedenen Stilen für Marketing-Content, verfügt über einen Grammatikprüfer für fehlerfreie Kommunikation, enthält einen Zusammenfassungsgenerator für lange Marketing-Materialien, unterstützt die Erstellung von SEO-optimierten Inhalten mit Keyword-Integration, und bietet einen Co-Writer für kollaborative Content-Erstellung. Die Plattform ist vielseitig einsetzbar für verschiedene Marketing-Content-Anforderungen.

- Vorteile: Vielseitige Paraphrasierungsoptionen für verschiedene Marketing-Anforderungen, Verbesserung der Content-Qualität und Lesbarkeit, Zeitersparnis bei der Umformulierung und Optimierung von Marketing-Texten, benutzerfreundliche Browser-Erweiterung für nahtlose Integration, kosteneffiziente Lösung mit freier Einstiegsoption.

- Kategorie: Marketing & Business

- Quelle: Looka (https://looka.com/)

- Beschreibung: KI-gestützte Plattform für Logo-Design und Markenidentität. Looka erstellt professionelle Logos basierend auf Branche, Stil und Farbpräferenzen, generiert umfassende Markenidentitäten mit passenden Farbschemata und Typografie, bietet Mockups für verschiedene Anwendungsfälle wie Visitenkarten und Social Media, erstellt Brand-Guidelines für konsistente Markenanwendung, und liefert alle Dateien in verschiedenen Formaten für digitale und Print-Anwendungen. Die Plattform kombiniert KI-gestütztes Design mit umfassenden Branding-Ressourcen.

- Vorteile: Kostengünstige Alternative zu traditionellem Logo-Design, umfassende Markenidentität über das Logo hinaus, sofortige Verfügbarkeit aller benötigten Dateiformate, einfache Anpassung und Iteration des Designs, skalierbare Lösung von einfachen Logos bis zu kompletten Markenidentitäten.

– Kategorie: Marketing & Business

– Quelle: Logoai (https://www.logoai.com/)

– Beschreibung: KI-gestützte Plattform für automatisiertes Logo-Design und Branding. Logoai generiert professionelle Logos basierend auf Branche, Unternehmensnamen und Designpräferenzen, erstellt Variationen und Anpassungen des Logos für verschiedene Anwendungen, bietet Mockups für digitale und physische Anwendungsfälle, unterstützt die Erstellung passender Geschäftsausstattung wie Visitenkarten und Briefpapier, und liefert alle Dateien in verschiedenen Formaten und Auflösungen. Die Plattform ist speziell für Startups und kleine Unternehmen konzipiert.

– Vorteile: Schnelle und kostengünstige Logo-Erstellung ohne Designkenntnisse, umfangreiche Anpassungsmöglichkeiten für individuelle Anforderungen, sofortige Verfügbarkeit aller benötigten Dateiformate, konsistente Anwendung der Markenidentität auf verschiedenen Materialien, benutzerfreundliche Oberfläche für einfache Bedienung.

- Kategorie: Marketing & Business

- Quelle: Brandmark (https://brandmark.io/)

- Beschreibung: KI-gestützte Plattform für professionelles Logo-Design und Markenidentität. Brandmark erstellt einzigartige, vektorbasierte Logos mit KI-Unterstützung, generiert harmonische Farbpaletten basierend auf Farbpsychologie und Branchenstandards, bietet Schriftauswahl und Typografie-Paarungen für konsistente Markenidentität, erstellt Mockups für verschiedene Anwendungsfälle wie Website, Visitenkarten und Merchandise, und liefert umfassende Brand-Guidelines für konsistente Markenanwendung. Die Plattform fokussiert sich auf hochwertige, einzigartige Designs mit praktischer Anwendbarkeit.

- Vorteile: Hochwertige, vektorbasierte Logos für professionelles Branding, wissenschaftlich fundierte Farbpaletten basierend auf Farbpsychologie, umfassende Markenidentität mit Typografie und Anwendungsbeispielen, sofortige Verfügbarkeit aller benötigten Dateiformate, benutzerfreundliche Oberfläche für einfache Anpassungen.

8. Multi-Agenten-Tools und Frameworks

Basierend auf der umfassenden Recherche zu Multi-Agenten-Systemen wurden die folgenden Tools und Frameworks als besonders relevant für professionelle Anwender im Arbeitsalltag

identifiziert. Die Auswahl berücksichtigt Faktoren wie Markt-
relevanz, Anwendungsbreite, Integrationsfähigkeit, Innovati-
onsgrad und Eignung für Unternehmensumgebungen.

Kategorie: Multi-Agenten-System

Titel des Tools: LangChain

Quelle des Tools: LangChain, Inc.

Beschreibung des Tools:

LangChain ist ein vielseitiges Framework zur Entwicklung und Bereitstellung von KI-Anwendungen, die durch Large Language Models angetrieben werden. Es bietet eine umfassende Suite von Werkzeugen für Textgenerierung, Übersetzung, Zusammenfassung und Frage-Antwort-Systeme. Mit LangChain können Unternehmen intelligente Systeme für Content-Erstellung, automatisierte Übersetzungen und Wissensabruf aufbauen. Das Framework ermöglicht auch die Interaktion mit anderen KI-Modellen, um anspruchsvolle KI-Workflows zu erstellen, beispielsweise für Vertriebs- und Marketingautomatisierung, Lead-Scoring, E-Mail-Personalisierung und Kampagnenanalyse.

SWOT-Analyse:

Stärken:

LangChain überzeugt durch seine außergewöhnliche Flexibilität und modulare Architektur, die es Entwicklern ermöglicht, komplexe KI-Workflows ohne Redundanzen zu erstellen. Die nahtlose Integration mit verschiedenen LLMs und externen Datenquellen macht es zu einem Kraftpaket für Unternehmen, die datengestützte Entscheidungen treffen müssen. Besonders hervorzuheben ist die Fähigkeit, Agenten zu orchestrieren, die selbstständig komplexe Aufgaben lösen können, indem sie verschiedene Tools und Informationsquellen nutzen. Die robuste Community und kontinuierliche Weiterentwicklung sorgen dafür, dass LangChain stets auf dem neuesten Stand der Technik bleibt.

Schwächen:

Trotz seiner Leistungsfähigkeit kämpft LangChain mit einer steilen Lernkurve, die besonders für Einsteiger abschreckend wirken kann. Die Komplexität des Frameworks erfordert ein tiefes Verständnis von KI-Konzepten und Programmierung. Zudem fehlt es an ausgereiften Debugging-Tools, was die Fehlersuche in komplexen Workflows erschweren kann. Die Dokumentation, obwohl umfangreich, kann für Neulinge überwältigend sein und bietet nicht immer klare Implementierungsbeispiele für spezifische Anwendungsfälle.

Chancen:

Mit der wachsenden Nachfrage nach KI-gestützten Unternehmenslösungen positioniert sich LangChain ideal als Schlüsselinfrastruktur für die nächste Generation von Geschäftsanwendungen. Die Möglichkeit, bestehende Systeme durch KI-Agenten zu erweitern, eröffnet neue Automatisierungspotenziale in nahezu allen Branchen. Durch die Weiterentwicklung von benutzerfreundlicheren Schnittstellen könnte LangChain seine Reichweite auf nicht-technische Nutzer ausdehnen und so seinen Marktanteil erheblich vergrößern.

Risiken:

Der schnelle Wandel im KI-Bereich könnte dazu führen, dass
Teile des Frameworks veralten, wenn sie nicht kontinuierlich
aktualisiert werden. Die zunehmende Konkurrenz durch spezialisierte Lösungen und proprietäre Frameworks großer Technologieunternehmen stellt eine Bedrohung dar. Zudem könnten regulatorische Änderungen im Bereich KI-Ethik und Datenschutz Anpassungen erforderlich machen, die die Entwick-
lungsgeschwindigkeit verlangsamen.

AutoGen (Microsoft)

Kategorie: Multi-Agenten-System

Titel des Tools: AutoGen

Quelle des Tools: Microsoft

Beschreibung des Tools:

AutoGen ist ein Open-Source-Framework von Microsoft, das
für die Erstellung von Multi-Agenten-KI-Anwendungen entwickelt wurde. Es ermöglicht die Implementierung von spezialisierten Agenten, die zusammenarbeiten, um komplexe Aufgaben zu bewältigen. Mit seinem Low-Code-Ansatz vereinfacht
AutoGen die Entwicklung von KI-Systemen erheblich und
macht fortschrittliche KI-Funktionen für ein breiteres Publikum zugänglich. Das Framework unterstützt die Automatisierung komplexer Geschäftsprozesse, Datenanalyse und Entscheidungsunterstützung und ist besonders für Entwickler und
Unternehmen geeignet, die skalierbare KI-Lösungen benötigen.

SWOT-Analyse:

Stärken:

AutoGen besticht durch seine offene Architektur, die es Entwicklern ermöglicht, hochgradig anpassbare Multi-Agenten-Systeme zu erstellen. Die Microsoft-Unterstützung garantiert regelmäßige Updates und eine solide technische Basis. Besonders beeindruckend ist die Fähigkeit des Frameworks, verschiedene Arten von Agenten zu kombinieren – von einfachen regelbasierten bis hin zu komplexen LLM-gestützten Agenten. Die integrierte Unterstützung für menschliche Eingriffe in den Workflow (Human-in-the-Loop) macht AutoGen zu einer vertrauenswürdigen Lösung für kritische Geschäftsanwendungen.

Schwächen:

Obwohl als Low-Code-Framework beworben, erfordert AutoGen dennoch solide Programmierkenntnisse für die effektive Nutzung. Die Dokumentation kann lückenhaft sein, besonders für fortgeschrittene Anwendungsfälle. Im Vergleich zu einigen konkurrierenden Frameworks bietet AutoGen weniger vorgefertigte Komponenten, was die Entwicklungszeit verlängern kann. Zudem ist die Integration mit nicht-Microsoft-Technologien manchmal umständlicher als nötig.

Chancen:

Als Microsoft-Produkt kann AutoGen von der breiten Unternehmenskundenbasis und der Integration in das Microsoft-Ökosystem profitieren. Die wachsende Nachfrage nach transparenten und erklärbaren KI-Systemen spielt AutoGen in die Hände, da es eine granulare Kontrolle über das Agentenverhalten ermöglicht. Mit der zunehmenden Verbreitung von Multi-

Agenten-Systemen in Unternehmen könnte AutoGen zum De-
facto-Standard für die Entwicklung solcher Lösungen werden.

Risiken:

Die Abhängigkeit von Microsofts strategischen Entscheidungen könnte die langfristige Entwicklung des Frameworks beeinflussen. Konkurrierende Open-Source-Projekte mit aktive-
ren Communities könnten AutoGen in Bezug auf Innovations-
geschwindigkeit überholen. Zudem könnten Änderungen in
der KI-Landschaft, wie neue Modellarchitekturen oder Paradigmen, umfangreiche Anpassungen des Frameworks erforderlich machen.

Kategorie: Multi-Agenten-System

Titel des Tools: CrewAI

Quelle des Tools: CrewAI

Beschreibung des Tools:

CrewAI ist eine spezialisierte Multi-Agenten-Plattform, die sich auf Teamkommunikation und Workflow-Management konzentriert. Sie bietet virtuelle Kollaborationsräume, automatisierte Aufgabenzuweisung und Fortschrittsverfolgung, was sie ideal für Remote-Teams und Projektmanagement-Umgebungen macht. CrewAI zeichnet sich durch seinen rollenbasierten Ansatz aus, bei dem verschiedene KI-Agenten unterschiedliche Rollen in einem Team übernehmen und zusammenarbeiten, um gemeinsame Ziele zu erreichen. Die Plattform ist besonders effektiv bei der Koordination verteilter Teams und der Optimierung von Arbeitsabläufen.

SWOT-Analyse:

Stärken:

CrewAI brilliert durch seinen intuitiven, rollenbasierten Ansatz, der die menschliche Teamdynamik nachahmt und dadurch besonders zugänglich ist. Die Plattform ermöglicht eine nahtlose Zusammenarbeit zwischen verschiedenen Agententypen, die jeweils auf bestimmte Aufgaben spezialisiert sind. Die visuelle Darstellung von Workflows und Agenteninteraktionen

macht komplexe Prozesse transparent und nachvollziehbar.
Besonders hervorzuheben ist die Fähigkeit von CrewAI, autonome Entscheidungsketten zu bilden, bei denen Agenten eigenständig Zwischenergebnisse bewerten und den Workflow entsprechend anpassen.

Schwächen:

CrewAI kämpft mit Einschränkungen bei der Skalierbarkeit sehr großer und komplexer Agentensysteme. Die Anpassungsmöglichkeiten auf niedriger Ebene sind begrenzt, was fortgeschrittene Entwickler frustrieren kann. Die Plattform bietet weniger vorgefertigte Integrationen mit externen Diensten als einige Konkurrenten, was zusätzlichen Entwicklungsaufwand bedeuten kann. Zudem ist die Leistung bei rechenintensiven Aufgaben nicht immer optimal.

Chancen:

Mit dem Trend zu verteilten und hybriden Arbeitsmodellen positioniert sich CrewAI ideal als Brückentechnologie zwischen menschlichen und KI-Teammitgliedern. Die wachsende Akzeptanz von KI-Assistenten im Arbeitsalltag eröffnet neue Anwendungsfelder. Durch die Erweiterung um branchenspezifische Vorlagen und Workflows könnte CrewAI in Nischenmärkten Fuß fassen und seine Marktposition stärken.

Risiken:

Der Markt für Kollaborationstools ist hart umkämpft, mit großen Technologieunternehmen, die ähnliche Funktionen in ihre bestehenden Produkte integrieren. Die Abhängigkeit von externen LLM-Anbietern macht CrewAI anfällig für Preisänderungen oder API-Einschränkungen. Datenschutzbedenken könnten in bestimmten Branchen oder Regionen die Adoption bremsen, besonders wenn sensible Geschäftsdaten verarbeitet werden.

Relevance AI

Kategorie: Multi-Agenten-System

Titel des Tools: Relevance AI

Quelle des Tools: Relevance AI

Beschreibung des Tools:

Relevance AI ist eine datenorientierte Multi-Agenten-Plattform, die sich auf Entscheidungsfindung und Analytik spezialisiert hat. Mit fortschrittlichen Mustererkennungsalgorithmen und nahtloser Integration mit Analysetools wie Tableau und Google Analytics verwandelt Relevance AI Rohdaten in umsetzbare Erkenntnisse. Die Plattform aktualisiert Einblicke dynamisch basierend auf neuen Daten durch einen Echtzeit-Feedback-Loop. Besonders geeignet für datenintensive Branchen wie Marketing und Forschung, hilft Relevance AI Unternehmen dabei, fundierte Entscheidungen auf Basis komplexer Datenanalysen zu treffen.

SWOT-Analyse:

Stärken:

Relevance AI überzeugt durch seine außergewöhnlichen Fähigkeiten zur Datenmustererkennung und -visualisierung, die selbst in komplexen Datensätzen wertvolle Erkenntnisse aufdecken. Die Plattform glänzt mit ihrer Echtzeit-Analysefähig-

593

keit, die kontinuierlich neue Daten integriert und Erkenntnisse aktualisiert. Die flexible Preisgestaltung mit verschiedenen Stufen macht die Technologie für Unternehmen unterschiedlicher Größen zugänglich. Besonders beeindruckend ist die Fähigkeit, verschiedene Datenquellen zu einem kohärenten Gesamtbild zu verbinden und dabei Zusammenhänge zu identifizieren, die menschlichen Analysten entgehen könnten.

Schwächen:

Die Komplexität der Plattform kann für nicht-technische Nutzer eine Hürde darstellen und erfordert oft zusätzliche Schulungen. Die kostenlose Version bietet nur begrenzte Funktionen, was die Evaluierung für kleinere Teams erschwert. Bei sehr großen Datenmengen kann die Verarbeitungsgeschwindigkeit leiden, was Optimierungen erforderlich macht. Zudem fehlt es an einigen fortgeschrittenen Anpassungsmöglichkeiten, die Datenexperten von Konkurrenzprodukten gewohnt sind.

Chancen:

Mit der exponentiell wachsenden Datenmenge in Unternehmen steigt der Bedarf an intelligenten Analyselösungen wie Relevance AI. Die zunehmende Demokratisierung von Datenanalyse in Organisationen eröffnet neue Zielgruppen jenseits spezialisierter Datenteams. Durch die Erweiterung um branchenspezifische Analysemodelle könnte Relevance AI in Nischenmärkten wie Gesundheitswesen oder Finanzdienstleistungen Fuß fassen.

Risiken:

Der Markt für Datenanalysetools ist gesättigt, mit etablierten Anbietern, die ähnliche KI-Funktionen in ihre Produkte inte-

grieren. Datenschutzvorschriften und -bedenken könnten in
bestimmten Märkten die Adoption einschränken. Die Abhängigkeit von Drittanbieter-APIs für Datenquellen macht die
Plattform anfällig für Änderungen in deren Diensten oder Ge-
schäftsmodellen.

Kategorie: Multi-Agenten-System

Titel des Tools: Airops

Quelle des Tools: Airops

Beschreibung des Tools:

Airops ist eine fortschrittliche Multi-Agenten-Plattform, die sich auf Echtzeit-Projektzusammenarbeit und Workflow-Optimierung konzentriert. Mit dynamischer Workflow-Automatisierung verwaltet es automatisch wiederkehrende Aufgaben wie Updates und Terminplanung. Die NLP-Integration ermöglicht eine nahtlose Kommunikation zwischen Teammitgliedern und KI-Agenten. Durch fortschrittliche Datenanalyse liefert Airops umsetzbare Erkenntnisse zur Unterstützung der Entscheidungsfindung. Die Plattform ist besonders effektiv für Teams, die große Projekte verwalten, und passt sich an unterschiedliche Teamgrößen an, ohne die Leistung zu beeinträchtigen.

SWOT-Analyse:

Stärken:

Airops besticht durch seine hohe Skalierbarkeit, die es sowohl für kleine Teams als auch für große Unternehmensoperationen geeignet macht. Die intuitive Benutzeroberfläche ermöglicht einen schnellen Einstieg ohne umfangreiche Schulungen. Besonders beeindruckend ist die dynamische Anpassungsfähig-

keit an Projektänderungen, die es Teams ermöglicht, agil auf
neue Anforderungen zu reagieren. Die Plattform automatisiert
erfolgreich Routineaufgaben und befreit Teams von adminis-
trativem Ballast, sodass sie sich auf wertschöpfende Tätigkeiten konzentrieren können.

Schwächen:

Die begrenzte Anzahl an Drittanbieter-Integrationen im Basis-
plan kann die Funktionalität einschränken. Für komplexere
Workflows oder spezifische Branchenanforderungen sind oft
Anpassungen nötig, die technisches Know-how erfordern. Die
Preisgestaltung kann für kleinere Teams oder Startups eine
Hürde darstellen, besonders wenn fortgeschrittene Funktionen
benötigt werden. Zudem fehlt es an einigen fortgeschrittenen
Kollaborationsfunktionen, die in spezialisierten Projektma-
nagement-Tools Standard sind.

Chancen:

Mit dem Trend zu hybriden und verteilten Arbeitsmodellen
wächst der Bedarf an intelligenten Kollaborationsplattformen
wie Airops. Die zunehmende Akzeptanz von KI-gestützten
Workflows in Unternehmen eröffnet neue Marktchancen.
Durch strategische Partnerschaften mit Anbietern komplemen-
tärer Tools könnte Airops sein Ökosystem erweitern und umfassendere Lösungen anbieten.

Risiken:

Der Markt für Projektmanagement- und Kollaborationstools
ist stark umkämpft, mit etablierten Anbietern, die kontinuierlich KI-Funktionen integrieren. Datenschutz- und Sicherheits-
bedenken könnten in regulierten Branchen die Adoption brem-

sen. Die schnelle Entwicklung im Bereich der KI-Technologien erfordert kontinuierliche Investitionen, um wettbewerbsfähig zu bleiben.

Kategorie: Multi-Agenten-System

Titel des Tools: Semantic Kernel

Quelle des Tools: Microsoft

Beschreibung des Tools:

Semantic Kernel ist ein innovatives Multi-Agenten-Framework von Microsoft, das sich auf die nahtlose Integration von KI in bestehende Anwendungen konzentriert. Mit seiner modularen Architektur und Plugins für verschiedene KI-Dienste ermöglicht es Entwicklern, intelligente Funktionen in ihre Software einzubetten, ohne die Grundarchitektur zu verändern. Das Framework unterstützt die Erstellung von Unternehmensanwendungen und Produktivitätstools mit KI-Funktionen und richtet sich primär an Entwickler, die KI in bestehende Software integrieren möchten. Semantic Kernel vereinfacht den Prozess der KI-Integration erheblich und macht fortschrittliche KI-Funktionen für ein breiteres Spektrum von Anwendungen zugänglich.

SWOT-Analyse:

Stärken:

Semantic Kernel überzeugt durch seine außergewöhnliche Integrationsfähigkeit in bestehende Softwareökosysteme, was

598

den Einstieg in KI-Technologien ohne komplette Neuentwicklungen ermöglicht. Die modulare Plugin-Architektur erlaubt eine flexible Erweiterung der Funktionalität nach Bedarf. Als Microsoft-Produkt profitiert es von einer robusten Entwicklungsunterstützung und nahtloser Integration mit anderen Microsoft-Diensten. Besonders hervorzuheben ist die Fähigkeit, kontextbezogene Intelligenz in Anwendungen zu bringen, die ursprünglich nicht für KI konzipiert wurden.

Schwächen:

Trotz seiner Flexibilität zeigt Semantic Kernel Einschränkungen bei hochkomplexen KI-Workflows, die spezialisierte Frameworks erfordern könnten. Die Abhängigkeit vom Microsoft-Ökosystem kann für Unternehmen mit diversifizierten Technologiestacks problematisch sein. Die Lernkurve für Entwickler ohne KI-Hintergrund ist steiler als von Microsoft beworben. Zudem ist die Community und das Ökosystem an Drittanbieter-Plugins noch im Aufbau, was die sofort verfügbaren Funktionen limitiert.

Chancen:

Mit dem wachsenden Bedarf an KI-Integration in Unternehmensanwendungen positioniert sich Semantic Kernel ideal als Brückentechnologie. Die steigende Nachfrage nach intelligenten Funktionen in Legacy-Systemen eröffnet einen großen potenziellen Markt. Durch die Erweiterung des Plugin-Ökosystems und die Vereinfachung der Entwicklererfahrung könnte Semantic Kernel zum Standard für KI-Integration in Unternehmenssoftware werden.

Risiken:

Die schnelle Entwicklung konkurrierender Frameworks könnte Semantic Kernel technologisch überholen. Änderungen in Microsofts Strategie oder Preismodellen könnten die Attraktivität des Frameworks beeinflussen. Die zunehmende Komplexität von KI-Anforderungen in Unternehmen könnte die Grenzen des Frameworks aufzeigen und spezialisierte Lösungen erforderlich machen.

Kategorie: Multi-Agenten-System

Titel des Tools: Lyzr

Quelle des Tools: Lyzr AI

Beschreibung des Tools:

Lyzr ist eine vielseitige No-Code-Plattform für Unternehmen, die maßgeschneiderte KI-Agenten für ihre spezifischen Anforderungen erstellen und einsetzen möchten. Mit einer benutzerfreundlichen Oberfläche können Nutzer aus Tausenden vorgefertigter Agenten wählen oder eigene Workflows automatisieren. Die Plattform unterstützt verschiedene Branchen wie Banking, Kundenservice, Finanzdienstleistungen, Vertrieb, Marketing und HR mit über 40 Agenten pro Sektor zur Verbesserung von Prozessen wie KYC, Betrugserkennung, Lead-Generierung und Kundensupport. Lyzr ermöglicht sowohl Cloud- als auch On-Premise-Bereitstellungen und bietet Unternehmen Flexibilität bei der Infrastrukturverwaltung und Sicherheitsgewährleistung.

SWOT-Analyse:

Stärken:

Lyzr besticht durch seinen echten No-Code-Ansatz, der auch nicht-technischen Nutzern die Erstellung komplexer KI-Workflows ermöglicht. Die umfangreiche Bibliothek vorgefertigter, branchenspezifischer Agenten beschleunigt die Implementierung erheblich. Die Flexibilität zwischen Cloud- und On-Premise-Bereitstellung kommt Unternehmen mit unterschiedlichen Sicherheits- und Compliance-Anforderungen entgegen. Besonders beeindruckend ist die nahtlose Integration in bestehende Geschäftsprozesse ohne umfangreiche IT-Projekte.

Schwächen:

Trotz des No-Code-Ansatzes stößt Lyzr bei hochkomplexen, individualisierten Anforderungen an Grenzen, die dann doch Entwicklerunterstützung erfordern. Die Anpassungsmöglichkeiten auf niedriger Ebene sind begrenzt, was für Unternehmen mit sehr spezifischen Anforderungen problematisch sein kann. Die Leistung kann bei datenintensiven Anwendungen variieren, besonders in der On-Premise-Version. Zudem ist die Plattform relativ neu am Markt, was zu Bedenken hinsichtlich langfristiger Stabilität und Support führen kann.

Chancen:

Mit der wachsenden Nachfrage nach KI-Lösungen in mittelständischen Unternehmen ohne dedizierte KI-Teams positioniert sich Lyzr ideal als zugängliche Einstiegslösung. Die branchenspezifischen Agenten könnten Lyzr zum bevorzugten Anbieter in Nischenmärkten machen. Durch strategische Partnerschaften mit Branchensoftwareanbietern könnte die Plattform ihre Reichweite erheblich erweitern.

Risiken:

Der Markt für No-Code-KI-Plattformen wird zunehmend wettbewerbsintensiver, mit großen Technologieunternehmen, die ähnliche Lösungen entwickeln. Die Abhängigkeit von externen KI-Modellen macht Lyzr anfällig für Änderungen bei

diesen Anbietern. Datenschutz- und Compliance-Herausforde-
rungen könnten in stark regulierten Branchen die Adoption
bremsen, trotz der On-Premise-Option.

Kategorie: Multi-Agenten-System

Titel des Tools: Agent2Agent (A2A) Protocol

Quelle des Tools: Microsoft und Partner

Beschreibung des Tools:

Das Agent2Agent (A2A) Protocol ist ein offener Standard für die Kommunikation zwischen KI-Agenten verschiedener Plattformen und Anbieter. Es ermöglicht die Interoperabilität zwischen Agenten, unabhängig von ihrer Herkunft oder ihrem Einsatzort. A2A standardisiert, wie Agenten Informationen austauschen, Aufgaben delegieren und gemeinsam an komplexen Problemen arbeiten. Das Protokoll ist besonders wertvoll für Organisationen mit heterogenen KI-Umgebungen und für unternehmensübergreifende KI-Systeme. Es unterstützt komplexe Workflows, bei denen verschiedene spezialisierte Agenten zusammenarbeiten müssen, um ein gemeinsames Ziel zu erreichen.

SWOT-Analyse:

Stärken:

A2A revolutioniert die KI-Landschaft durch seine herausragende Fähigkeit, Barrieren zwischen verschiedenen Agentensystemen zu überwinden und eine nahtlose Zusammenarbeit zu ermöglichen. Als offener Standard fördert es Innovation und verhindert Vendor-Lock-in. Die breite Unterstützung durch führende Technologieunternehmen verleiht dem Protokoll Glaubwürdigkeit und treibt die Adoption voran. Besonders wertvoll ist die Standardisierung der Kommunikation, die komplexe, agentenübergreifende Workflows ermöglicht, die zuvor unmöglich waren.

Schwächen:

Als relativ neuer Standard kämpft A2A noch mit Implementierungsinkonsistenzen zwischen verschiedenen Anbietern. Die Komplexität des Protokolls kann die Integration in bestehende Systeme erschweren und erfordert spezialisiertes Know-how. Die Dokumentation und Entwicklerwerkzeuge sind noch im Aufbau, was die Einstiegshürde erhöht. Zudem fehlen noch robuste Sicherheitsstandards für sensible Unternehmensanwendungen.

Chancen:

Mit der zunehmenden Fragmentierung der KI-Landschaft wächst der Bedarf an Interoperabilitätsstandards wie A2A exponentiell. Die Unterstützung durch große Technologieunternehmen könnte A2A schnell zum De-facto-Standard für Agentenkommunikation machen. Durch die Erweiterung um branchenspezifische Protokollerweiterungen könnten neue Anwendungsfelder erschlossen werden, besonders in regulierten Industrien mit spezifischen Anforderungen.

Risiken:

Konkurrierende Standards oder proprietäre Lösungen großer Technologieunternehmen könnten die Adoption von A2A bremsen. Sicherheits- und Datenschutzbedenken bei der agentenübergreifenden Kommunikation könnten in sensiblen Berei-

chen zu Zurückhaltung führen. Die Komplexität der vollständigen Implementierung könnte kleinere Anbieter abschrecken
und so das Ökosystem einschränken.

Quellenverzeichnis

- OpenAI Prompt Engineering Guide: https://platform.openai.com/docs/guides/prompt-engineering

- Introduction to Prompt Design (Anthropic): https://docs.anthropic.com/claude/docs/introduction-to-prompt-design

- Prompt Design für Gemini (Google): https://ai.google.dev/docs/prompt-design

- Prompt Programming – CHI '21 (Reynolds & McDonell): https://doi.org/10.1145/3411763.3451760

- Chain-of-Thought Prompting (Wei et al.): https://arxiv.org/abs/2201.11903

- Zero-Shot Reasoning (Kojima et al.): https://arxiv.org/abs/2205.11916

- Prompt Engineering Guide (promptingguide.ai): https://www.promptingguide.ai/

- Top Prompt Engineering Techniques 2025 (K2view): https://www.k2view.com/blog/prompt-engineering-techniques/

- Best Prompt Engineering Techniques (Forbes): https://www.forbes.com/sites/lanceeliot/2025/04/09/annual-compilation-of-the-best-prompt-engineering-techniques/

- Technical Report (Wharton AI Analytics Lab): https://ai-analytics.wharton.upenn.edu/generative-ai-labs/research-and-technical-reports/tech-report-prompt-engineering-is-complicated-and-contingent/

- Simplilearn Prompt Techniques: https://www.simplilearn.com/prompt-engineering-techniques-article

- Best Practices 2025 (Geniusee): https://geniusee.com/single-blog/prompt-engineering-best-practices

- Zapier Workflow Guide: https://zapier.com/blog/workflow-automation-guide/

- AI Automation Guide (Make.com): https://www.make.com/en/blog/ai-automation-guide

- State of Automation Report (Tray.io): https://tray.io/state-of-automation-report-2023

- Bardeen AI Automation: https://www.bardeen.ai/posts/ai-powered-workflow-automation

- Forrester TEI Report: https://www.forrester.com/report/the-total-economic-impact-of-workflow-automation/

– Gartner Market Guide: https://www.gartner.com/en/documents/4123225/market-guide-for-ai-augmented-automation

– MISQ Executive: State of Automation: https://aisel.aisnet.org/misqe/vol21/iss2/5/

– n8n AI-Enhanced Workflows: https://n8n.io/blog/ai-enhanced-workflows/

– OpenAI Agent Framework: https://openai.com/blog/introducing-the-openai-agent-framework

– Claude: Agents vs. Workflows (Anthropic): https://www.anthropic.com/blog/building-with-claude-workflows-vs-agents

– LangGraph Documentation: https://python.langchain.com/docs/langgraph

– AutoGen (Microsoft): https://microsoft.github.io/autogen/

– CrewAI Docs: https://docs.crewai.com/

– LLM Agents (Lilian Weng): https://lilianweng.github.io/posts/2023-06-23-agent/

– SALIENT Paper: https://arxiv.org/abs/2206.10012

– ReAct Paper: https://arxiv.org/abs/2210.03629

– Reflexion Paper: https://arxiv.org/abs/2211.10435

– Multi-Agent mit LangGraph: https://blog.langchain.dev/building-multi-agent-systems-with-langgraph/

- Pinecone RAG Guide: https://www.pinecone.io/learn/retrieval-augmented-generation/

- RAG für NLP (Lewis et al.): https://arxiv.org/abs/2005.11401

- RAG Survey (Gao et al.): https://arxiv.org/abs/2312.10997

- RAG Patterns (LlamaIndex): https://docs.llamaindex.ai/en/stable/optimizing/rag_patterns/

- Agentic RAG Guide (LangChain): https://python.langchain.com/docs/use_cases/question_answering/how_to/agent_qa

- Claude RAG Apps (Anthropic): https://docs.anthropic.com/claude/docs/building-rag-applications

- Improved RAG (Gao et al.): https://arxiv.org/abs/2204.13633

- Self-RAG (Asai et al.): https://arxiv.org/abs/2310.11511

- WebGPT (OpenAI): https://arxiv.org/abs/2112.09332

- Augmented Language Models Survey: https://arxiv.org/abs/2302.07842

- Modular Search & Generation (Shuster et al.): https://arxiv.org/abs/2203.13224

- Agentic Memory (Weng): https://arxiv.org/pdf/2502.12110

- IBM Agentic RAG: https://www.ibm.com/think/topics/agentic-rag

- Lyzr.ai Agentic RAG: https://www.lyzr.ai/blog/agentic-rag/

- AIMultiple: Top Frameworks: https://research.aimultiple.com/agentic-rag/

- Memory in AI Agents (DecodingML): https://decodingml.substack.com/p/memory-the-secret-sauce-of-ai-agents

- Analytics Vidhya: Systeme 2025: https://www.analyticsvidhya.com/blog/2025/01/agentic-rag-system-architectures/

- Iguazio Blog: https://www.iguazio.com/blog/introducing-agentic-rag-the-best-of-both-worlds/

- Orq.ai Agentic RAG: https://orq.ai/blog/agentic-rag

- CLIP Paper (OpenAI): https://arxiv.org/abs/2103.00020

- GPT-4V System Card: https://cdn.openai.com/papers/GPTV_System_Card.pdf

- Claude 3 Vision (Anthropic): https://docs.anthropic.com/claude/docs/vision-capabilities-and-limitations

- PaLM-E (Google): https://arxiv.org/abs/2303.03378

- Flamingo (DeepMind): https://arxiv.org/abs/2204.14198

- Latent Diffusion (Rombach et al.): https://arxiv.org/abs/2112.10752

- CLIP Latents (Ramesh et al.): https://arxiv.org/abs/2204.06125

- Midjourney Docs: https://docs.midjourney.com/

- Stable Diffusion Docs: https://stability.ai/stable-diffusion

- Visual Programming (Huang et al.): https://arxiv.org/abs/2211.11559

- Segment Anything (Meta): https://arxiv.org/abs/2304.02643

- Whisper (OpenAI): https://github.com/openai/whisper

- Fine-Tuning Guide (OpenAI): https://platform.openai.com/docs/guides/fine-tuning

- Claude Fine-Tuning: https://docs.anthropic.com/claude/docs/fine-tuning-guide

- Cohere Docs: https://docs.cohere.com/docs/fine-tuning

- LoRA Paper: https://arxiv.org/abs/2106.09685

- QLoRA Paper: https://arxiv.org/abs/2305.14314

- RLHF Training (Ouyang et al.): https://arxiv.org/abs/2203.02155

- LLaMA 2 Paper: https://arxiv.org/abs/2307.09288

- PEFT (Hugging Face): https://huggingface.co/docs/peft/index

- T5 Paper (Raffel et al.): https://arxiv.org/abs/1910.10683

- Instruction Tuning Survey: https://arxiv.org/abs/2308.10792

- ElevenLabs Docs: https://docs.elevenlabs.io/

- PlayHT Docs: https://docs.play.ht/

- Synthesia Video Guide: https://www.synthesia.io/resources/ai-video-creation-guide

- HeyGen Support: https://support.heygen.com/

- D-ID Docs: https://docs.d-id.com/

- Sora Report: https://openai.com/research/video-generation-models-as-world-simulators

- Diffusion for Audio (Pindoria et al.): https://arxiv.org/abs/2211.05562

- AudioLM (Borsos et al.): https://arxiv.org/abs/2209.03143

- Neural Codec TTS: https://arxiv.org/abs/2301.02111

- WaveNet TTS (Shen et al.): https://arxiv.org/abs/1712.05884

- Zapier Stack Guide: https://zapier.com/blog/ai-tool-stack-integration-guide

- Notion AI Guide: https://www.notion.so/help/guides/notion-ai-documentation

- Microsoft 365 Copilot Docs: https://learn.microsoft.com/en-us/microsoft-365-copilot/

- Google Workspace AI: https://workspace.google.com/solutions/ai/

- Coda AI Guide: https://help.coda.io/en/articles/6163521-coda-ai

- Mem Docs: https://docs.mem.ai/

- Raycast AI Commands: https://manual.raycast.com/ai-commands

- Bardeen Automation: https://www.bardeen.ai/ai-automation

- Tray.io AI Connector: https://tray.io/documentation/connectors/ai-connectors/

- n8n AI Nodes: https://docs.n8n.io/integrations/ai/

- Runway Gen-2 Docs: https://docs.runwayml.com/

- VEED Video Guide: https://www.veed.io/guides/ai-video-creation

- Opus Docs: https://www.opus.pro/documentation

- Synthesia Video Guide: https://www.synthesia.io/resources/ai-video-creation-guide

- Luma Dream Machine: https://lumalabs.ai/docs

- Pika Docs: https://pika.art/docs

- Kapwing AI Editing: https://www.kapwing.com/resources/ai-video-editing-guide

- Descript Docs: https://www.descript.com/docs

- Sora Technical Report: https://openai.com/research/video-generation-models-as-world-simulators

- Diffusion Models Paper (Ho et al.): https://arxiv.org/abs/2006.11239

- Make-A-Video (Meta): https://arxiv.org/abs/2209.14792

- CogVideo (Wu et al.): https://arxiv.org/abs/2205.15868

- Zapier Video Tools 2025: https://zapier.com/blog/best-ai-video-generator/

- Sora Alternatives (Medium): https://medium.com/generative-ai/top-5-sora-ai-alternatives-for-stunning-ai-generated-videos-in-2025-01ce2069f955

- Synthesia: Beste Generatoren 2025: https://www.synthesia.io/post/best-ai-video-generators

- Fahim AI Blog: https://www.fahimai.com/sora-alternatives

- Toolify AI: https://www.toolify.ai/alternative/openai-sora

- Deevid AI Vergleich: https://deevid.ai/blog/sora-alternatives-for-text-to-video-ai-generating-easily-and-instantly-2025-reviewed

- Bubble AI Guide: https://bubble.io/blog/ai-integration-guide/

- Adalo Hilfe: https://help.adalo.com/building-ai-powered-apps

- Webflow AI Integration: https://university.webflow.com/integrations/ai

- Airtable AI Docs: https://support.airtable.com/docs/airtable-ai-assistant

- Retool AI Capabilities: https://docs.retool.com/docs/ai-capabilities

- Softr AI Hilfe: https://www.softr.io/help/ai-features

- Glide AI Docs: https://www.glideapps.com/docs/ai-components

- Stripe API: https://stripe.com/docs/api

- Twilio Docs: https://www.twilio.com/docs

- RapidAPI Marketplace: https://rapidapi.com/hub/ai-apis

- Postman AI Guide: https://learning.postman.com/docs/ai-features/

- OpenAI Rate Limits: https://platform.openai.com/docs/guides/rate-limits

- Claude API Preise: https://docs.anthropic.com/claude/docs/pricing

- Gemini API Preise (Google): https://ai.google.dev/pricing

- Cohere Pricing: https://docs.cohere.com/docs/pricing

- Hugging Face Inference: https://huggingface.co/docs/inference-endpoints/index

- Pinecone Performance Guide: https://docs.pinecone.io/docs/performance-optimization

- LangSmith Tracing: https://docs.smith.langchain.com/

- Weights & Biases Monitoring: https://docs.wandb.ai/guides/prompts

- Gartner: Kostenoptimierung: https://www.gartner.com/en/documents/4127136

- Deloitte: ROI-Analyse: https://www2.deloitte.com/us/en/insights/topics/analytics/generative-ai-roi.html

- McKinsey: Wirtschaftliches Potenzial: https://www.mckinsey.com/capabilities/mckinsey-digital/our-insights/the-economic-potential-of-generative-ai-the-next-productivity-frontier

- GPT-4 Report (OpenAI): https://arxiv.org/abs/2303.08774

- Claude 3 Model Card: https://www-cdn.anthropic.com/de8ba9b01c9ab7cbabf5c33b80b7bbc618857627/Model_Card_Claude_3.pdf

- Gemini Paper (Google): https://arxiv.org/abs/2312.11805

- LLaMA 3 (Meta): https://ai.meta.com/research/publications/llama-3-a-more-capable-more-aligned-language-model-family/

- Mistral 7B: https://arxiv.org/abs/2310.06825

- Foundation Models (Bommasani et al.): https://arxiv.org/abs/2108.07258

- Sparks of AGI (Microsoft): https://arxiv.org/abs/2303.12712

- Scaling Laws (Amodei et al.): https://arxiv.org/abs/2001.08361

- Scaling Laws (Kaplan et al.): https://arxiv.org/abs/2001.08361

- Stochastic Parrots Kritik (Bender et al.): https://dl.acm.org/doi/10.1145/3442188.3445922

- EU AI Act: https://digital-strategy.ec.europa.eu/en/policies/regulatory-framework-ai

- NIST AI Risk Management: https://www.nist.gov/itl/ai-risk-management-framework

- WEF Future of Jobs: https://www.weforum.org/reports/the-future-of-jobs-report-2023/

- Stanford AI Index: https://aiindex.stanford.edu/report/

- Future of Life Institute: https://futureoflife.org/ai-safety-research/

- Googles Agent Whitepaper: https://www.kaggle.com/whitepaper-agents

- Building Effective Agents by Anthropic: https://www.anthropic.com/engineering/building-effective-agents

- Googles Agent Companion: https://www.kaggle.com/whitepaper-agent-companion

- Claude Code Best Agentic Coding Practices: https://www.anthropic.com/engineering/claude-code-best-practices

- OpenAI's Practical Guide to Building Agents: https://cdn.openai.com/business-guides-and-resources/a-practical-guide-to-building-agents.pdf